ELON MUSK

Biografia twórcy **PayPala, Tesli, SpaceX**

ASHLEE VANCE

ELON MUSK

Biografia twórcy **PayPala, Tesli, SpaceX**

Przekład
Agnieszka Bukowczan-Rzeszut

Znak Horyzont
Kraków 2017

Tytuł oryginału
Elon Musk. Tesla, SpaceX, and the Quest for a Fantastic Future

Projekt okładki
Piotr Cebo

Fotografia na pierwszej stronie okładki
Art Streiber/AUGUST/EAST NEWS

Opieka redakcyjna
Krzysztof Chaba

Adiustacja
Studio Editio

Korekta
Studio Editio
Grażyna Rompel

Indeks
Studio Editio
Grażyna Rompel

Opracowanie typograficzne
Studio Editio

Łamanie
Studio Editio
Katarzyna Leja

ISBN 978-83-240-4228-9

Znak Horyzont
www.znakhoryzont.pl

znak

Książki z dobrej strony: www.znak.com.pl
Więcej o naszych autorach i książkach: www.wydawnictwoznak.pl
Społeczny Instytut Wydawniczy Znak, 30-105 Kraków, ul. Kościuszki 37
Dział sprzedaży: tel. (12) 61 99 569, e-mail: czytelnicy@znak.com.pl
Wydanie II, Kraków 2017. Printed in EU

Książkę poświęcam Moim Rodzicom.
Dziękuję Wam za wszystko.

SPIS TREŚCI

1
ŚWIAT ELONA

„CZY UWAŻASZ MNIE ZA SZALEŃCA?"
To pytanie Elon Musk zadał mi pod sam koniec długiego obiadu, który zjedliśmy w Dolinie Krzemowej w ekskluzywnej restauracji serwującej owoce morza. Przyszedłem pierwszy i zamówiłem gin z tonikiem, wiedząc doskonale, że on jak zwykle się spóźni. Po mniej więcej kwadransie zjawił się, mając na sobie skórzane buty, designerskie jeansy i kraciastą koszulę. Musk ma ponad sto osiemdziesiąt pięć centymetrów wzrostu, ale każdy, kto zna go osobiście, potwierdzi, że wydaje się jeszcze wyższy. Jest wyjątkowo barczysty i mocno zbudowany. Można by sądzić, że będzie korzystał ze swojej sylwetki i wkraczał do każdego pomieszczenia dumnym krokiem samca alfa, ale zamiast tego wydaje się być nią niemal zażenowany. Porusza się z lekko pochyloną w dół głową, wita krótkim uściskiem dłoni przed zajęciem miejsca przy stole, a potem siada. Zanim się odpręży i rozpocznie rozmowę, potrzebuje kilku minut.

Musk zaprosił mnie na obiad, abyśmy mogli przeprowadzić pewnego rodzaju negocjacje. Półtora roku wcześniej przekazałem mu informację o swoich planach napisania książki na jego temat, a on poinformował mnie, że nie mam co liczyć na współpracę. Jego odmowa mnie ubodła, ale przełączyła także w tryb zawziętego reportera.

Jeśli moja książka miałaby powstać bez niego, niech tak będzie. Wiele osób odeszło z firm Muska, Tesla Motors oraz SpaceX, i było skorych do rozmowy, a ja znałem już wielu jego przyjaciół. Wywiady odbywały się jeden za drugim, miesiąc po miesiącu, w pracę nad książką włączyło się około dwustu osób – i wtedy Musk znów się odezwał. Zadzwonił do mojego domu i zadeklarował, że sprawy mogą przyjąć dwojaki bieg: albo bardzo uprzykrzy mi życie, albo zaangażuje się ostatecznie w mój projekt. Postawił jeden warunek: dostanie do przeczytania książkę przed publikacją i będzie mógł dodawać adnotacje do treści. Nie zamierzał się wtrącać w mój tekst, ale chciał otrzymać szansę wyjaśnienia ewentualnych nieścisłości tam, gdzie uznał to za stosowne. Rozumiałem, skąd wzięła się ta potrzeba. Musk pragnął zyskać narzędzie kontroli nad swoją biografią. Jest niespokojny jak każdy naukowiec i znosi psychiczne katusze na samą myśl o błędzie rzeczowym. Błąd w druku do końca życia leżałby mu na wątrobie. I choć byłem w stanie go zrozumieć, nie mogłem dać mu do przeczytania maszynopisu – z powodów zawodowych, osobistych i praktycznych. Musk wyznaje swoją własną wersję prawdy i nie zawsze jest ona zgodna z prawdą całej reszty świata. Ma również skłonność do rozwlekłych odpowiedzi na najprostsze pytania, a myśl o trzydziestostronicowych przypisach wydawała się zbyt realna. Mimo wszystko zgodziliśmy się zjeść obiad, przedyskutować wątpliwości i zobaczyć, czy uda się osiągnąć jakiś kompromis.

Nasza rozmowa rozpoczęła się dyskusją na temat ludzi z branży PR. Musk notorycznie i dość szybko selekcjonuje swoich pracowników działu PR, a Tesla była właśnie w trakcie procesu poszukiwania nowego szefa działu komunikacji. „Kto jest najlepszym PR-owcem na świecie?" – spytał w bardzo typowy dla siebie sposób. Potem rozmawialiśmy o wspólnych znajomych, Howardzie Hughesie i fabryce Tesli. Gdy kelner podszedł przyjąć zamówienie, Musk spytał o coś odpowiedniego dla osób na diecie niskowęglowodanowej. Zamówił kawałki smażonego homara w czarnym sosie z atramentu kałamarnicy. Negocjacje jeszcze się nie rozpoczęły, a Musk już wygrał. Zaczął od swojej największej bolączki, twierdząc, że dyrektor generalny i współzałożyciel Google, Larry Page, może właśnie budować armię inteligentnych robotów zdolnych zniszczyć rasę ludzką. „To naprawdę mnie niepokoi" – powiedział Musk. Niewiele zmieniał fakt, że przyjaźnił się blisko z Page'em, ani że uważał go za osobę o fundamentalnie dobrych intencjach, a nie za Doktora Zło. W rzeczy samej, tu właśnie tkwił problem. Dobrotliwa natura Page'a pozwalała mu sądzić, że maszyny zawsze będą nam służyć. „Ja nie jestem takim optymistą" – powiedział Musk. „On mógłby stworzyć coś złego zupełnie przypadkiem". Gdy podano nam jedzenie, Musk je pochłonął. Nie tyle zjadł swój posiłek, ile sprawił, że znikł natychmiast z jego talerza dzięki kilku monstrualnym kęsom. Chcąc w desperacji podtrzymać rozmowę i dobry nastrój Muska, podałem mu duży kawałek steku ze swojego talerza. Plan zadziałał… przez całe dziewięćdziesiąt sekund. Jedno ugryzienie i mięso zniknęło.

Chwilę zajęła mi zmiana tematu z ponurej rozmowy o sztucznej inteligencji i powrót do rzeczy. A potem, gdy znów wróciliśmy do dyskusji o książce, Musk zaczął mnie badać, sprawdzając moje motywy i zamiary. Gdy wreszcie pojawił się właściwy moment, wkroczyłem i przejąłem inicjatywę. Nieco adrenaliny opadło i zmieszało się z ginem, a ja rozpocząłem czterdziestopięciominutowe kazanie o powodach, dla których Musk powinien pozwolić mi zagłębić się w swoje życie, i to bez kontroli, jakiej pragnął w zamian. Tyrada koncentrowała się na nieodłącznych ograniczeniach adnotacji, finalnej prezentacji Muska jako osoby z obsesją kontroli oraz naruszeniu mojej integralności dziennikarskiej. Ku mojemu wielkiemu zdziwieniu Musk przerwał mi po kilku minutach, mówiąc po prostu: „W porządku". Jedną z rzeczy, jaką ceni u innych, jest determinacja, a szanuje niezwykle tych, którzy uparcie trwają przy swoim mimo odmowy. Dziesiątki dziennikarzy prosiło go wcześniej o pomoc przy książce, ale tylko ja byłem na tyle wkurzającym kretynem, by wiercić mu dziurę w brzuchu pomimo początkowej odmowy, a jemu się to najwyraźniej podobało.

Obiad zakończył się przyjemną rozmową, a Musk dał spokój z dietą. Pojawił się kelner z deserem w kształcie ogromnej żółtej rzeźby z waty cukrowej, a mój rozmówca natychmiast się do niej dobrał, odrywając całe garście cukrowego puchu. Sprawa była uzgodniona. Uzyskałem dostęp do kierownictwa jego firm, przyjaciół i rodziny. Mieliśmy spotykać się na obiad raz w miesiącu i spędzać ze sobą tyle czasu, ile było konieczne. Po raz pierwszy Musk wpuścił dziennikarza do swojego świata. Dwie i pół godziny po rozpoczęciu naszego spotkania Musk położył dłonie na stole, podniósł się z krzesła, zatrzymał, spojrzał mi w oczy i zadał to niewiarygodne pytanie: „Uważasz mnie za szaleńca?" Osobliwość tego pytania na chwilę odebrała mi mowę, podczas gdy każda synapsa w moim mózgu starała się wykombinować, czy był to rodzaj zagadki, a jeśli tak, to jak powinienem ją rozwiązać. Dopiero po tym, jak spędziłem z Muskiem wiele czasu, zdałem sobie sprawę, że zadał to pytanie raczej sobie niż mnie i cokolwiek bym wtedy nie odpowiedział, nie miało to znaczenia. Musk zatrzymał się jeszcze raz i zastanawiał się głośno, czy można mi zaufać, a potem spojrzał mi w oczy, by podjąć decyzję. Chwilę później uścisnęliśmy sobie dłonie, a on odjechał czerwonym sedanem Tesli Model S.

WSZYSTKIE BADANIA NAD ELONEM MUSKIEM należy rozpocząć w siedzibie SpaceX w Hawthorne w stanie Kalifornia, na przedmieściach Los Angeles, niespełna dziewięć kilometrów od Los Angeles International Airport. Goście znajdą tam dwa ogromne plakaty Marsa wiszące obok siebie na ścianie prowadzącej do boksu Muska. Plakat po lewej stronie obrazuje planetę w dzisiejszym stanie – zimną, jałową, czerwoną kulę. Ten po prawej ukazuje ją pokrytą ogromną zieloną przestrzenią otoczoną oceanami. Planeta została ogrzana i przystosowana do zamieszkania przez ludzi. Właśnie to jest zamierzeniem Muska. Zmiana ludzi w kosmicznych kolonizatorów jest jego życiowym celem. „Chciałbym umrzeć z przekonaniem, że ludzkość ma przed sobą świetlaną przyszłość" – mówił. „Jeśli zapanujemy nad energią odnawialną i znajdziemy się na dobrej drodze, by stać się gatunkiem międzyplanetarnym z samopodtrzymującą się cywilizacją na innej planecie, radząc sobie z najgorszym scenariuszem wydarzeń i unicestwieniem ludzkiej świadomości – wówczas – i tutaj na chwilę przerywa wypowiedź – sądzę, że to byłoby coś naprawdę dobrego".

Jeśli niektóre wypowiedzi i czyny Muska wydają się absurdalne, to dlatego, że na pewnym poziomie faktycznie takimi są. Na przykład, podczas naszej rozmowy asystent Muska podał mu lody ciasteczkowo-śmietankowe z posypką, a potem on gorliwie opowiadał o ocaleniu ludzkości z kawałkiem deseru na dolnej wardze.

Gotowość Muska do zmagania się z zadaniami niemożliwymi zmieniła go w idola Doliny Krzemowej, gdzie inni dyrektorzy generalni, tacy jak Page, mówią o nim z pełnym czci szacunkiem, a początkujący przedsiębiorcy chcą „być jak Elon", podobnie jak dawniej wzorowali się na Stevie Jobsie. Dolina Krzemowa funkcjonuje jednak w wypaczonej wersji rzeczywistości, a poza granicami tej „krainy fantazji" Musk często jawi się jako postać owiana wątpliwościami. To gość z elektrycznymi autami, panelami słonecznymi i rakietami, sprzedający po domach złudne nadzieje. Zapomnijcie o Stevie Jobsie. Musk to wersja science fiction P.T. Barnuma, który obrzydliwie się wzbogacił, żerując na ludziach, ich strachu i nienawiści do samych siebie. Kupcie samochód Tesli i zapomnijcie na chwilę o tym, co zrobiliście z naszą planetą.

Od dawna opowiadałem się po tej drugiej stronie. Musk wydawał mi się marzycielem z dobrymi intencjami – pełnoprawnym członkiem technologiczno-utopijnego klubu Doliny Krzemowej. Grupa ta zdaje się być czymś pomiędzy wyznawcami filozofii Ayn Rand[I] a apodyktycznymi inżynierami, którzy postrzegają swoje hiperlogiczne światopoglądy jako uniwersalną odpowiedź na wszystko.

[I] Filozofia obiektywistyczna (zwana także randyzmem) była zwrócona ku obiektywnej rzeczywistości, kładła nacisk na rozum i logikę jako źródła poznania. Randyści głosili ateizm i antropocentyzm, byli zwolennikami kapitalizmu i racjonalnego egoizmu. [przyp. tłum.].

Jeśli tylko zejdziemy im z drogi, rozwiążą wszystkie nasze problemy. Pewnego dnia, w niedalekiej przyszłości, będziemy mogli ściągnąć nasze mózgi na dyski komputera, odprężyć się i pozwolić algorytmom zająć się resztą. Spora część ich ambicji okazuje się inspirująca, a ich prace – użyteczne. Technologiczni utopiści stają się jednak męczący ze swoimi frazesami i tendencją do jałowego paplania całymi godzinami. Jeszcze bardziej niepokojący jest ich podstawowy przekaz, zgodnie z którym ludzie są wadliwi, a ludzkość w obecnym kształcie stanowi kłopotliwe brzemię, z którym należy się uporać w odpowiednim momencie. Gdy spotykałem się z Muskiem na imprezach w Dolinie Krzemowej, jego pretensjonalne wypowiedzi wydawały się żywcem wyjęte z technologiczno-utopijnego poradnika. Co bardziej irytujące, jego ratujące świat firmy nie wydawały się wcale radzić sobie aż tak dobrze.

Jednak na początku 2012 roku wraz z resztą cyników musieliśmy dostrzec faktyczne osiągnięcia Muska. Prowadzone przez niego firmy, wcześniej nękane kłopotami, odnosiły bezprecedensowe sukcesy. SpaceX wysłała kapsułę dostawczą na Międzynarodową Stację Kosmiczną i bezpiecznie sprowadziła ją na Ziemię. Tesla Motors wyprodukowała Model S, piękny elektryczny sedan, który zwalił branżę motoryzacyjną z nóg i otrzeźwił Detroit. Te dwa wydarzenia wyniosły Muska na biznesowe szczyty. Dotychczas jedynie Steve Jobs mógł poszczycić się takimi osiągnięciami w dwóch zupełnie różnych branżach, wypuszczając na rynek nowy produkt Apple oraz hit kinowy studia Pixar w tym samym roku. Musk jednak nie miał dość. Był także prezesem i głównym udziałowcem SolarCity, dynamicznie rozwijającej się firmy z branży energii słonecznej, przygotowującej się do wejścia na giełdę. Musk najwyraźniej za jednym zamachem osiągał największe postępy w branży kosmicznej, motoryzacyjnej i energetyce, jakie widziano od dekad.

W 2012 roku postanowiłem zobaczyć, jaki jest Musk na co dzień i napisać o nim materiał na okładkę dla „Bloomberg Businessweek". W tym okresie całość jego życia nadzorowała jego asystentka i lojalna prawa ręka – Mary Beth Brown. Zaprosiła mnie na spotkanie w miejscu, które od tej pory nazywałem Musk Landem.

Każdy przybywający do Musk Landu po raz pierwszy doświadcza tego dziwnego uczucia. Mówią wam, by zaparkować na One Rocket Road w Hawthorne, przed siedzibą SpaceX. Wydaje się niemożliwe, by cokolwiek dobrego mogło mieć tu siedzibę. W tej ponurej części hrabstwa Los Angeles zaniedbane osiedla, zniszczone sklepy i zrujnowane jadłodajnie otaczają ogromne kompleksy przemysłowe, które zbudowano najwyraźniej w czasie jakiegoś ruchu na rzecz propagowania architektonicznej nudy. Czy Elon Musk naprawdę założył firmę w środku tego śmietniska? Później wszystko zaczyna się rozjaśniać, gdy widzicie jeden prostokąt o powierzchni pięciu setnych kilometra kwadratowego utrzymany w ostentacyjnej, spirytualistycznej bieli. Oto główny budynek SpaceX.

Dopiero po przejściu przez frontowe drzwi wyjaśnia się, jak wielkich rzeczy dokonał ten człowiek. Musk zbudował prawdziwą fabrykę rakiet w samym sercu Los Angeles. I nie taką, która produkowała jedną rakietę na raz, o nie. Tu tworzono ich wiele – i to od zera. Fabryka była gigantycznym współdzielonym miejscem pracy. Z tyłu mieściły się ogromne rampy dostawcze, pozwalające na odbiór dużych elementów metalowych, transportowanych następnie do zgrzewarek wysokich na dwa piętra. Po jednej stronie technicy w białych uniformach składali płyty główne, radia i pozostałą elektronikę. Inni pracownicy w specjalnej, szczelnej komorze budowali kapsuły, które miały być wyniesione przez rakiety na stację kosmiczną. Wytatuowani mężczyźni w bandankach, głośno słuchający Van Halen, przygotowywali przewody w silnikach rakiety. Ukończone kadłuby rakiet ustawiano w rzędzie, gotowe do załadunku na ciężarówki. Kolejne czekały na warstwy białej farby w innej części budynku. Trudno było ogarnąć umysłem całą fabrykę jednocześnie. Znajdowały się w niej setki osób krzątających się wokół wielu dziwacznych maszyn.

A to dopiero pierwszy budynek na mapie Musk Landu. SpaceX zakupiła kilka dawnych fabryk Boeinga, w których budowano kadłuby do 747. Jedna z nich ma łukowy dach i przypomina hangar lotniczy. Służy za studio badawczo-rozwojowe oraz projektowe dla Tesli. To tutaj firma opracowała projekt sedana Model S oraz jego następcy, SUV-a Model X. Na parkingu na zewnątrz firma zbudowała jedną ze swoich stacji do ładowania, gdzie kierowcy z Los Angeles mogą za darmo uzupełnić energię elektryczną. Stację łatwo zauważyć, ponieważ pośrodku niekończącej się strefy z dystrybutorami Musk umieścił biało-czerwony obelisk z logo Tesli.

Po moim pierwszym wywiadzie z Muskiem, który odbył się w studio projektowym, zacząłem rozumieć jego sposób rozmowy i działania. Jest pewny siebie, ale nie zawsze dobrze to okazuje. Przy pierwszym spotkaniu może sprawić wrażenie nieśmiałego ślamazary. Jego akcent z RPA jest słaby, ale wciąż obecny, a urok osobisty nie wystarcza, by zrównoważyć dystansujący sposób wypowiedzi. Podobnie jak wielu inżynierów i fizyków, Musk przerywa zdania w poszukiwaniu idealnego sformułowania, a także często zagłębia się w hermetycznych, naukowych rozważaniach, bez zapewnienia pomocnej dłoni ani uproszczonego wytłumaczenia po drodze. Oczekuje po prostu, że za nim nadążycie. Nic z tego nie jest odpychające. Tak naprawdę zarzuci was mnóstwem żartów i będzie wręcz uroczy. Po prostu nad każdą rozmową z nim unosi się atmosfera poczucia celu oraz napięcia. On właściwie nie gawędzi o pierdołach (potrzebowaliśmy około trzydziestu godzin wywiadów, aby Musk naprawdę się rozluźnił i wpuścił mnie na inny, głębszy poziom swojej psychiki i osobowości). Większość uznanych dyrektorów generalnych ma wokół siebie sztab ludzi. Musk porusza się wokół Musk Landu na własną rękę. To nie jest typ faceta, który przemyka się do restauracji, lecz taki, który jest jej właścicielem i kroczy w niej pewnie. Rozmawialiśmy, gdy podążał przez główne piętro studia projektowego, dokonując inspekcji prototypowych części aut. Przy każdej stacji pracownicy spieszyli do niego, zasypując informacjami. Z uwagą słuchał, przetwarzał je, a gdy był zadowolony z tego, co usłyszał – potakiwał. Ludzie odchodzili, a Musk udawał się do kolejnego punktu odbioru danych. W pewnej chwili szef zespołu projektowego Tesli Franz von Holzhausen poprosił Muska o akceptację nowych opon i felg dla Modelu X. Rozmawiali, a potem przeszli na zaplecze, gdzie kierownictwo firmy zajmującej się sprzedażą wysokiej klasy oprogramowania graficznego przygotowało dla Muska prezentację. Chcieli pochwalić się nową technologią renderowania 3D, która miała pozwolić Tesli doszlifować wykończenie wirtualnego Modelu S i zobaczyć w szczegółach, jak cienie czy światła uliczne grałyby na karoserii. Inżynierowie Tesli naprawdę chcieli tych systemów, a do tego potrzebowali podpisu Muska. Wychodzili z siebie, aby przekonać go do pomysłu, podczas gdy hałas wierteł i ogromnych wentylatorów przemysłowych zagłuszał ich przemowę. Musk, w skórzanych butach, designerskich jeansach i czarnym T-shircie, które stanowią jego typowy ubiór do pracy, musiał włożyć okulary trójwymiarowe na potrzeby prezentacji i zdawał się niewzruszony. Powiedział, że się zastanowi, a następnie odszedł w stronę źródła największego hałasu – warsztatu zlokalizowanego głęboko na terenie studia, gdzie inżynierowie budowali rusztowanie dla ponad dziewięciometrowych dekoracyjnych wież, które miały stanąć przed stacjami do ładowania. „To wygląda, jakby miało przetrwać huragan piątej kategorii" – stwierdził. „Niech będzie trochę cieńsze". Na końcu wraz z Muskiem wskoczyliśmy do jego auta – czarnego Modelu S – i wróciliśmy do głównego budynku SpaceX. „Sądzę, że prawdopodobnie zbyt wiele tęgich umysłów zajmuje się siedzeniem w sieci, finansami czy prawem" – mówił po drodze. „To jeden z powodów, dla których widzimy tak niewiele innowacji".

MUSK LAND BYŁ OBJAWIENIEM

Przyjechałem do Doliny Krzemowej w 2000 roku i ostatecznie zamieszkałem w dzielnicy Tenderloin w San Francisco. To jedyna część miasta, której naprawdę powinniście unikać. Bez zbytnich starań można znaleźć tu kogoś, kto ściągnie spodnie i załatwi się między zaparkowanymi autami, albo jakąś zbłąkaną duszę uderzającą głową o przystanek autobusowy. W spelunach obok miejscowych klubów ze striptizem, transwestyci zaczepiają ciekawskich biznesmenów, a pijaczki zasypiają na kanapach i zaliczają glebę w ramach leniwego niedzielnego rytuału. To naturalistyczna część miasta, gdzie łatwo zarobić kosę i gdzie doskonale obserwowało się agonię snu ery dotcomów.

San Francisco to miasto z długą historią chciwości. Wyrosło na gorączce złota i nawet katastrofalne w skutkach trzęsienie ziemi nie było w stanie na długo zatrzymać jego ekonomicznej żądzy. Niech was nie zwiedzie atmosfera organicznego, prospołecznego i tolerancyjnego życia. Hossy i bessy wyznaczają rytm tego miejsca. A w 2000 roku San Francisco ponownie zostało przejęte przez ambitnych i skonsumowane przez chciwość. To była wspaniała epoka, w której niemal cała populacja pogrążyła się w bajce o szybkim wzbogaceniu, w szaleństwie Internetu. Dało się wyczuć impulsy energii promieniującej z tej wspólnej ułudy, produkujące ciągły szum, którym wibrowało całe miasto. A ja znajdowałem się w centrum najbardziej zdeprawowanej części San Francisco, patrząc na to, jak wysoko mogą się wznieść i jak nisko mogą upaść ludzie pochłonięci przez przepych.

Historie biznesowych szaleństw tamtych czasów są dobrze znane. Nie trzeba już było produkować pożądanych produktów, aby założyć doskonale prosperującą firmę. Wystarczyło mieć pomysł na coś związanego z siecią i ogłosić to światu, aby chętni inwestorzy chcieli, w drodze eksperymentu, przeznaczyć na to pieniądze. Sęk w tym, aby jak najszybciej zarobić jak najwięcej pieniędzy, ponieważ wszyscy rozumieli, przynajmniej podświadomie, że zdrowy rozsądek w końcu musi dojść do głosu.

Mieszkańcy Doliny bardzo wzięli sobie do serca maksymę: „praca do granic, zabawa bez granic". Od dwudziesto-, trzydziesto-, czterdziesto- i pięćdziesięciolatków oczekiwano, że będą pracować na „nocki". Boksy zamieniono w tymczasowe domy, zaniedbywano higienę osobistą. O dziwo, zrobienie „Czegoś z Niczego" wymagało sporo pracy. Gdy jednak nadchodziła pora rozprężenia, pojawiał się cały wachlarz opcji rozpusty. Najgorętsze firmy i ówczesne spółki mediowe wydawały się walczyć ze sobą o to, kto organizował najlepsze imprezy. Starsi gracze, próbujący dotrzymać im tempa, regularnie wynajmowali powierzchnie w halach koncertowych, a potem zamawiali tancerki, akrobatów, otwarte bary i zespoły, na przykład Barenaked Ladies. Młodzi naukowcy pojawiali się, by zalać się w pestkę Jackiem z colą i wciągnąć kokę w toi toiach. W tamtych czasach sens miały jedynie chciwość i egoizm.

Choć czasy pomyślności zostały dobrze udokumentowane, następująca po nich epoka kryzysu była zadziwiająco ignorowana. Zabawniej jest wspominać irracjonalny entuzjazm niż bajzel, jaki po nim pozostawiono.

Niech więc będzie wiadome, że wybuch fantazji bogacenia się na Internecie pozostawił San Francisco i Dolinę Krzemową w głębokiej depresji. Nieskończone imprezy dobiegły końca. Prostytutki przestały tłoczyć się na ulicach Tenderloin o szóstej nad ranem, oferując miłość przed pracą („No chodź, skarbie, to lepsze niż kawa!"). Zamiast Barenaked Ladies na targach branżowych można było czasem posłuchać zespołu grającego kawałki Neila Diamonda, dostać darmowy T-shirt i przełknąć swoją porcję wstydu.

Branża technologiczna nie miała pojęcia, co ze sobą począć. Tępi inwestorzy dostarczający kapitału wysokiego ryzyka, którzy zostali przejęci w czasach boomu, nie chcieli wyjść na jeszcze bardziej tępych, więc przestali finansować kolejne przedsięwzięcia. Wielkie pomysły przedsiębiorców zostały zastąpione o wiele mniejszymi. Zupełnie jakby Dolina Krzemowa weszła w fazę masowego odwyku. Brzmi melodramatycznie, ale taka jest prawda. Populacja licząca miliony bystrych ludzi zaczęła wierzyć, że ma przed sobą misję wynalezienia przyszłości. I nagle… bum! Bezpieczna gra raptownie stała się czymś modnym.

Dowody tego niepokoju są widoczne w firmach i pomysłach z tego okresu. Google pojawiło się i zaczęło właściwie rozwijać około

2002 roku, ale wciąż było na uboczu. Między jego premierą a wprowadzeniem iPhone'a na rynek przez Apple w 2007 roku rozciąga się jałowa pustynia nudnych firm. Gorące nowości, które dopiero raczkowały – Facebook i Twitter – z pewnością nie przypominały swoich poprzedników: Hewletta-Packarda, Intela, Sun Microsystems, produkujących fizyczne towary i zatrudniających dziesiątki tysięcy ludzi. Z biegiem lat cel zmienił się z ponoszenia ogromnego ryzyka podczas tworzenia nowych branż i wielkich pomysłów w pogoń za łatwym zyskiem, dzięki rozrywce dostarczanej klientowi i wypuszczaniu prostych aplikacji czy reklam. „Najzdolniejsze umysły mojego pokolenia trudzą się nad tym, jak przekonać ludzi do klikania w reklamy" – powiedział mi Jeff Hammerbacher, jeden z pierwszych inżynierów pracujących w zespole Facebooka – „Efekt jest kiepski." Dolina Krzemowa zaczynała mało pochlebnie przypominać pod tym względem Hollywood. W międzyczasie klienci, których obsługiwała, zajęli się sobą, pogrążając się w obsesji wirtualnego życia.

Jedną z pierwszych osób, które zasugerowały, że ten zastój w innowacjach może być sygnałem znacznie większego problemu, był Jonathan Huebner, fizyk z Naval Air Warfare Center Pentagonu w China Lake w stanie Kalifornia. Huebner wygląda jak handlarz bronią z serialu *Leave It to Beaver*. Szczupły, łysiejący, w średnim wieku, lubi nosić odpinane bojówki khaki, brązową prążkowaną koszulę i brezentową kurtkę khaki. Projektuje systemy uzbrojenia od 1985 roku, mając wgląd w najnowszą i najlepszą technologię w zakresie materiałów, energii i oprogramowania. Po wybuchu szaleństwa dotcomów zirytował się nudą domniemanych innowacji, jakie spłynęły na jego biurko. W 2005 roku Huebner napisał artykuł pod tytułem *Możliwy trend spadkowy w zakresie światowych innowacji*, który albo bezpośrednio wskazywał na wydarzenia w Dolinie Krzemowej, albo przynajmniej był ich ponurą zapowiedzią.

Huebner opisał stan innowacji za pomocą metafory drzewa. Człowiek wdrapał się już, jego zdaniem, powyżej pnia i dosięgnął większych konarów, wydobywając na światło dzienne przeważającą cześć naprawdę znaczących pomysłów zmieniających zasady gry: koło, elektryczność, samolot, telefon, tranzystor. Obecnie wisieliśmy niedaleko czubka drzewa, w większości dopracowując poprzednie wynalazki. Wspierając swoją tezę, Huebner wykazał, że częstotliwość pojawiania się wynalazków zmieniających życie zaczynała spadać. Posłużył się danymi, by dowieść, że liczba patentów wystawianych na osobę zmniejszyła się z biegiem lat. „Uważam, że prawdopodobieństwo odkrycia kolejnego wynalazku z listy top 100 coraz bardziej maleje" – powiedział mi w wywiadzie. „Innowacja jest ograniczonym zasobem".

Huebner przepowiedział, że ludzie będą potrzebować około pięciu lat, by dogonić ten pomysł, a jego prognoza sprawdziła się niemal idealnie. Około roku 2010 Peter Thiel, współzałożyciel PayPala i jeden z pierwszych inwestorów Facebooka, zaczął głosić pogląd, że branża technologiczna zawiodła. „Chcieliśmy latających aut, a w zamian dostaliśmy sto czterdzieści znaków" to zdanie stało się sloganem jego funduszu venture capital Founders Fund. W artykule zatytułowanym *Co się stało z przyszłością?* Thiel i jego współpracownicy pisali jak Twitter i jego stuczterdziestoznakowe wiadomości oraz podobne wynalazki zawiodły odbiorców. Argumentował, że science fiction, która dawniej celebrowała przyszłość, zmieniła się w dystopię, ponieważ ludzie nie patrzyli już z optymizmem na technologiczne możliwości zmiany świata.

Mogłem opowiedzieć się w większości za tego typu myśleniem, aż do czasu swojej pierwszej wizyty w Musk Landzie. Choć Musk nie krył swoich planów, niewiele osób spoza jego kręgu zawodowego mogło na własne oczy obejrzeć fabryki, centra R&D, warsztaty, ani stać się świadkami zasięgu jego działalności. Był facetem, który odmienił etykę pracy Doliny Krzemowej, pokazał, jak działać szybko i prowadzić swoje firmy bez zbędnej biurokracji, ulepszać duże, fantastyczne maszyny i gonić za marzeniami, dając szansę na prawdziwy przełom, jakiego nam brakowało.

Zgodnie z logiką Musk powinien zostać częścią owej zapaści. Wskoczył w sam środek szaleństwa dotcomów w 1995 roku, zakładając tuż po ukończeniu studiów firmę o nazwie Zip2, raczkującą mieszankę Google Maps i Yelpa. Pierwsze przedsięwzięcie zakończyło się wielkim i szybkim sukcesem. Compaq wykupił firmę w 1999 roku za trzysta siedem milionów dolarów. Musk zarobił na tym dwadzieścia dwa miliony, niemal w całości zainwestowane w kolejne przedsięwzięcie, start-up, który wkrótce miał zostać PayPalem. Jako jego największy udziałowiec Musk stał się bardzo dobrze sytuowanym człowiekiem, gdy w 2002 roku eBay wykupił firmę za półtora miliarda dolarów.

Zamiast zostać w Dolinie Krzemowej i wpaść do tego samego dołka co jego koledzy, Musk przeniósł się do Los Angeles. Popularny pogląd głosił wówczas, by wziąć głęboki oddech i poczekać, aż kolejna fala hossy nadejdzie we właściwym czasie. Musk odrzucił takie podejście, wydając sto milionów dolarów na SpaceX, siedemdziesiąt milionów na Teslę i kolejne dziesięć na SolarCity. Nie mając szybkiego przepisu na finansowy sukces, Musk wybrał najszybszą drogę do zniszczenia swojej fortuny. Stał się jednoosobowym sklepem z kapitałem najwyższego ryzyka, który podwoił produkcję najbardziej złożonych dóbr fizycznych w dwóch najdroższych miejscach na świecie: Los Angeles i Dolinie Krzemowej. W miarę możliwości jego firmy wytwarzały towar od zera i starały się redefiniować, co branża kosmiczna, motoryzacyjna i solarna uważały za pewnik.

Dzięki SpaceX Musk stał się konkurencją dla gigantów amerykańskiej branży wojskowej i przemysłu, w tym dla Lockheed Martin i Boeinga. Rywalizuje także na arenie międzynarodowej, głównie z Rosją i Chinami. SpaceX wyrobiła sobie markę w branży jako tani dostawca. Ale to samo w sobie nie wystarczy do zwycięstwa. Przemysł kosmiczny wymaga uwikłania w sieć polityki, kumoterstwa i protekcjonizmu, które podminowują podstawy kapitalizmu. Steve Jobs również się z nimi zmagał, gdy starł się z branżą muzyczną, próbując wprowadzić na rynek odtwarzacze iPod i iTunes. Kapryśni luddyści z branży muzycznej to pikuś w porównaniu z wrogami Muska, którzy na co dzień budują broń i decydują o powstawaniu nowych państw. SpaceX testowała rakiety wielokrotnego użytku, które mogłyby wynosić ładunki w kosmos i lądować precyzyjnie na swoich wyrzutniach na Ziemi. Jeśli firma potrafiłaby ulepszyć taką technologię, zadałaby miażdżący cios konkurencji i niemal na pewno wypchnęłaby z branży kilku starych wyjadaczy, ustanawiając Stany Zjednoczone liderem branży lotów kosmicznych załogowych i bezzałogowych. To, zdaniem Muska, narobiło mu mnóstwo zaciekłych wrogów. „Lista ludzi, którym wcale by nie przeszkadzało, gdybym nagle zniknął, ciągle rośnie" – powiedział. „Moja rodzina boi się, że Rosjanie mnie zamordują".

Dzięki Tesla Motors Musk chciał zmienić sposób, w jaki produkuje się i sprzedaje samochody, równocześnie tworząc światową sieć dystrybucji paliwa. Zamiast hybryd, które w jego pojęciu stanowią kompromis częściowo do zaakceptowania, walczy o produkcję w pełni elektrycznych aut, których ludzie pragną i które przesuwają granice technologiczne o krok dalej. Tesla nie sprzedaje ich w salonach, lecz w sieci i wzorowanych na Apple sklepach zlokalizowanych w ekskluzywnych centrach handlowych. Nie przewiduje także ogromnych zysków z serwisowania, ponieważ samochód elektryczny nie wymaga wymiany oleju ani innych procedur konserwacyjnych koniecznych w przypadku aut tradycyjnych. Model sprzedaży bezpośredniej przyjęty przez Teslę był potężną obrazą dla dealerów, nawykłych do targowania się z klientami i zarabiania na wygórowanych opłatach eksploatacyjnych. Stacje szybkiego ładowania działają obecnie wzdłuż wielu głównych autostrad w Stanach, Europie i Azji, umożliwiając doładowanie w dwadzieścia minut energii potrzebnej do przejechania setek kilometrów. Są zasilane panelami słonecznymi i bezpłatne dla właścicieli aut Tesli. Podczas gdy większość infrastruktury kraju popada w ruinę, Musk postanawia zbudować futurystyczny system transportowy, który pozwoli Stanom pokonać resztę świata. Jego wizja wcielona w życie wydaje się czerpać ze spuścizny Henry'ego Forda i Johna D. Rockefellera.

Dzięki SolarCity Musk zbudował największą firmę zajmującą się instalacją i finansowaniem paneli słonecznych dla klientów indywidualnych i biznesu. Pomógł stworzyć pomysł na firmę, a obecnie pełni w niej funkcję prezesa, podczas gdy jego kuzyni Lyndon i Peter Rive zajmują się jej prowadzeniem. Firmie udało się obniżyć ceny, dzięki czemu stała się sama w sobie jedną dużą usługą. W czasach, gdy wiele firm stawiających na zrównoważony rozwój bankrutowało, Musk stworzył dwie, które osiągnęły największy światowy sukces. Potężne imperium Musk Co. o wartości netto około dziesięciu miliardów dolarów, zatrudniające tysiące pracowników i odpowiednie osoby na stanowiskach kierowniczych, zmieniło Muska w jednego z najbogatszych ludzi na świecie.

Wizyta w Musk Landzie rzuciła nieco światła na to, jak Muskowi udało się to wszystko osiągnąć. Podczas gdy gadka o „umieszczeniu człowieka na Marsie" może wydać się niektórym zwariowana, to zyskała unikalny slogan reklamowy dla jego biznesu. To rozległy cel pozwalający określić zasadę, wokół której skupiają się wszystkie jego czyny. Wiedzą o tym pracownicy wszystkich trzech firm, jak również o tym, że każdego dnia dążą do niemożliwego. Gdy on wyznacza nierealne cele, wymyśla swoim pracownikom i zmusza ich do pracy ponad siły, wiadomo, że ma to – na pewnym poziomie – służyć powodzeniu misji dotarcia na Marsa. Niektórzy go za to kochają, inni zaś nienawidzą, ale pozostają mu dziwnie lojalni z szacunku do jego pasji i poczucia misji. Muskowi udało się rozwinąć to, czego tak wielu przedsiębiorcom z Doliny Krzemowej brakuje, mianowicie konkretny światopogląd. Jest opętanym geniuszem podążającym najwspanialszą ścieżką, jaką ktokolwiek by sobie wymarzył. Jest w mniejszym stopniu dyrektorem goniącym za bogactwem niż generałem dowodzącym wojskami, pragnącym zapewnić zwycięstwo. Podczas gdy Mark Zuckerberg chce wam pomóc udostępnić zdjęcia bobasów, Musk pragnie… cóż… ocalić ludzkość przed dobrowolnym lub przypadkowym unicestwieniem.

Życie, jakie stworzył Musk by zarządzać wszystkimi tymi przedsięwzięciami, jest niedorzeczne. Typowy tydzień rozpoczyna w swojej rezydencji w Bel Air. W poniedziałek cały dzień pracuje w SpaceX. Wtorek rozpoczyna w SpaceX, potem wskakuje w swój odrzutowiec i leci do Doliny Krzemowej. Kilka dni spędza w Tesli, która ma swoje biura w Palo Alto i fabryki we Fremont. Musk nie ma domu w Kalifornii Północnej, więc nocuje w luksusowym hotelu Rosewood albo u przyjaciół. Aby załatwić taki przyjacielski nocleg, asystentka Muska wysyła e-mail z pytaniem: „Pokój dla jednej osoby?", a po otrzymaniu potwierdzenia gość pojawia się późnym wieczorem. Zazwyczaj zostaje podjęty w pokoju gościnnym, ale zdarzało mu się nocować także na kanapie po chwilach relaksu z grami wideo. W czwartek Musk wraca do Los Angeles i SpaceX. Wspólnie z byłą żoną Justine opiekuje się pięcioma chłopcami: bliźniakami i trojaczkami, którzy przebywają u niego cztery dni w tygodniu. Co roku przelicza liczbę godzin, które spędza w samolotach każdego tygodnia, aby zrozumieć, jak bardzo sprawy wymykają mu się spod kontroli. Spytany o to, jak znosi taki nieludzki grafik, odpowiedział: „Miałem trudne dzieciństwo, być może to mi pomogło".

W trakcie jednej z wizyt w Musk Landzie musiał wcisnąć wywiad dla mnie tuż przed wyprawą na kemping do Parku Narodowego Jeziora Kraterowego w Oregonie. Była prawie ósma wieczorem w piątek, więc Musk wkrótce miał zapakować swoich synów oraz ich opiekunki do swojego prywatnego odrzutowca, a później spotkać się z kierowcami mającymi zawieźć go na miejsce kempingu. Tam przyjaciele mieli pomóc Muskom się rozpakować i zakończyć podróż w środku nocy. Na weekend zaplanowano wędrówkę. W niedzielę po południu Musk odstawiłby chłopców samolotem do Los Angeles. Tego samego wieczoru miał polecieć do Nowego Jorku, przespać się, a z samego rana pojawić w porannych programach śniadaniowych. Potem w planie były spotkania, e-maile, znowu pora na sen, powrót do Los Angeles we wtorek rano i praca w SpaceX. Lot do San Jose we wtorkowe popołudnie do fabryki Tesla Motors. Lot do Waszyngtonu tego samego wieczoru na spotkanie z prezydentem Obamą. W środę wieczorem powrót do Los Angeles, kilka dni pracy w SpaceX i weekendowa konferencja prowadzona przez prezesa Google Erica Schmidta w Yellowstone. W tym czasie Musk rozstał się właśnie ze swoją drugą żoną, aktorką Talulah Riley, i próbował przekalkulować, czy gdzieś w to wszystko uda mu się jeszcze wcisnąć jakieś życie osobiste. „Myślę, że czas przeznaczony na firmy i dzieciaki jest w porządku" – powiedział. „Jednak wolałbym przeznaczyć go więcej na randki. Muszę znaleźć dziewczynę. Dlatego potrzebuję wygospodarować nieco więcej czasu. Jakieś dodatkowe pięć albo dziesięć… ile czasu potrzebuje kobieta tygodniowo? Może dziesięć godzin? To byłoby minimum? No nie wiem".

Musk znajduje niewiele czasu na relaks, ale gdy już go znajduje, wówczas imprezuje z rozmachem równym wszystkim swoim pozostałym czynnościom. Na swoje trzydzieste urodziny wynajął angielski zamek dla około dwudziestu osób. Od drugiej w nocy do szóstej nad ranem trwała tam zabawa zbliżona do „chowanego" nazywana „sardynki", w której jedna osoba ucieka i chowa się, a pozostałe szukają. Kolejna impreza miała miejsce w Paryżu. Musk wraz z braćmi i kuzynami wstali o północy i postanowili jeździć po mieście na rowerach do szóstej rano. Spali cały dzień, a wieczorem wsiedli do Orient Expressu, gdzie ponownie nie spali całą noc. Awangardowa grupa artystów o nazwie Lucent Dossier Experience wróżyła w pociągu z dłoni i wykonywała akrobatyczne popisy. Gdy następnego dnia pociąg dotarł do Wenecji, rodzina Muska jadła obiad, a potem odpoczywała na hotelowym patio, podziwiając Canal Grande do dziewiątej rano. Musk uwielbia także bale kostiumowe. Kiedyś pojawił się w przebraniu rycerza i stoczył pojedynek z karłem w kostiumie Dartha Vadera, zamiast miecza walczył… parasolką.

Na jedną ze swoich ostatnich imprez urodzinowych Musk zaprosił pięćdziesiąt osób do zamku – albo przynajmniej najlepszej amerykańskiej imitacji zamku – w mieście Tarrytown w stanie Nowy Jork. Motywem przewodnim imprezy był japoński steampunk, który wygląda jak mokry sen każdego fana science fiction: mieszanka gorsetów, skóry i kultu maszyny. Musk przebrał się za samuraja.

W trakcie imprezy, w niewielkim teatrze w centrum miasta, goście obejrzeli spektakl zatytułowany *The Mikado* – wiktoriańską operę komiczną autorstwa Gilberta i Sullivana, której akcja osadzona jest w Japonii. „Nie jestem pewna, czy Amerykanie ją zrozumieli" – powiedziała Riley, którą Musk poślubił ponownie po tym, jak jego plan o dziesięciu godzinach w tygodniu zawiódł. Wszystkim jednak podobało się to, co nastąpiło później. Z powrotem na zamku Musk założył opaskę na oczy, został popchnięty na ścianę, w obydwu rękach trzymał balony i kolejny między nogami. Miotacz nożami wziął się do roboty. „Widziałem go wcześniej, ale martwiłem się, że może mieć gorszy dzień" – stwierdził Musk. „Mimo to miałem nadzieję, że dostanę w jedno jądro, a nie w obydwa". Obserwujący byli zdumieni i obawiali się o jego bezpieczeństwo. „To było dziwaczne" – uznał Bill Lee, inwestor technologiczny i jeden z bliskich przyjaciół Muska. „Elon wierzył jednak w naukowe wytłumaczenie wszystkiego".

Jeden z najlepszych na świecie zapaśników sumo pojawił się na imprezie wraz ze swoimi rodakami. Utworzono krąg, a Musk stanął naprzeciwko czempiona. „Ważył niemal sto sześćdziesiąt kilogramów i nie była to kupa tłuszczu" – powiedział Musk. „Dostałem kopa adrenalinowego i udało mi się dźwignąć faceta z ziemi. Pozwolił mi wygrać pierwszą rundę, a potem mi natłukł. Myślę, że nadal mam schrzanione plecy".

Riley zmieniła planowanie tego typu imprez dla męża w prawdziwe dzieło sztuki. Poznała Muska w 2008 roku, gdy jego firmy chyliły się ku upadkowi. Patrzyła, jak traci całą swoją fortunę i zostaje ośmieszony przez prasę. Wie, że piętno tych lat odcisnęło się na nim i wiązało z innymi przykrymi wydarzeniami z jego życia – tragiczną utratą nowo narodzonego synka i brutalnym dzieciństwem w RPA – to wszystko miało wpływ na jego skomplikowaną naturę. Posunęła się daleko, by ucieczki męża od pracy i przeszłości dały mu poczucie odświeżenia, jeśli nie ozdrowienia. „Próbuję myśleć o zabawnych rzeczach, jakich jeszcze nie robił, a które pomogłyby mu się odprężyć" – mówi Riley. „Próbujemy teraz nadrobić jego stracone lata dzieciństwa".

I choć wysiłki Riley z pewnością były szczere, nie były do końca udane. Niedługo po imprezie sumo odnalazłem Muska z powrotem w siedzibie Tesli w Palo Alto. Była sobota, a parking był pełen aut. W biurach pracowały setki młodych mężczyzn: niektórzy projektowali na komputerach komponenty do aut, inni przeprowadzali na biurkach eksperymenty na urządzeniach elektronicznych. Co kilka minut wybuchał donośny śmiech Muska i niósł się po całym pomieszczeniu. Gdy wszedł do sali konferencyjnej, gdzie na niego czekałem, zrozumiałem, jak wyjątkowym wydarzeniem dla wielu osób było przyjście do pracy w sobotę. On tymczasem patrzył na całą sytuację kompletnie inaczej, narzekając, że coraz mniej ludzi pracuje w weekendy. „Jesteśmy pizdami" – odpowiedział. „Właśnie miałem rozesłać e-mail do wszystkich. Zrobiły się z nas zwykłe pizdy" (lojalnie ostrzegam: w tej książce będzie dużo przeklinania. Musk uwielbia brzydkie słowa, podobnie jak większość osób z jego najbliższego otoczenia).

Tego typu deklaracja jest zgodna z naszym wyobrażeniem innych wizjonerów. Nietrudno wyobrazić sobie Howarda Hughesa lub Steve'a Jobsa udzielających swoim pracownikom tak ostrej reprymendy. Tworzenie, zwłaszcza rzeczy wielkich, to brudny biznes. W ciągu dwóch dekad spędzonych na budowaniu firm Musk pozostawił za sobą mnóstwo ludzi, którzy albo go pokochali, albo nim gardzą. W trakcie mojej pracy wszyscy ustawili się w kolejce, by przekazać mi swoją wersję oraz paskudne szczegóły tego, jak działa on sam i jak działają jego firmy.

Moje obiady z Muskiem i okazyjne wycieczki do Musk Landu ujawniły kilka osobnych zestawów możliwych prawd na jego temat. Pragnie stworzyć coś, co ma znacznie większy potencjał niż cokolwiek, co wyszło z rąk Hughesa lub Jobsa. Wybrał branżę kosmiczną i motoryzacyjną, na których jego kraj postawił najwyraźniej krzyżyk, i zmienił je w coś nowego i fantastycznego. W centrum tych przemian legły umiejętności Muska jako programisty oraz zdolność ich zastosowania wobec maszyn. Połączył atomy i bity w sposób, jaki niewielu wydawał się możliwy, a efekt okazał się spektakularny. Prawdą jest, że Musk wciąż ma do pokonania barierę w postaci liczby zamówień iPhone'a albo miliarda kont Facebooka. Obecnie wciąż robi zabawki dla bogaczy, a jego rodzące się imperium może zrujnować eksplodująca rakieta albo masowe wezwania na akcję serwisową Tesli, zwiastujące upadek. Z drugiej strony, firmy osiągnęły już znacznie więcej, niż wydawałoby się to możliwe najgłośniejszym krytykom, a obietnica przyszłości pozwoliła myśleć optymistycznie w chwilach zwątpienia nawet najbardziej zatwardziałym typom. „Dla mnie Elon stanowi doskonały przykład zmian, w jakie wkroczyła Dolina Krzemowa, oraz spojrzenia szerszego niż jedynie na giełdowe zyski i pogoń za kolejnymi opłacalnymi produktami" – powiedział uznany inżynier programista i wynalazca Edward Jung. „To są ważne rzeczy, ale na nich świat się nie kończy. Musimy patrzeć na inne modele, ilustrujące działanie w dłuższej perspektywie i zakładające wykorzystanie technologii". Integracja technologiczna wspomniana przez Junga, owo harmonijne połączenie oprogramowania, elektroniki, zaawansowanych materiałów i przeliczonej mocy w koniach mechanicznych, okazuje się być darem Muska. Wystarczy spojrzeć na to trochę z boku, a prawdopodobnie mógłby użyć swoich umiejętności, by utorować drogę epoce zdumiewających maszyn i snów science fiction.

W tym sensie Musk bardziej przypomina Thomasa Edisona niż Howarda Hughesa. Wynalazca, celebryta, przedsiębiorca i przemysłowiec, zdolny do przekuwania wielkich pomysłów w wielkie rzeczy. Zatrudnia tysiące osób, które kują metale w amerykańskich fabrykach w czasach, gdy inni uznali to za niemożliwe. Urodzony w RPA, dziś wydaje się najbardziej innowacyjnym przemysłowcem w swoim kraju, jednocześnie cechując się niecodziennym myśleniem, dzięki czemu to właśnie on ma szansę wyprowadzić Dolinę Krzemową na bardziej ambitną ścieżkę. Dzięki Muskowi Amerykanie mogą obudzić się za dziesięć lat z najbardziej nowoczesną autostradą świata: systemem tranzytowym sterowanym przez tysiące stacji ładowania zasilanych energią słoneczną, pełnym elektrycznych aut. Do tego czasu SpaceX może codziennie wysyłać rakiety nośne i pojazdy załogowe do dziesiątek miejsc, czyniąc przygotowania do dłuższych wypraw na Marsa. Postępy te wydają się tyleż niepojęte, co nieuniknione, o ile Muskowi uda się zyskać dość czasu, by wcielić je w życie. Jak twierdzi jego była żona Justine: „On robi, co chce, i jest w tym nieustępliwy. To jego świat, a my wszyscy po prostu w nim żyjemy”.

2
AFRYKA

OPINIA PUBLICZNA po raz pierwszy poznała Elona Reeve'a Muska w 1984 roku. W magazynie ekonomicznym Republiki Południowej Afryki zatytułowanym „PC and Office Technology" pojawił się kod źródłowy do gry wideo jego autorstwa. Nosiła nazwę *Blastar* i była grą inspirowaną science fiction z fabułą osadzoną w kosmosie i wymagała do uruchomienia stu sześćdziesięciu siedmiu linijek instrukcji. To było w czasach, gdy pierwsi użytkownicy komputerów używali komend, aby zmusić swoje komputery do czegokolwiek. W tym kontekście gra Muska nie świeciła niczym diament na firmamencie nauk komputerowych, ale z pewnością przewyższała dokonania większości dwunastolatków. Publikacja w magazynie przyniosła mu pięćset dolarów i pozwoliła dowiedzieć się o nim kilku ciekawych rzeczy. Kod do *Blastara* opisany na sześćdziesiątej dziewiątej stronie magazynu pokazuje, że młody człowiek chciał być znany pod fantastycznie brzmiącym nazwiskiem „E.R. Musk" oraz że w głowie już krążyły mu wizje wielkich podbojów. Krótkie podsumowanie podaje: „W tej grze musisz zniszczyć obcy kosmiczny frachtowiec przewożący zabójcze bomby wodorowe i maszyny z wiązkami statusu. Ta gra dobrze wykorzystuje elementy graficzne i animację, w tym sensie czyniąc pozycję wartą dalszej lektury" (w chwili powstawania tego tekstu nawet Internet nie wie, czym są „maszyny z wiązkami statusu").

Chłopiec fantazjujący o kosmosie oraz bitwach między dobrem i złem to nic nowego. Ale taki, który poważnie traktuje swoje marzenia, jest już kimś wyjątkowym. Tak było w przypadku młodego Elona Muska. Jako nastolatek zmieszał swoje fantazje z rzeczywistością do tego stopnia, że trudno było je oddzielić w jego umyśle. Postrzegał los człowieka we wszechświecie jako osobiste zobowiązanie. A jeśli to oznaczało walkę o ekologiczną technologię energetyczną lub budowę statków kosmicznych zdolnych zwiększyć zasięg naszego gatunku – niech tak będzie. On znalazłby sposób, by to urzeczywistnić. „Być może w dzieciństwie przeczytałem zbyt wiele komiksów" – powiedział. „W nich wszyscy zawsze próbują ratować świat. Wydawało się, że trzeba spróbować uczynić go lepszym miejscem do życia, bo działanie na odwrót nie ma sensu".

Jako czternastolatek Musk popadł w kryzys egzystencjalny. Próbował sobie z nim radzić jak większość innych utalentowanych młodych ludzi – szukając odpowiedzi w tekstach religijnych i filozoficznych. Zapoznawszy się z szeregiem alternatyw, wrócił w dużej mierze do punktu wyjścia, przyjmując nauki science fiction odnalezione w jednej z najbardziej wpływowych książek swojego życia – *Autostopem przez galaktykę* Douglasa Adamsa. „Autor wskazuje, że jedną z najtrudniejszych rzeczy jest postawienie właściwych pytań" – powiedział Musk. „Gdy jednak je postawisz, odpowiedź jest relatywnie prosta. Doszedłem do wniosku, że tak naprawdę powinniśmy aspirować do poszerzania zakresu i skali ludzkiej świadomości, aby lepiej zrozumieć, jakie pytania należy zadawać". Nastoletni Musk dotarł wówczas do swojej ultralogicznej deklaracji celu. „Jedyną sensowną rzeczą jest dążenie do większego zbiorowego oświecenia" – stwierdził.

Nietrudno dostrzec niektóre fundamenty poszukiwania celu Muska. Urodzony w 1971 roku, dorastał w Pretorii, dużym mieście w północno-wschodniej części RPA, ledwie godzinę jazdy od Johannesburga. Widmo apartheidu unosiło się nad jego dzieciństwem, gdy krajem nieustannie wstrząsały napięcia i przemoc. Czarni i biali walczyli ze sobą, podobnie jak pozostające w konflikcie miejscowe plemiona. Musk skończył cztery lata ledwie kilka dni po masakrze w Soweto, gdzie setki czarnych uczniów zginęły w trakcie antyrządowych protestów. Przez lata RPA zmagała się z sankcjami ze strony innych krajów ze względu na rasistowską politykę. Musk cieszył się luksusem podróży zagranicznych w dzieciństwie i zapewne zetknął się z opinią, jaką jego kraj posiadał w innych miejscach na świecie.

Jeszcze większy wpływ na osobowość Muska wywarła jednak kultura białych Afrykanerów, bardzo powszechna w Pretorii i okolicach. Celebrowano zmaskulinizowane zachowanie, szanowano twardych osiłków. On cieszył się wprawdzie pewnymi przywilejami, ale żył jak wyrzutek, którego powściągliwy charakter i geekowskie uwagi pozostawały w kontraście do obowiązujących wówczas norm. Nieustannie utwierdzał się w przekonaniu, że coś jest nie tak z całym światem wokół niego i niemal od pierwszych lat życia planował ucieczkę z rodzinnego miasta, marząc o życiu tam, gdzie mógłby pozwolić swojej osobowości i fantazjom rozkwitać. Postrzegał Stany w najbardziej oklepany z możliwych sposobów – jako krainę możliwości, scenę, na której mógłby realizować swoje marzenia. I właśnie w ten sposób ów samotny, niezdarny chłopiec z RPA, który z rozbrajającą szczerością mówił o dążeniu do „zbiorowego oświecenia", został najbardziej nieustraszonym amerykańskim przemysłowcem.

Gdy Musk w końcu dotarł do Stanów, mając dwadzieścia kilka lat, był to dla niego powrót do korzeni. Drzewo rodzinne sugeruje, że jego przodkowie po kądzieli, noszący szwedzko-niemieckie nazwisko Haldeman, wyruszyli do Nowego Jorku w trakcie amerykańskiej wojny o niepodległość. Stamtąd rozprzestrzenili się na środkowoamerykańskie równiny – głównie na tereny stanów Illinois i Minnesoty. „Nasza rodzina walczyła po obydwu stronach wojny secesyjnej, byliśmy farmerami" – powiedział Scott Haldeman, wuj Muska i nieoficjalny rodzinny historyk.

Przez całe dzieciństwo koledzy dokuczali Muskowi z powodu jego nietypowego nazwiska. Imię otrzymał po pradziadku, Johnie Elonie Haldemanie, urodzonym w roku 1872[1] w Illinois, który następnie przeniósł się do Minnesoty. Tam John poznał swoją żonę, Almedę Jane Norman, pięć lat młodszą od siebie. Do roku 1902 małżeństwo mieszkało w chacie z bali w mieście Pequot, gdzie przyszedł na świat dziadek Muska – Joshua Norman Haldeman. Kiedy dorośnie, będzie człowiekiem ekscentrycznym i wyjątkowym – wzorem dla swojego wnuka[I].

Joshua Norman Haldeman był młodzieńcem wysportowanym i niezależnym. W roku 1907 jego rodzina przeniosła się na stepy Saskatchewan, a ojciec wkrótce zmarł, pozostawiając kierowanie gospodarką zaledwie siedmioletniemu synowi. Joshua ujeżdżał dzikie konie, boksował się i uprawiał zapasy. Układał również konie dla miejscowych farmerów, często odnosząc przy tym kontuzje, a także zorganizował pierwsze rodeo na terenie Kanady. Rodzinne zdjęcia ukazują go w ozdobnych czapsach, demonstrującego swoje umiejętności kręcenia lassem. Jako nastolatek opuścił dom, aby zdobyć dyplom kręgarski w Palmer School of Chiropractic w Iowa, a następnie wrócił, żeby uprawiać ziemię.

Podczas wielkiego kryzysu z lat trzydziestych XX wieku Haldemana dotknęły problemy finansowe. Nie był w stanie spłacać pożyczek zaciągniętych na sprzęt i bank przejął ponad dwa tysiące

---

[I] Dwa lata po narodzinach syna John Elon zaczął wykazywać pierwsze objawy cukrzycy. Wówczas choroba ta była śmiertelna, a John, mając ledwie 32 lata, dowiedział się, że zostało mu raptem pół roku życia. Almeda, z niewielkim doświadczeniem pielęgniarskim, opracowała jakiegoś rodzaju eliksir lub terapię, które miały przedłużyć życie jej mężowi. Zgodnie z legendą rodzinną, dzięki jej zabiegom kręgarskim John przeżył jeszcze pięć lat, a kręgarstwo stało się rodzinną tradycją. Almeda ukończyła szkołę chiropraktyczną w Minneapolis i została doktorem w 1905 roku. Prababka Muska założyła własną klinikę i, o ile wiadomo, została pierwszą kręgarką w Kanadzie.

hektarów jego ziemi. „Od tego czasu tata nie wierzył ani w banki, ani w kurczowe trzymanie pieniędzy" – powiedział Scott Haldeman, który zrobił dyplom kręgarski w tej samej szkole chiropraktyki co ojciec i został jednym z najlepszych specjalistów od bólu kręgosłupa na świecie. Po utracie farmy w 1934 roku Haldeman prowadził nieco koczownicze życie, jakie jego wnuk naśladował w Kanadzie kilkadziesiąt lat później. Mierzył ponad sto dziewięćdziesiąt centymetrów wzrostu, imał się dziwnych zajęć na budowie oraz występował na rodeo, zanim ustatkował się jako kręgarz[II].

Przed rokiem 1948 Haldeman poślubił kanadyjską instruktorkę tańca Winnifred Josephine Fletcher, zwaną Wyn, i dorobił się świetnie prosperującej praktyki zawodowej. W tym roku rodzina, do której należeli już syn i córka, powitała na świecie bliźniaczki Kaye i Maye, matkę Muska. Dzieci mieszkały w trzypiętrowym, dwudziestopokojowym domu, w którym mieściło się studio taneczne, gdzie Wyn prowadziła zajęcia. Nieustannie pragnąc czegoś nowego, Haldeman zainteresował się pilotażem i kupił własny samolot. Rodzina zyskała pewien rozgłos, gdy ludzie usłyszeli o tym, jak pakował wraz z żoną dzieci na tył jednosilnikowego samolotu w podróż po Ameryce Północnej. Haldeman często przylatywał na spotkania polityczne i kręgarskie, a po latach napisał wraz z żoną książkę pod tytułem *The Flying Haldemans: Pity the Poor Private Pilot* (Latający Haldemanowie: cywilny pilot niskich lotów).

Wydawało się, że wszystko idzie po jego myśli, gdy w 1950 roku postanowił rozdać cały majątek. Lekarz-polityk długo walczył przeciwko ingerencji rządu w życie obywatela, a biurokracja kanadyjska była dla niego zbyt natrętna. Człowiek, który w swoim domu zakazał przeklinania, palenia, coca-coli i mąki oczyszczonej, uznał, że moralność Kanady zaczęła się chylić ku upadkowi. Cechowała

---

[II] Haldeman próbował także sił w polityce, starając się założyć własną partię w Saskatchewan, wydając biuletyn i głosząc konserwatywne, antysocjalistyczne idee. Później bez skutku startował w wyborach do parlamentu oraz do Social Credit Party.

go przy tym ciągła żądza przygody. W ciągu kilku miesięcy rodzina sprzedała dom, studio i gabinet, by przenieść się do nieznanego zupełnie RPA. Scott pamięta, że pomagał ojcu rozmontowywać rodzinny samolot, Bellanca Cruisair z 1948 roku, który pakowali do skrzyń przed wysyłką do Afryki. Po przybyciu do RPA samolot złożono, po czym rodzina zwiedziła kraj w poszukiwaniu miłego miejsca do życia, ostatecznie osiedlając się w Pretorii, gdzie ojciec otworzył nowy gabinet.

Rodzinny duch przygody wydawał się nie znać granic. W 1952 roku Joshua i Wyn odbyli lot liczący ponad trzydzieści pięć tysięcy kilometrów, z Afryki do Szkocji i Norwegii. Wyn pełniła rolę nawigatora i choć nie miała licencji pilota, czasem przejmowała stery. Małżonkowie pobili ten rekord dwa lata później, lecąc niemal pięćdziesiąt tysięcy kilometrów do Australii i z powrotem. Gazety rozpisywały się o ich wycieczce, a oni sądzili, że są jedynymi cywilnymi pilotami, którzy pokonali tę trasę samolotem jednosilnikowym[III].

Gdy nie byli w powietrzu, Haldemanowie krążyli po buszu w trakcie wielomiesięcznych ekspedycji w poszukiwaniu Utraconego Miasta na pustyni Kalahari, gdzieś na południu Afryki. Zdjęcie rodzinne z jednej z owych wypraw pokazuje pięcioro dzieci w środku afrykańskiego buszu. Zebrały się wokół dużego metalowego garnka podgrzewanego nad żarem ogniska. Wyglądają na odprężone, siedząc na składanych krzesełkach ze skrzyżowanymi nogami i czytając książki. Z tyłu widać czerwony samolot Bellanca, namiot i auto. Spokój tej sceny maskuje niebezpieczeństwo, jakie czaiło się za każdą z tych wypraw. W trakcie jednej z wypraw auto rodziny uderzyło w pień drzewa, a zderzak przebił chłodnicę. Zagubiony

---

[III] Podróż odbyła się wzdłuż wybrzeża Afryki, przez Półwysep Arabski, Iran, Indie i Malezję, a później Morze Timor do Australii. Wyrobienie niezbędnych wiz i innych dokumentów zajęło rok, a w trakcie lotu oboje nieustannie cierpieli z powodu wirusów pokarmowych i zmian w grafiku. „Tata zemdlał w trakcie lotu nad Morzem Timor i mama musiała lecieć aż do Australii. Obudził się dopiero przed lądowaniem" – powiedział Scott Haldeman. „To była męczarnia".

w głuszy, bez środków komunikacji, Joshua pracował trzy dni, aby naprawić samochód, podczas gdy rodzina polowała. Wielokrotnie hieny i lamparty okrążały obóz nocą, a pewnego ranka rodzina po przebudzeniu zastała lwa metr od głównego stołu. Joshua złapał pierwszy przedmiot, jaki wpadł mu w ręce – lampę – zaczął nią machać, każąc lwu odejść. Lew posłuchał[IV].

Haldemanowie mieli liberalne podejście do wychowania dzieci, co przeniosło się na kolejne pokolenia i objęło także Muska. Nigdy ich nie karali, a Joshua wierzył, że potrafią one instynktownie zachować się właściwie. Gdy rodzice lecieli na jedną ze swoich niezwykłych wypraw, dzieci zostawały w domu. Scott nie przypomina sobie, aby ojciec kiedykolwiek pojawił się w szkole, nawet pomimo faktu, że syn był kapitanem drużyny rugby i prefektem[V]. „Po prostu oczekiwał, że nie będzie takiej potrzeby" – powiedział Scott. „Dawał nam odczuć, że mamy nieograniczone możliwości. Po prostu podejmujesz decyzję i wcielasz ją w życie. W tym sensie mój ojciec byłby z Elona bardzo dumny".

Haldeman zmarł w 1974 roku w wieku siedemdziesięciu dwóch lat. Wykonywał próbne lądowania w swoim samolocie i nie zauważył przewodów przymocowanych do dwóch słupów. Przewody zaplątały się o koła samolotu i przewróciły go, a Haldeman skręcił kark. Elon miał ledwie trzy lata. Przez całe dzieciństwo słyszał historie o niezwykłych przygodach swojego dziadka, oglądał nieskończone ilości slajdów z jego podróży i wycieczek do buszu. „Babcia opowiadała mi, jak kilkakrotnie niemal zginęli w trakcie swoich wypraw" – mówił Musk. „Lecieli samolotem właściwie bez żadnych

---

[IV] Zarówno Joshua, jak i Wyn, byli świetnymi strzelcami, dlatego wygrywali narodowe mistrzostwa. W połowie lat pięćdziesiątych zajęli także pierwsze miejsce w wyścigach samochodowych z Cape Town do Algieru, w swoim fordzie kombi pokonując profesjonalistów.

[V] W krajach anglosaskich prefekci to uczniowie o nienagannej opinii i świetnych wynikach, cieszący się autorytetem wśród kolegów, pełniący szereg obowiązków organizacyjnych, dbający o atmosferę i zachowanie wśród uczniów. Częściowo funkcja ta odpowiada obowiązkom szkolnego starosty. [przyp. tłum.]

urządzeń, nawet bez radia, mieli mapy drogowe zamiast lotniczych, a niektóre z nich nie były nawet aktualne. Moją babcię przepełniała żądza przygody, pragnienie robienia szalonych rzeczy". Elonowi podoba się pomysł, że swoją nadzwyczajną tolerancję ryzyka mógł odziedziczyć po dziadku. Po wielu latach od ostatniej prezentacji rodzinnych zdjęć Elon chciał odkupić czerwoną Bellancę, ale nie był w stanie jej odnaleźć.

Matka Elona, Maye Musk, dorastała, ubóstwiając rodziców. W młodości uważano ją za nerda. Lubiła matematykę i przyrodę, dobrze radziła sobie z pracami okresowymi. Gdy skończyła piętnaście lat, zaczęto zauważać również jej inne przymioty. Maye była przepiękna. Wysoka, z popielatymi włosami, miała wydatne kości policzkowe i niezwykłą urodę. Przyjaciel rodziny prowadził szkołę modelingu, gdzie Maye wzięła kilka lekcji. W weekendy chodziła po wybiegu, pozowała do magazynów, od czasu do czasu pokazała się na wydarzeniu w domu jakiegoś senatora lub ambasadora, aż została finalistką wyborów Miss RPA (Maye kontynuowała karierę jeszcze po sześćdziesiątce, pojawiając się na okładkach takich magazynów, jak „New York" czy „Elle" oraz w teledyskach Beyoncé).

Maye i ojciec Elona, Errol Musk, dorastali w tej samej dzielnicy. Spotkali się po raz pierwszy, gdy urodzona w 1948 roku Maye miała mniej więcej jedenaście lat. Ona była kujonem, a on ulubieńcem wszystkich, ale kochał się w niej od lat. „Zakochał się we mnie ze względu na moje nogi i zęby" – powiedziała Maye. Spotykali się z przerwami w trakcie studiów. Zgodnie z jej relacją Errol przez około siedem lat uparcie starał się o jej rękę i w końcu mu się udało. „Bez przerwy się oświadczał" – wspominała.

Małżeństwo od początku było skomplikowane. Maye zaszła w ciążę w trakcie miesiąca miodowego i urodziła Elona 28 czerwca 1971 roku, dziewięć miesięcy i dwa dni od dnia ślubu. I choć nie zdążyli się nacieszyć małżeńskim szczęściem, udało im się rozpocząć przyzwoite życie w Pretorii. Errol pracował jako inżynier mechanik i elektryk, obsługując duże projekty, jak biurowce, kompleksy handlowe, dzielnice mieszkaniowe czy bazy lotnictwa wojskowego, podczas gdy Maye otworzyła gabinet dietetyczny. Niewiele ponad rok później urodził się brat Elona, Kimbal, a wkrótce później na świat przyszła ich siostra, Tosca.

Elon wykazywał wszystkie cechy ciekawskiego, żywego malca. Szybko się uczył, a Maye, jak każda matka, uznawała syna za genialnego i nad wyraz rozwiniętego. „Wydawał się rozumieć rzeczy szybciej niż inne dzieciaki" – powiedziała. Kłopotliwe było to, że wydawał się czasem pogrążać w jakimś transie. Ludzie do niego mówili, ale nic nie docierało, gdy patrzył w ten konkretny, nieobecny sposób. To zdarzało się na tyle często, że rodzice i lekarze myśleli, iż chłopiec może być głuchy. „Czasem on cię po prostu nie słyszał" – wspomina Maye. Lekarze wykonali serię badań i postanowili usunąć Elonowi migdałki, co często poprawia słuch u dzieci. „Cóż, nic się nie zmieniło" – powiedziała matka. Stan chłopca był znacznie silniej związany z połączeniami neuronowymi w jego mózgu niż z kondycją narządu słuchu. „On pogrąża się w myślach, a ty po prostu widzisz, że jest w innym świecie" – tłumaczy Maye. „Nadal tak robi. Teraz po prostu go zostawiam, bo wiem, że pewnie projektuje nową rakietę czy coś w tym stylu".

Inne dzieci nie reagowały zbyt dobrze na tego typu sny na jawie. Można było wykonywać przed Muskiem pajacyki albo krzyczeć mu w twarz, a on nawet by tego nie zauważył. Wciąż myślał, a wszyscy wokół uważali, że jego zachowanie jest albo bardzo niegrzeczne, albo bardzo dziwaczne. „Uważam, że Elon był zawsze trochę inny, ale w nerdowski sposób" – wyjaśnia Maye. „To nie ułatwiało mu zawierania przyjaźni z rówieśnikami".

Dla niego jednak te chwile zamyślenia były cudowne. Mając pięć czy sześć lat, znalazł sposób, by odciąć się od świata zewnętrznego, a całą swoją koncentrację skierować na pojedyncze zadanie. Ta umiejętność wypływała częściowo z bardzo wizualnego trybu funkcjonowania jego umysłu. Musk widzi obrazy z jasnością i szczegółami, które dziś możemy porównać do inżynieryjnego schematu sporządzonego za pomocą programu komputerowego. „Wydaje się, że część mózgu odpowiedzialna za przetwarzanie obrazów odbieranych przez moje oczy zostaje przejęta przez wewnętrzne procesy myślowe" – tłumaczył Musk. „Dziś nie mogę robić tego zbyt często, bo zbyt wiele rzeczy wymaga mojej uwagi, ale w dzieciństwie nieustannie mi się to zdarzało". Komputery dzielą najtrudniejsze zadania między dwa typy chipów. Chipy graficzne odpowiadają za przetwarzanie obrazów z programów telewizyjnych lub gier, a obliczeniowe za ogólne procesy i operacje matematyczne. Z czasem Musk uwierzył, że jego mózg zachowuje się jak chip graficzny, który pozwala mu patrzeć na świat, powiela widziane obrazy, a następnie wyobraża sobie, jak widziane obiekty mogłyby zmienić się lub zachować podczas interakcji z innymi. „Potrafię przetwarzać współzależności i relacje algorytmiczne dla obrazów i liczb" – powiedział. „Bardzo jasno widzę wpływ obiektów na przyspieszenie, pęd czy energię kinetyczną".

Najbardziej uderzającą cechą osobowości małego Elona był zwyczaj czytania. Od wczesnego dzieciństwa wydawał się nie rozstawać z książką. „Nie było dla niego niczym dziwnym czytanie przez dziesięć godzin dziennie" – wspominał Kimbal. „Przez weekend potrafił pochłonąć dwie książki". Rodzina często wyprawiała się na zakupy, podczas których Elon się gubił. Maye lub Kimbal odnajdowali go w najbliższej księgarni, gdzie siedział gdzieś z tyłu na podłodze, czytając pogrążony w transie.

Z biegiem lat Elon sam szedł do księgarni po lekcjach, o drugiej po południu, i siedział tam do czwartej, do powrotu rodziców z pracy. Buszował po dziale beletrystyki, potem komiksów, na koniec zostawiając literaturę faktu. „Czasem wyrzucano mnie ze sklepu, ale rzadko" – wspominał. Wśród swoich ulubionych tytułów wymienia trylogię *Władca Pierścieni*, cykl *Fundacja* Isaaca Asimova oraz *Luna to surowa pani* Roberta Heinleina, tuż obok *Autostopem przez galaktykę*. „W końcu w bibliotece szkolnej i osiedlowej zabrakło już dla mnie książek" – mówił. „To było może w trzeciej lub czwartej klasie. Starałem się przekonać bibliotekarkę, by zamówiła coś dla mnie. Zacząłem czytać *Encyclopedię Britannica*. To było bardzo pomocne. Człowiek nie ma świadomości poziomu własnej niewiedzy. Uświadamia sobie, jak wiele rzeczy istnieje gdzieś tam, w świecie".

Elon przebrnął przez dwa tomy encyklopedii, co raczej nie pomogło mu zyskać nowych przyjaciół. Miał pamięć fotograficzną, a przeczytane tomy zmieniły go w fabrykę wiedzy. Został klasycznym przypadkiem mądrali. Gdy podczas obiadu Tosca zastanawiała się, ile wynosi odległość z Ziemi na Księżyc, Elon natychmiast podawał jej dokładną liczbę z perygeum i apogeum. „Jeśli pojawiło się jakiekolwiek pytanie, Tosca zawsze mawiała: »Spytajcie młodego geniusza«" – wspomina Maye. „Można było go zapytać o cokolwiek. Po prostu wszystko zapamiętywał". Elon ugruntował swoją reputację mola książkowego dodatkową niezdarnością. „Nie był typem sportowca" – dodała matka.

Maye opowiadała o tym, jak pewnego wieczoru Elon bawił się na zewnątrz z rodzeństwem i kuzynami. Gdy jeden poskarżył się z powodu lęku przed ciemnością, Elon podkreślił, że „ciemność to jedynie brak światła", co niewiele pomogło przestraszonemu dziecku. Jako młody chłopak cechował się nieustanną potrzebą poprawiania innych, a w obyciu był nieprzyjemny, co odstręczało kolegów i pogłębiało jego poczucie izolacji. On jednak szczerze sądził, że ludzie będą zadowoleni z powodu wytykania im błędów w rozumowaniu. „Dzieciaki nie lubią tego typu odpowiedzi" – podkreśla Maye. „One powiedzą raczej: »Elon, nie chcemy się już z tobą bawić«. Jako matka byłam tym bardzo zasmucona, ponieważ sądzę, że chciał mieć przyjaciół. Kimbal i Tosca przyprowadzali swoich do domu, a on nie, choć chciał się z nimi bawić. Ale był kłopotliwy w obyciu". Maye namawiała pozostałe dzieci, aby nie izolowały brata, a one odpowiadały tak, jak można się tego spodziewać: „Ale mamo, z nim nie da się bawić". Z biegiem lat Elon wykształcił jednak silną, pełną uczucia więź z rodzeństwem i kuzynami – synami swojej ciotki. Choć w szkole był samotnikiem, na łonie rodziny był otwarty i ostatecznie, jako najstarszy w grupie, objął rolę głównego inicjatora zabaw.

Przez pewien czas życie domowe Musków upływało w harmonii. Rodzina posiadała jeden z największych domów w mieście dzięki powodzeniu firmy Errola. Istnieje zdjęcie trojga dzieci, zrobione, gdy Elon miał około ośmiu lat, ukazujące jasnowłose, wysportowane rodzeństwo siedzące obok siebie na murowanym ganku na tle słynnych fioletowych drzew jakaranda rosnących w Pretorii. Elon ma duże, okrągłe policzki i szeroki uśmiech.

Jednak wkrótce po zrobieniu zdjęcia rodzina się rozpadła. Rodzice w ciągu roku rozeszli się, a następnie rozwiedli. Maye przeprowadziła się z dziećmi do rodzinnego domu letniskowego w Durbanie, na wschodnim wybrzeżu RPA. Kilka lat później Elon zdecydował, że chciałby zamieszkać z ojcem. „Ojciec wydawał się jakiś smutny i samotny, a mama miała trójkę dzieci" – wspominał Musk. „To było niesprawiedliwe". Niektórzy krewni uznali ten pomysł za dobry, doszukując się w nim logicznej motywacji typowej dla chłopca, podczas gdy inni uznali go za wyraz nacisków Cory, babki ze strony ojca. „Nie mogłam zrozumieć, dlaczego chciał opuścić ten szczęśliwy dom, jaki dla niego stworzyłam" – zastanawiała się Maye. „Ale Elon jest zamkniętą księgą". Justine Musk, była żona Elona i matka jego pięciu synów, podejrzewa, że bardziej identyfikował się z mężczyzną w rodzinie i jego decyzja nie miała emocjonalnych pobudek. „Nie wydaje mi się, aby był szczególnie blisko związany z którymkolwiek z rodziców" – powiedziała, opisując klan Musków jako przeciwieństwo troskliwej i czułej rodziny. Kimbal później także wybrał życie z Errolem, uznając po prostu za naturalne, że syn woli mieszkać z ojcem.

Za każdym razem, gdy wypływa temat Errola, członkowie rodziny generalnie są zgodni, że nie jest przyjemny w obyciu, ale odmawiają wypowiedzi na jego temat. Ojciec Elona ożenił się ponownie, a Elon ma dwie młodsze siostry przyrodnie, dla których jest opiekuńczym bratem. Starają się unikać niepochlebnych opinii na temat ojca, aby nie sprawić przykrości siostrom.

Generalnie sprawa wygląda tak: rodzina Errola posiada południowoafrykańskie korzenie. Klan Musków może prześledzić swoje dzieje w tym kraju jakieś dwieście lat wstecz i odnaleźć wpis w pierwszej książce telefonicznej Pretorii. Ojciec Errola Walter Henry James Musk był sierżantem w wojsku. „Pamiętam, że rozmawiał bardzo rzadko" – powiedział Elon. „Po prostu pił whisky, był gburowaty i świetnie radził sobie z rozwiązywaniem krzyżówek". Z kolei jego matka Cora Amelia urodziła się w angielskiej rodzinie intelektualistów. Z otwartymi ramionami przyjęła zarówno sławę, jak i wnuki. „Nasza babcia miała bardzo dominującą osobowość i była kobietą przedsiębiorczą" – wspominał Kimbal. „Wywarła ogromny wpływ na nasze życie". Elon uważał swoją relację z Naną, bo tak ją nazywał, za bardzo bliską. „Po rozwodzie często się mną zajmowała" – mówił. „Odbierała ze szkoły, a potem graliśmy w scrabble".

Z pozoru życie w domu Errola wydawało się wspaniałe. Miał mnóstwo książek, które Elon mógł czytać, pieniądze na komputer i wszystko, czego chłopiec zapragnął. Zabierał dzieci na zamorskie wycieczki. „To była wspaniała zabawa" – wspominał Kimbal. „Mam z tego okresu mnóstwo świetnych wspomnień".

Errol imponował także dzieciom swoją inteligencją i udzielił im kilku praktycznych wskazówek. „Był utalentowanym inżynierem" – mówił Elon. „Wiedział, jak działa każdy obiekt fizyczny". Obydwaj synowie odwiedzali miejsca, gdzie ojciec prowadził akurat projekty, by nauczyć się, jak kłaść cegły i instalacje wodno-kanalizacyjne, montować okna i rozprowadzać przewody elektryczne. „To były fajne chwile" – wspominał Elon.

Według relacji Kimbala ojciec był „wszechobecny i niezwykle wymagający". Siadał z chłopcami i przez trzy lub cztery godziny mówił do nich, a oni nie mogli odpowiedzieć. Wydawał się czerpać przyjemność z trzymania synów krótko i odbierał całą radość typowym dziecięcym rozrywkom. Od czasu do czasu Elon próbował przekonać go do przeprowadzki do Stanów i często mówił o swoich zamiarach ułożenia sobie tam życia w latach późniejszych. Errol karał za to syna. Odsyłał gosposie i zmuszał go do wykonywania wszystkich prac domowych, aby ten mógł poznać, co to znaczy „bawić się w Amerykanina".

Choć bracia odmówili podania szczegółów, wyraźnie doznali ze strony ojca jakiejś strasznej i głębokiej krzywdy w trakcie spędzonych z nim lat. Obydwaj mówili o znoszeniu swego rodzaju psychicznych tortur. „On zdecydowanie wydziela jakąś poważną chemię" – powiedział Kimbal. „Jestem pewien, że obaj z Elonem ją odziedziczyliśmy. To było niezwykle trudne emocjonalnie dzieciństwo, ale dzięki niemu jesteśmy dziś tym, kim jesteśmy". Maye zjeżyła się na wieść o tym, że mamy rozmawiać o jej byłym mężu: „Nikt się z nim nie dogaduje. On nie jest miły dla ludzi. Nie chcę przytaczać rodzinnych historii, bo są okropne. To rzeczy, o których się nie mówi. Dotyczą dzieci i wnuków".

Gdy poprosiłem o rozmowę na temat Elona, Errol odpowiedział mi przez e-mail: „Gdy mieszkał ze mną, Elon był bardzo niezależnym i nieustannie skoncentrowanym dzieckiem. Kochał informatykę, zanim jeszcze ktokolwiek w RPA wiedział, czym ona jest, a jego zdolności były powszechnie znane, zanim skończył dwanaście lat. Razem z bratem Kimbalem podejmowali się tak wielu różnych czynności, że trudno je wymienić. Podróżowali ze mną po kraju i świecie, regularnie odwiedzając wszystkie kontynenty od czasu, gdy skończyli sześć lat. Elon i jego rodzeństwo byli i nadal pozostają wyjątkowi w każdy sposób, w jaki ojciec mógłby tego pragnąć. Jestem bardzo dumny z osiągnięć Elona".

Errol dodał syna jako adresata w nagłówku wiadomości, a on sam ostrzegł mnie, abym nie wierzył słowom jego ojca, upierając się, że jego ogląd na przeszłe wydarzenia nie jest zgodny z rzeczywistością. „To dziwak" – uciął Musk. Gdy mimo to naciskałem na szczegóły, zbył mnie. „Z pewnością rzetelne będzie stwierdzenie, że nie miałem udanego dzieciństwa" – wyznał. „To zabrzmi dobrze.

Nie było całkiem pozbawione dobrych doświadczeń, ale nie było też szczęśliwe. To była udręka. On z pewnością jest dobry w zamienianiu życia w udrękę. Potrafi każdą, nawet najlepszą sytuację zmienić w torturę. To nie jest szczęśliwy człowiek. Nie wiem… kurwa… Nie wiem, jak można stać się kimś takim. Nie mogę powiedzieć nic więcej, to by sprawiło zbyt wiele kłopotów". Elon i Justine poprzysięgli, że ich dzieci nigdy nie poznają Errola.

Niespełna dziesięcioletni Elon po raz pierwszy zobaczył komputer w Sandton City Mall w Johannesburgu. „Mieli tam sklep z elektroniką, w którym głównie sprzedawano sprzęt hi-fi, ale pewnego dnia w jakimś kącie pojawiło się kilka komputerów" – wspominał Musk. To był dla niego wstrząs. „Moją reakcję dało się streścić w słowach: »Ożeż w mordę!«" Oto maszyna, którą można było zaprogramować do wykonywania woli człowieka. „Musiałem go mieć, więc zacząłem nagabywać o to ojca" – powiedział. Wkrótce został właścicielem Commodore VIC-20, popularnego modelu do użytku domowego, który trafił do sprzedaży w 1980 roku. Komputer miał pięć kilobajtów pamięci i dołączano do niego podręcznik na temat programowania w języku BASIC. „Szacowano, że przestudiowanie wszystkich lekcji zajmie jakieś pół roku" – wspominał Elon. „Ja tak się zafiksowałem, że nie spałem przez trzy dni i udało mi się go skończyć w tym czasie. Wydawał mi się najbardziej zniewalającą rzeczą, z jaką się dotąd spotkałem". Pomimo swojego zawodu ojciec Muska miał w sobie coś z luddysty i lekceważąco traktował nowo zakupioną maszynę. Według relacji Elona: „powiedział, że to tylko do gier i że nigdy nie będę w stanie zrobić na tym nic technicznego. Odpowiedziałem: »Jak uważasz«".

Pomimo spędzania czasu w książkach i przy nowym komputerze, Elon dość często zabierał Kimbala i kuzynów (dzieci Kaye): Russa, Lyndona i Petera Rive'a na wyprawy. Pewnego roku sprzedawali po domach w sąsiedztwie jaja wielkanocne. Nie były zbyt ładnie ozdobione, ale chłopcom i tak udało się zyskać na nich kilkaset procent dzięki zamożnym sąsiadom. Elon dowodził również grupowymi pracami nad domowym wyrobem środków wybuchowych i rakiet. W RPA niedostępne były popularne wśród hobbystów zestawy rakiet Estes, więc tworzył własne mieszanki chemiczne i umieszczał je w kanistrach. „To niewiarygodne, jak wiele rzeczy może wybuchnąć ” – powiedział. „Saletra, siarka i węgiel drzewny są podstawowymi składnikami prochu, ale wystarczy połączyć silny kwas z mocną zasadą, by uwolnić znaczną ilość energii. Granulowany chlor z płynem hamulcowym daje naprawdę imponujący efekt. Mam szczęście, że zachowałem wszystkie palce". Gdy nie bawili się środkami wybuchowymi, chłopcy zakładali kilka warstw ubrań oraz gogle i strzelali do siebie ze śrutówek. Elon i Kimbal ścigali się na crossach po pustych placach, dopóki pewnego dnia Kimbal nie spadł ze swojego motocykla, lądując na płocie z drutu kolczastego.

Z biegiem lat kuzyni zaczęli coraz poważniej traktować swoje biznesowe plany, nawet w pewnym momencie opracowując założenie salonu gier. Bez wiedzy rodziców chłopcy wybrali miejsce, wzięli pożyczkę i uruchomili procedurę ubiegania się o zezwolenia na prowadzenie działalności. W końcu musieli poprosić kogoś pełnoletniego o podpisanie za nich dokumentów, a na to nie chciał zgodzić się ani ojciec Rive'ów, ani Errol. Dopiero po wielu dekadach Elon i Rive'owie mieli założyć razem firmę.

Najbardziej śmiałymi wyczynami chłopców były prawdopodobnie podróże między Pretorią i Johannesburgiem. W latach osiemdziesiątych RPA była krajem pełnym przemocy, a pięćdziesięcioszęściokilometrowa podróż pociągiem wydawała się jednym z najbardziej niebezpiecznych wyzwań. Kimbal zaliczył je do doświadczeń, które ukształtowały zarówno jego, jak i brata. „RPA nie była beztroskim miejscem, a to wywiera wpływ na człowieka. Widzieliśmy naprawdę dużo i to była część naszego nietypowego dzieciństwa, szalony zestaw doświadczeń zmieniających sposób postrzegania ryzyka. Po czymś takim nie dorastasz już, myśląc, że wyzwaniem jest zdobycie pracy. To nie wydaje ci się dość interesujące".

Kiedy chłopcy byli w wieku trzynastu, szesnastu lat ich życie w Johannesburgu upływało na imprezach i geekowskich zajęciach. W trakcie jednego z wypadów poszli na turniej Dungeons & Dragons. „To właśnie my, najwięksi mistrzowie nerdozy" – powiedział Musk. Wszyscy chłopcy byli miłośnikami gier RPG, które wymagają kogoś, kto przygotuje nastrój do rozgrywki poprzez wyobrażenie, a następnie opisanie sceny. „Wchodzisz do pokoju, w rogu stoi skrzynia. Co robisz? Otwierasz skrzynię. Uruchomiłeś pułapkę. Uwolniłeś dziesiątki goblinów". Elon przodował w roli Mistrza Gry, zapamiętując detale dotyczące mocy potworów i innych postaci. „Pod jego wodzą świetnie rozegraliśmy grę i wygraliśmy turniej" – powiedział Peter Rive. „Wygrana wymaga posiadania niezwykłej wyobraźni, a Elon naprawdę potrafił utrzymać atmosferę zachwytu i inspiracji".

Wśród szkolnych kolegów był jednak znacznie mniej inspirujący. Przez okres gimnazjum i szkoły średniej Elon często zmieniał szkoły. Okres gimnazjalny spędził w Bryanston High School. Pewnego popołudnia wraz z bratem siedzieli na schodach i jedli, gdy jeden z chłopaków po prostu rzucił się na Elona. „Praktycznie ukrywałem się przed pieprzonym gangiem, który mnie prześladował, cholera ich wie dlaczego. Myślę, że przypadkowo potrąciłem tamtego gościa na porannym apelu, a on się za to okropnie obraził". Chłopak podkradł się z tyłu, kopnął Muska w głowę, a potem zepchnął go ze schodów. Musk stoczył się na dół, gdzie dopadła go grupka wyrostków, kopiąc po brzuchu, a przywódca gangu rozbił mu głowę o ziemię. „To byli zasrani psychole" – wspomina. „Straciłem przytomność". Kimbal patrzył na scenę ze zgrozą, bojąc się o życie brata. Gdy zbiegł na dół, twarz Elona była cała spuchnięta i zakrwawiona. „Wyglądał, jakby właśnie zszedł z ringu" – powiedział Kimbal. Elon został odwieziony do szpitala. „Dopiero po około tygodniu mogłem wrócić do szkoły" – wspominał (w trakcie konferencji w 2013 roku wyjawił, że miał operację nosa, aby naprawić długotrwałe problemy po tym pobiciu).

Przez kolejne trzy lub cztery lata Musk znosił bezlitosne prześladowania ze strony swoich oprawców. Posunęli się na tyle daleko, że pobili chłopca, którego uważał za najlepszego kumpla, aż zgodził się przestać spotykać z Muskiem. „Dopadli go, dopadli mojego najlepszego przyjaciela, aby wywabić mnie z kryjówki, żeby mogli mi wtłuc" – wspominał. „A to zajebiście bolało". W trakcie opowiadania tej części historii oczy Muska zaszkliły się, a głos drżał. „Z jakiegoś powodu uznali mnie za swój cel i nie mieli zamiaru mi odpuścić. To sprawiło, że ciężko mi było dorastać. Przez szereg lat nie było dla mnie wytchnienia. W szkole masz na karku gang, który chce ci wpieprzyć, a potem wracasz do domu, gdzie znowu jest beznadziejnie. Moje życie było ciągłą gehenną".

Kolejne lata szkoły średniej Musk spędził w Pretoria Boys High School, gdzie stawiano na rozwój i ogólnie lepsze zachowanie uczniów, co uczyniło jego życie bardziej znośnym. Choć była to szkoła publiczna, przez ostatnie sto lat funkcjonowała bardziej jak szkoła prywatna. Posyłało się tam chłopców, którzy później mieli studiować na Oxfordzie albo Cambridge.

Koledzy z klasy zapamiętali Muska jako sympatycznego, cichego i skromnego. „Było czterech czy pięciu chłopaków uważanych za najbystrzejszych" – powiedział Deon Prinsloo, który siedział na niektórych lekcjach za Elonem. „On nie był jednym z nich". Te opinie powtarzają się w relacjach jego sześciu innych kolegów, którzy zauważyli także, że brak zainteresowania aktywnością fizyczną przyczynił się do izolacji Elona w środowisku owładniętym kultem sportu. „Szczerze mówiąc, nie było żadnych oznak, że zostanie miliarderem" – powiedział inny kolega, Gideon Fourie. „Nigdy nie przewodził w szkole. Byłem dość zaskoczony, widząc, jak potoczyło się jego życie".

Choć Musk nie miał w szkole żadnych bliskich przyjaciół, jego ekscentryczne zainteresowania pozostawiły po sobie pewien ślad. Jeden z chłopców, Ted Wood, zapamiętał modele rakiet przynoszone do szkoły i wystrzeliwane na przerwach. To nie była jedyna wskazówka jego aspiracji. W trakcie dyskusji na lekcjach przyrody Elon zwrócił na siebie uwagę, wygłaszając krytykę paliw kopalnych na rzecz energii słonecznej, co było niemal świętokradztwem w kraju głęboko oddanym wydobyciu węgla kamiennego i ropy naftowej. „Zawsze miał mocno wykrystalizowane poglądy" – wspominał Wood. Terence Beney, który przez wiele lat po ukończeniu szkoły utrzymywał z Elonem kontakt, uważał, że już wtedy zaczął fantazjować o kolonizacji innych planet.

W kolejnej zapowiedzi przyszłych wydarzeń Elon i Kimbal gawędzili na przerwie przed szkołą, gdy Wood przeszkodził im i zapytał, co porabiają. „Odpowiedzieli: »Rozmawiamy o potrzebie istnienia oddziałów bankowych w branży finansowej i o tym, czy w przyszłości pojawi się bankowość bez dokumentów«. Pamiętam, że pomyślałem wówczas o absurdalności tych pomysłów. Odpowiedziałem: »Ta, jasne«"[VI].

Podczas gdy Musk nie zaliczał się być może do klasowej elity intelektualnej, był w gronie uczniów z na tyle dobrymi ocenami i zadeklarowanym zainteresowaniem, by zostać wybranym do eksperymentalnego programu komputerowego. Uczniów wybierano z różnych szkół i sprowadzano w jedno miejsce, gdzie mieli się uczyć języków programowania BASIC, COBOL i Pascal. Musk kontynuował poszerzanie owych technologicznych uzdolnień, dodając swoją miłość do science fiction i fantasy, próbując swoich sił w pisaniu historii ze smokami oraz istotami nadnaturalnymi. „Chciałem napisać coś w stylu *Władcy Pierścieni*" – powiedział.

Maye patrzyła na lata licealne syna oczami matki i opowiedziała mnóstwo historii o tym, jak dokonał spektakularnych wyczynów na poziomie akademickim. Powiedziała, że jego gra wideo zrobiła wrażenie na znacznie starszych i doświadczonych specach.

[VI] Musk nie przypomina sobie tej rozmowy. „Myślę, że to mogą być kreatywne wspomnienia" – powiedział. „To możliwe. Przeprowadziłem mnóstwo tajnych rozmów przez ostatnie lata szkoły średniej, ale interesowałem się raczej technologią niż bankowością".

Egzaminy z matematyki zdawał na poziomie wyższym niż jego rówieśnicy. I miał nadzwyczajną pamięć. Jedyny powód, dla którego nie przewyższał kolegów, to brak zainteresowania odrabianiem prac domowych.

Sam Musk wspomina to następująco: „Patrzyłem na to w ten sposób: jakich ocen potrzebuję, aby dostać się tam, gdzie chcę? Były przedmioty obowiązkowe, jak afrikaans, a ja nie widziałem sensu w nauce tego języka. Wydawało się to dla mnie absurdalne. Musiałem zdać i to mi wystarczyło. Z fizyki i informatyki miałem najwyższe oceny. Musi być powód, żeby się uczyć. Wolałem pograć w grę, napisać program, poczytać książkę niż starać się o piątkę, jeśli nie widziałem w tym sensu. Pamiętam, że oblewałem przedmioty jeszcze w podstawówce. Wtedy chłopak mamy powiedział mi, że mogę zostać na następny rok. Nie wiedziałem, że trzeba zaliczyć wszystkie przedmioty, aby zdać do następnej klasy. Potem dostawałem już same najlepsze oceny".

W wieku siedemnastu lat Musk opuścił RPA i wyjechał do Kanady. W wywiadach dość często wspominał to wydarzenie, zazwyczaj podając dwa typy motywacji. Krótka wersja jest taka, że chciał jak najszybciej dostać się do Stanów, a Kanada była przystankiem po drodze ze względu na mieszkających tam krewnych. Druga wersja odwołuje się nieco do społecznej świadomości. W RPA istniał w tym czasie obowiązek służby wojskowej, a Musk chciał jej uniknąć, gdyż jak powiedział, zmusiłoby go to do uczestnictwa w reżimie apartheidu.

Rzadko jednak wspomina się o tym, że Musk przez pięć miesięcy studiował na University of Pretoria, zanim wyruszył na swoją wielką przygodę. Rozpoczął studia na wydziale fizyki i inżynierii, ale brakowało mu zapału i szybko je rzucił. Opisywał ten etap jako chwilowe zajęcie w ramach oczekiwania na dokumenty. Poza byciem niekonsekwentnym, obijanie się na studiach w celu uniknięcia poboru raczej podkopuje pielęgnowaną przez niego opowieść o tajemniczym, poszukującym przygód młodym człowieku, dlatego też epizod uniwersytecki raczej rzadko wypływa.

Nie ulega jednak wątpliwości, że Musk od lat dążył ze wszystkich sił, by dostać się do Stanów. Jego najwcześniejsze pasje w zakresie informatyki i technologii rozbudziły się w głębokie zainteresowanie Doliną Krzemową, a wycieczki zagraniczne nasiliły przekonanie, że właśnie w Stanach można spełnić marzenia. Dla kontrastu, w RPA osoba przedsiębiorcza miała znacznie mniejsze szanse rozwinięcia skrzydeł. Jak ujął to Kimbal: „RPA była więzieniem dla kogoś takiego jak Elon".

Szansa ucieczki pojawiła się wraz ze zmianą prawa i możliwością przekazania kanadyjskiego obywatelstwa Maye jej dzieciom. Musk natychmiast zaczął szukać informacji jak przeprowadzić procedurę. Około roku zajęło mu otrzymanie zgody od rządu kanadyjskiego i wyrobienie paszportu. „Właśnie wtedy Elon powiedział: »Wyjeżdżam do Kanady«" – wspomina Maye. W epoce sprzed Internetu musiał czekać trzy straszliwe tygodnie na bilet lotniczy. Po jego otrzymaniu bez mrugnięcia okiem na zawsze opuścił dom.

3
KANADA

WIELKA UCIECZKA MUSKA do Kanady nie była zbyt dobrze przemyślana. Wiedział, że w Montrealu mieszka jego wujeczny dziadek, więc liczył na łut szczęścia. W dniu lądowania w czerwcu 1988 roku znalazł budkę telefoniczną i próbował skorzystać z pomocy centrali, aby go odnaleźć. Gdy to nie odniosło skutku, zadzwonił do domu na koszt matki. Miała dla niego złe wieści. Napisała do krewnego przed wylotem syna i otrzymała odpowiedź, że wyjechał do Minnesoty, co oznaczało, że Musk nie miał się gdzie zatrzymać. Z walizkami w dłoniach ruszył do hostelu dla młodzieży.

Po kilku dniach zwiedzania Montrealu Musk obmyślił plan. Maye miała rodzinę rozproszoną po całym kraju, a chłopak postanowił się z nimi skontaktować. Za sto dolarów kupił bilet autobusowy, który umożliwiał jazdę po całym kraju bez ograniczeń, i postanowił udać się do Saskatchewan, gdzie kiedyś mieszkał jego dziadek. Po trzech tysiącach kilometrów podróży dotarł do miasteczka Swift Current liczącego piętnaście tysięcy mieszkańców. Niespodziewanie zadzwonił z przystanku do dalszego kuzyna i złapał stopa do jego domu.

Kolejny rok spędził imając się w Kanadzie różnych dziwnych zajęć. Pielęgnował warzywa i opróżniał silosy na zboże na farmie kuzyna w niewielkim miasteczku Waldeck. Obchodził tam swoje osiemnaste urodziny, jedząc tort z nowo poznaną rodziną i kilkoma nieznajomymi z sąsiedztwa. Potem nauczył się ciąć pnie piłą łańcuchową w Vancouver. Najtrudniejszą pracę podjął jednak po wizycie w pośredniaku. Zapytał o najlepiej płatną ofertę, którą okazało się być sprzątanie kotłowni w tartaku za osiemnaście dolarów za godzinę. „Trzeba było zakładać uniform ochronny, a potem przeciskać się przez maleńki tunel, w którym ledwie mieścił się człowiek" – wspominał Musk. „Następnie brało się łopatę i wybierało piach, breję i inne pozostałości, nadal parujące, i wynosiło tą samą drogą, którą przyszedłeś. Nie było drogi ucieczki. Ktoś po drugiej stronie ładował to wszystko na taczkę. Jeśli zostało się tam dłużej niż pół godziny, umierało się z przegrzania".

Na początku tygodnia pracę rozpoczęło trzydzieści osób. Trzeciego dnia została piątka. Pod koniec pracował już tylko Musk i dwóch innych mężczyzn.

W czasie podróży Muska po Kanadzie jego rodzeństwo i matka zastanawiali się, jak podążyć jego śladami[I]. Gdy Kimbal i Elon w końcu się spotkali, rozkwitła uparta rozrywkowa osobowość obydwu braci. Starszy wstąpił na Queen's University w Kingston w roku 1989 (wybrał tę uczelnię, a nie University of Waterloo, licząc na obecność ładnych dziewczyn)[2]. Bracia czytali razem gazety, wskazując ciekawe osoby, które chcieliby poznać. Na zmianę składali im później niezapowiedziane wizyty z pytaniem, czy dadzą się wyciągnąć na lunch. Wśród nagabywanych był między innymi szef marketingu drużyny bejsbolowej Toronto Blue Jays, reporter rubryki ekonomicznej z „Globe and Mail" oraz jeden z głównych managerów Bank of Nova Scotia, Peter Nicholson. Dobrze zapamiętał spotkanie z chłopcami. „Nie miałem w zwyczaju przyjmować

[I] Gdy Maye pojechała do Kanady w poszukiwaniu miejsca, gdzie mogliby zamieszkać, czternastoletnia Tosca bez wahania wystawiła dom rodzinny w RPA na sprzedaż. „Sprzedała także mój samochód i właśnie wystawiała na sprzedaż nasze meble" – wspominała Maye. „Gdy wróciłam, spytałam ją o powód". Odpowiedziała: „Nie ma na co czekać. Wynosimy się stąd".

zaproszeń padających ni stąd, ni zowąd" – powiedział. „Byłem więc doskonale przygotowany na lunch z dwójką tak zmyślnych dzieciaków". I choć najbliższy wolny termin w jego kalendarzu wypadał za sześć miesięcy, a bracia Musk musieli jechać na spotkanie pociągiem trzy godziny, to pojawili się o czasie.

Pierwsze wrażenie, jakie wywarli Muskowie na Nicholsonie, z pewnością udzieliło się wielu osobom. Obydwaj prezentowali się nieźle i byli dobrze wychowani. Elon wydawał się większym geekiem, stanowiąc dziwaczny kontrapunkt dla charyzmatycznego i przystojnego Kimbala. „Z biegiem rozmowy byłem pod coraz większym wrażeniem tych chłopców" – wspominał Nicholson. „Byli tacy zdeterminowani". Ostatecznie Elon otrzymał letni staż w banku i został jego zaufanym doradcą.

Wkrótce po spotkaniu Elon zaprosił córkę Nicholsona Christie na swoją imprezę urodzinową. Pojawiła się w mieszkaniu Maye ze słojem kremu cytrynowego, gdzie powitał ją solenizant i około piętnastu gości. Dotąd się nie znali, ale od razu do niej podszedł, powitał i poprowadził na sofę. „Potem chyba drugim zdaniem, jakie wypowiedział, było: »Myślę sporo o elektrycznych autach«" – wspominała Christie. „Następnie spojrzał na mnie i zapytał: »A ty o nich myślisz?«" Rozmowa dała Christie, obecnie pisarce naukowej, do zrozumienia, że ma do czynienia z przystojnym i uprzejmym, ale strasznym nerdem. „Z jakiegoś powodu konwersacja na sofie zrobiła na mnie ogromne wrażenie" – powiedziała. „Dało się odczuć, że jest zupełnie inny od reszty. Tym mnie ujął".

Christie miała harmonijne rysy twarzy i blond włosy, co odpowiadało Muskowi, więc utrzymywali kontakt w czasie jego pobytu w Kanadzie. Nie byli parą w dosłownym znaczeniu tego słowa, ale dziewczyna uznała go za interesującego na tyle, by spędzać z nim długie godziny na rozmowach przez telefon. „Pewnej nocy powiedział mi: »Jeśli byłby sposób, żebym nie musiał jeść, by móc więcej pracować, to bym z niego skorzystał. Chciałbym dostarczać składników odżywczych bez konieczności siadania do posiłku«. Już wtedy przemawiała przez niego ekonomia pracy i jej intensywność. Wydawało mi się, że to jedna z najbardziej nietypowych rzeczy, jaką kiedykolwiek usłyszałam".

Głębszy związek w okresie kanadyjskim narodził się między Muskiem i jego koleżanką ze studiów Justine Wilson. Długonoga, z długimi brązowymi włosami, Wilson promieniowała seksapilem. Wcześniej zakochała się w starszym mężczyźnie, ale rzuciła go, aby pójść na studia. Nosiła skórzaną kurtkę i była żeńską wersją Jamesa Deana. Jak to zwykle w życiu bywa, gładko ogolony i doskonale wysławiający się Musk zauważył ją na campusie, po czym uderzył w konkury. „Wyglądała naprawdę świetnie" – wspominał Musk. „Była też inteligentna i ostra jak brzytwa. Miała czarny pas w taekwondo, wschodnioeuropejską krew i, no wiesz... była tą gorącą laską na campusie". Pierwszy krok zrobił tuż przed jej akademikiem, udając, że przypadkowo na nią wpadł, a potem przypominając, że poznali się wcześniej na imprezie. Justine, która studiowała ledwie od tygodnia, przyjęła propozycję wyjścia na lody. Gdy jednak Musk po nią przyszedł, znalazł na drzwiach pokoju notatkę powiadamiającą go, że został wystawiony. „Napisała, że musi uczyć się do egzaminu, że nie mogła przyjść i że przeprasza" – powiedział. Musk złapał więc jej najlepszą przyjaciółkę i wypytał, gdzie Justine najczęściej się uczy i jakie są jej ulubione lody. Gdy dziewczyna ukryła się w głównym budynku, by uczyć się hiszpańskiego, pojawił się za nią z dwoma lodami czekoladowymi w dłoniach.

Wilson marzyła o gorącym romansie z pisarzem. „Mieliśmy być jak Sylvia i Ted". Zamiast tego zakochała się w bezwzględnym, ambitnym geeku. Razem chodzili na zajęcia z psychopatologii i porównywali oceny po egzaminie. Ona dostała dziewięćdziesiąt siedem punktów, on dziewięćdziesiąt osiem. „Wrócił do profesora i przekonał go, by dał mu sto punktów" – wspomina Justine. „Zdawało się, że ciągle rywalizowaliśmy". Elon miał jednak romantyczne oblicze. Pewnego razu wysłał swojej dziewczynie tuzin róż, a każda miała osobny bilecik. Podarował jej również egzemplarz *Proroka,* w którym znajdowały się odręczne romantyczne dedykacje. „Potrafi zwalić z nóg" – powiedziała Justine.

W trakcie studiów młodzi spotykali się z przerwami, a Musk musiał się starać, żeby utrzymać dziewczynę przy sobie. „Była wystrzałowa, spotykała się z wystrzałowymi facetami i wcale nie była zainteresowana Elonem" – skomentowała Maye. „To było dla niego trudne". Interesował się innymi dziewczynami, ale ciągle wracał do niej. Za każdym razem, gdy okazywała mu chłód, on odpowiadał typowym dla siebie pokazem siły. „Dzwonił do oporu" – wspominała Justine. „Wiadomo było, że to Elon, bo telefon nie przestawał dzwonić. Ten facet nie przyjmował odmowy. Jego nie dało się tak po prostu spławić. Myślę o nim jak o Terminatorze. Mierzy coś wzrokiem i mówi: »To będzie moje«. W końcu mnie zdobył, kawałek po kawałku".

Studia odpowiadały Muskowi. Pracował nad tym, by nie być przemądrzałym, dobierając jednocześnie ludzi, którzy szanowali jego możliwości intelektualne. Studenci uniwersytetu nie byli już tacy skłonni do wyśmiewania się z jego zatwardziałych poglądów na temat energii, kosmosu czy czegokolwiek, co go obecnie interesowało. Odnalazł ludzi, którzy dobrze reagowali na jego ambicje, a nie wyśmiewali się z nich i dobrze czuł się w ich otoczeniu.

Kanadyjczyk wychowany w Genewie Navaid Farooq mieszkał w akademiku dla pierwszoroczniaków razem z Muskiem jesienią 1990 roku. Obydwu umieszczono w sekcji międzynarodowej, gdzie Kanadyjczyków lokowano ze studentami zagranicznymi. Musk w pewnym sensie złamał system, ponieważ choć technicznie był Kanadyjczykiem, to nie wiedział niemal nic o swoim otoczeniu. „Przydzielili mi współlokatora z Hongkongu, bardzo miłego gościa" – wspominał. „Chodził na wykłady jak do kościoła, co było bardzo pomocne, bo ja rzadko pokazywałem się na zajęciach". Przez pewien czas Musk dorabiał, sprzedając części komputerowe i całe pecety w akademiku. „Budowałem sprzęty dostosowane do indywidualnych potrzeb użytkownika, jak odpicowane maszyny do grania albo prosty edytor tekstu, tańszy niż ze sklepu" – powiedział. „A jeśli czyjś komputer nie ładował prawidłowo systemu lub złapał wirusa, naprawiałem go. Potrafiłem rozwiązać praktycznie każdy problem". Farooq i Musk zaprzyjaźnili się, odczuwając pewną wspólnotę jako dwaj goście zza granicy oraz fani gier strategicznych. „Nie sądzę, by łatwo zawierał nowe znajomości, ale jest lojalny wobec starych przyjaciół" – opisuje kolegę Farooq. Gdy na rynku pojawiła się gra komputerowa *Civilization,* spędzali mnóstwo czasu, budując swoje imperium, ku niezadowoleniu dziewczyny Farooqa, zaniedbywanej w sąsiednim pokoju. „Elon potrafił stracić poczucie czasu na całe godziny" – wspominał Farooq. Przyjaciele rozkoszowali się także swoim samotniczym stylem życia. „Jesteśmy ludźmi, którzy siedzą sami na imprezie i nie czują się z tym dziwnie. Pogrążamy się we własnych myślach i nie przeszkadza nam społeczna izolacja" – podkreślał Farooq.

Musk był na studiach bardziej ambitny niż w liceum. Uczył się ekonomii, brał udział w konkursach na wystąpienia publiczne oraz rozwijał siłę przebicia i konkurencyjność, które dziś są jego tak ważnymi cechami. Po jednym z egzaminów z ekonomii Musk, Farooq i inni studenci wrócili do akademików i zaczęli porównywać oceny, aby oszacować swoje wyniki. Szybko okazało się, że to Elon najlepiej poradził sobie z materiałem. „To była grupa całkiem dobrych studentów, a jego wyniki znacznie przekraczały średnią" – zauważył Farooq. Intensywność działań Muska miała być stałą cechą ich długiej znajomości. „Gdy on się czegoś podejmuje, rozwija zupełnie nowy poziom zainteresowania niż reszta ludzi. To go od nich odróżnia".

W 1992 roku, po dwóch latach studiów, Musk przeniósł się na University of Pennsylvania, gdzie dostał stypendium. Uważał, że szkoła należąca do Ligi Bluszczowej[II] może otworzyć mu dodat-

---

[II] Istniejąca od 1954 roku, jedna z konferencji w ramach NCAA Division I, najwyższej klasy rozgrywkowej w ramach systemu międzyuczelnianych zawodów sportowych NCAA. Należy do niej osiem elitarnych uniwersytetów położonych w północno-

kowe drzwi, więc postanowił zdobyć podwójny dyplom: najpierw z ekonomii z Wharton School, a potem licencjat z fizyki. Justine została na Queen's University, chcąc spełnić swoje marzenie o zostaniu pisarką, i utrzymywała z Muskiem związek na odległość. Od czasu do czasu odwiedzała go, zdarzało się też, że spędzali romantyczny weekend w Nowym Jorku.

W Pensylwanii Musk jeszcze bardziej rozwinął skrzydła i poczuł się komfortowo wśród kolegów studiujących fizykę. „Poznał tam podobnie myślących ludzi" – stwierdziła Maye. „Było tam trochę nerdów. Dogadywał się z nimi. Pamiętam wspólne wyjście na lunch i ich rozmowy o fizyce. Mówili rzeczy w stylu: »A plus B daje pi do kwadratu«. Śmiali się głośno. Fajnie było oglądać go szczęśliwego". Znów jednak nie udało mu się zawrzeć zbyt wielu przyjaźni na campusie. Trudno dziś znaleźć absolwentów, którzy by go w ogóle zapamiętali. Zaprzyjaźnił się z jedną osobą – Adeo Ressim, który został pełnoprawnym przedsiębiorcą w Dolinie Krzemowej i pozostaje do dziś bliskim przyjacielem Elona.

Ressi jest chudym gościem, mierzącym dobrze ponad metr osiemdziesiąt, otoczonym aurą ekscentryczności. Przy zapiętym pod szyję intelektualiście, jakim był zawsze Musk, Ressi był kolorową, artystyczną duszą. Obydwaj byli obcokrajowcami i obydwaj trafili do akademika dla świeżaków. Niezbyt inspirujące życie studenckie nie spełniło oczekiwań Ressiego, więc namówił Elona do wynajęcia dużego domu poza campusem. Dość tanio znaleźli dom dziesięciopokojowy, ponieważ był to jeden z akademików, którego nie udało się wynająć. W ciągu tygodnia obydwaj się uczyli, ale gdy zbliżał się weekend, Ressi zmieniał dom w klub nocny. Zasłaniał okna workami na śmieci, by w środku panował całkowity mrok, a ściany ozdabiał jasną farbą i wszystkim, co udało mu się znaleźć. „To była prawdziwa nielegalna speluna" – opowiadał Ressi. „Mieliśmy tam

-wschodniej części Stanów Zjednoczonych. Nazwa wywodzi się od bluszczu, jaki zazwyczaj porasta stare budynki uniwersytetów [przyp. tłum.].

nawet po pięćset osób. Kasowaliśmy po pięć dolarów za wejście i piło się do oporu: piwo, galaretkowe szoty i inne rzeczy".

W piątkowe wieczory ziemia wokół domu aż się trzęsła od basów dochodzących z głośników Ressiego. Maye przyszła na jedną z imprez i odkryła, że Ressi powbijał w ściany przedmioty, które pomalował fluorescencyjną farbą. Ostatecznie wylądowała u drzwi jako kasjerka z parą nożyczek dla ochrony, gdy gotówka nawarstwiała się w pudełku po butach.

Ich kolejny dom miał czternaście pokoi. Prócz nich mieszkała w nim jeszcze jedna osoba. Zrobili stoły, układając sklejkę na starych nogach, a także inne prowizoryczne meble. Pewnego dnia po powrocie do domu Musk odkrył, że Ressi przybił jego biurko do ściany i pomalował je farbą fluorescencyjną. Zemścił się, zdejmując je, przemalowując na czarno i siadając do nauki. „Mówię do niego: »Stary, to instalacja artystyczna w naszej imprezowni«" – wspominał Ressi. Przypomnijcie mu o tym incydencie, a odpowie rzeczowo: „To było biurko".

Elon pijał czasem wódkę z dietetyczną colą, ale nie jest zbyt wielkim fanem alkoholu. „Ktoś musiał być trzeźwy na tych imprezach" – powiedział. „Sam opłacałem sobie studia i w jedną noc mogłem zarobić na czesne za miesiąc. Adeo odpowiadał za te wszystkie zajebiste rzeczy w domu, a ja prowadziłem imprezę". Jak to ujmuje Ressi: „Elon był najbardziej pruderyjnym gościem, jakiego można sobie wyobrazić. Nigdy nie pił. Nigdy niczego nie odstawiał. Zero. Dosłownie nic". Ressi musiał wkroczyć i utemperować zachowanie przyjaciela jedynie w trakcie kłótni podczas sesji gry komputerowej, a ta mogła trwać całe dnie.

Wieloletnie zainteresowanie Muska energią słoneczną oraz znalezieniem nowych sposobów pozyskiwania energii poszerzyło się w okresie studiów. W grudniu 1994 roku musiał opracować biznesplan na zajęcia i przygotował tekst zatytułowany *Znaczenie życia w słońcu*. Pracę rozpoczynała szczypta skrzywionego poczucia humoru w wydaniu Muska. Na górze strony napisał: „Jutro też wzejdzie słońce – Little Orphan Annie"[III] na temat energii odnawialnej. W treści znajdowała się prognoza wzrostu udziału technologii energii solarnej na podstawie rozwoju materiałów oraz budowę elektrowni na dużą skalę. Autor zagłębiał się w technologię działania ogniw słonecznych oraz różnych komponentów mogących poprawić ich efektywność. Podsumował wywody rysunkiem „elektrowni przyszłości", na którym umieścił dwa ogromne panele w kosmosie, każdy o szerokości czterech kilometrów, wysyłające energię na Ziemię poprzez mikrofale do anteny odbiorczej o średnicy siedmiu kilometrów. Otrzymał dziewięćdziesiąt osiem punktów na sto, a profesor uznał jego pracę za „bardzo interesującą i dobrze napisaną".

Druga praca była poświęcona elektronicznemu skanowaniu opracowań badawczych i książek, rozpoznawaniu tekstu i umieszczaniu całości informacji w jednej bazie danych. Efekt końcowy miał stanowić coś pomiędzy dzisiejszym Google Books i Google Scholar. Trzecia badała zaś kolejny z ulubionych tematów Muska – superkondensatory. W czterdziestoczterostronicowym dokumencie Musk jest wyraźnie uradowany pomysłem powstania nowej formy magazynowania energii, jaka mogłaby odpowiadać jego przyszłym zamierzeniom w branży aut, samolotów i rakiet. Wskazując na najnowsze badania laboratoryjne z Doliny Krzemowej, napisał: „Rezultat końcowy reprezentuje pierwsze nowe sposoby magazynowania znaczących ilości energii elektrycznej od czasu rozwoju akumulatora i ogniwa paliwowego. Co więcej, ponieważ superkondensator zachowuje podstawowe właściwości kondensatora, może dostarczać energię ponad stukrotnie szybciej niż akumulator o tej samej wadze, a przy tym może być ładowany tak samo szybko". Musk otrzymał dziewięćdziesiąt siedem

---

[III] Niezwykle popularny cykl komiksów z lat 30. autorstwa Harolda Graya, publikowany w nowojorskiej „Daily News". Bohaterka, tytułowa „mała sierotka Annie", wraz ze swoim psem Sandym przeżywa różne przygody, tułając się po świecie [przyp. tłum.].

punktów i uznanie za „bardzo dogłębną analizę" z „doskonałymi kalkulacjami finansowymi!"

Uwagi prowadzącego były trafne. Jasne i zwięzłe teksty Elona wyszły spod pióra logika, który precyzyjnie przechodzi od jednego argumentu do kolejnego. Naprawdę wyróżniała się jednak jego umiejętność przełożenia trudnych pojęć fizycznych na język biznesplanu. Nawet wówczas potrafił wykazać niezwykły talent dostrzegania ścieżki wiodącej od naukowych osiągnięć do zyskownych operacji biznesowych.

Gdy Musk zaczynał coraz poważniej myśleć o tym, co będzie robił po studiach, przez krótki czas rozważał związanie się z branżą gier komputerowych. Gry były jego obsesją od dzieciństwa, odbył nawet staż w tym zakresie. Zaczął jednak postrzegać tę branżę jako niedostateczne wyzwanie. „Naprawdę lubię gry komputerowe, ale jeśli zrobiłbym świetną grę, jak wielki wpływ miałaby na świat?" – pytał. „Raczej niewielki. Nawet pomimo mojej głębokiej miłości do gier nie potrafiłbym im poświęcić swojej kariery".

W wywiadach Musk często upewnia się, czy ludzie wiedzą o jego naprawdę wielkich pomysłach już w tamtym okresie. Podkreśla, że fantazjował o nich w trakcie studiów na obydwu uczelniach, dochodząc zwykle do tych samych wniosków. Internet, źródła odnawialne i kosmos były trzema obszarami, jakie jego zdaniem miały w nadchodzących latach ulec znaczącym zmianom i postrzegał je jako rynki, na które mógłby mieć znaczący wpływ. Postanowił, że będzie realizował projekty we wszystkich trzech obszarach. „Powiedziałem o tych pomysłach byłym dziewczynom i byłej żonie" – wspominał. „To pewnie zabrzmiało jak nawiedzony bełkot".

Upór Muska w zakresie wyjaśniania początków swojej pasji do aut elektrycznych, energii słonecznej i rakiet może dowodzić braku pewności siebie. Wydaje się, że próbuje on na siłę kształtować swoją biografię. Dla niego jednak różnica między skorzystaniem z przypadkowej szansy a celowym działaniem jest istotna. Musk od dawna chciał dać światu do zrozumienia, że różni się od przeciętnego przedsiębiorcy z Doliny Krzemowej. Ani nie naśladował zwyczajnie trendów, ani też nie gonił za wizją bogactwa. Od początku przyświecał mu plan generalny. „Naprawdę dużo o tym myślałem na studiach" – powiedział. „To nie jest historia wymyślona po fakcie. Nie chcę być postrzegany jako nowobogacki, ktoś goniący za modą ani jako zwyczajny oportunista. Nie jestem inwestorem. Lubię urzeczywistniać technologie, które uważam za istotne dla przyszłości i w jakiś sposób przydatne".

4

PIERWSZY START-UP

LATEM 1994 ROKU Musk wraz z bratem Kimbalem poczynili pierwsze kroki w kierunku zostania najprawdziwszymi Amerykanami. Wybrali się na wyprawę samochodem przez cały kraj.

Kimbal pracował jako franczyzobiorca dla College Pro Painters i radził sobie dobrze, prowadząc coś na kształt małej firmy. Sprzedał swoją część franczyzy i wraz z bratem zebrali pieniądze na zakup sfatygowanego BMW 320i z lat siedemdziesiątych. Bracia rozpoczęli wyprawę w sierpniu niedaleko San Francisco, gdy temperatura w Kalifornii rosła. Pierwszy etap wycieczki zawiódł ich do miasteczka Needles na pustyni Mojave. Tam doświadczyli niemal pięćdziesięciostopniowego upału w aucie bez klimatyzacji i pokochali zajazdy, takie jak burgerownie Carl's Jr., gdzie odpoczywali w chłodzie całymi godzinami.

W trakcie wyprawy było mnóstwo czasu na typowe wybryki dwudziestoparolatków i szalone marzenia o kapitalizmie. Internet dopiero stawał się ogólnodostępny dzięki wyszukiwarkom takim jak Yahoo! oraz przeglądarkom z rodzaju tych, dostarczanych przez Netscape. Bracia szybko zainteresowali się siecią i postanowili założyć wspólnie firmę związaną z działalnością online. Od Kalifornii do Kolorado, Wyoming, Dakoty Południowej i Illinois na zmianę prowadzili, dyskutowali i spierali się, zanim wrócili na wschód, aby jesienią Musk mógł wrócić na studia. Najlepszym pomysłem, jaki się narodził w trakcie wyprawy, był serwis internetowy dla lekarzy. Nie miało być to nic tak ambitnego, jak elektroniczna dokumentacja medyczna, lecz raczej system wymiany informacji i współpracy. „Wydawało się, że w branży medycznej można było namieszać" – mówił Kimbal. „Zacząłem pracę nad biznesplanem oraz stroną marketingowo-sprzedażową, ale całość nie wypaliła. Nie czuliśmy tego".

Musk spędził początek lata na stażach w Dolinie Krzemowej. Do tego czasu pracował w Pinnacle Research Institute z siedzibą w Los Gatos. W tym przereklamowanym start-upie zespół naukowców badał metody, dzięki którym superkondensatory mogły stać się rewolucyjnym źródłem zasilania w samochodach elektrycznych i hybrydowych. Prace zbaczały także – przynajmniej w zakresie konceptualnym – w znacznie bardziej dziwaczne obszary. Musk mógłby długo opowiadać o tym, jak superkondensatory można wykorzystać do budowy laserowej broni białej w tradycji *Gwiezdnych wojen*, a także o każdym innym futurystycznym filmie. Pistolety laserowe strzelałyby seriami niewyobrażalnej energii, a potem strzelec wymieniałby superkondensator u podstawy pistoletu, podobnie jak magazynek, i broń znów byłaby gotowa do strzału. Superkondensatory otwierały także obiecujące perspektywy dla pocisków. Były znacznie bardziej wytrzymałe od akumulatorów na naprężenia mechaniczne związane ze startem i mogły przez dłuższy czas utrzymać stały ładunek elektryczny. Musk uwielbiał pracę w Pinnacle i zaczął wykorzystywać zdobyte tam doświadczenie w swoim eksperymentalnym biznesplanie uczelnianym oraz do swoich przyszłych fantazji biznesowych.

Wieczorami Musk szedł do Rocket Science Games, start-upu położonego w Palo Alto, którego zamiarem było tworzenie najbardziej zaawansowanych gier wideo w historii przez przeniesienie ich z kartridżów na płyty CD, które mogły przechowywać większą ilość informacji. Płyta CD teoretycznie miała umożliwić snucie historii w hollywoodzkim stylu oraz podniesienie poziomu produkcji. Do tego zadania zmontowano zespół wschodzących gwiazd, składający się z inżynierów i ludzi z branży filmowej.

W Rocket Science pracował Tony Fadell, który kierował później w dużej mierze rozwojem zarówno iPoda, jak i iPhone'a w Apple, podobnie jak goście rozwijający multimedia QuickTime dla Apple. Do zespołu należeli także ludzie pracujących wcześniej nad efektami do *Gwiezdnych wojen* w Industrial Light & Magic oraz w dziale gier LucasArts Entertainment. Rocket Science dała Muskowi przedsmak tego, co Dolina Krzemowa miała do zaoferowania od strony talentu i kultury. Byli tam ludzie pracujący całą dobę i wcale nie uważali za dziwne, że Musk pojawiał się tam każdego dnia o 17.00, aby rozpocząć swoją drugą pracę. „Pojawił się u nas, aby napisać bardzo podrzędny kod niskiego poziomu" – wyjaśniał Peter Barrett, australijski inżynier, który pomógł założyć firmę. „Był kompletnie niewzruszony. Po jakimś czasie nikt już chyba nie dawał mu żadnych wskazówek i skończyło się na tym, że pisał to, co chciał".

Konkretnie Muska poproszono o napisanie sterowników, które miały umożliwiać komunikację między joystickami i myszami a różnymi komputerami i grami. Sterowniki to te irytujące pliki, które musicie instalować, aby drukarka lub aparat działały na domowym komputerze – prawdziwa praca u podstaw. Jako samouk-programista Musk okazał się całkiem dobry w pisaniu kodu i z własnej inicjatywy zajął się ambitniejszymi zadaniami. „Starałem się wypracować strategię wielozadaniowości, aby można było równocześnie odczytywać film z płyty CD i odtwarzać grę" – tłumaczył. „Wówczas można było robić albo jedno, albo drugie. To było dość skomplikowane programowanie na poziomie maszyny". Faktycznie tak było. Musk musiał wydawać komendy, które przemawiały bezpośrednio do głównego mikroprocesora i manipulowały najbardziej podstawowymi funkcjami, umożliwiając pracę maszyny. Bruce Leak, były główny inżynier stojący za QuickTime Apple'a, przewidział zatrudnienie Muska i dziwił się jego zdolności do pracy po nocach. „Miał niespożytą energię" – wspominał. „Dziś dzieciaki nie mają pojęcia o sprzęcie ani o tym, jak działają różne rzeczy, ale on miał doświadczenie hakerskie i nie bał się po prostu spróbować dowiedzieć różnych rzeczy".

Musk znalazł w Dolinie Krzemowej szerokie spektrum możliwości, których poszukiwał, oraz miejsce zdolne sprostać jego ambicjom. Wracał dwa lata z rzędu, a po obronie, z dwoma dyplomami, na stałe już przeniósł się na zachód. Początkowo chciał zrobić doktorat z materiałoznawstwa oraz fizyki na Stanford i rozwijać swoje osiągnięcia w zakresie superkondensatorów w Pinnacle. Ponoć Musk rzucił studia doktoranckie po zaledwie dwóch dniach, nie mogąc oprzeć się wyzwaniu ze strony Internetu. Namówił Kimbala do przeprowadzki do Doliny Krzemowej, aby razem mogli podbić sieć.

Pierwsze pomysły na dobrze prosperujący biznes pojawiły się jeszcze w okresie staży. Pewien handlowiec przyszedł do jednego z biur start-upu, gdzie próbował sprzedać pomysł ogłoszeń w katalogach sieciowych jako dodatku do ogłoszeń, jakie firmy zamieszczały w zwykłych, obszernych katalogach typu Panorama Firm. Walczył o swoją sprzedaż i wyraźnie miał nikłe pojęcie o tym, czym naprawdę był Internet oraz o tym, jak faktycznie można było zrobić na nim biznes. Jego nieudolne wysiłki dały Muskowi do myślenia, więc zwrócił się do Kimbala z pomysłem, aby pomóc firmom po raz pierwszy trafić do sieci.

„Elon mówił: »Ci goście nie mają o tym pojęcia. Może to jest coś, czym możemy się zająć«" – wspominał Kimbal. To był 1995 rok, a bracia właśnie mieli założyć Global Link Information Network – start-up później przemianowany na Zip2 (szczegóły dotyczące założenia firmy oraz przebiegu studiów Muska znajdziecie w Dodatku nr 1).

Za Zip2 stał nietypowy pomysł. Niewiele małych firm w 1995 roku rozumiało zalet Internetu. Nie miały bladego pojęcia o tym, jak zaistnieć w sieci, i nie widziały właściwie żadnych korzyści w stworzeniu strony firmowej ani nawet umieszczaniu ogłoszenia w sieci. Bracia Musk mieli nadzieję przekonać restauracje, sklepy odzieżowe, salony fryzjerskie i tym podobne biznesy, że przyszła pora, aby zasygnalizować swoją obecność użytkownikom sieci. Zip2 planowała stworzyć katalog firm z wyszukiwarką, a następnie nanieść dane na mapę. Musk najczęściej tłumaczył pomysł poprzez analogię do pizzy, mówiąc, że każdy zasłużył na prawo do informacji o lokalizacji najbliższej pizzerii i wskazówek krok po kroku, jak do niej dotrzeć. Dziś może się to wydać oczywiste – wystarczy pomyśleć o czymś pomiędzy Yelp a Google Maps, ale wówczas coś takiego nie śniło się nawet osobom regularnie upalonym.

Bracia Musk powołali Zip2 do życia na 430 Sherman Avenue w Palo Alto. Wynajęli biuro o powierzchni sześć na dziewięć metrów i zakupili podstawowe meble. Trzypiętrowy budynek był co najmniej dziwny. Nie było wind, a toalety często się zapychały. „To było dosłownie gówniane miejsce do pracy" – wspominał jeden z pierwszych pracowników. Aby uzyskać szybkie połączenie z siecią, Musk zawarł umowę z Rayem Girouardem, dostawcą usług internetowych z piętra niżej. Zgodnie z jego relacją Musk wywiercił dziurę w płycie gipsowo-kartonowej obok drzwi do swojej firmy, a potem puścił kabel sieciowy wzdłuż schodów do firmy Girouarda. „Kilka razy zalegali nam z płatnościami, ale zawsze płacili" – dodał dostawca.

Elon sam napisał całość kodu będącego podstawą oferowanej przez nich usługi, podczas gdy bardziej sympatyczny Kimbal zajął się budową sieci sprzedaży indywidualnej. Elon kupił tanią licencję bazy danych firm z Bay Area, zawierającej nazwy i adresy. Skontaktował się z firmą Navteq, która wydała setki milionów dolarów na stworzenie cyfrowych map i wskazówek, jakie mogły posłużyć do pierwszych usług typu GPS, i zawarł genialny układ. „Skontaktowaliśmy się z nimi, a oni dali nam za darmo technologię" – wspominał Kimbal. Musk połączył obydwie bazy danych, aby uruchomić podstawowy system. Z czasem inżynierowie Zip2 musieli poszerzyć ten pierwotny zakres danych o większą liczbę map, aby pokryć obszary poza największymi metropoliami oraz stworzyć niestandardowe wskazówki krok po kroku, które miały wyglądać dobrze i działać na domowym komputerze.

Errol Musk dał synom dwadzieścia osiem tysięcy dolarów jako pomoc w tym początkowym okresie, ale i tak byli raczej spłukani po wynajęciu biura, zakupie licencji na oprogramowanie i części wyposażenia. Przez pierwsze trzy miesiące istnienia firmy bracia żyli w biurze. Mieli tam niewielką szafę, w której trzymali ubrania, a kąpali się w obiektach sportowych Chrześcijańskiego Stowarzyszenia Młodzieży Męskiej YMCA. „Czasem jedliśmy cztery posiłki dziennie w Jack in the Box" – opowiadał Kimbal. „Mieli otwarte całą dobę, co odpowiadało naszym godzinom pracy. Raz zamówiłem smoothie, w którym coś pływało. Po prostu to wyjąłem i wypiłem resztę. Od tamtej pory nie jestem w stanie tam jeść, ale do dziś potrafię wyrecytować ich kartę z pamięci".

Po jakimś czasie Muskom udało się wynająć dwupokojowe mieszkanie. Nie mieli ani pieniędzy, ani potrzeby zakupu mebli – wystarczyły im materace na podłodze. Elonowi udało się w jakiś sposób przekonać młodego inżyniera z Korei Południowej, aby przyszedł do Zip2 na staż w zamian za pokój i wyżywienie. „Biedny dzieciak myślał, że to praca w dużej firmie" – wspominał Kimbal. „Tymczasem trafił do naszego mieszkania, nie mając pojęcia, w co się pakuje". Pewnego dnia stażysta jechał do pracy zdezelowanym BMW 320i braci, gdy odpadło jedno z kół. Oś przeryła asfalt na skrzyżowaniu Page Mill Road i El Camino Real, a powstałą bruzdę można było oglądać przez wiele lat.

Zip2 mogła być odlotową firmą z branży internetowej wycelowaną w epokę informacji, żeby zaczęła zarabiać, potrzeba było starej, dobrej sprzedaży indywidualnej. Firmy musiały zostać przekonane do korzyści płynących z sieci i na tyle urzeczone, by zapłacić za nieznane. Pod koniec 1995 roku bracia Musk zaczęli zatrudniać i montować dział sprzedaży. Jednym z pierwszych nabytków był Jeff

Heilman – beztroski dwudziestojednolatek, próbujący zdecydować się, co zrobić dalej ze swoim życiem. Pewnego wieczoru oglądał z ojcem telewizję i zobaczył adres internetowy na dole ekranu w trakcie jednej z reklam. „Chodziło o jakiś serwis dotcom" – powiedział Heilman. „Pamiętam, że spytałem tatę, na co właściwie patrzymy. Odpowiedział, że też nie wie. Wtedy zdałem sobie sprawę, że powinienem zdobyć jakiś Internet". Heilman spędził kolejnych kilka tygodni, próbując porozmawiać z ludźmi, którzy mogliby wyjaśnić mu ideę Internetu, a potem natknął się na zdawkowe ogłoszenie o pracy w Zip2 w „San Jose Mercury News". „Sprzedawco internetowy – szukamy Ciebie!" – głosiła treść, a Heilman dostał tę pracę. Kilkoro innych handlowców dołączyło do niego i wszyscy pracowali w systemie prowizyjnym.

Musk wydawał się nigdy nie wychodzić z pracy. Spał niemal jak pies – na pufie obok biurka. „Prawie codziennie przychodziłem do pracy o 7.30 albo 8.00, a on spał właśnie tam, na tej pufie" – wspominał Heilman. „Może kąpał się w weekendy. Nie wiem". Musk prosił przybywających najwcześniej do pracy, by dawali mu kopniaka, a wtedy budził się i siadał do biurka. Gdy on wpadał w szał kodowania, jego brat zmieniał się w charyzmatycznego guru działu sprzedaży. Kimbal był wiecznym optymistą i bardzo podnosił na duchu" – podkreślał Heilman. „Nigdy nie poznałem nikogo takiego". Młodszy z braci wysłał Heilmana do ekskluzywnego centrum handlowego w Stanford oraz na University Avenue, główną ulicę Palo Alto, aby namówił detalistów do związania się z Zip2, tłumacząc, że ogłoszenia sponsorowane pomogą umieścić ich firmy na szczycie wyników wyszukiwarek. Głównym problemem był oczywiście brak chętnych. Tydzień po tygodniu Heilman pukał od drzwi do drzwi, po czym wracał do biura odsyłany z kwitkiem. Najgrzeczniejszą odpowiedź usłyszał od ludzi, którzy nazwali reklamę internetową najgłupszą rzeczą, o jakiej dotychczas słyszeli. Najczęściej właściciele sklepów po prostu mówili Heilmanowi, aby przestał zawracać im głowę. W porze lunchu bracia Musk brali gotówkę z pudełka na cygara i szli we trzech coś zjeść oraz wysłuchać przygnębiającego raportu działu sprzedaży.

Craig Mohr, który również był jedną z pierwszych zatrudnionych w Zip2 osób, pracował wcześniej jako agent nieruchomości. Zdecydował się zaoferować usługi firmy salonom samochodowym, gdyż te zazwyczaj wydawały sporo na reklamę. Opowiedział potencjalnym klientom o stronie głównej Zip2 – www.totalinfo.com – i próbował przekonać, że istnieje wysoki popyt na umieszczenie ogłoszenia firmowego w typie www.totalinfo.com/toyotaofsiliconvalley. Gdy Mohr próbował ją zademonstrować, usługa nie zawsze działała, lub witryna ładowała się bardzo powoli, co było wówczas powszechne. To zmuszało go do prób przekonania potencjalnego klienta do wyobrażenia sobie potencjału Zip2. „Pewnego dnia wróciłem z około dziewięciuset dolarami w czekach" – powiedział Mohr. „Wszedłem do biura i spytałem chłopaków, co mam zrobić z pieniędzmi. Elon przestał uderzać w klawisze, wychylił się zza monitora i powiedział: »Nic z tego, to twoje pieniądze«".

Morale pracowników podtrzymywały także nieustanne ulepszenia, jakie Musk wprowadzał w firmowym oprogramowaniu. Usługa zmieniła się z modelu koncepcyjnego w prawdziwy projekt, który mógł być używany i demonstrowany. Zawsze zorientowani marketingowo bracia Musk starali się nadać swojej usłudze sieciowej pozory większej ważności, tworząc wokół niej imponującą fizyczną otoczkę. Elon zbudował ogromną obudowę wokół standardowego peceta i wtaszczył jednostkę na platformę na kółkach. Gdy przychodzili potencjalni inwestorzy, odstawiał pokaz i wytaczał tę ogromną maszynę, aby wydawało się, że firma opierała się na mini-superkomputerze. „Inwestorzy byli pod wrażeniem" – uważał Kimbal. Z kolei Heilman zauważył, że ujmowało ich niewolnicze oddanie Elona dla firmy. „Nawet wówczas, będąc nadal pryszczatym studentem, Elon miał poczucie, że to coś – cokolwiek to było – musiało się powieść, i że jeśli mu się nie uda, straci swoją szansę" – powiedział Heilman. „Myślę, że oni dostrzegli w nim siłę do postawienia wszystkiego na jedną kartę". Musk właściwie potwierdził to w rozmowie z jednym z inwestorów: „Mam mentalność samuraja. Raczej popełnię seppuku niż zawiodę".

Na początku istnienia Zip2 Musk zyskał ważnego powiernika, który temperował co bardziej niefortunne zapędy. Greg Kouri, kanadyjski biznesmen po trzydziestce, poznał braci w Toronto i kupił udziały w Zip2 we wczesnej fazie projektu. Chłopcy pojawili się u niego pewnego ranka i poinformowali go, że zamierzają przenieść się do Kalifornii, aby spróbować rozwinąć firmę. Wciąż w swoim czerwonym szlafroku, Kouri wszedł do domu, pokręcił się przez kilka minut i wrócił z plikiem sześciu tysięcy dolarów. Na początku 1996 roku przeprowadził się do Kalifornii i dołączył do Zip2 jako współzałożyciel.

Kouri w przeszłości zawarł wiele umów jako agent nieruchomości i miał spore doświadczenie w kontaktach międzyludzkich, a w Zip2 odpowiadał za rozwój biznesu. Miał dryg do uspokajania Elona i stał się dla niego kimś w rodzaju mentora. „Nawet bardzo mądrzy ludzie nie rozumieją czasem, że nie każdy potrafi dotrzymać im tempa" – podkreślał Derek Proudian, inwestor kapitału wysokiego ryzyka, który miał zostać dyrektorem naczelnym w firmie. „Greg jest jedną z niewielu osób, których Elon słuchał, i który potrafił przedstawiać mu fakty w kontekście". Kouri rozstrzygał także bijatyki między braćmi, jakie zdarzały się w biurze. „Nie wdaję się w bójki z nikim poza Elonem, nie potrafię również przyjąć wizji żadnej poza naszą" – powiedział Kimbal. Podczas jednej wyjątkowo paskudnej awantury o decyzję biznesową Elon zdarł sobie skórę z dłoni i musiał dostać zastrzyk przeciwtężcowy. Po tym wydarzeniu Kouri położył kres burdom (w roku 2012 zmarł na atak serca, dorobiwszy się fortuny, inwestując w firmy swojego protegowanego. Elon przyszedł na jego pogrzeb. „Wiele mu zawdzięczamy" – przyznał Kimbal).

Na początku 1996 roku Zip2 przeszła potężną zmianę. Firma z branży funduszy *venture capital* (kapitał wysokiego ryzyka) Mohr

Davidow Ventures zwietrzyła potencjał tkwiący w pomyśle dwóch chłopaków z RPA próbujących zrobić Panoramę Firm dla Internetu i spotkała się z nimi. I choć to nie Elon był głównym reprezentantem, udało mu się zainteresować potencjalnych inwestorów, którzy byli pod wrażeniem jego energii. Mohr Davidow zainwestował w firmę trzy miliony dolarów[I]. Z takim zapleczem firma oficjalnie zmieniła nazwę z Global Link na Zip2, przeniosła się do większego biura przy 390 Cambridge Avenue w Palo Alto i zaczęła rekrutować zdolnych inżynierów. Zmieniono także strategię biznesową. W tym czasie firma stworzyła również jeden z najlepszych systemów orientacji w sieci. Zip2 miała dopracować tę technologię i poszerzyć jej zakres na cały kraj. Głównym celem było jednak coś zupełnie innego. Zamiast sprzedaży indywidualnej miał powstać pakiet oprogramowania, który miał być sprzedawany prasie, a który w zamian tworzyłby ich własne katalogi nieruchomości, salonów samochodowych i ogłoszeń. Prasa późno dostrzegła wpływ sieci na ich biznes, a oprogramowanie Zip2 miało dać im szybki dostęp do niej bez konieczności rozwijania własnej technologii od podstaw. Zip2 mogła zaś postawić sobie ambitniejsze cele i zyskać dostęp do ogólnonarodowej sieci ogłoszeń.

Ta zmiana modelu biznesowego i wizerunku firmy miała być przełomowym momentem w życiu Muska. Inwestorzy wtłoczyli go w rolę dyrektora do spraw technicznych, a na stanowisko dyrektora generalnego powołali Richa Sorkina. Sorkin pracował wcześniej w Creative Labs, tworzył sprzęt radiowy i dowodził grupą odpowiedzialną za rozwój biznesu w firmie, gdzie kierował szeregiem inwestycji w internetowe start-upy. Inwestorzy Zip2 postrzegali

---

[I] Bracia Musk nie byli wówczas najbardziej agresywnymi przedsiębiorcami. „Pamiętam z ich biznesplanu, że początkowo prosili o zainwestowanie dziesięciu tysięcy dolarów na dwadzieścia pięć procent" – powiedział inwestor *venture capital* Steve Jurvetson. „To niewiele! Gdy usłyszałem o trzech milionach, zastanawiałem się, czy Mohr Davidow w ogóle przeczytał ich biznesplan. W jakiś sposób braciom udało się podnieść kwotę inwestycji".

go jako doświadczonego w branży internetowej. I choć Elon zgodził się na te ustalenia, z czasem żałował utraty kontroli nad Zip2. „Prawdopodobnie największą jego bolączką przez cały okres naszej wspólnej pracy był żal z powodu tej nieszczęsnej umowy z Mohr Davidow" – wspominał Jim Ambras, wicedyrektor działu technicznego w Zip2. „Elon nie miał żadnych obowiązków operacyjnych, a chciał być dyrektorem generalnym".

Ambras pracował w Hewlett-Packard Labs oraz Silicon Graphics Inc. i uosabiał talent największego kalibru pozyskany w pierwszej fali przypływu kapitału. Silicon Graphics, ukochany przez Hollywood producent wysokiej klasy komputerów, był najbardziej szpanerską firmą tamtych czasów i przyciągnął całą elitę geeków Doliny Krzemowej. Mimo to Ambras wykorzystał obietnicę bogactw czyhających w sieci, by zwabić najlepszych inżynierów do Zip2. „Nasz adwokat dostał list od Silicon Graphics, w którym pisali, że podkradamy ich najbardziej doświadczonych pracowników" – mówił Ambras. „Elon uważał, że to fantastyczne".

Choć Musk był programistą-samoukiem, jego umiejętnościom daleko było do tych, jakie prezentowali nowi pracownicy. Ledwie spojrzeli na kod i zaczęli przepisywać od nowa większość oprogramowania. Musk denerwował się na niektóre zmiany, ale programiści potrzebowali jedynie fragmentów linijek kodu, aby wykonać swoją pracę. Doskonale radzili sobie z dzieleniem projektów na części, które mogły być poddawane zmianom i ulepszeniom, podczas gdy on wpadał w klasyczną pułapkę samouka, zwaną przez deweloperów „kodem spaghetti", tworząc w efekcie monolityczne zwały kodu, które z nieznanych powodów potrafią wariować. Inżynierowie przynieśli ze sobą także bardziej wyrafinowaną strukturę pracy i terminowość pracy grup roboczych. To była pożądana odmiana dla podejścia Muska, który ustalał przesadnie optymistyczne terminy, a później zmuszał inżynierów, aby ich dotrzymali, pracując bez wytchnienia. „Jeśli spytało się Elona, ile zajmie dana czynność, zawsze twierdził, że na wszystko wystarczy godzina" – powiedział Ambras.

„Interpretowaliśmy jego godzinę jako w rzeczywistości dzień lub dwa, a gdy Elon mówił, że coś zajmie dzień lub dwa, to przeznaczaliśmy na tę czynność tydzień lub dwa tygodnie". Założenie Zip2 i patrzenie, jak jego firma rośnie, dodało starszemu z Musków pewności siebie. Terence Beney, jeden z kolegów licealnych Elona, przyjechał z wizytą do Kalifornii i od razu dostrzegł jego przemianę charakteru. Pewnego razu Musk przyglądał się kłótni kolegi z okropnym właścicielem mieszkania, który utrudniał życie jego mamie. „Powiedział: »Jeśli chcesz wyżywać się na kimś, wyżyj się na mnie«. Widok Elona przejmującego kontrolę nad sytuacją był zaskakujący. Ostatnio widziałem go jako dziwacznego geeka, który czasem tracił panowanie nad sobą. To był dzieciak, którego się zaczepiało, żeby wyprowadzić go z równowagi. Teraz był pewny siebie i miał pełną kontrolę". Co więcej, Musk starał się panować nad swoją krytyką wobec innych. „Elon nie jest kimś, od kogo usłyszysz: »Wiem, co masz na myśli. Rozumiem twój punkt widzenia«" – wyjaśniała Justine. „On nie posiada tego poziomu empatii, dlatego istniały rzeczy oczywiste dla innych, ale dla niego nie. Musiał się nauczyć, że dwudziestokilkulatek nie powinien torpedować planów starszych od siebie i wytykać im słabe punkty. Nauczył się zmieniać swoje zachowanie w konkretny sposób. Wydaje mi się, że jego podejście do świata jest oparte na strategii i rozumie". Zmiany w osobowości działały z różnym powodzeniem. Musk wciąż doprowadzał młodych inżynierów do szewskiej pasji swoimi wymogami w zakresie pracy i bezceremonialną krytyką. „Pamiętam pewne spotkanie i burzę mózgów dotyczącą nowego produktu, nowej witryny samochodowej" – wspominała Doris Downes, dyrektor kreatywna w Zip2. „Ktoś poskarżył się, że zmiana technologiczna, którą chcieliśmy wprowadzić, była niemożliwa. Elon odwrócił się i powiedział: »Mam gdzieś, co o tym myślisz«, a potem wyszedł ze spotkania. Dla niego słowo *nie* nie ma racji bytu i oczekuje podobnego podejścia od wszystkich wokół siebie". Od czasu do czasu Musk pozwalał sobie także na dosadną krytykę pod adresem najwyższego kierownictwa. „Czasem ludzie wychodzili ze spotkania wyraźnie zniesmaczeni" – mówił handlowiec Mohr. „Nie da się jednak osiągnąć pozycji Elona poprzez bycie na każdym kroku uroczym facetem, a on był po prostu zmotywowany i pewny siebie".

Podczas gdy Musk starał się pogodzić ze zmianami narzuconymi firmie przez inwestorów, korzystał z niektórych przywilejów posiadania wielkich pieniędzy. Finansiści wyciągnęli swoje karty kredytowe i pomogli braciom. Dali im również po trzydzieści tysięcy dolarów na nowe auta. Elon i Kimbal zamienili swoje rozklekotane BMW na rozklekotanego sedana, którego pomalowali w kropki farbą w sprayu. Kimbal następnie przerzucił się na BMW 3, a jego brat kupił Jaguara E. „Ciągle się psuł i do pracy docierał na lawecie" – mówił Kimbal. „Ale Elon zawsze myślał w innych kategoriach"[II].

W ramach ćwiczeń integracyjnych w pewien weekend Elon, Ambras oraz grupka pracowników i przyjaciół wybrała się na wycieczkę rowerową szlakiem Saratoga Gap poprzez góry Santa Cruz. Większość rowerzystów trenowała i przywykła do męczącej jazdy oraz letnich upałów. Zaatakowali góry w szaleńczym tempie. Po godzinie kuzyn Muska Russ Rive dotarł na szczyt i zwymiotował. Za nim dojechała reszta rowerzystów. Po piętnastu minutach pojawił się Musk – z fioletową twarzą i zlany potem zdobył szczyt. „Zawsze myślę o tej wycieczce. Nie miał do niej kondycji" – powiedział Ambras. „Inni odpuściliby albo zeszli z roweru. Gdy patrzyłem, jak pokonuje ostatnie metry z bólem na twarzy, pomyślałem, że to właśnie on. Prędzej umrze, niż się podda".

Musk także w biurze tryskał energią. Przed wizytą inwestorów zagrzewał zespół i instruował pracowników, by siadali przy telefonach, tworząc atmosferę szumu. Zmontował zespół graczy do turnieju w *Quake'a* – pierwszoosobowej strzelanki. „Wzięliśmy udział

[II] Musk pokazał nowe biuro swojej matce Maye i Justine. Maye czasem przychodziła na spotkania i podczas jednego z nich wpadła na pomysł dodania do map przycisku „wstecznych wskazówek", który umożliwiałby ludziom odwrócenie kierunku podróży – funkcja ta spopularyzowała się we wszystkich tego typu serwisach.

w jednym z pierwszych ogólnokrajowych turniejów" – twierdził Musk. „Zajęliśmy drugie miejsce, a byłoby pierwsze, ale komputer jednego z naszych najlepszych graczy padł, bo nie pociągnął tak potężnej karty graficznej. Wygraliśmy kilka tysięcy dolarów".

Zip2 osiągnęła niewiarygodny sukces medialny. Firmy mediowe oraz tytuły prasowe, jak „New York Times", Knight Ridder czy Hearst Corporation również korzystały z jej usług. Niektóre z nich przekazały pięćdziesiąt miliardów dolarów dodatkowych funduszy. Serwisy takie jak Craigslist z darmowymi ogłoszeniami online dopiero zaczynały się pojawiać, a gazety potrzebowały kierunku rozwoju. „Prasa wiedziała, że ma problem z Internetem, a pomysł polegał na tym, żeby pozyskać ich tyle, ile się dało" – podkreślał Ambras. „Chcieli ogłoszeń i stron informacyjnych dla branży nieruchomości, motoryzacyjnej i rozrywkowej, a nas mogli wykorzystać jako platformę dla wszystkich tych trzech usług sieciowych". Zip2 zakupiła znak towarowy na swój slogan „Zasilamy Prasę" (ang. *We Power the Press*), a dopływ gotówki zapewniał firmie rozwój. Siedziba firmy wkrótce stała się tak zatłoczona, że jedno z biurek stanęło bezpośrednio naprzeciwko damskiej toalety. W 1997 roku Zip2 przeniosła się do modniejszej i bardziej przestronnej lokalizacji przy 444 Castro Street w Mountain View.

Muska drażniło, że jego firma stała się zakulisowym graczem dla prasy. Wierzył, że mogła oferować ciekawe bezpośrednie usługi, dlatego zachęcał do zakupu domeny city.com z nadzieją, że uda się ją zmienić w docelowe miejsce dla klientów. Jednakże pokusa zysków z firm medialnych trzymała Sorkina i zarząd na wydeptanej ścieżce, więc uznali, że rozważą tę opcję w bliżej nieokreślonej przyszłości.

W kwietniu 1998 roku Zip2 ogłosiła przełomowy krok na drodze do podwojenia zysków strategicznych. Miała połączyć się ze swoim głównym konkurentem CitySearch na mocy umowy wartej około trzysta milionów dolarów. Nowa firma miała zachować nazwę CitySearch, a przedsięwzięciem miał pokierować Sorkin. Na papierze wszystko wyglądało na fuzję dwóch równych sobie firm.

CitySearch zbudowała rozległą bazę katalogów dla miast w całym kraju. Wydawała się mieć silne działy sprzedaży i marketingu, które mogły uzupełnić utalentowany zespół inżynierów w Zip2. Połączenie ogłoszono w prasie i wydawało się już nieuniknione.

Opinie na temat wydarzenia różnią się diametralnie. Logistyka wymagała, by obydwie firmy prześledziły księgi i wyznaczyły pracowników do zwolnienia, żeby uniknąć powielenia stanowisk. Proces ten wzbudził podejrzenia co do szczerości CitySearch odnośnie do udostępniania danych finansowych oraz rozjątrzył kierownictwo Zip2, które zauważyło, że w nowej firmie albo zostaną zdegradowani, albo w ogóle nie będzie dla nich miejsca. Jedna frakcja wewnątrz Zip2 lobbowała za porzuceniem umowy, podczas gdy Sorkin żądał, by przejęcie nastąpiło. Musk na początku był zwolennikiem połączenia, ale później zmienił zdanie. W maju 1998 roku umowę anulowano, a prasa wszystko rozdmuchała, robiąc wielkie halo z chaotycznego zerwania. Musk próbował przekonać zarząd do usunięcia Sorkina i mianowania go na stanowisko dyrektora generalnego, ale spotkał się z odmową. Zamiast tego stracił swój tytuł prezesa, a Sorkina zastąpił Derek Proudian, inwestor z Mohr Davidow. Sorkin uznał zachowanie Muska w trakcie całej afery za skandaliczne, przyjmując późniejszą reakcję zarządu i degradację Elona za dowód potwierdzający jego opinię. „To był czas szukania odwetu i kozła ofiarnego" – wspominał Proudian. „Elon chciał być dyrektorem generalnym, ale ja powiedziałem: »To twoja pierwsza firma. Znajdźmy nabywcę i zaróbmy trochę pieniędzy, żebyś mógł założyć druga, trzecią i czwartą firmę«".

Skoro umowa nie doszła do skutku, Zip2 znalazła się w tarapatach. Zaczęła tracić pieniądze. Musk nadal chciał, by skupili się na sprzedaży usług bezpośrednio dla małych firm, ale Proudian obawiał się, że ten pomysł pochłonie zbyt wiele kapitału. Microsoft podkopał nieco rynek, w dodatku pojawiało się coraz więcej start-upów z branży mapowania, nieruchomości i motoryzacji. Inżynierowie Zip2 byli zdemotywowani i zmartwieni, że nie uda im się przebić konkurencji. I nagle w lutym 1999 roku producent komputerów Compaq Computer zaoferował za firmę trzysta siedem milionów dolarów. „To była manna z nieba" – powiedział Ed Ho, były członek zarządu. Przyjęto ofertę, po czym firma wynajęła restaurację w Palo Alto i zorganizowała huczną imprezę. Mohr Davidow odzyskał swój pierwotny wkład dwudziestokrotnie, a Elon i Kimbal zarobili na sprzedaży odpowiednio dwadzieścia dwa i piętnaście milionów dolarów. Elon nigdy nie planował zostać w Compaqu. „Gdy tylko stało się jasne, że firma zostanie sprzedana, on zajął się kolejnym projektem" – wyjaśnił Proudian. Od tego czasu Musk miał zawsze walczyć o zachowanie kontroli nad swoimi firmami oraz o stanowisko dyrektora generalnego. „Byliśmy przytłoczeni i myśleliśmy po prostu, że oni na pewno wiedzą, co robią" – wspominał Kimbal. „Ale tak nie było. Nie mieli żadnej wizji po przejęciu. Byli inwestorami, a my dobrze się z nimi dogadywaliśmy, lecz wizja zniknęła z firmy".

Po latach, gdy znalazł czas na refleksję, Musk zdał sobie sprawę, że niektóre sytuacje z pracownikami mógł rozwiązywać lepiej. „Nigdy wcześniej nie kierowałem żadnym zespołem" – powiedział. „Nigdy nie byłem kapitanem drużyny ani nie miałem nikogo pod sobą. Musiałem zastanowić się, co wpływa na funkcjonowanie zespołu. Pierwszym oczywistym przypuszczeniem było, że ludzie będą zachowywać się tak, jak ty. Ale to nieprawda. Nawet jeśliby tego chcieli, to może im brakować niezbędnych założeń lub informacji. Jeżeli posiadam pewną wiedzę i rozmawiam z repliką samego siebie, lecz przekażę jej jedynie połowę informacji, nie mogę oczekiwać, by doszła do tych samych wniosków. Trzeba postawić siebie w pozycji, w której mówisz: »Jak oni by to odebrali z posiadaną przez siebie wiedzą?«"

Pracownicy Zip2 wracali nocą do domów, przychodzili z powrotem i dowiadywali się, że Musk zmienił ich pracę bez konsultacji, a jego agresywny styl przynosił więcej złego niż dobrego. „Tak, mieliśmy wielu bardzo dobrych inżynierów, ale ja potrafiłem kodować znacznie lepiej od nich. I po prostu poprawiałem ich pieprzony kod" – powiedział Musk. „Frustrowało mnie czekanie na ich robotę, więc po prostu szedłem, poprawiałem twój kod i teraz chodzi pięć razy lepiej, ty idioto. Był taki koleś, który napisał równanie z mechaniki kwantowej, z prawdopodobieństwa kwantowego na tablicy, i zrobił to źle. Mówię mu: »Jak mogłeś tak napisać?« Więc mu to poprawiłem. Znienawidził mnie za to. Ostatecznie zdałem sobie sprawę, że w porządku – poprawiłem jedną rzecz, ale przeze mnie pracownik jest bezproduktywny. To nie był dobry sposób rozwiązywania problemów".

Musk, pracuś epoki dotcomów, miał zarówno wiele szczęścia, jak i umiejętności. Miał porządny pomysł, który zmienił w porządną usługę, i wyszedł z szaleństwa dotcomów z pełnym kontem, zyskując więcej niż wielu jego kolegów. Proces dojścia do tego miejsca był jednak bolesny. Pragnął być przywódcą, ale ludzie wokół nie wyobrażali go sobie na stanowisku dyrektora generalnego. W jego mniemaniu wszyscy się mylili, a on powziął cel udowodnienia im błędu, co miało zaowocować jeszcze bardziej dramatycznymi rezultatami.

5

BOSS MAFII PAYPALA

SPRZEDAŻ ZIP2 dała Elonowi Muskowi zupełnie nową pewność siebie. Podobnie jak bohaterowie gier, które tak kochał, on sam również wbił kolejny poziom. Rozgryzł Dolinę Krzemową i został tym, kim każdy chciał wówczas się stać – milionerem epoki dotcomów. Jego kolejne przedsięwzięcie musiało sprostać nieustannie rozbudzanej ambicji. Musk szukał branży, w której tkwił potencjał ogromnych pieniędzy, z których on i Internet mogliby zrobić użytek. Wrócił myślami do czasów swojego stażu w Bank of Nova Scotia. Jego największe doświadczenie z tamtych czasów, mianowicie, że bankierzy są bogaci i głupi, miało obecnie szansę wspaniale zaprocentować.

W trakcie pracy w dziale strategii banku na początku lat dziewięćdziesiątych Musk został poproszony o weryfikację portfelu zobowiązań krajów Trzeciego Świata. Nosił on przygnębiającą nazwę „dług krajów słabo rozwiniętych" i znajdowały się na nim miliardy dolarów. Kraje Ameryki Południowej i inne nie wywiązywały się z płatności przez całe lata, a wartość zadłużenia narastała. Szef Muska poprosił go, aby w ramach zadania szkoleniowego wczytał się w portfele akcji banku i spróbował oszacować, ile tak naprawdę był wart dług.

Pracując nad projektem, Musk natknął się nad coś, co zdało mu się oczywistą szansą biznesową. Stany Zjednoczone próbowały obniżyć dług kilku krajów rozwijających się przez tak zwane obligacje Brady'ego, dzięki którym rząd amerykański stał się gwarantem długów takich krajów, jak Brazylia czy Argentyna. Musk dostrzegł rozgrywkę arbitrażową. „Obliczyłem wartość umów gwarancyjnych i wynosiła ona około pięćdziesiąt centów na każdego dolara, podczas gdy faktyczny dług przeliczany był po kwocie dwudziestu pięciu centów" – powiedział. „To wyglądało na życiową szansę, z której nikt nie zdawał sobie sprawy". Musk starał się zachować zimną krew, gdy dzwonił do Goldman Sachs – jednego z największych spekulantów giełdowych na rynku, by wysondować ich na temat swoich odkryć. Zapytał, ile mógłby być wart dług Brazylii, licząc po dwadzieścia pięć centów za dolara. „Gość odpowiedział mi: »A ile byś za niego chciał?«, wtedy ja rzuciłem jakąś kompletnie absurdalną kwotą rzędu dziesięciu miliardów dolarów" – powiedział. Gdy spekulant giełdowy stwierdził, że to realna kwota, Musk odłożył słuchawkę. „Sądziłem, że musiało im odwalić, bo przecież można było podwoić zysk. Za wszystkim stało państwo. To była bułka z masłem".

Musk przez całe lato zarabiał około czternastu dolarów na godzinę i zbierał cięgi za korzystanie z ekspresu do kawy należącego do kierownictwa oraz inne naruszenia statusu. W końcu odkrył sposób, by zabłysnąć i zarobić porządne pieniądze. Pobiegł do gabinetu szefa i powiedział wprost o życiowej szansie: „Możesz za darmo zarobić miliardy dolarów". Szef nakazał mu napisać raport, który szybko trafił na biurko dyrektora generalnego banku, lecz ten odrzucił propozycję, twierdząc, że bank już sparzył się na długu Brazylii i Argentyny, więc nie miał zamiaru ponownie się w to wplątywać. „Próbowałem im wyjaśnić, że nie o to chodzi" – tłumaczył Musk. „Kluczowe było tutaj pieprzone wsparcie amerykańskiego rządu. Nie obchodziło nas, co zrobi Ameryka Południowa. Nie można było przegrać, chyba że Skarb Państwa straciłby wypłacalność. Oni byli głusi na argumenty, a ja nie mogłem w to uwierzyć. Gdy w późniejszych latach banki stały się moją konkurencją, wspominałem ten moment i zyskałem dzięki niemu pewność siebie. Bankierzy jedynie kopiowali wszystko to, co robili inni. Jeśli wszyscy wokół skakaliby z zasranego klifu do morza, oni skakaliby wraz z nimi. Jeśli w sali leżałaby góra złota i nikt nie podniósłby ani jednej monety, to oni też by jej nie tknęli".

W kolejnych latach Musk rozważał założenie banku internetowego i otwarcie o tym rozmawiał w trakcie swojego stażu w Pinnacle Research w 1995 roku. Młody Musk pouczał naukowców na temat nieuniknionej przemiany, jakiej systemy sieciowe miały dokonać w branży finansowej, ale oni próbowali go uciszyć argumentami, że sieć potrzebowałaby wielu lat na to, by swoim bezpieczeństwem przekonać klientów. On jednak był pewny, że branża finansowa mogłaby zyskać dzięki temu przełomowi, a on mógłby wywrzeć wielki wpływ na bankowość przy relatywnie niewielkich nakładach. „Pieniądze nie potrzebują dużej szybkości transferu danych" – podsumował swoją ówczesną wizję w przemowie na Stanford University w 2003 roku. „Nie potrzebujecie rozbudowanej infrastruktury, aby sobie z nimi poradzić. To jedynie wpis w bazie danych".

Rzeczywisty plan Muska był daleki od doskonałości. Jak słusznie podkreślali badacze z Pinnacle, ludzie czuli się w sieci ledwie na tyle komfortowo, aby kupować książki. Mogli zaryzykować podanie numeru karty kredytowej, ale wyciąganie ich danych bankowych to już było za wiele. Pff. Co z tego? Musk chciał zbudować w pełni funkcjonalną internetową instytucję finansową: firmę, która obsługiwałaby rachunki oszczędnościowo-rozliczeniowe oraz oferowała usługi maklerskie i ubezpieczenia. Technologia do osiągnięcia tych celów była dostępna, ale piekło regulacji prawnych, potrzebnych do stworzenia banku internetowego, jawiło się optymistom jako trudne, a realistom zdawało się niemożliwe. To nie było już przypisywanie wskazówek dojazdu do pizzerii ani wrzucanie katalogów nieruchomości. Tym razem miał do czynienia z oszczędnościami przeciętnych obywateli, a jeśli serwis nie działałby jak należy, czekałyby go za to realne konsekwencje.

Nieustraszony Musk wcielił w życie swój plan, jeszcze zanim doszło do sprzedaży Zip2. Dogadał się z kilkoma najlepszymi inżynierami w firmie, próbując wyczuć, którzy byliby zainteresowani dołączeniem do nowego projektu. Przedstawił także swoje pomysły kilku osobom poznanym w banku w Kanadzie. W styczniu 1999 roku, gdy zarząd poszukiwał kupca, on rozpoczął finalizację swojego planu. Miesiąc później ogłoszono dojście do skutku umowy z firmą Compaq, a w marcu Musk zarejestrował X.com, start-up finansowy z nieco pornograficznie brzmiącą nazwą.

Mniej niż dekadę zajął Elonowi awans społeczny – z kanadyjskiego turysty z plecakiem stał się multimilionerem już w wieku dwudziestu siedmiu lat. Mając na koncie dwadzieścia dwa miliony dolarów, wyprowadził się z wynajmowanego wspólnie z trzema współlokatorami mieszkania. Nowy dom, który wyremontował, liczył prawie sto siedemdziesiąt metrów kwadratowych. Kupił także za milion dolarów sportowe auto McLaren F1 oraz mały śmigłowiec i zrobił kurs pilotażu. Pogodził się z byciem celebrytą, co szło w parze z milionami zarobionymi w czasach szaleństwa dotcomów. Wpuścił reporterów CNN do swojego mieszkania o siódmej rano, aby mogli sfilmować dostarczenie nowo zakupionego auta. Czarny osiemnastokołowy TIR z przyczepą podjechał pod wskazany adres, a potem opuścił elegancki srebrny samochód na ulicę, podczas gdy nowy właściciel stał zdumiony ze skrzyżowanymi na piersi rękoma. „Na świecie są sześćdziesiąt dwa McLareny, a ja będę mieć jednego z nich" – mówił w wywiadzie dla CNN. „Wow, nie wierzę, że on naprawdę tu jest. To prawdziwe szaleństwo".

W film z dostawy auta telewizja wmontowała krótkie wypowiedzi Muska. Przez cały czas przypominał karykaturę inżyniera, któremu udało się osiągnąć sukces. Włosy zaczynały mu się przerzedzać, do tego ścinał je krótko, co podkreślało jego chłopięcą twarz. Miał na sobie za dużą, brązową marynarkę o sportowym kroju i sprawdzał komórkę w swoim wypasionym aucie. Siedząc tuż obok swojej szałowej dziewczyny – Justine, wydawał się zauroczony własnym życiem. Wypowiadał jedną po drugiej śmiechu warte kwestie, typowe dla bogatego gościa, mówiąc najpierw o przejęciu Zip2: „Gotówka to zawsze gotówka. To znaczy, to naprawdę duża ilość pieniędzy" – a potem o swoim baśniowym życiu: „Oto on, drodzy państwo, najszybszy samochód świata" – i wreszcie o swoich rozbuchanych ambicjach: „Mógłbym kupić wyspę na Bahamach, a potem zmienić ją w moje własne królestwo, ale bardziej interesuje mnie stworzenie i rozwijanie nowej firmy". Kamera podążyła za nim do biur X.com, gdzie nadęta akcja z dostawą pociągnęła za sobą dalszą serię pożałowania godnych oświadczeń: „Nie pasuję do stereotypu bankiera", „Zebranie pięćdziesięciu milionów dolarów to kwestia wykonania kilku telefonów i pieniądze masz w ręku", „Myślę, że X.com może absolutnie stać się żyłą złota wartą miliardy dolarów".

Musk kupił swojego McLarena od dealera z Florydy i sprzątnął go sprzed nosa samemu Ralphowi Laurenowi, który również ostrzył sobie na niego zęby. Zamożni ludzie pokroju Laurena woleli zachować coś takiego jak McLaren na specjalne okazje lub niedzielne przejażdżki. Ale nie Musk. On jeździł swoim nowym nabytkiem po całej Krzemowej Dolinie i parkował go przed biurami X.com. Jego znajomi byli przerażeni na widok owego dzieła sztuki pokrytego ptasimi odchodami albo stojącego na parkingu przez supermarketem. Pewnego dnia Musk wysłał niespodziewanie e-mail innemu właścicielowi McLarena, Larry'emu Ellisonowi, miliarderowi i współzałożycielowi firmy produkującej oprogramowanie Oracle, z pytaniem, czy chciałby dla zabawy pościgać się na torze. Jim Clark, inny miliarder rozmiłowany w prędkości, podłapał pomysł i powiedział przyjacielowi, że potrzebuje udać się do najbliższego salonu Ferrari, aby kupić coś odpowiednio szybkiego. Musk wszedł do elity. „Elon był tym wszystkim ogromnie podekscytowany" – wspominał George Zachary, inwestor kapitału wysokiego ryzyka i bliski przyjaciel Muska. „Pokazał mi korespondencję z Larrym". Rok później, w trakcie jazdy Sand Hill Road na spotkanie z inwestorem, Musk odwrócił się do przyjaciela i powiedział: „Patrz na to". Wcisnął gaz do dechy, zmienił pas, wypadł z drogi i uderzył w nasyp, posyłając auto w ruch wirowy niczym frisbee. Szyby i koła zostały kompletnie zniszczone, a nadwozie uległo uszkodzeniu. Musk ponownie odwrócił się do kolegi i powiedział: „Najśmieszniejsze jest to, że auto nie było ubezpieczone". Obaj złapali potem stopa do biura inwestora.

Zwracając mu honor, trzeba powiedzieć, że Elon nie wpisał się całkowicie w wizerunek playboya. Właściwie większość pieniędzy zarobionych na Zip2 przeznaczył na X.com. Za tą decyzją stały praktyczne pobudki. Inwestorzy mogą liczyć na ulgi podatkowe, jeśli przeznaczą zyski na nowe projekty w ciągu kilku miesięcy. Jednak nawet biorąc pod uwagę wysokie standardy Doliny Krzemowej, wydawało się to szokujące, by inwestować aż tyle nowo zarobionych pieniędzy w coś tak niepewnego jak bank internetowy. W sumie chodziło o dwanaście milionów dolarów, zatem na koncie Muska zostało około czterech milionów po opłaceniu podatków. „To jedna z rzeczy, jaka odróżniała Elona od zwykłych śmiertelników" – podkreślał Ed Ho, były członek zarządu w Zip2, który następnie został współzałożycielem X.com. „On jest gotowy ponieść niewiarygodne ryzyko osobiste. Gdy podejmujesz taką decyzję, to albo ci się opłaci, albo wylądujesz gdzieś pod mostem".

Decyzja o inwestycji tak ogromnych pieniędzy w nową firmę wydaje się jeszcze bardziej nietypowa, gdy poddamy ją analizie z dzisiejszej perspektywy. Klucz do sukcesu w epoce dotcomów w 1999 roku tkwił w dużej mierze w jednorazowym sukcesie, zgromadzeniu milionów na koncie, a potem wykorzystaniu zdobytych osiągnięć do przekonania innych, aby zainwestowali swoje pieniądze w kolejny projekt. Musk z pewnością mógłby polegać na zewnętrznych inwestorach, ale w tej grze to również on poważnie nadstawiał karku. Gdy więc z jednej strony pokazywał się w telewizji i wypowiadał podobnie jak cała reszta zapatrzonych w siebie ćwoków, którzy dorobili się na dotcomach, zachowywał się raczej jak ktoś z czasów, gdy założyciele takich firm z Doliny Krzemowej jak Intel byli skłonni brać duże ryzyko na siebie.

Tam, gdzie Zip2 była fajnym, użytecznym pomysłem, X.com mogła być zarzewiem prawdziwej rewolucji. Po raz pierwszy Musk miał stanąć twarzą w twarz z niereformowalną branżą, ale liczył na rewolucję z korzyścią dla wszystkich. Zaczął również doskonalić swój styl wchodzenia w superskomplikowane branże, nie przejmując się choćby w najmniejszym stopniu faktem, że niewiele wiedział o niuansach ich funkcjonowania. Sądził, że bankierzy wszystko robią źle, a on potrafiłby prowadzić biznes w tej branży lepiej niż ktokolwiek inny. Ego i pewność siebie Muska zaczęły szybować w kierunkach, które jednym mogłyby wydać się inspirujące, zaś na innych wywrzeć wrażenie, że mają do czynienia z osobą napuszoną i pozbawioną skrupułów. Stworzenie X.com miało odsłonić ogromne pokłady kreatywności, nieugiętości, konfrontacyjnego stylu i słabości Muska w roli przywódcy. Musk miał również po raz kolejny doświadczyć odsunięcia od władzy we własnej firmie oraz bólu, jaki towarzyszy poczuciu niespełnienia wielkiej wizji.

Musk stworzył drużynę gwiazd, by X.com mógł wystartować. Ho pracował już jako inżynier w SGI i Zip2, a koledzy wychwalali jego umiejętności w zakresie kodowania i zarządzania zespołem. Do zespołu dołączyło dwóch Kanadyjczyków z doświadczeniem finansowym: Harris Fricker i Christopher Payne. Musk poznał Frickera na stażu w Bank of Nova Scotia i panowie doskonale się dogadywali. Jako stypendysta prestiżowego Rhodes Scholarship, Fricker wniósł do firmy cenną wiedzę na temat mechanizmów w branży bankowej. Payne był znajomym Frickera z kręgu bankowego. Wszyscy czterej byli uważani za założycieli firmy, ale to Musk został jej największym udziałowcem dzięki swojej pierwotnej inwestycji. X.com rozpoczęła swoje życie, jak wiele projektów z Doliny Krzemowej, w domu, gdzie odbyła się burza mózgów, a następnie przeniosła się do biur przy 394 University Avenue w Palo Alto.

Współzałożyciele zgadzali się co do idei, że branża bankowa nie nadąża za postępem. Spacer do oddziału i rozmowa z kasjerem wydawały się archaiczne w czasach dostępu do sieci. Argumenty brzmiały sensownie, a oni czterej byli nastawieni entuzjastycznie do pomysłu. Jedyną przeszkodą była szara rzeczywistość. Musk miał zbyt mało doświadczenia branżowego, dlatego postanowił kupić książkę, by zrozumieć tajniki bankowości. Im bardziej przemyślany wydawał się inwestorom ich plan działania, tym bardziej zdawali sobie sprawę, że regulacje blokujące tworzenie banku internetowego były nie do pokonania. „Po czterech czy pięciu miesiącach mur wciąż był nie do przebicia" – wzdychał Ho[I].

Od samego początku zdarzały się też spięcia na poziomie personalnym. Musk został wschodzącą gwiazdą, a prasa mu nadskakiwała. To nie podobało się zbytnio Frickerowi, który przeprowadził się z Kanady i widział w X.com swoją szansę, by zadziwić świat jako geniusz bankowości. Według wielu relacji to Fricker chciał kierować firmą – i to w znacznie bardziej tradycyjny sposób. Uważał wizjonerskie wypowiedzi prasowe Muska na temat ponownego przemyślenia całej branży bankowej za niemądre, ponieważ firma aktualnie walczyła o to, żeby cokolwiek stworzyć. „Obiecywaliśmy mediom gruszki na wierzbie" – wspominał Fricker. „Elon mówił, że to nie jest normalne otoczenie biznesowe i trzeba zawiesić typowe myślenie. Mówił: »Na szczycie wzgórza jest fabryka gazu rozweselającego i pompuje go w dół Doliny Krzemowej«". Fricker nie był jedyną osobą oskarżającą Muska o przereklamowanie produktów i manipulowanie opinią publiczną, choć kwestia tego, na ile jest to wada charakteru, a na ile jeden z jego największych talentów biznesowych, pozostaje rzeczą dyskusyjną.

Utarczka między obydwoma panami skończyła się szybko i paskudnie. Pięć miesięcy po założeniu firmy Fricker zainicjował pucz.

[I] W pewnym momencie założyciele postanowili, że najprostszym sposobem rozwiązania problemów byłby zakup banku i jego reorganizacja. I choć do tego nie doszło, podkradli analityka wysokiego szczebla z Bank of America, który wyjaśnił im ze wszystkimi bolesnymi szczegółami zawiłości pozyskiwania kredytów, transferu pieniędzy i ochrony kont.

„Powiedział, że albo przejmuje władzę jako dyrektor generalny, albo zabiera zespół i zakłada własną firmę" – podsumował Musk. „Nie lubię być szantażowany. Odpaliłem: »No to zakładaj«. I tak właśnie zrobił". Musk próbował zatrzymać Ho oraz innych kluczowych inżynierów, ale oni sprzymierzyli się z Frickerem. Pozostał na zgliszczach swojej firmy, z garstką lojalnych ludzi. „Pamiętam, jak siedzieliśmy z Elonem w jego biurze, gdy wszystko padło" – wspominała Julie Ankenbrandt, jedna z pierwszych pracownic firmy i jedna z nielicznych, która zdecydowała się zostać. „Było milion powodów, dla których coś takiego jak X.com nie miało szansy powodzenia, ale Elon o to nie dbał. Spojrzał tylko na mnie i powiedział: »Chyba powinniśmy zatrudnić więcej osób«"[II].

Musk próbował zebrać pieniądze na X.com i musiał ich szukać u inwestorów kapitału wysokiego ryzyka, którym wyjawił, że niewiele zostało z jego firmy. Znany inwestor z Sequoia Capital Mike Moritz mimo to udzielił mu wsparcia. Musk ponownie trafił do Doliny Krzemowej, gdzie udało mu się przyciągnąć inżynierów entuzjastycznymi oświadczeniami o przyszłości bankowości internetowej. Młody informatyk Scott Anderson rozpoczął pracę 1 sierpnia 1999 roku, ledwie kilka dni po masowych odejściach, i od razu zidentyfikował się z wizją firmy. „Patrząc z dzisiejszej perspektywy, wydaje się to szaleństwem" – powiedział. „Nasza witryna przypominała plan hollywoodzkiego filmu. Ledwie otrzymała akceptację inwestorów".

Tydzień po tygodniu przybywało inżynierów, a wizja wydawała się coraz bardziej realna. Firma zakupiła licencję bankową

[II] Fricker zaprzeczył, że chciał zostać dyrektorem, i stwierdził, że koledzy zachęcili go do przejęcia władzy w obliczu niepowodzeń Muska. Niedawni bliscy przyjaciele pozostają dziś w chłodnych stosunkach. „Elon ma swój własny kodeks honorowy i jest wyjątkowo bezwzględnym graczem" – powiedział Fricker. „Dla niego biznes to wojna". Zgodnie ze słowami Muska: „Harris jest bardzo inteligentny, ale nie wydaje mi się, by miał dobre serce. Kieruje nim bardzo silne pragnienie przywództwa i chciał poprowadzić firmę w absurdalnym kierunku". Fricker odniósł sukces jako dyrektor generalny GMP Capital, kanadyjskiej firmy z branży usług finansowych. Payne założył prywatny fundusz kapitałowy w Toronto.

i licencję funduszu powierniczego, a także weszła w spółkę z Barclays. Do listopada niewielki zespół programistów stworzył jeden z pierwszych banków internetowych wraz z ubezpieczeniem FDIC dla kont oraz trzema funduszami powierniczymi do wyboru dla inwestorów. Musk przekazał inżynierom sto tysięcy dolarów ze swojej własnej kieszeni na testy. W wigilię Święta Dziękczynienia 1999 roku X.com doczekała się premiery. „Byłem tam do drugiej nad ranem" – wspominał Anderson. „Potem poszedłem do domu gotować świąteczny obiad. Elon zadzwonił do mnie po kilku godzinach i poprosił, abym przyjechał do biura zmienić innych inżynierów. On sam siedział tam bite dwie doby, upewniając się, że wszystko działa perfekcyjnie".

Pod kierunkiem Muska firma wypróbowała kilka radykalnych pomysłów branżowych. Klienci otrzymywali kartę bankową o wartości dwudziestu dolarów za samo założenie konta w serwisie i kolejną wartą o połowę mniej za każdą poleconą osobę. Zniknęły uporczywe opłaty i kary za przekroczenie stanu konta. Niezwykle innowacyjne było stworzenie systemu płatności ze wskazaniem odbiorcy, umożliwiającego wysyłanie pieniędzy jedynie poprzez dołączenie do strony adresu e-mail odbiorcy. Cała idea polegała na odejściu od wolno działających banków z ich dużymi systemami komputerowymi, które procedowały płatności wiele dni, i stworzeniu sprytnego konta, na którym można byłoby dokonywać operacji poprzez kilka kliknięć lub przez e-mail. To była zmiana rewolucyjna, za którą poszło ponad dwieście tysięcy osób zarejestrowanych na X.com w zaledwie kilka miesięcy po jej uruchomieniu.

Wkrótce jednak pojawiła się poważna konkurencja. Dwóch mózgowców – Max Levchin i Peter Thiel – pracowało nad własnym systemem w założonym przez siebie start-upie o nazwie Confinity. Duet właściwie podnajmował biuro – ledwie schowek, choć uwielbiany – od X.com i pracował nad tym, aby właściciele palmtopów Palm Pilot mogli dokonywać operacji finansowych za pomocą portów podczerwieni w swoich urządzeniach. Niewielkie biuro przy University Avenue zmieniło się w szalone epicentrum rewolucji finansów internetowych, jaka odbywała się z udziałem X.com i Confinity. „Siedziała tu cała zgraja bardzo ciężko pracujących młodzików" – mówiła Ankenbrandt. „Straszliwie przez to śmierdziało. Wciąż czuję ten odór: resztki pizzy, wydzielin ciała, potu".

Nagły kres uprzejmościom między obydwiema firmami położyła przeprowadzka założycieli Confinity kilka przecznic dalej. Podobnie jak zespół X.com, skupili się na płatnościach sieciowych i e-mailowych, ostatecznie zakładając PayPal. Firmy starły się w gorącej bitwie na nowe funkcje, próbując przyciągnąć więcej użytkowników. Wiedziały, że zwycięży ten, kto szybciej osiągnie więcej. W promocję wpompowano dziesiątki milionów dolarów, a kolejne stracono w walce z hakerami, którzy wykorzystywali usługi jako pole do wyłudzeń. „To było jak sypanie gotówką na panienki w klubie ze striptizem, tyle że w Internecie" – podsumował Jeremy Stoppelman, inżynier z X.com, który został następnie dyrektorem generalnym Yelp. „Wydawało się pieniądze tak szybko, jak tylko to było możliwe".

Wyścig po wygraną w branży płatności sieciowych otworzył przed Muskiem szansę wykazania się bystrym umysłem i etyką zawodową. Trzymał w odwodzie plany kontrataku, które miały przełamać przewagę PayPala na serwisach aukcyjnych, takich jak eBay. Zagrzewał do walki pracowników X.com, kazał błyskawicznie wprowadzać w życie taktykę, odwołując się do ich wojowniczej natury. „Nie miał w sobie łagodności" – powiedziała Ankenbrandt. „My wszyscy pracowaliśmy po dwadzieścia godzin na dobę, a on dwadzieścia trzy".

W marcu 2000 roku X.com i Confinity zakończyły kosztowną i morderczą walkę, by połączyć siły. Confinity miała PayPala, który zdawał się być najgorętszym produktem na rynku, ale płaciła sto tysięcy dolarów dziennie premii nowym użytkownikom i kończyła jej się gotówka na dalszą działalność. Dla odmiany X.com wciąż dysponowała gotówką oraz bardziej wyrafinowanymi produktami bankowymi. To firma Muska narzuciła więc warunki fuzji, a on został największym udziałowcem nowo powstałej firmy, która zachowała nazwę X.com. Po finalizacji przedsięwzięcia X.com zebrała sto milionów dolarów od takich sponsorów, jak Deutsche Bank czy Goldman Sachs, i pochwaliła się ponad milionem klientów[III]. Obydwie firmy ciężko pracowały nad połączeniem kultur organizacyjnych, lecz efekt był mizerny. Część pracowników X.com przywiązała swoje monitory do biurowych foteli za pomocą kabli i pojechała nimi do biur Confinity, by tam pracować razem z nowymi kolegami. Mimo to obydwa zespoły nie potrafiły do końca dojść do porozumienia. Musk faworyzował markę X.com, podczas gdy niemal cała reszta brała stronę PayPala. Jeszcze więcej spięć wybuchało na tle projektu infrastruktury technologicznej firmy. Zespół Confinity pod kierownictwem Levchina opowiadał się za oprogramowaniem open source, jak Linux, podczas gdy Musk preferował centra danych od Microsoftu jako zwiększające jego zdaniem produktywność. Takie pyskówki mogą się wydać z zewnątrz głupie, ale dla inżynierów były czymś w rodzaju wojen na tle religijnym, gdyż wielu postrzegało Microsoft jako przestarzałe imperium zła, a Linuxa jako nowoczesne oprogramowanie dla ludu. Dwa miesiące po fuzji zrezygnował Thiel, a Levchin zagroził odejściem z powodu kryzysu technologicznego. Musk miał znowu kierować firmą w rozpadzie.

Problemy na tle technologii pogłębiły się, gdy systemy komputerowe nie podołały eksplozji bazy klientów. Raz w tygodniu padała strona firmowa. Większość inżynierów pracowała nad

---

[III] Musk został usunięty ze stanowiska dyrektora generalnego X.com przez inwestorów, którzy woleli, by ktoś bardziej wyważony wprowadził firmę na giełdę. W grudniu 1999 roku firma zatrudniła na to stanowisko Billa Harrisa, byłego dyrektora firmy produkującej oprogramowanie finansowe Intuit. Po fuzji wiele osób zwróciło się przeciwko niemu, więc zrezygnował ze stanowiska, a Musk wrócił do pełnienia dawnej funkcji.

nowym systemem, co odwróciło uwagę kluczowego personelu technicznego i naraziło X.com na ataki. „Zaczęliśmy błyskawicznie tracić pieniądze" – powiedział Stoppelman. Wraz ze wzrostem popularności i wolumenów transakcji nastąpiło pogorszenie wszystkich problemów serwisu. Pojawiło się jeszcze więcej oszustw. Banki i producenci kart kredytowych narzucali więcej opłat. Pojawiła się większa konkurencja ze strony start-upów. Brakowało spójnego modelu biznesowego do wyrównania strat i osiągnięcia zysku z zarobku. Roelof Botha, dyrektor finansowy start-upu, a obecnie uznany inwestor kapitału wysokiego ryzyka w Sequoia, nie wierzył, że Musk przedstawił zarządowi prawdziwy obraz problemów firmy. Coraz większa liczba osób kwestionowała jego decyzje w obliczu kryzysu.

W rezultacie nastąpił jeden z najpaskudniejszych puczów w długiej i barwnej historii przykrych przewrotów Krzemowej Doliny. Niewielka grupa pracowników X.com zebrała się pewnej nocy w nieistniejącym obecnie barze Fanny & Alexander w Palo Alto, by przedyskutować obalenie Muska. Zdecydowali się przepchnąć w zarządzie pomysł powrotu Thiela na stanowisko dyrektora generalnego. Zamiast pójść z tym bezpośrednio do Muska, spiskowcy postanowili działać za jego plecami.

Musk i Justine pobrali się w styczniu 2000 roku, ale nie mieli czasu na miesiąc miodowy. Po dziewięciu miesiącach, we wrześniu, chcieli pogodzić pracę z przyjemnością i wyjechać na zbiórkę funduszy, którą planowali zakończyć miodowym miesiącem w Sydney, akurat w czasie igrzysk olimpijskich. Gdy pewnej nocy wchodzili na pokład samolotu, kierownictwo X.com wręczało właśnie zarządowi firmy wotum nieufności. Niektóre osoby wciąż lojalne wobec Muska wyczuły, że coś jest na rzeczy, ale było za późno. „Poszłam do biura o wpół do jedenastej w nocy i wszyscy tam byli" – wspominała Ankenbrandt. „Nie mogłam w to uwierzyć. Próbowałam rozpaczliwie dodzwonić się do Elona, ale on był w samolocie". Zanim wylądował, został zastąpiony przez Thiela.

Gdy Musk dowiedział się, co zaszło, natychmiast wsiadł do samolotu z powrotem do Palo Alto. „To było szokujące, ale muszę mu to przyznać –całkiem nieźle to zniósł" – powiedziała Justine. Przez krótki czas próbował walczyć o utraconą pozycję. Namawiał zarząd do rozważenia decyzji. Gdy stało się jasne, że firma przeszła nad wszystkim do porządku dziennego, odpuścił. „Rozmawiałem z Moritzem i kilkoma innymi osobami" – wspominał Musk. „Nie chodziło o to, że chciałem być dyrektorem, ale raczej o to, że wciąż było tyle ważnych rzeczy, które powinny się wydarzyć, i jeśli już nim nie byłem, to nie miałem pewności, że ktokolwiek tego dopilnuje. Ale potem przegadałem to z Maxem i Peterem i odniosłem wrażenie, że oni tego dopilnują. Stwierdziłem więc, że chyba jednak świat się nie skończy".

Wielu pracowników X.com od początku związanych z firmą i Muskiem było bardzo niezadowolonych z takiego obrotu spraw. „Byłem przybity i zły" – zapamiętał Stoppelman. „Widziałem w Elonie kogoś na kształt gwiazdy rocka. Bardzo głośno i w mocno nieparlamentarny sposób, wyrażałem swoje opinie na ten temat. Wiedziałem jednak w duszy, że firma radzi sobie dobrze. To był statek kosmiczny, a ja nie miałem zamiaru z niego wysiadać". Dwudziestotrzyletni wówczas Stoppelman wszedł do sali konferencyjnej i wylał wiadro pomyj na głowy Thiela i Levchina. „Pozwolili mi wyrzucić to z sobie, a ich reakcja była jednym z powodów, dla których zostałem". Inni pozostali rozgoryczeni. „To było obłudne i tchórzliwe" – podsumował inżynier Zip2 i X.com Branden Spikes. „Być może poparłbym tę decyzję, gdyby nie podjęto jej za plecami Elona".

Do czerwca 2001 roku wpływ Muska na firmę coraz szybciej słabł. W tym miesiącu Thiel przeprowadził rebranding X.com na PayPal. Musk nie zwykł odpuszczać, ale przez cały ten okres gehenny zachował niezwykłą powściągliwość. Przyjął rolę firmowego doradcy i inwestował, zwiększając swoje udziały jako największego akcjonariusza PayPala. „Można było po nim oczekiwać zgorzknienia i pamiętliwości, ale tak się nie stało" – mówił Botha. „Wspierał Petera. Był jak książę".

Kolejne miesiące okazały się kluczowe dla przyszłości Muska. Kolejka górska dotcomów zbliżała się do mety, a ludzie chcieli wycofać gotówkę w każdy możliwy sposób. Gdy zarząd eBaya zwrócił się do PayPala w sprawie przejęcia, większość osób zrozumiała sygnał jako „sprzedawać, i to szybko". Mimo to Musk i Moritz namówili zarząd, by odrzucił kilka ofert i poczekał na lepszą. PayPal notował dochody w wysokości około dwustu czterdziestu milionów dolarów rocznie i wydawało się, że może stać się spółką giełdową. Ich upór się opłacił. W lipcu 2002 roku eBay zaoferował półtora miliarda dolarów, a Musk wraz z resztą zarządu przyjęli propozycję. Musk zarobił na sprzedaży około dwieście pięćdziesiąt milionów dolarów, co dało mu sto osiemdziesiąt milionów po opodatkowaniu – dość, by spełnić wszystkie swoje szalone marzenia.

Epizod z PayPalem miał różnorakie skutki dla Muska. W efekcie przejęcia ucierpiała jego reputacja przywódcy, a media zwróciły się przeciwko niemu po raz pierwszy na poważnie. Eric Jackson, jeden z pierwszych pracowników Confinity, napisał w 2004 roku książkę zatytułowaną *The PayPal Wars: Battles with eBay, the Media, the Mafia, and the Rest of Planet Earth* (Wojny PayPala: Bitwy z eBayem, mediami, mafią i resztą planety Ziemia), w której zrelacjonował burzliwe dzieje firmy. Sportretował w niej Muska jako zadufanego w sobie, upartego dupka, który na każdym kroku podejmował złe decyzje, a Thiela i Levchina jako heroicznych geniuszy. „Valleywag", plotkarska witryna z branży technologicznej, również dołożyła swoje, robiąc z Muska ulubiony temat. Krytyka urosła do takiego poziomu, że ludzie zaczęli się głośno zastanawiać, czy naprawdę był współzałożycielem PayPala, czy może dojechał do sławy i pieniędzy na plecach Thiela. Wymowa książki oraz posty na blogu sprowokowały Muska w 2007 roku do napisania do „Valleywag" liczącego dwa tysiące dwieście słów e-maila prostującego fakty, w którym wyłożył swoją wersję wydarzeń.

W treści autor zaprezentował nie tylko swój talent literacki, ale również wojowniczą naturę. Opisał Jacksona jako „wiernopoddańczą sierotę", która „ledwie się ze stażu wygrzebała", z bardzo bladym pojęciem w zakresie wewnętrznych powiązań na wysokim szczeblu. „W związku z bałwochwalczym oddaniem Erica wobec Petera efekt był oczywisty – Peter jawi się niczym Mel Gibson w *Walecznym Sercu,* zaś ja plasuję się gdzieś pomiędzy kompletnym zerem a pomiotem zła" – pisał Musk. Następnie wyłożył siedem powodów, dla których zasługiwał na tytuł współzałożyciela PayPala, w tym ze względu na swoją rolę głównego udziałowca, zatrudnienie najzdolniejszych pracowników, wymyślenie szeregu planów biznesowych, które przyniosły firmie największy sukces, oraz okres, kiedy zarządzał firmą jako dyrektor generalny, a wówczas firma rozrosła się z sześćdziesięciu do kilkuset pracowników.

Niemal wszyscy ówcześni pracownicy PayPala zgodzili się z ogólnymi opiniami Muska. Stwierdzili, że relacje Jacksona balansowały na granicy fantazji będących efektem odsunięcia Muska od władzy. „Wiele osób w PayPalu cierpi na skrzywienie pamięci" – powiedział Botha.

Jednak ci sami ludzie okazali się zgodni w kwestii opinii, że Musk nie poradził sobie z brandingiem, infrastrukturą techniczną i nadużyciami finansowymi. „Moim zdaniem firma nie przetrwałaby, gdyby Elon został na stanowisku przez kolejne pół roku" – powiedział Botha. „Jego błędy zwiększały ryzyko biznesowe" (więcej informacji na temat zachowania Muska w latach PayPala znajdziecie w Dodatku nr 2).

Sugestie, że Musk nie powinien się zaliczać do „prawdziwych" współzałożycieli PayPala, wydają się z perspektywy czasu głupie. Thiel, Levchin oraz reszta kierownictwa PayPala powiedzieli to po latach od przejęcia. Jedyną pożyteczną rzeczą płynącą z tej krytyki były pompatyczne kontrofensywy ze strony Muska, które ujawniły brak pewności siebie oraz powagę, z jaką chce, by historia odzwierciedlała jego wizję wydarzeń. „On wywodzi się z tej szkoły PR, zgodnie z którą każda nieścisłość powinna być prostowana" – powiedział Vince Sollitto, były szef działu komunikacji w PayPalu.

„To stwarza precedens, zgodnie z którym należy walczyć zaciekle o każdy źle postawiony przecinek. On bierze wszystko do siebie i zazwyczaj wkracza na wojenną ścieżkę".

Silna krytyka w tym okresie życia Muska była spowodowana tym, że w dużej mierze osiągnął sukces mimo własnych wad. Jego osobowość agresywnego mądrali oraz rozbuchane ego stworzyły głębokie, trwałe rozłamy w firmach. Świadome wysiłki temperowania własnych wyskoków nie wystarczyły, aby przeciągnąć na swoją stronę inwestorów i bardziej doświadczone kierownictwo. Zarówno w Zip2, jak i w PayPalu zarządy doszły do wniosku, że nie dorósł jeszcze do roli dyrektora generalnego. Można także postawić tezę, że był niepohamowanym handlowcem, który przeholował i przeszacował technologię swoich firm. Jego najbardziej zagorzali krytycy wywlekli wszystkie te argumenty albo publicznie, albo też w dyskusji prywatnej, a przynajmniej pół tuzina z nich opowiedziało mi znacznie gorsze rzeczy, opisując Muska jako nieetycznego w biznesie i złośliwego w relacjach prywatnych. Niemal wszyscy odmówili upublicznienia swoich danych, obawiając się wszczęcia postępowania sądowego lub zniszczenia ich firm.

Krytykę tę należy wyważyć wobec życiorysu Muska. Wykazał się wrodzoną zdolnością rozgryzania ludzi oraz trendów technologicznych w momencie narodzin powszechnego dostępu do Internetu. Podczas gdy inni próbowali zrozumieć implikacje sieci, on miał już opracowany celowy plan ataku. Przewidział wiele wczesnych wynalazków technologicznych: wskazówki dojazdu, mapy, witryny skoncentrowane na rynkach branżowych, które miały stać się filarami sieci. A gdy już zakupy w serwisach takich jak Amazon.com czy eBay weszły ludziom w krew, on wykonał największy skok w kierunku kompleksowej bankowości internetowej. Wprowadził standardowe instrumenty finansowe do sieci, a potem zmodernizował branżę dzięki szeregowi nowych pomysłów. Wykazał się głębokim wglądem w ludzką naturę, który pomógł jego firmom osiągnąć niezwykły sukces marketingowy, technologiczny i finansowy. Musk rozgrywał karty na najwyższym poziomie, sterując prasą i inwestorami tak, jak niewielu potrafiło. Czy w międzyczasie zbytnio podkoloryzował pewne fakty i wkurzył kilka osób? Oczywiście – i zrobił to spektakularnie.

W dużej mierze dzięki doradztwu Muska PayPal przetrwał pęknięcie bańki dotcomów, odniósł ogromne giełdowe sukcesy po atakach z 11 września, a następnie został sprzedany eBayowi za astronomiczną sumę, podczas gdy reszta branży technologicznej tonęła w dramatycznym kryzysie. Przetrwanie, a co dopiero sukces w takim otoczeniu, były niemal nierealne.

PayPal stał się również symbolem jednego z największych skupisk talentów biznesowych i technologicznych w historii Doliny Krzemowej. Zarówno Musk, jak i Thiel mieli nosa do młodych i genialnych inżynierów. W PayPalu pracowali założyciele takich start-upów, jak YouTube, Palantir Technologies czy Yelp. Kolejna grupa osób, do której należeli Reid Hoffman, Thiel i Botha, dołączyła do największych inwestorów w branży technologicznej. Zespół PayPala opracował przełomowe techniki do walki z nadużyciami w sieci, po udoskonaleniu wykorzystane przez CIA i FBI do śledzenia terrorystów. Co więcej, legły one u podstaw oprogramowania używanego przez największe banki świata do walki z przestępczością. Ten zespół genialnych pracowników stał się znany jako Mafia PayPala i w mniejszym lub większym stopniu urósł do rangi obecnej klasy panującej Doliny Krzemowej, a Musk jest jego najsłynniejszym i odnoszącym największe sukcesy członkiem.

Z perspektywy czasu niepohamowana wizja Muska wydaje się być korzystniejsza dla rozwoju Zip2 oraz PayPala niż bardziej wyważony pragmatyzm zarządów. Gdyby Zip2 była bardziej zorientowana na pogoń za klientem, być może zostałaby potentatem z branży map i opinii. Jeśli zaś chodzi o PayPal, wciąż można debatować nad zbyt wczesną decyzją o sprzedaży i skłaniać się ku argumentom, że inwestorzy powinni posłuchać Muska i utrzymać niezależność. Do 2014 roku firma zgromadziła sto pięćdziesiąt trzy miliony użytkowników, a jej wartość oszacowano na blisko trzydzieści dwa miliardy dolarów. Na fali popularności X.com wypłynęło wiele start-upów z branży finansowej. Żeby wymienić tylko trzy na literę „s": były to Square, Stripe i Simple, które miały nadzieję urzeczywistnić wizję pierwowzoru.

Gdyby zarząd X.com okazał Muskowi nieco więcej cierpliwości, mogłoby mu się udać stworzenie „jednego internetowego banku, by wszystkimi rządzić". Historia wykazała, że choć jego cele w danej chwili mogły wydawać się absurdalne, to z pewnością w nie wierzył, a jeśli otrzymał na ich realizację odpowiednio dużo czasu – potrafił je osiągać. „Jego rozumienie rzeczywistości było zawsze nieco inne niż nasze" – podsumowała Ankenbrandt. „On jest po prostu inny".

W trakcie kierowania biznesową zawieruchą Zip2 i PayPala Musk znalazł chwilę spokoju w życiu prywatnym. Spędził całe lata, utrzymując z Justine Wilson związek na odległość i płacąc za jej bilety, by mogła go odwiedzać w weekendy. Przez długi czas jego nieludzkie godziny pracy i ingerencja współlokatorów kładły się cieniem na ich związku. Jednak sprzedaż Zip2 pozwoliła mu kupić własne mieszkanie i poświęcić dziewczynie więcej czasu. Mieli lepsze i gorsze chwile, jak każda para, ale udało im się zachować młodzieńczą namiętność. „Często się kłóciliśmy, ale gdy nie było kłótni, istniało między nami głębokie współczucie, rodzaj więzi" – powiedziała Justine. Przez kilka dni para sprzeczała się o telefony od byłego chłopaka Justine – „Elonowi to się nie podobało" – co zakończyło się ogromną scysją w trakcie spaceru przed biurami X.com. „Pamiętam na tyle ostre awantury, że jeśli miałam przejść nad tym do porządku dziennego, to mogliśmy się równie dobrze pobrać. Powiedziałam mu, że powinien mi się po prostu oświadczyć" – wspominała Justine. Musk potrzebował kilku minut na ochłonięcie, a potem właśnie to zrobił, oświadczył się na miejscu. Kilka dni później znacznie bardziej rycerski Musk powrócił w to samo miejsce, ukląkł i podarował swojej dziewczynie pierścionek zaręczynowy.

Narzeczona znała wszystkie ponure szczegóły z dzieciństwa swojego przyszłego męża, a także całą gamę intensywnych emocji, jakie potrafił uwolnić. Jej romantyczna wrażliwość odsuwała na dalszy plan wszelkie obawy, jakie mogła żywić wobec trudniejszych chwil z jego przeszłości i osobowości Elona, skupiając się raczej na jego sile. Opowiadał często z czułością o Aleksandrze Wielkim, a ona widziała w nim swojego własnego bohatera i zdobywcę. „Nie bał się odpowiedzialności" – podkreślała. „Nie uciekał od niej. Chciał wziąć ślub i szybko mieć dzieci". Uosabiał pewność siebie i pasję, dzięki którym wierzyła, że życie z nim zawsze będzie dobre. „Pieniądze nie są jego motywacją i szczerze mówiąc, myślę, że po prostu przychodzą po drodze" – dodawała. „Po prostu są. On wie, że potrafi je zarobić".

Na przyjęciu weselnym Justine poznała drugą stronę swego zdobywcy. Mąż przyciągnął ją do siebie w tańcu i poinformował: „To ja jestem samcem alfa w tym małżeństwie"[3]. Po dwóch miesiącach świeżo upieczona żona podpisała umowę poślubną, która miała ją prześladować przez lata, i rozpoczęła wieloletnią walkę o władzę. Po latach opisała wszystko w artykule dla „Marie Claire": „Nieustannie wypominał mi braki. »Jestem twoją żoną, nie pracownikiem« – powtarzałam mu wielokrotnie. »Gdybyś nim była, zwolniłbym cię« – odpowiadał równie często".

Nowożeńcom nie pomagały problemy w X.com. Najpierw musieli przełożyć swój miesiąc miodowy, a drugi został zrujnowany przez firmowy zamach stanu. Dopiero w grudniu 2000 roku sprawy uspokoiły się na tyle, by Musk pojechał na swój pierwszy urlop od lat. Zaplanował dwutygodniową wyprawę, której połowę miał spędzić w Brazylii, a drugą w Afryce Południowej, w rezerwacie dzikich zwierząt niedaleko granicy z Mozambikiem. W trakcie pobytu na Czarnym Lądzie złapał najbardziej zjadliwy i cechujący się najwyższą śmiertelnością szczep wirusa malarii – *falciparum malaria.*

Musk wrócił do Kalifornii w styczniu i właśnie wtedy zachorował. Źle się poczuł i przeleżał w łóżku kilka dni, zanim żona zabrała go do lekarza. Ten zalecił natychmiastowe przewiezienie Muska karetką do Sequoia Hospital w Redwood City[IV]. Lekarze źle postawili diagnozę i nieprawidłowo rozpoczęli leczenie, niemalże doprowadzając do śmierci pacjenta. „Przypadkowo w szpitalu znalazł się facet z innego szpitala, który widział znacznie więcej przypadków malarii" – opowiadał Musk. Prześledził wyniki krwi, po czym zalecił natychmiastową maksymalną dawkę antybiotyku – doksycykliny. Lekarz powiedział Muskowi, że gdyby przywieziono go dzień później, lekarstwo prawdopodobnie już nie byłoby skuteczne.

Musk spędził dziesięć straszliwych dni na oddziale intensywnej terapii. To był szok dla Justine. „On jest jak czołg" – powiedziała. „Nie znam nikogo tak wytrzymałego i odpornego na stres jak on. Widok Elona powalonego i przechodzącego straszne męki był dla mnie jak wizyta w alternatywnym wszechświecie". Musk wracał do siebie przez pół roku. Choroba kosztowała go dwadzieścia kilogramów i szafę ubrań, które już na niego nie pasowały. „Byłem na granicy śmierci" – stwierdził. „To moja lekcja wyniesiona z urlopu: urlop może cię zabić".

[IV] Po kilku dniach złego samopoczucia Musk udał się do Stanford Hospital, gdzie poinformował, że przebywał w strefie zachorowań na malarię, ale lekarze nie wykryli pasożyta w trakcie badań. Po punkcji lędźwiowej stwierdzono wirusowe zapalenie opon mózgowych. „Mogłem równie dobrze mieć i to, a po leczeniu poczułem się lepiej" – powiedział Musk. Dostał wypis i ostrzeżenie, że niektóre objawy mogą się utrzymywać. „Po kilku dniach zacząłem czuć się źle, a potem coraz gorzej. W końcu nie mogłem chodzić. Było gorzej niż na początku". Justine zabrała Muska do lekarza pierwszego kontaktu taksówką, a on leżał na podłodze w gabinecie. „Byłem tak odwodniony, że lekarz nie mógł mnie zbadać" – wspominał. Lekarz wezwał karetkę, która zawiozła pacjenta z kroplówkami w obydwu przedramionach do Sequoia Hospital w Redwood City. Ponownie postawiono błędną diagnozę – tym razem co do typu malarii. Lekarze odmówili bardziej agresywnej terapii, która wiązała się z ryzykiem kołatania serca i niewydolności organów.

6

MYSZY W KOSMOSIE

ELON MUSK SKOŃCZYŁ TRZYDZIEŚCI LAT w czerwcu 2001 roku, a urodziny były dla niego ciężkim przeżyciem. „Nie jestem już cudownym dzieckiem" – powiedział Justine, żartując tylko w połowie. Tego samego miesiąca X.com oficjalnie zmieniła nazwę na PayPal, przypominając boleśnie swojemu dawnemu właścicielowi, że została mu wydarta i oddana we władanie komuś innemu. Start-upowe życie, jakie opisywał przez analogię do „jedzenia szkła i spoglądania w otchłań"[4], zestarzało się, podobnie jak Dolina Krzemowa. Muskowi zdawało się, że jego życie przypominało targi, gdzie każdy pracował w branży technologicznej, więc ciągle gadał o finansowaniu, wejściach na giełdę i terminach rozliczeń. Ludzie lubili się chwalić szalonymi godzinami pracy, a Justine wybuchała śmiechem, wiedząc, że jej mąż doświadczył znacznie bardziej ekstremalnej wersji tutejszego stylu życia. „Moje przyjaciółki narzekały, że ich mężowie wracali do domów o siódmej albo ósmej wieczorem" – wspominała. „Elon wracał czasem o dwudziestej trzeciej i pracował jeszcze trochę. Ludzie często nie rozumieli, jakie ponosił ofiary, aby osiągnąć swoją pozycję".

Idea rezygnacji z tego niezwykle lukratywnego wyścigu szczurów zaczęła się wydawać coraz bardziej pociągająca. Całe życie

Muska było dotychczas pościgiem za czymś więcej, a Palo Alto wydawało się być raczej odskocznią niż przystankiem końcowym. Para zdecydowała się na przeprowadzkę na południe i rozpoczęcie nowego rozdziału swojego życia w Los Angeles.

„Jakaś jego część lubi styl, ekscytację i kolorystykę takiego miejsca jak LA" – podkreślała Justine. „Elon lubi być w centrum wydarzeń". Niewielka grupa jego znajomych o podobnym usposobieniu również przeniosła się do Los Angeles, by razem spędzić tam kilka szalonych lat.

Wcale nie chodziło jedynie o blichtr i blask „Miasta Aniołów", lecz także o zew kosmosu. Po usunięciu z PayPala Musk powrócił do dziecięcych marzeń o rakietach i podróżach kosmicznych, czując powołanie do czegoś więcej niż tworzenie usług internetowych. Te zmiany w nastawieniu szybko stały się oczywiste dla jego znajomych, w tym kierownictwa PayPala, które zebrało się pewnego wieczoru w Las Vegas, by świętować sukces firmy. „Imprezowaliśmy przy plaży w Hard Rock Cafe, a Elon siedział i czytał jakiś dziwny radziecki poradnik rakietowy, cały zapleśniały i kupiony chyba na eBayu" – wspominał jeden z pierwszych inwestorów PayPala Kevin Hartz. „Studiował go, otwarcie mówiąc o podróżach kosmicznych i zmianie świata".

Musk celowo wybrał Los Angeles. Tutaj zyskał dostęp do kosmosu, albo przynajmniej do przemysłu kosmicznego. Łagodny, stabilny klimat Południowej Kalifornii uczynił to miasto ulubionym miejscem przemysłu lotniczego już od lat dwudziestych XX wieku, gdy Lockheed Aircraft Company otworzyła swój salon w Hollywood. Howard Hughes, U.S. Air Force, NASA, Boeing oraz ogrom innych osób i organizacji tutaj ulokowało swoje fabryki i tu prowadziło nowatorskie eksperymenty. Dziś miasto pozostaje głównym ośrodkiem rozwoju lotnictwa wojskowego oraz przemysłowego. I choć Musk nie wiedział dokładnie, co chciałby właściwie robić w kosmosie, zdawał sobie sprawę, że w Los Angeles będzie otoczony najlepszymi specjalistami w tej dziedzinie. Mogli pomóc mu wykrystalizować pomysły, a także znalazłby tu mnóstwo osób, które mogłyby dołączyć do jego nowego przedsięwzięcia.

Pierwszy kontakt z branżą nastąpił za pośrednictwem grupy miłośników kosmosu – członków stowarzyszenia non profit o nazwie Mars Society. Organizacja poświęcona była badaniu i kolonizacji Czerwonej Planety i planowała zbiórkę charytatywną w połowie 2001 roku. Zbierano po pięćset dolarów od osoby, impreza miała się odbyć w domu jednego z zamożnych członków, a zaproszenia rozesłano w ramach grupy. Jej szef Robert Zubrin był zdumiony, gdy otrzymał odpowiedź od jakiegoś Elona Muska, którego nikt nie zaprosił. „Przekazał nam czek na pięć tysięcy dolarów" – powiedział Zubrin. „To zwróciło naszą uwagę". Zubrin zaczął szukać informacji o tajemniczym dobroczyńcy. Dowiedział się, że jest bogaty, i zaprosił go na kawę jeszcze przed imprezą. „Chciałem się upewnić, że wiedział o planowanych przez nas projektach" – wyjaśnił. Raczył Muska opowieściami o centrum badawczym, jakie stowarzyszenie zbudowało na Arktyce, aby imitować trudne warunki Marsa, a także eksperymenty prowadzone w związku z projektem o nazwie Translife Mission, w którym obracająca się kapsuła miała trafić na ziemską orbitę pilotowana przez załogę złożoną z myszy. „Ruch wirowy miał symulować marsjańską grawitację, równą jednej trzeciej ziemskiej, a myszy miałyby żyć i rozmnażać się w kapsule" – powiedział Zubrin Muskowi.

W czasie imprezy Musk został posadzony przy stole VIP-ów obok Zubrina, reżysera i miłośnika kosmosu Jamesa Camerona oraz Carol Stoker – planetolog z NASA wyjątkowo zainteresowanej Marsem. „Elon wygląda bardzo młodo, a wówczas wyglądał jak nastolatek" – powiedziała Stoker. „Cameron od razu próbował go namówić do inwestycji w swój kolejny film, a Zubrin nakłaniał go do przekazania dużej dotacji na rzecz Mars Society". W zamian za to Musk sondował pomysły i pozyskiwał kontakty. Mąż Stoker był inżynierem lotnictwa w NASA i pracował nad pomysłem samolotu, który przeszybowałby nad Marsem w poszukiwaniu wody. Muskowi od razu bardzo się spodobał ten pomysł. „Był znacznie bardziej pełen entuzjazmu niż inni milionerzy" – wspominał Zubrin. „Nie wiedział zbyt wiele o kosmosie, ale miał ścisły umysł. Chciał dokładnie wiedzieć, co planowaliśmy w kwestii Marsa i co z tego mogło wyniknąć". Musk od razu zaangażował się w działalność Mars Society i wstąpił do jego zarządu. Przeznaczył także kolejne sto tysięcy dolarów na budowę stacji badawczej na pustyni.

Przyjaciele Muska nie byli pewni, czy wszystko było w porządku z jego równowagą psychiczną. W czasie choroby straszliwie schudł i przypominał chodzący szkielet. Niewiele mu było trzeba, aby poczuć potrzebę dokonania czegoś znaczącego w swoim życiu. Kolejnego kroku miał dokonać albo w branży energii solarnej, albo kosmicznej. „Powiedział: »Logiczną rzeczą byłaby teraz energia słoneczna, ale nie potrafię na razie wymyślić, jak zarobić na tym pieniądze«" – wspominał inwestor i przyjaciel Muska George Zachary, przywołując jeden ze wspólnych lunchów. „Potem zaczął mówić o przestrzeni kosmicznej, a ja myślałem, że chodzi mu o przestrzeń biurową, że ma na myśli branżę nieruchomości". Tymczasem on myślał w perspektywie szerszej niż Mars Society. Zamiast wysyłać kilka myszy na orbitę okołoziemską, chciał wysłać je na Marsa. Po szeregu wstępnych kalkulacji wyliczył, że podróż kosztowałaby piętnaście milionów dolarów. „Zapytał, czy uważam to za szaleństwo" – wspominał Zachary. „Spytałem: »A myszy wrócą? Bo jeśli nie, to większość ludzi uzna to za szaleństwo«". Okazało się, że planował nie tylko ich podróż w dwie strony, ale również rozmnażanie się w trakcie trwającego kilka miesięcy lotu. Jeff Skoll, inny przyjaciel Muska, który dorobił się fortuny na eBayu, podkreślił, że cudzołożące myszy będą potrzebować ogromnych ilości sera, i kupił Muskowi ogromne koło Le Brouère w typie gruyère.

Muskowi nie przeszkadzało bycie przedmiotem serowych żartów. Im więcej myślał o kosmosie, tym ważniejsza wydawała mu się jego eksploracja. Czuł, że ludzie utracili w pewnym stopniu ambicje i nadzieje na przyszłość. Przeciętny człowiek mógł postrzegać loty kosmiczne jako stratę czasu i wysiłków oraz stroić sobie z niego żarty, gdy tylko mówił na ten temat, ale on myślał o podróżach międzyplanetarnych zupełnie na poważnie. Chciał zainspirować tłumy i ożywić w nich pasję do odkryć i obietnic, jakie dawała nauka.

Jego obawy, że ludzkość utraciła większość swojej energii do przesuwania granic, potwierdziły się, gdy wszedł na stronę NASA. Oczekiwał znaleźć tam szczegółowy plan eksploracji Marsa, a tymczasem nie znalazł nic. „Na początku pomyślałem, że może szukam w niewłaściwym miejscu" – opowiadał w wywiadzie dla magazynu „Wired". „Dlaczego nie było żadnego planu, harmonogramu? Nie znalazłem niczego. To wydawało się nierealne".

Musk wierzył, że sama idea istnienia Stanów Zjednoczonych była sprzęgnięta z pragnieniem ludzkości do odkrywania. Uznał to za smutne, że rządowa agencja, której zadaniem były śmiałe wyprawy w kosmos i badanie nowych światów, wcale nie była zainteresowana eksploracją Marsa. Idea doktryny Boskiego Przeznaczenia[I] uleciała lub spotkał ją przygnębiający koniec, a co gorsza – nikogo to nie obchodziło.

Podobnie jak wiele misji mających na celu odnowienie ducha w narodzie i tchnięcie nadziei w ludzkość, podróż Muska rozpoczęła się w hotelowej sali konferencyjnej. Do tego czasu udało mu się stworzyć całkiem porządną sieć kontaktów w branży kosmicznej. Najlepszych ludzi poznawał podczas serii spotkań – czasem w hotelu Renaissance na lotnisku w Los Angeles, innym razem w Sheratonie w Palo Alto. Nie był im w stanie jeszcze przedstawić oficjalnego

---

I Boskie Przeznaczenie (ang. Manifest Destiny) – koncepcja powstała w okresie kolonizacji Ameryki Północnej, głosząca prawo Amerykanów do przejęcia obszarów pomiędzy Atlantykiem a Pacyfikiem, a także prawo do kontroli nad całą półkulą zachodnią. W późniejszym okresie dowodziła potrzeby dominacji Anglosasów na świecie - przyp. red.

biznesplanu do omówienia – w większości chciał, aby pomogli mu rozwinąć pomysł z misją wysłania myszy na Marsa albo przynajmniej wymyślić coś porównywalnego. Miał nadzieję na wielki krok dla ludzkości – jakieś wydarzenie, które przyciągnęłoby uwagę świata, sprawiłoby, że ludzie znów zaczęliby myśleć o Marsie i zastanawiać się nad możliwościami własnego gatunku. Naukowcy i wybitni ludzie obecni na spotkaniach mieli wymyślić widowisko, które byłoby technicznie możliwe do realizacji i zamykało się w kwocie około dwudziestu milionów dolarów. Musk zrezygnował ze swojego stanowiska dyrektora Mars Society i ogłosił powołanie własnej organizacji pod nazwą Life to Mars Foundation.

Wśród utalentowanych ludzi obecnych na owych spotkaniach w 2001 roku znaleźć można imponujące nazwiska. Pojawili się naukowcy z Laboratorium Napędu Odrzutowego NASA. Przyszedł także James Cameron, dzięki któremu impreza zyskała popularność poza branżą. Był też Michael Griffin, którego dorobek akademicki jest imponujący – dyplomy z inżynierii lotnictwa, elektrotechniki, budownictwa lądowego i wodnego oraz fizyki stosowanej. Griffin pracował dla funduszu wysokiego ryzyka CIA o nazwie In-Q-Tel, w NASA oraz w Laboratorium Napędu Odrzutowego, a obecnie odchodził z pracy w Orbital Sciences Corporation, produkującej satelity i statki kosmiczne, gdzie pełnił funkcję dyrektora technicznego i dyrektora generalnego w grupie zajmującej się systemami kosmicznymi. Prawdopodobnie nikt na planecie nie wiedział więcej o wysyłaniu w kosmos od niego, dlatego to właśnie on został głównym mózgiem do spraw kosmosu w zespole Muska (po czterech latach, w 2005 roku, Griffin objął kierownictwo w NASA).

Eksperci byli podekscytowani wizją pojawienia się kolejnego bogatego gościa skłonnego zainwestować w ciekawy kosmiczny projekt. Z radością debatowali nad korzyściami i możliwościami wysłania gryzoni w kosmos i podglądania ich wybryków. Jednak w miarę rozwoju dyskusji narastał konsensus wobec zupełnie innego projektu, noszącego nazwę Mars Oasis. Zgodnie z nim Musk miałby zbudować rakietę i wystrzelić w niej na Marsa zautomatyzowaną szklarnię. Grupa badaczy pracowała już nad przystosowaną do warunków kosmicznych komorą wzrostu dla roślin. Chodziło o zmodyfikowanie jej tak, aby mogła otworzyć się na krótki czas, by pobrać nieco marsjańskiego regolitu, czyli gleby, a potem wykorzystać ją do wzrostu rośliny, która później wytworzyłaby na planecie pierwszy tlen. Ku zadowoleniu Muska ten nowy plan wydawał się zarówno pokazowy, jak i wykonalny.

Musk chciał, aby konstrukcja miała okno po to, by dać możliwość przesyłania materiałów wideo na Ziemię, dzięki którym ludzie mogli oglądać rozwój rośliny. Grupa rozmawiała również o możliwości przesłania zestawów dla studentów w całym kraju, którzy mogliby hodować równocześnie swoje rośliny i analizować, że przykładowo marsjańska rozwija się dwukrotnie szybciej niż jej ziemski odpowiednik w tym samym czasie. „Ten pomysł przewijał się przez jakiś czas w różnych wersjach" – powiedział weteran branży kosmicznej Dave Bearden, który był obecny na spotkaniach. „Chodziło o pokazanie, że na Marsie jest życie i że to my je tam zawieźliśmy. Mieliśmy nadzieję pokazać tysiącom dzieciaków, że ta planeta wcale nie jest taka straszna. Mogłyby zacząć myśleć, że może warto tam polecieć". Entuzjazm Muska udzielił się grupie, w której były osoby sceptyczne wobec pomysłów nowych rzeczy dziejących się w kosmosie. „To bardzo inteligentny, zmotywowany gość z ogromnym ego" – powiedział Bearden. „W pewnym momencie ktoś wspomniał, że może trafić na okładkę magazynu »Time« jako Człowiek Roku i widziało się, jak rozbłysły mu oczy. On głęboko wierzy, że może zmienić świat".

Największą bolączką ekspertów kosmicznych był budżet Muska. Po spotkaniach wydawało się, że chce przeznaczyć na projekt pomiędzy dwudziestoma a trzydziestoma milionami dolarów, a wszyscy wiedzieli, że koszt wystrzelenia rakiety pochłonie ten budżet i jeszcze trochę. „Według mnie, żeby zrobić to porządnie, potrzebowaliśmy dwustu milionów dolarów" – powiedział Bearden. „Ale inni nie byli zbyt chętni, aby powiedzieć prawdę i ryzykować, że cały pomysł upadnie". Były również ogromne wyzwania dla inżynierów, które trzeba było rozwiązać. „Wielkie okno stanowiło poważny problem termiczny. Nie dało się utrzymać dostatecznie ciepłej komory, aby cokolwiek w niej przeżyło" – dodał. Pobieranie marsjańskiej gleby wydawało się z kolei nie tylko trudnym w realizacji, ale kompletnie złym pomysłem, ponieważ regolit był toksyczny. Przez jakiś czas naukowcy rozważali wyhodowanie rośliny na żelu bogatym w substancje odżywcze, ale byłoby to oszustwo i podkopanie całego przedsięwzięcia. Nawet momenty optymizmu kończyły się wielką niewiadomą. Jeden z badaczy znalazł bardzo odporne nasiona gorczycy, które miały szansę przetrwać w zmodyfikowanej marsjańskiej glebie. „Przedsięwzięcie miało jednak jeden spory minus" – powiedział Bearden. „Możesz mieć martwy ogród na Marsie, który zafunduje ci efekt całkowicie przeciwny do zamierzonego"[II].

Musk nigdy nie stchórzył. Zmienił część wolontariuszy-pomysłodawców w konsultantów i kazał im pracować nad projektem kosmicznej szklarni. Zaplanował podróż do Rosji, aby poznać dokładny koszt wystrzelenia rakiety. Chciał kupić od Rosjan odnowiony międzykontynentalny pocisk balistyczny (ICBM), który miał zostać użyty jako rakieta. O pomoc zwrócił się w tej sprawie do Jima Cantrella, niezwykłego faceta, który dokonał szeregu tajnych i jawnych operacji dla Stanów Zjednoczonych oraz innych rządów. Na jego długiej liście dokonań uprawniających do sławy znajdowały się rosyjskie zarzuty o szpiegostwo, po których został w 1996 roku umieszczony w areszcie domowym, gdy umowa o sprzedaż satelity nie poszła według planu. „Po kilku tygodniach Al Gore

---

[II] Gdy Zubrin i niektórzy z pozostałych entuzjastów Marsa usłyszeli o projekcie hodowania rośliny na tej planecie, zareagowali nerwowo. „To było bez sensu" – powiedział Zubrin. „To była czysto symboliczna sprawa, tylko otworzyłaby drzwi milionom mikrobów, które uciekłyby, stając się koszmarem wszystkich protokołów skażeń NASA".

wykonał parę telefonów i wszystko się ułożyło" – wspominał Cantrell. „A ja już nie chciałem mieć do czynienia z Rosjanami". Musk miał jednak inne plany.

Pewnego gorącego lipcowego wieczoru w Utah, Cantrell jechał swoim kabrioletem, gdy ktoś do niego zadzwonił. „Ten gość z zabawnym akcentem powiedział: »Naprawdę musimy porozmawiać. Jestem miliarderem. Rozpoczynam program kosmiczny«". Cantrell nie słyszał zbyt dobrze swojego rozmówcy – myślał, że przedstawił się jako Ian Musk – więc powiedział, że oddzwoni z domu. Obydwaj mężczyźni byli wobec siebie nieufni. Musk odmówił podania Cantrellowi swojego numeru telefonu i zadzwonił z faksu. Z kolei Cantrell uznał Muska za intrygującego, ale nieco nadgorliwego. „Spytał, czy w okolicy jest lotnisko i czy moglibyśmy się tam spotkać następnego dnia" – opowiadał Cantrell. „Zaświeciła mi się czerwona lampka". W obawie przed zasadzką ze strony któregoś z dawnych wrogów Cantrell poprosił o spotkanie na lotnisku Salt Lake City, gdzie miał wynająć salkę konferencyjną obok holu Delta. „Zaplanowałem spotkanie niedaleko ochrony, żeby nie mógł wziąć spluwy" – wyjaśniał. Gdy w końcu doszło do spotkania, mężczyźni od razu znaleźli wspólny język. Musk wyłożył swoją ideę „ludzkość ma zostać gatunkiem międzyplanetarnym", a Cantrell odpowiedział, że jeśli mówił poważnie, to on chętnie znów pojedzie do Rosji i pomoże kupić tę rakietę.

Pod koniec października 2001 roku Musk, Cantrell i przyjaciel Muska z czasów studenckich Adeo Ressi polecieli lotem rejsowym do Moskwy. Ressi pełnił funkcję ochroniarza swojego przyjaciela, a także próbował wybadać, czy Elon wciąż był przy zdrowych zmysłach. Przyjaciele Muska, chcąc przekonać go, że to strata pieniędzy, przygotowali kompilację filmików z eksplodującymi rakietami. Gdy te metody zawiodły, Adeo poleciał z nim do Moskwy, starając się jak najlepiej hamować jego zapędy. „Adeo wołał mnie na stronę i mówił: »To, co robi Elon, to szaleństwo. Filantropia? Nie, to szaleństwo«" – wspominał Cantrell. „Naprawdę się martwił, ale mimo to poleciał z nami". Właściwie to czemu nie? Mężczyźni zmierzali do postsowieckiej Rosji u szczytu odprężenia, gdy bogaci mogli najwyraźniej kupować pociski na wolnym rynku.

Zespół Muska powiększył się o Mike'a Griffina i spotkał się z Rosjanami trzykrotnie na przestrzeni trzech lub czterech miesięcy[III]. Grupa umówiła kilka spotkań z takimi firmami jak NPO Lavochkin, która produkowała sondy przeznaczone na Marsa i Wenus dla Rosyjskiej Federalnej Agencji Kosmicznej, oraz Kosmotras – producenta komercyjnej wyrzutni rakietowej. Wszystkie spotkania przebiegały tak samo, zgodnie z rosyjską tradycją. Gospodarze, którzy często nie jadali śniadań, prosili o spotkanie około jedenastej rano w swoich biurach na wczesny lunch. Przez około godzinę ucinano pogawędkę nad stołami zastawionymi kanapkami, kiełbasą i oczywiście wódką. W pewnym momencie Griffin zaczynał tracić cierpliwość. „Ciężko znosi głupotę" – tłumaczył Cantrell. „Rozgląda się i zastanawia, kiedy wreszcie, do jasnej cholery, przejdziemy do rzeczy". Odpowiedź brzmiała: nieprędko. Po lunchu przychodziła pora na długie palenie papierosów i picie kawy. Gdy już opróżniono stoły, rosyjscy bossowie zwracali się do Muska i pytali: „Co właściwie chciałbyś kupić?". Przedłużające się wprowadzenie nie byłoby dla niego takie irytujące, gdyby gospodarze traktowali go poważniej. „Patrzyli na nas w taki sposób, jakbyśmy nie byli dostatecznie wiarygodni" – wspominał Cantrell. „Jeden z ich głównych projektantów opluł mnie i Elona, bo uznał nas za gówno wartych".

Najbardziej emocjonalne spotkanie miało miejsce w bogato dekorowanym, opuszczonym budynku sprzed rewolucji niedaleko centrum stolicy. Wznoszono wódką toasty: „Za kosmos!", „Za

---

[III] Zgodnie z większością napisanych o Musku historii dotyczących tego okresu pojechał on do Moskwy trzykrotnie. Jednak według szczegółowych relacji Cantrella to nieprawda. Spotkał się z Rosjanami dwukrotnie w Moskwie i raz w Pasadenie, w Kalifornii. Spotkał się również z Arianespace w Paryżu oraz w Londynie z Surrey Satellite Technology Ltd., planując zakup sprzętu.

Stany Zjednoczone!", podczas gdy Musk siedział na walizce z dwudziestoma milionami dolarów, mającymi wystarczyć, jak miał nadzieję, na zakup trzech pocisków, które później miały zostać adaptowane do wysłania w kosmos. Oszołomiony wódką, spytał wprost, ile będzie kosztować jeden pocisk. Padła odpowiedź: osiem milionów dolarów. Odmówił i zaoferował tyle za dwa pociski. „Siedzieli tam i patrzyli na niego" – powiedział Cantrell. „A potem powiedzieli coś w stylu: »Nie, chłopczyku«". Dawali także do zrozumienia, że nie miał wcale pieniędzy. W tym momencie Musk zdecydował, że Rosjanie albo nie chcą robić poważnych interesów, albo próbują oskubać milionera dotcomów. Wyszedł ze spotkania jak burza.

Nastrój w ekipie był grobowy. Zbliżał się koniec lutego, a oni wyszli złapać taksówkę na lotnisko w śniegu i błocie moskiewskiej zimy. Wewnątrz taksówki wszyscy milczeli. Musk przyleciał do Rosji z nadzieją na wielkie wydarzenie dla ludzkości, a wyjeżdżał rozdrażniony i rozczarowany ludzką naturą. Tylko Rosjanie dysponowali pociskami w zakresie jego budżetu. „To była długa przejażdżka" – wspominał Cantrell. „Panowała cisza, patrzeliśmy na miejscowych prostaków robiących zakupy w śniegu". Posępny nastrój towarzyszył mężczyznom aż na pokład samolotu, do momentu gdy zaczęto rozwozić drinki. „Zawsze robi się przyjemniej, gdy samolot odrywa się od ziemi na rosyjskim lotnisku. Myślisz sobie: »Boże drogi, udało mi się«" – żartował Cantrell. „Więc ja i Griffin zamówiliśmy po drinku i wznieśliśmy toast". Elon siedział w rzędzie przed nimi, pisząc coś na komputerze. „Myśleliśmy sobie: »Co za pieprzony nerd! Co on tam robi?«". A wtedy on odwrócił się i pokazał stworzoną przez siebie prezentację. „Hej, wiecie co?" – powiedział. „Myślę, że sami możemy zbudować taką rakietę".

Griffin i Cantrell wypili do tej pory parę drinków i byli zbyt rozluźnieni, żeby myśleć o takich rzeczach. Zbyt dobrze znali historie napalonych milionerów, którym zdawało się, że mogą zdobyć kosmos, a tymczasem stracili własny majątek. Ledwie rok wcześniej geniusz z branży nieruchomości i finansów z Teksasu Andrew Beal poszedł z torbami po tym, jak wpompował miliony dolarów w ogromny projekt testowy. „Pomyśleliśmy sobie: »Ta, w dupie byłeś i gówno widziałeś«" – zakpił Cantrell. „Ale on powiedział: »Nie, mówię poważnie. Mam tu arkusz kalkulacyjny«". Musk podał laptop Griffinowi i Cantrellowi, a im opadły szczęki. Wyliczenia zawierały koszty materiałów do budowy, montażu i wystrzelenia rakiety. Zgodnie z nimi mógł obniżyć koszty w stosunku do konkurencji, budując niewielką rakietę, która byłaby przeznaczona na część rynku specjalizującego się w transporcie kosmicznym małych satelitów i ładunków badawczych. Arkusz przedstawiał także dość szczegółowo hipotetyczne parametry użytkowe. „Spytałem: »Elon, skąd ty to wziąłeś?«" – powiedział Cantrell.

Musk przez całe miesiące studiował zawiłości branżowe oraz fizykę związaną z lotami kosmicznymi. Od Cantrella i innych pożyczał książki: *Rocket Propulsion Elements*, *Fundamentals of Astrodynamics* oraz *Aerothermodynamics of Gas Turbine and Rocket Propulsion*, a także nowsze pozycje. Powrócił do dawnego zwyczaju pochłaniania informacji i doszedł do wniosku, że rakiety mogą i powinny być budowane znacznie taniej, niż życzyli sobie Rosjanie. Zapomnijcie o myszach. Zapomnijcie o roślinie z przekazem wideo na żywo, która rosłaby – a prawdopodobnie umierałaby – na Marsie. Musk miał zainspirować ludzi do ponownych marzeń o podboju kosmosu dzięki obniżeniu kosztów takich przedsięwzięć.

Gdy wieści o planach Muska odbiły się szerokim echem w branży kosmicznej, dało się słyszeć słowa dezaprobaty. Ludzie tacy jak Zubrin wielokrotnie byli świadkami tego typu przedstawień. „Wielu bogaczom inżynierowie wciskali takie historyjki" – podkreślał Zubrin. „Z moim mózgiem i twoimi funduszami damy radę zbudować zyskowny statek rakietowy, który otworzy przed nami granice kosmosu. Potem ci mózgowcy wydawali przez dwa lata kasę swoich nadzianych sponsorów, a oni się nudzili i odcinali ich od źródełka.

W przypadku Elona każdy wywracał oczami i mówił: »Cóż, mógł wydać dziesięć milionów dolarów i wysłać myszy w kosmos, ale zamiast tego wyda setki milionów i pewnie poniesie klęskę, jak wszyscy przed nim«".

Z pełną świadomością ryzyka związanego z założeniem firmy produkującej rakiety, Musk miał przynajmniej jeden powód, by mieć nadzieję na powodzenie. Tym powodem był Tom Mueller.

Mueller był synem drwala i dorastał w schludnym miasteczku St. Maries w stanie Idaho, gdzie dorobił się reputacji dziwaka. Gdy reszta dzieciaków biegała zimą po lasach, on siedział w ciepłej bibliotece albo w domu, oglądając *Star Treka*. Lubił także majsterkować. Pewnego dnia w drodze do szkoły podstawowej znalazł w bocznej uliczce zniszczony zegar, który odtąd stał się jego ulubioną zabawką. Każdego dnia naprawiał jakąś zębatkę lub sprężynę, aż w końcu udało mu się go uruchomić. Podobny los spotkał kosiarkę, którą chłopiec pewnego popołudnia rozmontował dla zabawy na trawniku przed domem. „Tata wrócił do domu i wściekł się na mnie, ponieważ sądził, że będzie musiał kupić nową kosiarkę" – wspominał Mueller. „Ale ja złożyłem ją z powrotem i działała". Potem zafiksował się na rakietach. Zaczął zamawiać pocztą małe zestawy rakiet i składać je zgodnie z instrukcjami. Wkrótce nauczył się budować własne urządzenia. W wieku dwunastu lat złożył makietę promu kosmicznego, który można było przymocować do rakiety, wystrzelić w powietrze i sprowadzić z powrotem na ziemię. Na potrzeby projektu naukowego kilka lat później nastolatek pożyczył palnik acetylenowo-tlenowy od ojca, aby zbudować prototyp silnika rakietowego. Schłodził urządzenie, umieszczając je do góry dnem w puszce kawy napełnionej wodą – „Dzięki temu pracowało cały dzień" – i opracował równie kreatywne sposoby pomiaru jego wydajności. Sprzęt okazał się na tyle dobry, by zapewnić swojemu wynalazcy szereg nagród w lokalnych konkursach organizowanych na targach naukowych. Pomógł mu też dotrzeć na wydarzenie o zasięgu międzynarodowym. „Tam od razu skopali mi tyłek" – wspominał Mueller.

Wysoki, chudy, o kanciastej twarzy, Mueller jest wyluzowanym gościem, który usiłował przebrnąć przez studia, ucząc przyjaciół, jak robić świece dymne, aż w końcu spoważniał i poradził sobie świetnie, studiując inżynierię mechaniczną. Wkrótce po studiach podjął pracę w Hughes Aircraft przy satelitach – „To nie były rakiety, ale było blisko" – a potem przeniósł się do TRW Space & Electronics. U schyłku lat osiemdziesiątych program „Gwiezdnych Wojen" Ronalda Reagana sprawił, że wszystkie techniczne świry marzyły o broni kinetycznej i rozpętaniu chaosu. W TRW Mueller eksperymentował z dziwacznymi rodzajami paliw, przewidział również opracowanie silnika TR-106 – gigantycznej maszyny napędzanej ciekłym tlenem i azotem. W ramach hobby spędzał czas z setkami entuzjastów rakiet, zrzeszonymi w założonym w 1943 roku Reaction Research Society, którego celem było propagowanie budowy i wystrzeliwania rakiet. W weekendy Mueller podróżował na pustynię Mojave z innymi członkami stowarzyszenia, gdzie testowali swoje amatorskie urządzenia. Był jednym z najlepszych klubowiczów, którego rakiety faktycznie działały, w dodatku eksperymentującym z niektórymi bardziej radykalnymi pomysłami, jakie jego szefowie w TRW byli skłonni dusić w zarodku. Jego perłą w koronie był trzydziestosześciokilogramowy silnik zdolny do wytworzenia ciągu o sile niemal sześciu tysięcy kilogramów, który zyskał uznanie jako największy na świecie amatorski silnik na paliwo ciekłe. „Wciąż trzymam te rakiety w swoim garażu" – powiedział Mueller.

W lutym 2002 roku Mueller przebywał w warsztacie Johna Garveya, który odszedł z pracy w firmie z branży astronautycznej McDonnell Douglas, aby budować własne rakiety. Siedzibę swojej firmy umieścił w Huntington Beach, gdzie wynajął przestrzeń przemysłową o powierzchni garażu na sześć samochodów. Dwóch mężczyzn grzebało przy silniku, gdy Garvey wspomniał, że może wpaść ktoś nazwiskiem Elon Musk. Środowisko konstruktorów było bardzo zamknięte i to Cantrell zarekomendował Muska, by obejrzał pracownię Garveya i projekty Muellera. W pewną niedzielę Elon przyjechał z ciężarną żoną, ubrany w stylowy czarny płaszcz ze skóry, w którym wyglądał jak płatny zabójca. Mueller trzymał prawie czterdziestokilogramowy silnik na ramieniu i próbował go przykręcić do konstrukcji nośnej, gdy Musk zasypał go pytaniami. „Zapytał, jaki ciąg był zdolny wytworzyć" – powiedział Mueller. „Chciał także wiedzieć, czy kiedykolwiek pracowałem nad większymi rzeczami. Odpowiedziałem, że owszem, nad silnikiem o ciągu dwustu pięćdziesięciu tysięcy kilogramów w TRW i znałem każdy jego szczegół". Mueller odłożył swój silnik i próbował nadążyć z odpowiedziami na pytania swojego rozmówcy. „Ile kosztowałby taki silnik?" – padło pytanie. Odpowiedź brzmiała, że TRW skonstruowała go za około dwanaście milionów dolarów. Musk odpalił: „No dobra, a za ile ty byś go zbudował?".

Mueller gawędził z Muskiem całymi godzinami, a w następny weekend został zaproszony do domu nowego znajomego, aby tam mogli kontynuować rozmowę. Elon wiedział, że znalazł kogoś, kto od podszewki znał proces budowania rakiet. Później przedstawił Muellera reszcie swojej ekipy kosmicznych ekspertów i wprowadził w tajne spotkania. Format zespołu zaimponował nowemu przybyszowi, który odrzucał już wcześniej oferty pracy od Beala i innych magnatów kosmicznych z powodu szalonych pomysłów. Tymczasem Musk, w przeciwieństwie do reszty, zdawał się wiedzieć, co robi, i stopniowo eliminował krytykantów, tworząc zespół zdolnych, oddanych inżynierów.

Mueller pomógł Muskowi wypełnić arkusz kalkulacyjny analizą wydajności i kosztów nowej, taniej rakiety, a następnie razem z resztą zespołu szlifowali pomysł. Rakieta nie miała wynosić satelitów o rozmiarze ciężarówek, jak giganty wystrzeliwane przez Boeinga, Lockheeda, Rosjan i inne kraje. Zamiast tego miała być wymierzona w małą niszę na rynku satelitów i mogła okazać się idealną dla zyskującej popularność klasy niższych ładunków, wykorzystując ogromne postępy w informatyce i elektronice na przestrzeni ostatnich lat. Rakieta brała na celownik branżową teorię, zgodnie z którą dla ładunków komercyjnych i badawczych mógł otworzyć się zupełnie nowy rynek, o ile firma drastycznie obniżyłaby koszty wystrzeleń i oferowałaby regularne usługi. Musk rozkoszował się myślą bycia w czołówce tego trendu, który zdawał się być początkiem nowej ery w kosmosie. Oczywiście początkowo wszystko było teorią – aż nagle przestało nią być. PayPal w lutym trafił na giełdę, z akcjami awansującymi o pięćdziesiąt pięć procent, a Musk wiedział, że eBay chce wykupić firmę. Gdy pomysł rakiety był w fazie dywagacji, wartość netto udziałów Muska wzrosła z dziesiątek do setek milionów dolarów. W kwietniu 2002 roku całkowicie odciął się od życia publicznego i poświęcił się budowie firmy z branży kosmicznej. Wziął na bok Cantrella, Griffina, Muellera i Chrisa Thompsona, inżyniera lotnictwa i kosmonautyki z Boeinga, i powiedział: „Chcę stworzyć tę firmę. Jeśli w to wchodzicie – zróbmy to" (Griffin chciał dołączyć do zespołu, ale ostatecznie zrezygnował, gdy Musk odrzucił jego wymóg zamieszkania na Wschodnim Wybrzeżu, a Cantrell wytrzymał kilka miesięcy, uznając przedsięwzięcie za zbyt ryzykowne).

Założone w czerwcu 2002 roku Space Exploration Technologies powstało w skromnym otoczeniu. Musk wynajął stary magazyn przy 1310 East Grand Avenue w El Segundo, na przedmieściach Los Angeles, w otoczeniu firm z branży lotniczej. Poprzedni najemca budynku o powierzchni siedmiu tysięcy metrów kwadratowych często wysyłał swoje towary i wykorzystywał południową część magazynu jako zajezdnię, wyposażając ją w rampy załadowcze dla ciężarówek dostawczych. Dzięki temu Musk mógł wjeżdżać swoim srebrnym McLarenem prosto do budynku. Poza tym nie było tam wiele: zakurzona podłoga i dwunastometrowy, łukowy sufit wsparty na drewnianych belkach z odsłoniętą izolacją, dzięki czemu w budynku można się było poczuć jak w hangarze. Północna część obejmowała przestrzeń biurową z boksami i miejscem do pracy dla około pięćdziesięciu osób. W trakcie pierwszych tygodni działania SpaceX przyjeżdżały ciężarówki pełne laptopów Della, drukarek i składanych stolików, które miały służyć za pierwsze biurka. Musk podszedł do jednej z ramp, podciągnął roletę i rozładował samodzielnie sprzęt.

Musk nadał biurom SpaceX charakterystyczną estetykę, odpowiadającą jego gustowi: błyszcząca powłoka epoksydowa pokryła betonowe podłogi, a świeża warstwa białej farby – ściany. Biel miała sprawiać wrażenie czystości i dodawać energii. Biurka ustawiono tak, aby informatycy z Ligi Bluszczowej oraz inżynierowie projektujący sprzęt mogli siedzieć razem ze spawaczami i ślusarzami budującymi maszyny. To podejście było pierwszym dużym przełomem, jaki SpaceX wprowadziła w branży, zrywając z typowym zwyczajem izolowania od siebie różnych grup zawodowych w ramach jednej firmy oraz zwyczajowego separowania inżynierów i mechaników o tysiące mil, umieszczając ich fabryki w krajach, gdzie zarówno wynajem nieruchomości, jak i koszty pracy są tanie.

Gdy pierwszy tuzin pracowników przyszedł do biura, powiedziano im, że misją SpaceX będzie „osiągnięcie pozycji tanich linii lotniczych w kosmosie". Firma miała budować własne silniki, a potem pozyskiwać od dostawców pozostałe komponenty rakiety. Przewagę konkurencyjną miało gwarantować budowanie lepszych, tańszych silników oraz końcowe dopracowanie procesu montażu, dzięki czemu rakiety miały być szybsze i tańsze niż te dostępne u konkurencji. Wizja ta obejmowała budowę mobilnej wyrzutni, która mogła podróżować w różne miejsca, ustawiać rakietę w pozycji pionowej lub poziomej i wystrzelić ją w kosmos – łatwo i bez problemów. W przyszłości firma miała stać się w tym na tyle dobra, że w miesiącu takich usług można byłoby wykonywać wiele i na każdej zarobić, rezygnując z konieczności uzależniania się jako dostawca od funduszy rządowych.

SpaceX miała być amerykańską próbą biznesu rakietowego, z czystym kontem, rodzajem zmodernizowanego resetu. Musk czuł, że branża właściwie nie rozwinęła się przez ostatnie pół wieku. Firmy nie miały zbyt wielkiej konkurencji, więc pozwalały sobie na windowanie cen na produkty o maksymalnej wydajności. Dla każdego wystrzelenia tworzyły Ferrari, choć możliwe było, że Honda Accord też sobie poradzi. Dla odmiany Musk chciał wykorzystać kilka technik start-upowych, jakie opanował w Dolinie Krzemowej, by oszczędnie i szybko uruchomić SpaceX, zarabiając na ogromnym postępie w zakresie technologii i materiałów, jaki nastąpił na przestrzeni ostatnich kilku dekad. Jako firma prywatna SpaceX uniknęłaby również strat oraz przekroczenia kosztów wiążących się z przyjmowaniem przetargów rządowych. Musk zadeklarował, że pierwsza rakieta będzie nosiła nazwę Falcon 1, jako ukłon w stronę Sokoła Millenium z *Gwiezdnych wojen* i roli, jaką odegrał w zapewnieniu przyszłości uniwersum. W czasach, gdy koszt wysyłki w kosmos ładunku o masie dwustu pięćdziesięciu kilogramów zaczynał się od trzydziestu milionów, Musk obiecywał, że Falcon uzyska udźwig sześciuset trzydziestu pięciu kilogramów za sześć milionów dziewięćset tysięcy dolarów.

W typowy dla siebie sposób Musk ustalił szaleńczo ambitny harmonogram prac. Jedna z pierwszych prezentacji sugerowała ukończenie pierwszego silnika w maju 2003 roku, drugiego w czerwcu, kadłuba rakiety w lipcu, a zmontowanie całości w sierpniu. Wyrzutnia miałaby zostać przygotowana do września, a pierwszy start wyznaczono na listopad, czyli około piętnaście miesięcy po założeniu firmy. Podróż na Marsa naturalnie została zaplanowana gdzieś na początek dekady. To był cały on – logiczny do bólu, naiwny optymista kalkulujący, jak długo fizycznie zajmie ludziom wykonanie całej tej pracy. To było minimum, jakiego oczekiwał od siebie i jakiemu jego pracownicy, ze wszystkimi swoimi ludzkimi słabościami, starali się sprostać.

Gdy entuzjaści kosmosu dowiedzieli się o istnieniu nowej firmy, nie martwili się zbytnio tym, na ile prognozowane terminy wydawały się realne. Byli po prostu podekscytowani, że ktoś zdecydował się na tanie i szybkie podejście do rzeczy. Część wojskowych zaczęła już zwracać się w stronę pomysłu nadania armii bardziej agresywnych możliwości działania, tak zwanej strategii „responsywnego kosmosu". Na wypadek konfliktu wojsko chciało mieć możliwość odpowiedzi za pomocą specjalnie do tego celu skonstruowanych satelitów. Oznaczało to odchodzenie od modelu, w którym budowa i wystrzelenie satelity zaprojektowanego w konkretnym celu trwała dekadę. Zamiast tego wojsko oczekiwało tańszych, mniejszych, niemalże jednorazowych satelitów, które można było przekonfigurować za pomocą oprogramowania i wysłać w krótkim czasie. „Gdyby udało nam się coś takiego, to byłoby naprawdę przełomowe" – powiedział Pete Worden, emerytowany generał sił powietrznych, który spotkał się z Muskiem w czasie służby jako konsultant w Departamencie Obrony. „Moglibyśmy reagować w kosmosie podobnie jak na lądzie, na morzu i w powietrzu". Praca Wordena wymagała od niego przyglądania się rewolucyjnym technologiom. Wiele napotkanych przez niego osób okazywało się ekscentrycznymi marzycielami, lecz Musk wydawał się twardo stąpającym po ziemi, kompetentnym i zdolnym. „Rozmawiałem z ludźmi budującymi w garażach miotacze i tym podobne rzeczy. Nie ulegało wątpliwości, że Elon różnił się od nich. Był wizjonerem naprawdę rozumiejącym technologię rakietową i zaimponował mi".

Nie tylko armia, ale również naukowcy chcieli zyskać tani i szybki dostęp do kosmosu oraz możliwość wysyłania eksperymentów i regularnego zbierania danych. Niektóre firmy z branży medycznej i artykułów powszechnego użytku także były zainteresowane przejażdżką w kosmos, aby zbadać wpływ braku grawitacji na swoje produkty.

I choć dobrze brzmi nazwa tani pojazd startowy, to w rzeczywistości szanse na to, by był on dostępny dla zwykłych obywateli, wydawały się nikłe. Szybkie wyszukiwanie w serwisie YouTube hasła „eksplozja rakiety" podaje tysiące filmików z kompilacjami dokumentującymi katastrofy w trakcie startów amerykańskich i sowieckich rakiet na przestrzeni dekad. Od 1957 do 1966 roku Stany próbowały wystrzelić na orbitę ponad czterysta rakiet, z których około setka spłonęła[5]. Rakiety nośne to zazwyczaj zmodyfikowane pociski, budowane metodą prób i błędów, na które przeznaczono miliardy rządowych dolarów. SpaceX miał przewagę w postaci dotychczasowych doświadczeń oraz osób w zespole, które nadzorowały projekty w takich firmach, jak Boeing i TRW. Co więcej, start-up nie przewidywał serii eksplozji w swoim budżecie. W najlepszym razie SpaceX mogła pozwolić sobie na trzy lub cztery podejścia do uruchomienia Falcona. „Ludzie myśleli, że po prostu zwariowaliśmy" – wspominał Mueller. „W TRW miałem sztab ludzi i fundusze rządowe. Teraz mieliśmy zbudować tanią rakietę od zera w małym zespole. Ludzie po prostu nie wierzyli, że to możliwe".

W lipcu 2002 roku Musk był niezwykle podekscytowany swoim śmiałym przedsięwzięciem, a eBay podjął agresywne próby wykupienia PayPala za półtora miliarda dolarów. Transakcja przyniosła Muskowi ponad sto milionów dolarów, które mógł przeznaczyć na SpaceX. Dzięki takiemu potężnemu dofinansowaniu nikt już nie mógłby odebrać mu kontroli nad firmą, jak to miało miejsce w przeszłości z Zip2 i PayPalem. Dla pracowników, którzy zgodzili się towarzyszyć Muskowi w tej najwyraźniej niemożliwej podróży, zastrzyk gotówki oznaczał przynajmniej kilka lat stabilności finansowej. Przejęcie PayPala wpłynęło pozytywnie na wizerunek Muska i ugruntowało jego pozycję celebryty, co wykorzystał w trakcie spotkań z przedstawicielami rządu najwyższego szczebla oraz do wywierania wpływu na dostawców.

Aż nagle wszystko to straciło znaczenie. Justine urodziła syna, który otrzymał imiona Nevada Alexander Musk. Chłopczyk zmarł, mając jedynie dziesięć tygodni, tego samego dnia, gdy eBay oficjalnie ogłosił przejęcie PayPala. Rodzice otulili malca do snu jak zwykle. Gdy po chwili przyszli sprawdzić, czy wszystko w porządku, malec już nie oddychał – zmarł z powodu tak zwanego zespołu nagłej śmierci łóżeczkowej. „Zanim sanitariusze zaczęli reanimację, był niedotleniony tak długo, że doszło do śmierci mózgu" – pisała Justine w artykule dla „Marie Claire". „Spędził trzy dni podpięty do respiratora w szpitalu w hrabstwie Orange, zanim zdecydowaliśmy o odłączeniu. Trzymałam go w ramionach, gdy umierał. Elon jasno dał mi do zrozumienia, że nie chce mówić o śmierci Nevady. Nie rozumiałam tego, tak jak on nie rozumiał mojej jawnej żałoby, którą postrzegał jako »emocjonalną manipulację«. Ukryłam więc swoje uczucia i przebolałam śmierć syna dzięki wizycie w klinice in vitro niespełna dwa miesiące później. Elon i ja jak najszybciej planowaliśmy kolejne dziecko. W ciągu następnych pięciu lat urodziłam bliźnięta, a potem trojaczki". Po latach Justine przyznała, że reakcja męża była mechanizmem obronnym, wyniesionym z pełnego cierpień dzieciństwa. „On nie radzi sobie dobrze w trudnych sytuacjach emocjonalnych" – powiedziała w wywiadzie dla magazynu „Esquire". „Jest typem człowieka prącego do przodu, wszystko jest dla niego kwestią przetrwania".

Musk otworzył się przed kilkorgiem bliskich przyjaciół, którym wyjawił głębię swojego cierpienia, ale Justine raczej dobrze odczytała jego reakcję. Po prostu nie widział potrzeby publicznego przeżywania żałoby. „Straszliwie smuciło mnie rozmawianie o tym" – powiedział. „Nie jestem pewien, dlaczego miałbym chcieć rozmawiać o najbardziej przykrych wydarzeniach z mojego życia. To w żaden sposób nie służy przyszłości. Jeśli masz inne dzieci i zobowiązania, wówczas pogrążanie się w smutku nie służy osobom wokół ciebie. Nie jestem pewien, co powinno się robić w takich sytuacjach".

Po śmierci syna Musk rzucił się w wir pracy, dramatycznie poszerzając firmowe cele. Jego rozmowy z dostawcami z branży dotyczące możliwych zleceń dla SpaceX kończyły się rozczarowaniem. Wydawało się, że wszyscy cenią się wysoko, za to pracują wolno. Plan wdrożenia komponentów wytwarzanych przez tego rodzaju firmy utorował drogę decyzji, żeby je tworzyć na miejscu. „Czerpiąc z pomysłów poprzednich programów rakietowych, od Apollo do X-34/Fastrac, w SpaceX na własną rękę budowano całą rakietę Falcon od zera, w tym obydwa silniki, turbopompę, zbiornik kriogeniczny oraz system naprowadzania" – ogłosiła firma na swojej stronie. „Rozwój od podstaw zwiększa trudności i wymagane nakłady finansowe, ale żadna inna ścieżka nie zagwarantuje koniecznych ulepszeń w cenie dostępu do przestrzeni kosmicznej".

Kierownictwo zatrudnione przez Muska obejmowało zespół samych gwiazd. Mueller natychmiast zaczął pracę nad budową dwóch silników: Merlina i Kestrela, nazwanych od dwóch gatunków sokołów. Chris Thompson, były żołnierz piechoty morskiej, który nadzorował produkcję rakiet Delta i Titan w Boeingu, został wicedyrektorem oddziałów. Z Boeinga przeszedł także Tim Buzza, cieszący się reputacją jednego z najlepszych testerów rakiet. Steve Johnson, który pracował w Laboratorium Napędu Odrzutowego oraz w dwóch komercyjnych firmach z branży, został starszym inżynierem mechanikiem. Z kolei inżynier lotnictwa i kosmonautyki Hans Koenigsmann miał zająć się awioniką, systemami naprowadzania i kontroli. Musk zatrudnił również weterankę z branży Gwynne Shotwell, która została pierwszym handlowcem SpaceX, a w kolejnych latach prezesem i prawą ręką Muska.

Pracę rozpoczęła wówczas także legendarna dziś, zarówno w dziejach SpaceX, jak i Tesli, Mary Beth Brown. Zwana przez wszystkich „MB" została lojalną asystentką Muska, stając się rzeczywistą wersją Pepper Potts u boku prawdziwego Tony'ego Starka z *Iron Mana*. Razem potrafili pracować całą dobę. Przez lata przynosiła Muskowi posiłki, umawiała spotkania biznesowe i rodzinne, odbierała ubrania z pralni, radziła sobie z prasą, a w razie konieczności wyciągała szefa ze spotkań, aby trzymał się harmonogramu. Stała się jedynym mostem pomiędzy nim a całą resztą interesantów, będąc nieocenionym pracownikiem firmy.

Brown odegrała kluczową rolę w ukształtowaniu kultury organizacyjnej SpaceX. Przywiązywała wagę do małych rzeczy, takich jak firmowe kosze na śmieci w kształcie statków kosmicznych, i pomagała równoważyć atmosferę w pracy. Gdy jednak chodziło o sprawy dotyczące bezpośrednio Muska, Brown przybierała surowe oblicze i twarde, zdroworozsądkowe podejście. Poza tymi przypadkami była zawsze szeroko uśmiechnięta i potrafiła oczarować każdego urokiem. „Zawsze mawiała: »Ojej, co u ciebie, serdeńko?«" – wspominał jeden z techników. Brown zbierała dziwaczne e-maile, które przychodziły do Muska, i rozsyłała je pod tytułem: „Czubek Tygodnia", żeby rozbawić pracowników. Jeden z lepszych wpisów zawierał szkic księżycowego pojazdu kosmicznego, na którym znajdowała się czerwona plama. Osoba, która go wysłała, zakreśliła plamę rysunku i napisała obok: „Co to jest? Czy to krew?". W innych e-mailach znajdowały się plany perpetuum mobile i propozycja gigantycznego nadmuchiwanego królika, który służyłby do zatykania wycieków ropy. Przez krótki czas Brown zajmowała się również zarządzaniem lekturami swojego szefa oraz prowadziła firmę pod jego nieobecność. „Ona właściwie podejmowała decyzje" – powiedział technik. „Mawiała: »Tego chciałby Elon«".

Największym talentem Brown była być może umiejętność odczytywania nastroju Muska. Zarówno podczas pracy w SpaceX, jak i w Tesli umieściła swoje biurko około dwa metry od biurka szefa, aby ludzie zmierzający na spotkanie z nim musieli przejść obok niej. Jeśli ktoś potrzebował pozwolenia na większe zakupy, zatrzymywał się na chwilę przed biurkiem Brown i czekał na jej skinienie, by zobaczyć się z Muskiem, lub też odchodził z kwitkiem, gdy dawała do zrozumienia, że szef ma dziś zły dzień. Ten system potwierdzeń i zaprzeczeń stał się szczególnie istotny w okresach miłosnych konfliktów w jego życiu, gdy miewał nerwy napięte niczym postronki – jeszcze bardziej niż zazwyczaj.

Szeregowi inżynierowie w SpaceX byli młodymi mężczyznami z tendencją do przerostu ambicji. Musk osobiście zwracał się do wydziałów lotnictwa i kosmonautyki na najlepszych uczelniach w kraju, gdzie wypytywał o najlepszych studentów na roku. Nie było niczym dziwnym wydzwanianie do akademików i werbowanie przez telefon. „Myślałem, że ktoś sobie żartuje" – wspominał Michael Colonno, który odebrał telefon od Muska w trakcie studiów na Stanford. „Nawet przez chwilę nie wierzyłem, że gość miał firmę produkującą rakiety". Gdy jednak studenci sprawdzali Muska w sieci, pozyskiwanie ich było łatwe. Po raz pierwszy od lat, jeśli nie dekad, młodzi spece z branży, usychający z tęsknoty za badaniem kosmosu, otrzymali szansę pracy w naprawdę ekscytującej firmie, z którą mogli się identyfikować, oraz ścieżkę rozwoju w kierunku projektowania rakiet, a nawet możliwość zostania astronautą, niewymagającą wiązania się z rządową biurokracją. Gdy po świecie rozeszły się wieści o ambicjach SpaceX, najlepsi inżynierowie z Boeinga, Lockheed Martin czy Orbital Sciences z dostatecznie wysoką tolerancją ryzyka od razu się przenieśli.

Przez pierwszy rok działalności SpaceX niemal każdego tygodnia do pracy przychodziły jedna lub dwie nowe osoby. Kevin Brogan przeszedł z TRW, gdzie przywykł do różnych regulaminów wewnętrznych torpedujących jego pracę, i został dwudziestym trzecim pracownikiem z kolei. „Nazywałem swoją firmę country clubem, bo wszyscy się tam obijali" – podsumował. Brogan rozpoczął pracę w SpaceX następnego dnia po rozmowie kwalifikacyjnej i powiedziano mu, żeby znalazł sobie w biurze jakiś komputer do pracy. „Jechało się do marketu elektronicznego i kupowało wszystko, co było potrzebne do pracy, a potem do sklepu z artykułami biurowymi po fotel" – dodał. Natychmiast wpadł po uszy i pracował po dwanaście godzin, jechał do domu, spał dziesięć godzin, a potem wracał do pracy. „Byłem wyczerpany fizycznie i psychicznie" – opowiadał. „Ale szybko pokochałem ten kocioł i błyskawicznie się wkręciłem".

Jednym z pierwszych firmowych projektów była budowa gazogeneratora – urządzenia zbliżonego do niewielkiego silnika rakietowego, które wytwarzało gorący gaz. Mueller, Buzza i kilku innych młodych inżynierów złożyło generator w Los Angeles, po czym zapakowali go na pakę pick-upa i zawieźli na pustynię Mojave w Kalifornii, aby wykonać testy. Pustynne miasteczko Mojave oddalone o około sto sześćdziesiąt kilometrów od Los Angeles stało się siedzibą takich firm z branży lotniczej i kosmicznej, jak Scaled Composites czy XCOR. Wiele projektów lokowano poza lotniskiem Mojave, gdzie firmy miały swoje warsztaty i skąd wysyłały różne zaawansowane samoloty czy rakiety. Zespół SpaceX idealnie wpasował się w to środowisko i wypożyczył stanowisko testowe od XCOR o idealnych wymiarach dla generatora. Pierwsza próba miała miejsce o jedenastej przed południem i trwała dziewięćdziesiąt sekund. Generator zadziałał, ale wyrzucił z siebie chmurę czarnego dymu, która w ten bezwietrzny dzień postanowiła osiąść tuż nad wieżą kontroli lotów. Kierownik kontroli lotów zszedł na obszar testów i nie przebierając w słowach wyraził swoje niezadowolenie. Przedstawiciele lotniska i część gości z XCOR, którzy starali się pomóc, nakłonili inżynierów ze SpaceX, żeby odpuścili sobie testy do kolejnego dnia. Zamiast tego Buzza, silny przywódca, skłonny do wcielenia w życie firmowego etosu niezłomności, załatwił paliwo na kilku ciężarówkach, uspokoił kierownika kontroli lotów i przygotował stanowisko pod następny test. W kolejnych dniach inżynierowie ze SpaceX udoskonalili harmonogram, który umożliwił im przeprowadzanie kilku testów dziennie – niesłychanej dotychczas praktyki na lotnisku – i po dwóch tygodniach pracy ujarzmili niesforny generator.

Zorganizowano jeszcze kilka wypraw na pustynię i w szereg innych miejsc, takich jak stanowiska testowe w bazie Edwards Air Force Base oraz w Missisipi. W trakcie tej ogólnokrajowej wycieczki inżynierowie natknęli się na poligon testowy o powierzchni jednego i dwudziestu jeden setnych kilometra kwadratowego w McGregor w stanie Teksas, leżący niemal w sercu stanu. Naprawdę im się tu spodobało i namówili Muska na zakup. Marynarka testowała tutaj przed laty rakiety, podobnie zresztą jak Andrew Beal, zanim splajtowała jego firma. „Po tym jak Beal wyliczył, że budowa rakiety zdolnej wynieść na orbitę większe satelity będzie go kosztować trzysta milionów dolarów, zwinął biznes, zostawiając za sobą sporo użytecznej dla SpaceX infrastruktury, w tym statyw betonowy z nogami o średnicy pni sekwoi" – pisał dziennikarz Michael Belfiore w swojej książce *Rocketeers* poświęconej narodzinom prywatnych firm z branży kosmicznej.

Jeremy Hollman był jednym z młodych inżynierów, którzy wkrótce przeprowadzili się do Teksasu i rozpoczęli prace nad przystosowaniem powierzchni testowej na potrzeby firmy. Był uosobieniem idealnego rekruta: dyplom inżyniera lotnictwa i kosmonautyki zdobył na Iowa State University, a magistra astronautyki na University of Southern California. Przez kilka lat pracował jako inżynier do spraw testów w Boeingu przy dyszach, rakietach i statkach kosmicznych[IV].

Ograniczenia w Boeingu pozostawiły w Hollmanie niedosyt związany z wielkimi przedsiębiorstwami w branży. Pierwszego dnia w firmie akurat kończono fuzję z McDonnell Douglas. Powstały w rezultacie potężny rządowy wykonawca zorganizował piknik, aby podbudować morale, ale nie udało mu się osiągnąć nawet tak prostego celu. „Szef jednego z wydziałów mówił o wspólnej wizji dla jednej firmy, a potem dodał, że będą cięcia kosztów" – wspominał Hollman. „I stwierdził, że każdy powinien się ograniczyć do jednej porcji kurczaka". Sprawy nie zmieniły się na lepsze z biegiem czasu. Każdy projekt w Boeingu wydawał się rozległy, kłopotliwy i kosztowny, więc gdy pojawił się Musk z propozycją radykalnej zmiany – Hollman się skusił. „Wydawało mi się, że nie mogę przegapić takiej szansy" – powiedział. Miał dwadzieścia trzy lata – był młody,

[IV] Buzza znał dokonania Hollmana w Boeingu i ściągnął go do SpaceX około pół roku po założeniu firmy.

samotny i skłonny zaryzykować pozory normalnego życia na rzecz możliwości nieprzerwanej pracy w SpaceX i zostania zastępcą Muska.

Mueller opracował dwa trójwymiarowe modele komputerowe obydwu silników, które chciał zbudować. Merlin miał być przeznaczony dla pierwszego stopnia Falcona 1, który oderwałby rakietę od powierzchni, a Kestrel miał być mniejszym silnikiem zasilającym jej wyższy, drugi stopień, zabierający ją w kosmos. Wspólnie Hollman i Mueller wymyślili, które elementy silników SpaceX miała zbudować w fabryce, a które miałyby zostać kupione. W celu zakupu Hollman miał udać się do różnych sklepów z częściami, uzyskując wycenę i termin realizacji. Często słyszał od producentów, że harmonogramy SpaceX były wariackie. Inni byli bardziej uprzejmi, próbując dostosować istniejące produkty do wymogów zamiast budować je od nowa. Hollman odkrył ponadto, że kreatywność zaprowadziła go daleko. Przykładowo po wymianie uszczelek w łatwo dostępnych zaworach z myjni samochodowych można było używać ich z paliwem rakietowym.

Po zakończeniu budowy pierwszego silnika w SpaceX w Kalifornii Hollman załadował go oraz mnóstwo innych urządzeń na przyczepę U-Haul. Zaczepił ją do białego Hummera H2 i przewiózł ponad tysiąc osiemset kilogramów sprzętu[V] autostradą międzystanową numer 10 z Los Angeles do Teksasu na poligon. Przywiezienie silnika stało się początkiem jednego z największych ćwiczeń w tworzeniu więzi w historii firmy. Pośród grzechotników, mrówek ognistych, w odosobnieniu i palącym słońcu, grupa pod przewodnictwem Buzzy i Muellera rozpoczęła proces badania szczegółów budowy silników. Owe wysokociśnieniowe eksplozje, czy też coś, co inżynierowie ładnie nazywają „szybkimi nieplanowanymi rozmontowaniami", miały określić, czy niewielki zespół naprawdę był w stanie dorównać wysiłkom i umiejętnościom całych państw. Pracownicy SpaceX

[V] W tym ważący sześćset kilogramów miedziany blok.

odpowiednio ochrzcili poligon wypitym z papierowych kubków koniakiem Rémy Martin za tysiąc dwieście dolarów, a następnie przeszli badanie alkomatem, kiedy wracali Hummerem do firmy. Od tej pory trasa z Kalifornii na miejsce testów zyskała miano Teksańskiej Trasy Przewozu Bydła. Inżynierowie z firmy pracowali przez bite dziesięć dni, zjeżdżali do Kalifornii na weekend, a potem wracali. Aby ulżyć im w podróży, Musk czasem pożyczał swój prywatny odrzutowiec. „Mógł przewieźć sześć osób" – powiedział Mueller. „Cóż, siedem, jeśli ktoś siedział w toalecie, co zdarzało się notorycznie".

Choć sporo sprzętu zostało po marynarce i Bealu, SpaceX wciąż musiała zbudować urządzenia dostosowane do własnych wymogów. Jednym z największych było poziome stanowisko testowe o wymiarach dziewięciu metrów długości, na cztery i pół metra szerokości oraz cztery i pół metra wysokości. Było też pionowe stanowisko o wysokości dwóch kondygnacji. Gdy trzeba było odpalić silnik, przymocowywano go do jednego ze stanowisk, wyposażano w czujniki do zbierania danych i monitorowano za pomocą kilku kamer. Inżynierowie chronili się w bunkrze zabezpieczonym z jednej strony wałem ziemnym. Jeśli coś poszło nie tak, patrzyli na wskaźniki z kamer albo powoli podnosili klapy jednego z włazów w bunkrze, słuchając, co się dzieje. Mieszkańcy miasteczka raczej nie narzekali na hałas, choć zwierzętom na pobliskich farmach niezbyt odpowiadało takie sąsiedztwo. „Krowy mają naturalny mechanizm obronny zbijania się w stado i biegania w kółko" – powiedział Hollman. „Za każdym razem, gdy odpalaliśmy silnik, krowy rozpraszały się, a potem zbijały w grupkę z cielakami pośrodku. Ustawiliśmy krowią kamerkę, aby je obserwować".

Zarówno Kestrel, jak i Merlin zaserwowały swoim konstruktorom wyzwania, które potraktowano jako dodatkowe ćwiczenia inżynierskie. „Odpalaliśmy Merlina, dopóki nie skończył nam się sprzęt albo coś nie poszło źle" – opowiadał Mueller. „A potem odpalaliśmy Kestrela i ciągle było coś do roboty". Przez całe miesiące inżynierowie SpaceX przyjeżdżali do pracy o ósmej rano i pracowali przy silnikach dwanaście godzin, po czym szli na kolację do Outback Steakhouse. Mueller miał wyjątkowy talent do przeglądania wyników testów i wyszukiwania miejsc, gdzie silnik rozgrzewał się lub oziębiał, albo innych błędów. Dzwonił do Kalifornii i nakazywał wprowadzenie zmian sprzętowych, a inżynierowie modyfikowali komponenty i wysyłali je do Teksasu. Często pracownicy z Teksasu sami wprowadzali zmiany za pomocą przywiezionych przez Muellera frezarki i tokarki. „Kestrel wymagał dużo pracy i dużo satysfakcji przyniosło mi przyczynienie się do jego doskonałych wyników dzięki rzeczom kupionym przez nas w sieci i wykonanym w warsztatach" – powiedział Mueller. Niektórzy członkowie ekipy z Teksasu doszlifowali swoje umiejętności na tyle, że potrafili zbudować nadający się do testów silnik w zaledwie trzy dni. Od tych samych ludzi oczekiwano biegłej znajomości informatyki. Pracowali nocami, budując turbopompę, a kolejnej nocy adaptowali pakiet aplikacji, który miał kontrolować silnik. Hollman jako firmowa gwiazda nieustannie pracował w ten sposób, choć nie należał do tej grupy młodych i prężnych inżynierów, którzy łamali zasady z konieczności, prowadzeni przez ducha przygody. „To doświadczenie było niemal uzależniające" – podkreślał. „Miałeś te dwadzieścia cztery czy dwadzieścia pięć lat, a oni obdarzali cię tak dużym zaufaniem. To było bardzo inspirujące".

Aby znaleźć się w przestrzeni kosmicznej, silnik Merlin musiał pracować przez sto osiemdziesiąt sekund. Ten czas wydawał się dla inżynierów wiecznością na początku ich teksańskiego okresu, gdy silnik pracował ledwie przez pół sekundy, a potem padał. Czasem Merlin w trakcie testów za bardzo wibrował. Innym razem źle reagował na nowe materiały. A czasami psuł się i wymagał poważnej wymiany części, jak zmiana kolektora aluminiowego na wykonany z bardziej egzotycznego inconelu, stopu odpornego na działanie ekstremalnych temperatur. Pewnego razu zawór paliwa odmówił działania i spowodował eksplozję całego silnika. Kolejna nieudana próba zakończyła się pożarem całego stanowiska testowego. Zazwyczaj to na Buzzę albo Muellera spadała przykra konieczność wykonania telefonu do Muska i streszczenia bieżących niepowodzeń. „Elon był całkiem cierpliwym facetem" – mówił Mueller. „Pamiętam, gdy raz wykonywaliśmy dwa testy i wysadziliśmy tego samego dnia obydwie rzeczy. Powiedziałem mu, że możemy uruchomić nowy silnik, ale byłem naprawdę bardzo sfrustrowany, zmęczony i zły, więc się streszczałem. Powiedziałem: »Możemy tam wsadzić kolejne gówno, ale na dziś mam zajebiście dość wysadzania«. A on na to: »W porządku, dobrze. Tylko się uspokój. Zrobimy to jutro«". Współpracownicy z El Segundo mówili później, że Musk był bliski łez w trakcie tej rozmowy, gdy usłyszał frustrację i ból w głosie Muellera.

Rzeczą, której Musk nie tolerował, były wymówki oraz brak wyraźnego planu działania. Hollman był jednym z wielu inżynierów, który doświadczył nieprzyjemnej, typowej dla Muska, próby wyciśnięcia informacji od rozmówcy. „Najgorszy był pierwszy telefon" – wspominał Hollman. „Coś poszło nie tak, Elon zapytał mnie, ile zajmie powrót do pełnej operacyjności, a ja nie byłem w stanie odpowiedzieć natychmiast. Stwierdził: »Musisz to wiedzieć. To ważne dla firmy. Wszystko od tego zależy. Dlaczego tego nie wiesz?«. Wciąż zarzucał mnie tymi ostrymi, bezpośrednimi pytaniami. Zdawało mi się, że ważniejsze było poinformowanie go od razu o tym, co się wydarzyło, ale nauczyłem się, że lepiej było mieć pełną informację".

Od czasu do czasu sam Musk brał udział w procesie testowania. Jednym z bardziej pamiętnych był przypadek, w którym starano się udoskonalić komorę chłodzącą dla jednego z silników. Firma zakupiła kilka takich komór za siedemdziesiąt pięć tysięcy dolarów od sztuki i próbowała oszacować ich wytrzymałość na ciśnienie, polewając je wodą. W trakcie wstępnego testu jedna z cennych komór popękała. Potem druga uległa uszkodzeniu w tym samym miejscu. Musk zalecił trzeci test, a inżynierowie spojrzeli po sobie z przerażeniem. Sądzili, że test może narazić komorę na niepotrzebne ryzyko i że szef marnuje niezbędny sprzęt. Gdy trzecia komora również pękła, Musk zabrał sprzęt z powrotem do Kalifornii, zawiózł do fabryki i z pomocą kilku inżynierów spróbował naprawić uszkodzenia żywicą epoksydową. „On nie boi się ubrudzić sobie rąk" – podkreślał Mueller. „Stał tam w swoich drogich włoskich butach i ciuchach, cały upaprany żywicą. Pracowali całą noc, potem znów przeprowadzili testy, a komora ponownie pękła". Musk w zniszczonym ubraniu zdecydował, że sprzęt nie nadawał się do niczego, uznał swoją hipotezę za przetestowaną, a inżynierów poprosił o znalezienie nowego rozwiązania.

Tego typu incydenty były częścią burzliwego, ale produktywnego procesu. SpaceX stała się niewielką rodziną o silnych więziach, zjednoczoną przeciwko całemu światu. Pod koniec 2002 roku firma miała pusty magazyn. A rok później wyglądała już jak prawdziwa fabryka rakiet. Działające silniki Merlin przyjeżdżały z Teksasu i lądowały na linii montażowej, gdzie mechanicy mogli je podłączyć do głównego kadłuba lub pierwszego stopnia rakiety. Zbudowano więcej stacji, na których łączono pierwszy stopień z korpusem rakiety. Na podłodze umieszczono dźwigi, aby umożliwić podnoszenie ciężkich elementów, a niebieskie metalowe szyny transportowe służyły kierowaniu kadłuba rakiety od stacji do stacji. SpaceX rozpoczęła także budowę czepca chroniącego ładunek na rakiecie podczas wystrzelenia, a następnie otwierającego się niczym małż, by go wypuścić.

SpaceX znalazła również klienta. Zgodnie z relacją Muska pierwsza rakieta miała wystartować „na początku 2004 roku" z kosmodromu Vandenberg Air Force Base, wynosząc w kosmos satelitę TacSat na zlecenie Departamentu Obrony. Mając taki cel w perspektywie, dwunastogodzinny dzień pracy w sześciodniowym tygodniu uważano za normę, choć wiele osób pracowało nawet dłużej przez większą część roku. Chwile wytchnienia, o ile się zdarzały, przychodziły około ósmej wieczorem w weekendy, gdy Musk pozwalał wszystkim na granie na służbowych komputerach w FPS-y, takie jak *Quake III Arena* czy *Counter-Strike*. O wyznaczonej godzinie po biurze zaczynały rozchodzić się odgłosy wystrzałów z broni, gdy około dwudziestu osób zbroiło się do walki. Musk grający pod nickiem „Random9" często wygrywał, klnąc i bezlitośnie rozwalając swoich pracowników. „Dyrektor strzela do nas z rakiet i pistoletów plazmowych" – mówił Colonno. „Co gorsza, jest w tym zatrważająco dobry i reaguje niewiarygodnie szybko. Zna wszystkie sztuczki i wie, jak się podkradać do ludzi".

Zbliżająca się data startu rozbudziła w Musku instynkty handlowca. Chciał pokazać światu osiągnięcia swoich niestrudzonych pracowników i podsycić zainteresowanie wokół SpaceX. Zdecydował się pokazać prototyp Falcona 1 w grudniu 2003 roku. Firma przeciągnęła siedmiopiętrową rakietę przez kraj na specjalnie zbudowanej platformie, a potem zostawiła ją – wraz z systemem SpaceX do wystrzelenia rakiety – na zewnątrz siedziby Federalnej Administracji Lotnictwa w Waszyngtonie. Na konferencji prasowej dano Waszyngtonowi jasno do zrozumienia, że pojawił się nowoczesny, inteligentniejszy i tańszy producent rakiet.

Ta marketingowa przyśpiewka nie brzmiała zbyt dobrze dla inżynierów SpaceX. Pracowali ponad sto godzin tygodniowo nad zbudowaniem prawdziwej rakiety potrzebnej do podbicia branży. Musk chciał, by oprócz tego jeszcze zbudowali sprytną makietę. Ściągnięto inżynierów z Teksasu i wyznaczono kolejny, przyprawiający o ból głowy termin, aby ją zbudować. „Według mnie to było marnotrawstwo" – uważał Hollman. „Nie było w tym nic rozwojowego. Ale Elon uważał, że zapewni nam wsparcie od ważnych ludzi w rządzie".

W trakcie pracy nad prototypem na potrzeby pokazu Hollman poznał wszystkie możliwe wady i zalety pracy dla Muska. Inżynier stracił swoje okulary kilka tygodni wcześniej, gdy zsunęły mu się z nosa i spadły prosto do ognia na teksańskim poligonie. Od tamtej pory radził sobie ze starą parą okularów ochronnych[VI], dopóki nie porysował soczewek, kucając pod silnikiem w fabryce SpaceX. Nie miał wolnej chwili na wizytę u optyka i zaczął czuć, że traci rozum. Nadgodziny, zarysowania, gra pod publiczkę – miał już tego dość.

Pewnego wieczoru w fabryce wyrzucił to wszystko z siebie, zupełnie nieświadomy, że Musk stał niedaleko i słyszał każde słowo. Dwie godziny później pojawiła się Mary Beth Brown z wizytówką – został umówiony na wizytę do chirurga okulisty na zabieg laserowej korekty wady wzroku. Gdy poszedł do lekarza, odkrył, że jego szef uzgodnił już opłacenie kosztów zabiegu. „Elon potrafi być bardzo wymagający, ale zrobi wszystko, by wszelkie przeszkody na twojej drodze zostały usunięte" – wyjaśniał Hollman. Po namyśle przekonał się także do długoterminowej strategii stojącej za waszyngtońskim planem Muska. „Sądzę, że chciał wzbogacić SpaceX o element realizmu, a jeśli zaparkuje się rakietę na czyimś trawniku, to trudno o większą autentyczność" – podsumował.

Wydarzenie zostało dobrze przyjęte, a kilka tygodni później SpaceX opublikowała kolejne zadziwiające oświadczenie. Pomimo że jeszcze nie wystrzelono żadnej rakiety, ujawniono już plany startu drugiej. Razem z Falconem 1 budowano już Falcona 5, który zgodnie z nazwą miał zostać wyposażony w pięć silników i zyskać udźwig ponad czterech tysięcy kilogramów, wynosząc obiekty na niską orbitę okołoziemską. Co ważniejsze, Falcon 5 mógł teoretycznie dolecieć z misjami dostawczymi do Międzynarodowej Stacji Kosmicznej, otwierając przed firmą możliwość zawarcia dużych umów z NASA. Spełniając wyśrubowane normy bezpieczeństwa, rakieta mogła ukończyć swoje misje, nawet jeśli trzy z pięciu silników zawiodły, co oznaczało poziom rzetelności nieosiągalny na rynku przez dekady.

[VI] Przed powrotem do El Segundo Hollman użył wiertarki do zdjęcia osłony z okularów. „Nie chciałem wyglądać jak nerd w trakcie lotu do domu" – wyjaśnił.

Jedynym sposobem na realizację tych celów było utrzymanie przez firmę kursu obranego na początku i działanie w duchu start-upu Doliny Krzemowej. Musk nieustannie szukał sprytnych inżynierów, którzy nie tylko wyróżniali się w szkole, ale zrobili coś wyjątkowego ze swoim talentem. Gdy znalazł kogoś dobrego, niestrudzenie nakłaniał jego lub ją do dołączenia do zespołu. Na przykład Bryan Gardner poznał Muska po raz pierwszy na kosmicznej imprezie w hangarach na lotnisku Mojave, a chwilę później rozmawiali już o pracy. Niektóre z naukowych działań Gardnera sponsorował Northrop Grumman. „Elon powiedział: »Wykupimy ich«" – wspominał Gardner. „Wysłałem mu swoje CV o wpół do trzeciej nad ranem, a on odpowiedział w ciągu pół godziny, odnosząc się punkt po punkcie do każdego szczegółu. Powiedział: »Na rozmowie kwalifikacyjnej upewnij się, że rozmawiasz o konkretach, a nie posługujesz się wytrychami«. Byłem w szoku, że poświęcił na to czas". Po rozpoczęciu pracy zadaniem Gardnera było ulepszenie systemu testowania zaworów w silniku Merlin. Były ich tam dziesiątki, a manualne testy wszystkich zajmowały trzy do pięciu godzin. Pół roku później Gardner zbudował zautomatyzowany system do testowania, który wykonywał tę pracę w ciągu kilku minut. Urządzenie indywidualnie wykrywało zawory, by inżynier w Teksasie mógł poprosić o wyniki pomiarów dla konkretnej części. „Dano mi taką robotę głupiego, której nikt nie chciał, ale dzięki niej potwierdziłem swoją inżynierską wiarygodność" – podsumował.

W miarę przyjmowania nowych pracowników SpaceX rozrastała się, a pracownicy wypełniali kolejne budynki w kompleksie El Segundo. Inżynierowie pracowali na wymagającym oprogramowaniu i renderowali duże pliki graficzne, więc potrzebowali szybkiego łącza pomiędzy wszystkimi biurami. Firma miała jednak sąsiadów, którzy blokowali inicjatywę połączenia budynków przewodami światłowodowymi. Zamiast targować się o najlepsze wyjście z sytuacji, szef działu IT Branden Spikes, który wcześniej pracował z Muskiem w Zip2 i PayPalu, wpadł na znacznie szybsze i bardziej chytre rozwiązanie. Jego znajomy pracował dla firmy telefonicznej i narysował schemat pokazujący, jak bezpiecznie wcisnąć przewody sieciowe między przewody elektryczne, zasilające i telefoniczne, wewnątrz słupa telekomunikacyjnego. O drugiej nad ranem pojawiła się szemrana ekipa z podnośnikiem, która przeprowadziła światłowód do słupów, a potem prosto do budynków SpaceX. „Zrobiliśmy to przez weekend, zamiast czekać całe miesiące na pozwolenia" – powiedział Spikes. „Zawsze mieliśmy poczucie, że stoi przed nami jakieś wyzwanie nie do pokonania i że musimy się zjednoczyć w dobrej wierze". Najemca SpaceX Alex Lidow śmiał się z tych wybryków ekipy Muska: „Wiem, że robili po nocach dużo pokątnych rzeczy. Byli mądrzy, musieli mieć to zrobione, a nie zawsze mieli czas, żeby czekać na wszystkie pozwolenia".

Musk zawsze oczekiwał od swoich pracowników, aby robili więcej, byli lepsi – czy to w biurze, czy w trakcie zajęć dodatkowych. Jednym z zadań Spikesa było zbudowanie indywidualnie skonfigurowanych do gier komputerów w domu Muska, które maksymalnie rozciągały możliwości obliczeniowe i musiały być chłodzone za pomocą wewnętrznego systemu rurek, przez które płynęła woda. Gdy jeden z nich ciągle się psuł, Spikes doszedł do wniosku, że w rezydencji Muska są zanieczyszczone przewody zasilające, więc rozwiązał problem, budując osobny obwód zasilania dla pokoju gier. Ta przysługa nie zapewniła mu specjalnego traktowania. „Pewnego dnia padł firmowy serwer poczty, a Elon powiedział, cedząc słowa: »Żebyś nigdy, kurwa, więcej do czegoś takiego nie dopuścił«" – wspominał Spikes. „Patrzył na ciebie w taki sposób i przyszpilał cię wzrokiem, aż zrozumiałeś".

Musk musiał znaleźć wykonawców, którzy byliby w stanie nadążyć za kreatywnością i tempem SpaceX. Zamiast jednak ograniczać się do przemysłu kosmicznego, znalazł dostawców z podobnym doświadczeniem, ale z innych branż. Na początku firma potrzebowała kogoś do budowy zbiorników paliwa oraz kadłubów rakiet, a Musk trafił na środkowy zachód kraju, gdzie rozmawiał z producentami silosów stosowanych w branży przetwórstwa nabiału i żywności. Ci dostawcy również walczyli o dotrzymanie szalonych terminów SpaceX, a Musk latał przez cały kraj, żeby składać im wizyty – bywało, że niezapowiedziane – i sprawdzić postępy w realizacji zleceń. Jedna z takich inspekcji miała miejsce w siedzibie firmy o nazwie Spincraft w stanie Wisconsin. Musk i kilkoro pracowników SpaceX wsiadło w samolot i wylądowało późnym wieczorem, spodziewając się zobaczyć pracowników na dodatkowej zmianie, nadganiających realizację zlecenia w terminie. Gdy Musk dowiedział się o znacznym opóźnieniu, spojrzał na pracownika Spincrafta i powiedział: „Rąbiecie nas w dupę, a to nic przyjemnego". David Schmitz, ówczesny dyrektor naczelny, stwierdził, że Musk dorobił się reputacji twardego negocjatora, który wszystkiego osobiście pilnował. „Jeśli Elon nie był zadowolony – od razu było to widać. Mogło się zrobić nieprzyjemnie" – wspominał. W kolejnych miesiącach po tym spotkaniu SpaceX zwiększyła swoje wewnętrzne możliwości spawalnicze, aby produkcja zbiorników ruszyła w El Segundo i można było zrezygnować ze Spincrafta.

Tymczasem do SpaceX przyleciał kolejny handlowiec, żeby sprzedać jakiś sprzęt do tworzenia infrastruktury technologicznej. Standardowo podszedł do tworzenia relacji, w sposób jaki praktykuje się w branży od stuleci. Pokazać się, chwilę pogadać, wyczuć się nawzajem. A potem w przyszłości zacząć robić interesy. Nie z Muskiem te numery. „Wchodzi ten facet, a Elon pyta go, po co to spotkanie" – opowiadał Spikes. „On odpowiada: »Aby zbudować relację«. Elon na to: »W porządku, miło cię poznać«, co praktycznie znaczyło: »Wypierdalaj z mojego biura«. Ten gość leciał cztery godziny na dwuminutowe spotkanie. Elon po prostu nie trawił takich bzdur". Potrafił być równie konkretny w stosunku do pracowników, którzy nie spełniali jego oczekiwań. „Często powtarzał: »Im dłużej czekasz, żeby kogoś zwolnić, tym bardziej powinieneś zwolnić taką osobę już dawno temu«" – dodał Spikes.

Większość pracowników SpaceX była podekscytowana, czując się częścią wielkiej przygody, i starała się nie zawieść wyśrubowanych wymagań swojego szefa ani nie dopuścić do sytuacji, w których byłby wobec nich ostry. Mimo to zdarzały się momenty, gdy posuwał się za daleko. Ekipa inżynierów wpadła w zbiorową furię, gdy przyłapali Muska na prasowym oświadczeniu, że zaprojektował Falcona praktycznie samodzielnie. Zatrudnił także ekipę dokumentalistów, która chodziła za nim przez jakiś czas, a ten bezczelny krok mocno rozdrażnił harujących w fabryce ludzi. Czuli, że rozbuchane ego ich szefa przejęło nad nim kontrolę na tyle, iż przedstawiał firmę jako potentata w branży kosmicznej, gdy tymczasem nadal nie wystrzelono ani jednej rakiety. Pracownicy, którzy opracowywali szczegółowe raporty na temat znajdowanych przez siebie błędów w projekcie Falcona 5 albo przedstawiali praktyczne propozycje, mogące przyspieszyć sprzedaż Falcona 1, byli często ignorowani. „Przez długi czas personel był źle traktowany" – wspominał jeden z inżynierów. „Wielu dobrych inżynierów, którzy byli istotnymi pracownikami dla firmy – zdaniem każdego poza »kierownictwem« – zmuszano do odejścia albo bezceremonialnie zwalniano po obarczeniu winą za rzeczy, których nie zrobili. Jeśli powiedziałeś Elonowi, że się w czymś mylił – to był twój koniec".

Początek 2004 roku, gdy SpaceX miała nadzieję wystrzelić swoją pierwszą rakietę, nadszedł i przeminął bez sukcesów. Silnik Merlin, który zbudował Mueller ze swoim zespołem, okazał się jednym z najbardziej efektywnych silników rakietowych w historii. Po prostu testy wymagane do startu rakiety trwały dłużej, niż przewidział Musk. W końcu jesienią silniki konsekwentnie spalały paliwo i spełniały wszystkie wymogi. To oznaczało, że Mueller i jego zespół mogli odetchnąć z ulgą, a cała reszta firmy powinna przygotować się na najgorsze. Cała dotychczasowa kariera Muellera w SpaceX związana była z najbardziej odpowiedzialnymi zadaniami firmy, tak zwaną „ścieżką krytyczną". To on – pod kontrolą Muska – wykonywał kolejne kroki popychające całą firmę naprzód. „Z gotowym silnikiem nastąpił moment masowej paniki" – wspominał Mueller. „Pozostali nie mieli pojęcia, jak to jest pracować na krytycznej ścieżce".

Wiele osób szybko się o tym dowiedziało, w miarę narastania poważnych problemów. Awionika, która obejmowała elektronikę do nawigacji, komunikacja i ogólne sterowanie rakietą – wszystkie zmieniły się w koszmar. Pozorne błahostki, jak komunikacja między pamięcią flash i głównym komputerem, nie działały z nieznanych powodów. Oprogramowanie konieczne do zarządzania rakietą również stało się prawdziwą gehenną. „Dowiadujesz się, że w tych dziesięciu procentach, gdzie wszystko powinno się integrować, zupełnie nic nie gra" – powiedział Mueller. „Ten proces trwał przez pół roku". W końcu, w maju 2005 roku SpaceX przetransportował rakietę dwieście dziewięćdziesiąt kilometrów do kosmodromu Vandenberg Air Force Base na testy, gdzie wykonano pięciosekundowe odpalenie na wyrzutni.

Start z kosmodromu byłby bardzo dogodny dla SpaceX. Znajdował się blisko Los Angeles i miał kilka platform do wyboru. Jednak SpaceX była tam nieproszonym gościem. Lotnictwo powitało ją chłodno, a ludzie wyznaczeni do zarządzania platformami nie starali się pomóc. Lockheeda i Boeinga, którzy wystrzeliwali dla wojska warte po miliard dolarów satelity szpiegowskie, także nie obchodziła obecność SpaceX – częściowo ze względu na zagrożenie dla ich biznesu, a częściowo ponieważ ten start-up robił burdel obok ich cennego ładunku. Gdy SpaceX zaczęła przygotowywać się do startu po zakończeniu testów, kazano się jej ustawić w kolejce. Miała czekać całe miesiące. „Nawet jeśli powiedziano nam, że możemy polecieć, jasne było, że tak nie jest" – podsumowała Gwynne Shotwell.

Szukając nowego miejsca, Shotwell i Hans Koenigsmann wyświetlili na rzutniku mapę świata w odwzorowaniu Merkatora i szukali znajomej nazwy wzdłuż równika, tam gdzie planeta obraca się szybciej i może dodać przyspieszenia rakietom. Pierwszą nazwą, jaka im wpadła do głowy, była wyspa Kwajalein lub Kwaj, największa na atolu, pomiędzy wyspą Guam a Hawajami na Pacyfiku, część Wysp Marshalla. Shotwell zapamiętała to miejsce, ponieważ armia amerykańska używała go od dekad jako poligonu do testowania pocisków. Sprawdziła nazwisko pewnego pracującego tam pułkownika i wysłała mu e-mail, a trzy tygodnie później armia zadzwoniła i powiedziała, że bardzo chętnie przyjmie u siebie SpaceX i pozwoli im wystrzelić rakietę. W czerwcu 2005 inżynierowie rozpoczęli pakowanie sprzętu do kontenerów, aby wysłać je na Kwaj. Do atolu Kwajalein należy około stu wysp. Wiele z nich rozciąga się zaledwie na kilkaset metrów i są znacznie dłuższe niż szerokie. „Z lotu ptaka miejsce wygląda jak piękne koraliki na sznurku" – powiedział Pete Worden, który odwiedził poligon w ramach pracy konsultanta Departamentu Obrony. Większość osób w okolicy żyje na wyspie o nazwie Ebeye, podczas gdy wojsko przejęło w posiadanie Kwajalein, najbardziej wysuniętą na południe wyspę, zmieniając ją częściowo w tropikalny raj, a częściowo w tajne laboratorium jakiegoś szalonego naukowca. Przez lata testowano tutaj międzykontynentalne rakiety balistyczne, a także eksperymentowano z bronią kosmiczną w okresie „Gwiezdnych Wojen". Z kosmosu celowano w wyspę wiązkami laserowymi, aby sprawdzić, czy są na tyle dokładne i czułe, by strącić pocisk pędzący w jej stronę. Wojsko wzniosło szeregi dziwacznych budynków, w tym ogromne, pozbawione okien betonowe struktury o trapezoidalnych bryłach, wyraźnie stworzone przez kogoś, kto żyje z zarabiania na śmierci.

Aby dotrzeć na Kwaj, pracownicy SpaceX albo korzystali z odrzutowca Muska, albo z rejsowych lotów na Hawaje. Nocowano na wyspie Kwajalein w bardziej przypominających akademiki niż hotel dwuosobowych pokojach z wojskowymi komodami i biurkami. Wszelkie potrzebne inżynierom materiały musiały zostać przywiezione albo odrzutowcem Muska, albo łodzią z Hawajów, albo trzeba było przetransportować je przez cały kraj. Każdego dnia ekipa SpaceX zbierała sprzęt i płynęła na czterdziestopięciominutowy rejs na Omelek – porośniętą palmami i roślinnością wyspę o powierzchni dwóch setnych kilometra kwadratowego, która miała zostać zmieniona w platformę startową. Na przestrzeni kolejnych miesięcy niewielka grupa ludzi oczyściła podłoże, wylała beton dla wzmocnienia platformy i zmieniła podwójny przenośny dom mieszkalny w biura. Praca była wyczerpująca, odbywała się w warunkach, w których można było utonąć we własnym pocie, a słońce paliło skórę nawet przez koszulkę. Po jakimś czasie część osób wolała nocować na Omelek, niż wracać przez niespokojne wody na główną wyspę. „Niektóre z biur zmieniono w sypialnie, rozkładając na podłogach materace i składane łóżka" – powiedział Hollman. „A potem przywieźliśmy całkiem niezłą lodówkę, grill i podłączyliśmy prysznic. Staraliśmy się uczynić to miejsce bardziej naszym domem niż polem namiotowym".

Słońce wstawało codziennie o siódmej rano i właśnie wtedy zespół brał się do pracy. Odbywała się seria spotkań, na których spisywano zadania i omawiano rozwiązania powracających problemów. W miarę docierania większych elementów, pracownicy umieszczali kadłub rakiety poziomo w prowizorycznym hangarze i spędzali całe godziny, składając razem jego części. „Zawsze było co robić" – wspominał Hollman. „Jeśli silnik nie sprawiał akurat problemów, to sprawiała je awionika albo oprogramowanie". Do siódmej wieczorem inżynierowie kończyli pracę. „Jedna lub dwie osoby decydowały, że dziś będą gotować, i robiły na kolację steki, ziemniaki i makaron" – opowiadał Hollman. „Mieliśmy mnóstwo filmów i odtwarzacz DVD, a niektórzy łowili ryby w porcie". Dla wielu inżynierów to doświadczenie było jednocześnie makabryczne i magiczne. „W Boeingu miało się ciepłą i spokojną posadkę, w SpaceX to było niemożliwe" – podkreślał Walter Sims, ekspert techniczny w SpaceX, który w trakcie pobytu na Kwaj jakimś cudem znalazł czas na kurs nurkowania. „Każda osoba na tej wyspie była zajebistą gwiazdą, ciągle prowadzili seminaria na temat odbiorników radiowych albo silnika. To było takie ożywcze miejsce".

Inżynierowie byli nieustannie zbijani z tropu decyzjami finansowymi Muska. W siedzibie firmy ktoś poprosił o zakup wartego dwieście tysięcy dolarów urządzenia albo kosztownej części, koniecznej do powodzenia misji Falcona 1, ale on odrzucał prośbę. Z drugiej strony nie miał problemów z wyrzuceniem takiej sumy na położenie lśniącej nawierzchni na podłodze fabryki, żeby wyglądała ładniej. Na Omelek pracownicy chcieli wybrukować ponad sto osiemdziesiąt metrów drogi między hangarem i platformą, aby ułatwić transport rakiety, ale on odmówił. Przez to inżynierowie musieli transportować rakietę wraz z jej kołową konstrukcją nośną za pomocą metody starożytnych Egipcjan. Ułożyli szereg desek i przetoczyli po niej rakietę, wyciągając ostatnią deskę z tyłu i podkładając na przód.

Cała sytuacja była absurdalna. Start-upowa firma produkująca rakiety wylądowała na końcu świata, próbując dokonać jednego z najtrudniejszych osiągnięć w dziejach ludzkości i prawdę mówiąc, ledwie garstka zespołu miała blade pojęcie o tym, jak poprowadzić start rakiety. Raz po raz rakietę przenoszono na platformę startową i wyciągano do pionu za pomocą dźwigu na kilka dni, po czym testy techniczne i bezpieczeństwa ujawniały szereg nowych problemów. Inżynierowie pracowali nad rakietą tak długo, jak dawali radę, a następnie kładziono ją poziomo i zawożono do hangaru, by uniknąć uszkodzeń wywołanych słonym powietrzem. Zespoły pracujące dotychczas osobno przez całe miesiące w fabryce SpaceX – specjaliści od napędu, awioniki, programiści – zostali rzuceni razem na wyspę i zmuszeni do stworzenia interdyscyplinarnej ekipy. Efektem była ekstremalna lekcja doświadczenia i wzmocnienie więzi rodem z komedii pomyłek. „To było jak *Wyspa Gilligana,* tyle że z rakietami" – podsumował Hollman.

W listopadzie 2005 roku, około pół roku po przybyciu na wyspę, zespół poczuł, że można by spróbować wystrzelić rakietę.

Musk przyleciał razem z bratem Kimbalem i dołączył do większości pracowników w barakach na Kwaj. 26 listopada garstka ludzi wstała o trzeciej nad ranem, by napełnić zbiorniki ciekłym tlenem. Potem dla bezpieczeństwa uciekli prawie pięć kilometrów dalej, podczas gdy reszta ekipy SpaceX monitorowała systemy startowe z pomieszczenia kontrolnego oddalonego o ponad czterdzieści kilometrów. Wojsko dało firmie sześciogodzinne okno startowe. Każdy liczył, że start pierwszego stopnia rakiety osiągnie prędkość jedenastu tysięcy kilometrów na godzinę. W kolejnym ciągu, kiedy zaczyna pracować silnik drugiego stopnia rakiety i wzbija się w powietrze zakładano, że osiągnie prędkość ponad dwudziestu siedmiu tysięcy kilometrów na godzinę. Jednak w trakcie kontroli przed startem inżynierowie odkryli dużą usterkę: zawór zbiornika ciekłego tlenu nie zamykał się, a paliwo uciekało z prędkością pięciuset galonów[VII] na godzinę. SpaceX starało się jak najszybciej naprawić problem, ale zabrakło paliwa, aby zdążyć ze startem przed zamknięciem okna.

Po wstrzymaniu misji firma zamówiła dużą dostawę paliwa z Hawajów i przygotowała się do kolejnej próby w połowie grudnia. Wietrzna pogoda, szwankujące zawory i inne problemy storpedowały tę próbę. Zanim można było podjąć kolejną, pewnego sobotniego wieczoru odkryto, że systemy dystrybucji zasilania zaczęły wysiadać i potrzebowały nowych kondensatorów. W niedzielę rano rakietę opuszczono i rozmontowano na dwa stopnie, żeby technik mógł wejść do środka i usunąć tablice elektryczne. Ktoś znalazł dostawcę części elektronicznych w Minnesocie pracującego w niedzielę, więc jeden z pracowników leciał po zakup nowych kondensatorów. Do poniedziałku był w Kalifornii, gdzie testował części w siedzibie firmy, aby upewnić się, że przejdą próby temperatury i wibracji, a potem znów wskoczył w samolot i wrócił na wyspy. W mniej niż osiemdziesiąt godzin przywrócono funkcje elektronice i zainstalowano ją w rakiecie. Dziarska wycieczka

---

[VII] Galon jako jednostka objętości stanowi równowartość 3,78 litra [przyp. tłum.].

do Stanów dowiodła, że trzydziestoosobowa ekipa potrafiła być naprawdę dzielna w obliczu przeciwności losu, i zainspirowała wszystkich na wyspie. Tradycyjnie licząca trzysta osób załoga zaangażowana w start rakiety nigdy nie próbowałaby jej naprawić na poczekaniu. Jednak energia, spryt i zaradność zespołu SpaceX wciąż nie były w stanie pokonać braku doświadczenia ani trudnych warunków. Pojawiło się jeszcze więcej problemów, które storpedowały marzenia o starcie.

W końcu, 24 marca 2006 roku, wszystkie systemy były w gotowości. Falcon 1 stał na swojej czworokątnej platformie z odpalonymi silnikami. Poszybował w niebo, zmieniając wyspę pod sobą w zieloną plamkę pośród bezkresnego błękitu oceanu. W pokoju kontrolnym Musk chodził niespokojnie w tę i z powrotem, obserwując wydarzenie ubrany w szorty, klapki i T-shirt. I nagle, około dwudziestu pięciu sekund później, stało się jasne, że nie wszystko poszło jak należy. Nad silnikiem Merlin wybuchł pożar i raptownie rakieta, która dotychczas leciała prosto, zaczęła się obracać i w sposób niekontrolowany spadła na Ziemię. Falcon 1 rozbił się na miejscu startu. Większość szczątków spadła na rafę siedemdziesiąt sześć metrów od platformy, a ładunek satelity przebił się przez dach warsztatu mechanicznego i wylądował mniej lub bardziej uszkodzony na podłodze. Niektórzy inżynierowie założyli sprzęt do nurkowania i zebrali części rakiety, które zmieściły się do dwóch skrzynek wielkości lodówek. „Warto zapewne zauważyć, że te firmy z branży, którym się udało odnieść sukces, też musiały zbierać rozbite kawałki" – napisał Musk w oświadczeniu po badaniu przyczyn wypadku. „Przyjaciel napisał do mnie, że tylko pięć z pierwszych dziewięciu startów Pegasusa zakończyło się powodzeniem, podobnie jak trzy z pięciu startów Ariane, dziewięć z dwudziestu dla Atlasa, dziewięć z dwudziestu jeden dla Sojuza i dziewięć z osiemnastu dla Protona. Po przekonaniu się na własnej skórze, jak trudno jest dotrzeć na orbitę, mam wielki szacunek do tych, którzy wytrwali w produkcji maszyn będących filarami współczesnej branży lotów kosmicznych". Musk zakończył swój list słowami: „SpaceX ma zamiar działać na dłuższą metę i choćby się waliło i paliło – poradzimy sobie z tym".

Musk i reszta kierownictwa zrzuciła winę za niepowodzenie na jakiegoś technika. Powiedzieli, że pracował przy rakiecie dzień przed startem i nie dokręcił złącza na przewodzie paliwowym, przez co pękło. Problematyczne złącze było zwyczajną aluminiową nakrętką, jaką często łączy się parę przewodów, a technikiem był Hollman. W następstwie katastrofy Hollman poleciał do Los Angeles na bezpośrednią konfrontację z Muskiem. Latami poświęcał całe dnie i noce dla Falcona 1 i był wściekły, że teraz spadły na niego i jego zespół gromy. Wiedział, że poprawnie zamocował złącze i że obserwatorzy z NASA patrzyli mu przez ramię, nadzorując jego pracę. Gdy wpadł wściekły do siedziby firmy, Mary Beth Brown próbowała go uspokoić i powstrzymać przed spotkaniem z szefem. Nie udało jej się i doszło do bitwy słownej w gabinecie Muska.

Po analizie szczątków okazało się, że złącze pękło niemal na pewno z powodu korozji w wyniku miesięcy wystawienia na słone powietrze wyspy. „Rakieta była z jednej strony dosłownie pokryta warstwą soli i trzeba ją było zeskrobywać" – tłumaczył Mueller. „Ale trzy dni wcześniej robiliśmy start testowy i wszystko było w porządku". Firma próbowała zaoszczędzić około dwadzieścia dwa kilogramy masy, używając komponentów aluminiowych zamiast stali nierdzewnej. Były żołnierz piechoty morskiej Thompson potwierdził, że aluminiowe części sprawdzały się w helikopterach lądujących na lotniskowcach, a Mueller widział samolot uziemiony przed bazą na przylądku Canaveral przez czterdzieści lat ze złączami w dobrym stanie. Po latach część kierownictwa SpaceX nadal zadręcza się tym, jak potraktowano Hollmana i jego zespół. „To byli nasi najlepsi ludzie, a zrobiono z nich kozła ofiarnego, żeby przedstawić światu wyjaśnienie" – powiedział Mueller. „To było naprawdę okropne. Później okazało się, że to był łut szczęścia"[VIII]. Po katastrofie, w barze na głównej wyspie wypito mnóstwo alkoholu. Musk chciał powtórzyć start w ciągu pół roku, ale zmontowanie kolejnej rakiety wymagało bezkresnej ilości pracy. SpaceX miała już niektóre elementy gotowe w El Segundo, ale zdecydowanie nie była to gotowa do startu rakieta. Wraz z kolejnymi drinkami inżynierowie poprzysięgli bardziej zdecydowane podejście do kolejnych zadań i lepsze działanie w drużynie. Worden oczekiwał od nich również usprawnienia pracy. Obserwował ich na zlecenie Departamentu Obrony i bardzo podobała mu się ich energia, ale metody pracy już nie. „Pracowali jak zgraja dzieciaków z Doliny Krzemowej piszących oprogramowanie" – powiedział. „Siedzieli po nocach, próbując trochę tego, trochę tamtego. Widziałem to setki razy i to nigdy nie działało". Przed pierwszym startem Worden próbował ostrzec Muska, wysyłając list do niego oraz dyrektora wydziału badań Departamentu Obrony, w którym wyraził swoje obawy. „Elon nie zareagował dobrze. Odpowiedział: »Co ty możesz o tym wiedzieć? Jesteś tylko astronomem«" – wspominał Worden. Po eksplozji rakiety Musk polecił go do przeprowadzenia dochodzenia dla rządu. „Mam do niego za to ogromny szacunek" – dodał Worden.

Niemal dokładnie po roku SpaceX była gotowa na kolejną próbę. 15 marca 2007 roku odbył się zakończony sukcesem start testowy. Następnie 21 marca Falcon 1 w końcu spełnił oczekiwania. Startując z otoczonej palmami platformy, rakieta wzleciała w kosmos. Przez kilka minut leciała, a inżynierowie raportowali, że systemy pracowały „nominalnie" albo prawidłowo. Po trzech minutach lotu pierwszy stopień rakiety odłączył się i spadł na Ziemię, a silnik Kestrel odpalił tak, jak planowano, wynosząc drugi stopień na orbitę. Radosne okrzyki podniosły się w pokoju kontrolnym. Po czterech minutach czepiec

---

VIII Hollman po tym incydencie w listopadzie 2007 roku odszedł z firmy, a potem wrócił na jakiś czas, by szkolić nowy personel. Kilkoro moich rozmówców uznało jego rolę za tak kluczową dla pierwszego etapu działalności SpaceX, że po jego odejściu obawiali się o dalsze losy firmy.

na szczycie rakiety otworzył się zgodnie z planem. „Wszystko szło idealnie" – opowiadał Mueller. „Siedziałem obok Elona, popatrzyłem na niego i powiedziałem: »Udało nam się«. Ściskaliśmy się i uwierzyliśmy, że rakieta dotrze na orbitę. A wtedy ona zaczęła się obracać". Przez ponad pięć minut inżynierowie SpaceX czuli, że zrobili wszystko dobrze. Kamera na pokładzie rakiety pokazywała oddalającą się Ziemię, a rakieta leciała w kosmos. Ale później drgania dostrzeżone przez Muellera zmieniły się w szarpaninę, lot osłabł, rakieta rozpadła się i eksplodowała. Tym razem inżynierowie błyskawicznie rozgryźli problem. W miarę spalania paliwa jego pozostałości rozchlapywały się po brzegach zbiornika, podobnie jak wino kręcące się wokół wnętrza kieliszka. Wirujące paliwo wywołało drgania i w pewnym momencie wychlapało się dość, by otworzyć zbiornik. Gdy silnik zassał dość powietrza, nastąpiła eksplozja.

Porażka była kolejnym miażdżącym ciosem dla inżynierów. Niektórzy spędzili niemal dwa lata na podróżach pomiędzy Kalifornią, Hawajami i Kwaj. Do wystrzelenia kolejnej rakiety miało minąć około czterech lat od pierwotnego terminu, a firma przejadała sporą część internetowej fortuny swojego szefa w zatrważającym tempie. Musk publicznie obiecał, że doprowadzi sprawy do końca, ale ludzie zarówno wewnątrz, jak i spoza firmy dokonywali pobieżnych obliczeń i wiedzieli, że SpaceX może pozwolić sobie najwyżej na jedną lub dwie próby. Nawet jeżeli wytrącało to Muska z równowagi, to rzadko – o ile kiedykolwiek – dawał to po sobie poznać pracownikom. „Elon świetnie radził sobie ze skrywaniem zmartwień" – powiedział Spikes. „Zawsze mówił o tym, jak ważne były spryt i orientacja na sukces, ale nigdy nie rozważał rezygnacji. Był ogromnym optymistą".

Porażki ani nie nadszarpnęły jego wizji przyszłości, ani nie wzbudziły wątpliwości co do kompetencji. Pośrodku całego chaosu zwiedził wyspy z Wordenem. Zaczął na głos myśleć o tym, że można byłoby je połączyć w jedną masę lądu. Zasugerował postawienie murów w niewielkich przesmykach pomiędzy wyspami i pompowanie wody na wzór stworzonego ludzką ręką systemu, jak ten istniejący w Holandii. Wordenowi, który również jest znany ze swoich niestandardowych pomysłów, spodobała się zuchwałość Muska. „To całkiem fajne, że myśli o takich rzeczach" – powiedział. „Od tamtej pory zaczęliśmy prowadzić dyskusje nad kolonizacją Marsa. Naprawdę zrobiło na mnie wrażenie, że mam przed sobą faceta z tak wielkimi marzeniami".

7

CAŁY TEN PRĄD

J.B. STRAUBEL ma pięciocentymetrową bliznę przecinającą jego lewy policzek. To pamiątka z eksperymentu przeprowadzanego na lekcji chemii w szkole średniej. Straubel zmieszał złą miksturę substancji chemicznych i trzymana przez niego zlewka eksplodowała mu w dłoni, a jeden ze szklanych odłamków rozciął skórę na twarzy.

Blizna jest jego honorową odznaką majsterkowicza. Pojawiła się pod koniec okresu dzieciństwa pełnego eksperymentów z chemikaliami i sprzętem mechanicznym. Dorastając w stanie Winsconsin, Straubel zbudował w piwnicy swojego domu rodzinnego spore laboratorium chemiczne, pełne dygestoriów i substancji, które zamawiał, pożyczał lub podkradał. W wieku lat trzynastu znalazł na śmietniku stary wózek golfowy, który zabrał do domu i odrestaurował, co wymagało od niego przebudowy silnika elektrycznego. Wydawało się, że chłopak nieustannie coś rozkręca, ulepsza i składa z powrotem. Wszystko to pasowało do rodzinnej tradycji majsterkowania. Pod koniec lat dziewięćdziesiątych XIX wieku pradziadek chłopaka założył Straubel Machine Company, która zbudowała jeden z pierwszych amerykańskich silników spalinowych i wykorzystała go do zasilania łodzi.

Ciekawskie usposobienie zaprowadziło Straubela na Stanford University, gdzie rozpoczął studia w 1994 roku z zamiarem zostania fizykiem. Po ukończeniu wszystkich najtrudniejszych kursów, na jakie tylko mógł się zapisać, stwierdził, że dyplom mu nie wystarczy. Zaawansowane kursy były zbyt teoretyczne, a on lubił ubrudzić sobie ręce. Rozpoczął własną specjalizację o nazwie inżynieria i systemy energetyczne. „Chciałem kontrolować energię za pomocą oprogramowania i prądu" – powiedział Straubel. „Pragnąłem połączyć informatykę z energoelektroniką i zebrać to, co kocham robić, w jednym miejscu".

W tamtych czasach nie istniał jeszcze ruch na rzecz zrównoważonego rozwoju, ale istniały firmy zainteresowane nowymi zastosowaniami dla energii solarnej i pojazdów elektrycznych. Straubel zaczął polować na takie start-upy, zaglądając do ich warsztatów i prześladując inżynierów. Powrócił także do majsterkowania w garażu domu, który dzielił z kilkorgiem przyjaciół. Kupił „gówniane Porsche" za tysiąc sześćset dolarów i zmienił je w samochód elektryczny. Musiał zbudować sterownik do silnika elektrycznego, skonstruował od zera ładowarkę i napisał oprogramowanie, które umożliwiało funkcjonowanie całej maszyny. Ustanowił rekord świata przyśpieszenia dla pojazdu elektrycznego, przejeżdżając czterysta metrów w siedemnaście i dwadzieścia osiem setnych sekundy. „Problem w tym, że choć elektronika była super i można było uzyskać przyśpieszenie przy niewielkim budżecie, to akumulator był do bani" – wspominał Straubel. „Pozwalał przejechać ledwie pięćdziesiąt kilometrów, więc na własnej skórze poznałem limity pojazdów elektrycznych". Zdecydował się na doładowanie hybrydowe, budując zasilane benzyną ustrojstwo, które można było holować za samochodem i używać do doładowania akumulatorów. Dzięki niemu mógł przejechać ponad sześćset czterdzieści kilometrów do Los Angeles i z powrotem.

Do 2002 roku Straubel przeprowadził się do „Miasta Aniołów". Miał już dyplom uniwersytecki ze Stanford i doświadczenie z kilku firm, ale wciąż poszukiwał czegoś, co by do niego przemówiło.

W końcu zdecydował się na pracę dla Rosen Motors, która budowała jedne z pierwszych samochodów hybrydowych – auta z kołem zamachowym, turbiną gazową i silnikami elektrycznymi. Gdy firma zwinęła biznes, Straubel wraz z Haroldem Rosenem, inżynierem i wynalazcą satelity geostacjonarnego, planował zbudować samolot elektryczny. „Jestem pilotem i kocham latać, więc uznałem to za idealny plan. Pomysł był taki, że maszyna mogłaby pozostawać w górze przez dwa tygodnie i unosić się nad wskazanym miejscem. To było jeszcze przed dronami". Aby związać koniec z końcem, Straubel pracował na nocki i w weekendy jako konsultant do spraw elektronicznych dla start-upu.

W trakcie trudów związanych z próbami uruchomienia tych projektów, do Straubela odezwali się jego dawni koledzy z czasów studenckich. Grupa niepokornych inżynierów ze Stanford od lat pracowała nad samochodami zasilanymi energią solarną, budując je w blaszaku z czasów drugiej wojny światowej pełnym toksycznych chemikaliów i z zaciemnionymi oknami. Dziś uczelnia z radością skorzystałaby z szansy wsparcia takiego projektu, ale wówczas Stanford próbował zniszczyć tę dziwaczną, pseudonaukową ich zdaniem inicjatywę. Studenci dowiedli umiejętności pracy na własną rękę i wzięli udział w krajowych wyścigach samochodów zasilanych energią solarną. Straubel pomagał budować auta w czasie nauki, a także później, nawiązując więzi z tworzącym się środowiskiem inżynierów. Zespół przejechał ponad trzy i pół tysiąca kilometrów z Chicago do Los Angeles, a Straubel zaoferował spłukanym, wyczerpanym dzieciakom miejsce do spania. Około pół tuzina studentów pojawiło się w jego domu, wzięło prysznic po raz pierwszy od wielu dni, a potem położyło się spać na podłodze. Rozmowy trwały do późna, a Straubel wraz z ekipą od energii słonecznej skupili się na jednej kwestii. Zdali sobie sprawę, że akumulator litowo-jonowy, a więc taki, jaki znajdował się w ich autach zasilanych promieniami słonecznymi, uległ dużo większym ulepszeniom, niż sądziła większość osób. Wiele urządzeń z zakresu elektroniki użytkowej, jak choćby laptopy, posiadało tak zwane akumulatory litowo-jonowe 18650, które wyglądały jak baterie „paluszki" AA i mogły być połączone. „Zastanawialiśmy się, co by się stało, gdyby połączyć ze sobą dziesięć tysięcy ogniw akumulatora" – mówił Straubel. „Policzyliśmy to i doszliśmy do wniosku, że można byłoby wówczas przejechać ponad półtora tysiąca kilometrów. To było kompletnie nerdowskie myślenie i w końcu wszyscy posnęliśmy, ale pomysł utkwił mi głęboko w głowie".

Niedługo potem Straubel zaczął męczyć ekipę budowniczych aut zasilanych energią solarną, próbując namówić ich do budowy samochodu elektrycznego opartego o akumulatory litowo-jonowe. Poleciał do Palo Alto, przespał noc w swoim samolocie, a potem pojechał na rowerze na kampus Stanfordu, aby przeforsować swój pomysł, równocześnie pomagając przy obecnych projektach realizowanych na uczelni. Zaprojektowany przez Straubela pojazd był niezwykle aerodynamiczny, bo osiemdziesiąt procent masy stanowiły akumulatory, przez co wyglądał w dużej mierze jak torpeda na kołach. Nikt nie znał do końca szczegółów długoterminowej wizji autora projektu co do dalszego zastosowania jego dzieła, w tym również on sam. Plan wydawał się mniej dotyczyć budowy samej firmy motoryzacyjnej niż modelu koncepcyjnego, którego celem miało być skłonienie ludzi do uświadomienia sobie mocy akumulatorów litowo-jonowych. Z odrobiną szczęścia mogliby wystartować z nim w jakichś zawodach.

Studenci zgodzili się dołączyć do projektu, o ile udałoby się zebrać jakieś fundusze. Straubel zaczął więc jeździć na targi i rozdawać broszury, w których opisywał swój pomysł, a także rozsyłał e-maile do każdego, kto tylko przyszedł mu na myśl. „Byłem bezczelny" – wspominał. Jedynym problemem był brak zainteresowania. Inwestorzy jeden po drugim odrzucali jego pomysł. W końcu jesienią 2003 roku Straubel poznał Elona Muska.

Harold Rosen umówił lunch z Muskiem w restauracji serwującej owoce morza niedaleko głównej siedziby SpaceX w Los

Angeles i zabrał ze sobą Straubela, by ten pomógł mu w rozmowie o pomyśle budowy elektrycznego samolotu. Gdy ten pomysł nie trafił do Muska, Straubel powiedział o swoim pobocznym projekcie stworzenia samochodu elektrycznego, który natychmiast trafił na podatny grunt, bo właściciel SpaceX myślał o tym od lat. I choć sam skupiał się głównie na zastosowaniu superkondensatorów, był podekscytowany i zaskoczony, słysząc, jak bardzo zaawansowana stała się technologia akumulatorów litowo-jonowych. „Wszyscy powtarzali mi, że zwariowałem, ale Elon podchwycił ten pomysł" – wspominał Straubel. „Powiedział: »Jasne, że dam ci trochę pieniędzy«". Musk obiecał Straubelowi dziesięć tysięcy ze stu, które były potrzebne do uruchomienia projektu. Od razu mężczyźni zawiązali głębokie porozumienie, mające przetrwać ponad dekadę ekstremalnych wzlotów i upadków, w trakcie których próbowali zmienić świat.

Po spotkaniu z Muskiem Straubel skontaktował się z przyjaciółmi z AC Propulsion – firmą z Los Angeles założoną w 1992 roku, która tworzyła twarde fundamenty branży pojazdów elektrycznych, budując wszystko: od zrywnych i zwrotnych średniej wielkości aut pasażerskich do samochodów sportowych. Straubel bardzo chciał pokazać Muskowi tzero (nazwa od „t-zero") – najwyższej klasy pojazd w stajni firmy. Był to tak zwany „kit car" z nadwoziem z włókna szklanego na stalowym podwoziu, po raz pierwszy pokazany w roku 1997. Rozpędzał się do setki w cztery i dziewięć dziesiątych sekundy. Straubel wiele lat przyjaźnił się z ekipą AC Propulsion, więc poprosił dyrektora firmy Toma Gage'a, żeby sprowadził jedno z takich aut dla Muska, by ten mógł się nim przejechać. Szef SpaceX od razu się w nim zakochał. Dostrzegł w aucie potencjał demona prędkości, dzięki któremu mogło się zmienić postrzeganie samochodów elektrycznych jako nudnych i powolnych w otwierające nowy rozdział dla przyszłości. Przez kilka miesięcy Musk proponował sfinansowanie projektu przebudowy tzero w auto komercyjne, ale wciąż mu odmawiano. „To było auto koncepcyjne i trzeba było zmienić je w rzeczywistość" – powiedział Straubel. „Kocham gości z AC

Propulsion, ale nie nadają się do robienia interesów i odmówili. Ciągle próbowali wcisnąć Elonowi model eBox, który wyglądał jak gówno, miał gówniane osiągi i był po prostu nudny". I choć spotkania z AC Propulsion nie zakończyły się podpisaniem umowy, utwierdziły Muska w przekonaniu, że powinien wesprzeć coś znacznie większego niż projekt naukowy Straubela. Pod koniec lutego 2004 roku napisał w e-mailu do Gage'a: „Mam zamiar dowiedzieć się, jakie są najlepsze rozwiązania dla wysoko wydajnego samochodu podstawowego i elektrycznego układu napędowego, a później iść w tym kierunku".

Straubel nie był tego świadomy, ale mniej więcej w tym samym czasie dwóch partnerów biznesowych z Kalifornii Północnej również zakochało się w pomyśle zbudowania samochodu elektrycznego z akumulatorem litowo-jonowym. Martin Eberhard i Marc Tarpenning założyli w 1997 roku firmę NuvoMedia, która stworzyła jeden z pierwszych elektronicznych czytników książek o nazwie Rocket eBook. Praca w firmie pozwoliła Martinowi i Marcowi zyskać doskonałe rozeznanie w najbardziej zaawansowanej elektronice użytkowej oraz znacznie ulepszonych akumulatorach litowo-jonowych stosowanych do zasilania laptopów i innych urządzeń przenośnych. Choć Rocket eBook był zbyt nowoczesny jak na swoje czasy i nie odniósł przez to finansowego sukcesu, okazał się na tyle innowacyjny, by przyciągnąć uwagę Gemstar International Group, właściciela „TV Guide" oraz kilku innych poradników w zakresie technologii programowania elektronicznego. Gemstar zapłacił w marcu 2000 roku za przejęcie NuvoMedia sto osiemdziesiąt siedem milionów dolarów. Obłowieni współzałożyciele utrzymywali kontakt po sfinalizowaniu umowy. Obydwaj pozostali w Woodside, jednym z najbogatszych miasteczek Doliny Krzemowej, i czasem rozmawiali o tym, czym warto by się zająć dalej. „Wpadaliśmy na jakieś kretyńskie pomysły" – wspominał Tarpenning. „Raz powstał plan stworzenia takich wypasionych systemów nawadniających dla firm i użytkowników domowych na podstawie inteligentnych sieci czujników. Ale nic z tego nie wyszło, a my chcieliśmy stworzyć coś naprawdę znaczącego". Eberhard był niezwykle utalentowanym inżynierem z wysokim poczuciem misji zmiany świata na lepsze. Martwiło go nieustanne zaangażowanie jego kraju w konflikty na Bliskim Wschodzie i podobnie jak wiele innych osób o ścisłym umyśle, około roku 2000, zaczął akceptować globalne ocieplenie jako nieuniknioną rzeczywistość. Szukał jednak alternatyw dla żłopiących paliwo samochodów. Badał możliwość paliwa wodorowego, ale stwierdził, że brak jest ogniw wodorowych. Nie widział także zbytniego sensu w leasingowaniu czegoś w typie EV1 od koncernu General Motors. Jednakże zainteresowały go elektryczne auta AC Propulsion, które wyśledził w sieci. Pojechał do siedziby firmy około roku 2001, aby odwiedzić jej sklep. „To miejsce wyglądało jak wymarłe miasto, jakby wszyscy wypadli z interesu" – opowiadał Eberhard. „Dofinansowałem ich na pięćset tysięcy dolarów, żeby mogli zbudować mi jedno ze swoich aut z akumulatorami litowo-jonowymi zamiast kwasowo-ołowiowych". On również próbował przeforsować komercjalizację działalności, a gdy spotkał się z odmową, zdecydował się założyć własną firmę i sprawdzić, na co naprawdę stać takie akumulatory.

Przygoda Eberharda rozpoczęła się od budowy modelu technicznego auta elektrycznego na arkuszu kalkulacyjnym. Dzięki temu mógł dostosowywać różne komponenty i sprawdzać, jak będą wpływać na wygląd i wydajność pojazdu. Zmieniał parametry wagi, liczbę akumulatorów, wytrzymałość opon i karoserii, a potem otrzymywał odpowiedź zwrotną na pytanie, ile akumulatorów będzie potrzebować do zasilania różnych wersji. Modele dowiodły, że popularne wówczas SUV-y i dostawczaki nie były zbyt dobrymi kandydatami. Technologia wydawała się za to faworyzować lżejsze auta sportowe wysokiej klasy, które byłyby szybkie, fajnie się prowadziły i oferowały znacznie lepszy zasięg, niż ludzie sądzili. Specyfikacje techniczne uzupełniały wnioski Tarpenninga, który opracowywał model finansowy dla samochodu. W Kalifornii właśnie ruszyła sprzedaż Toyoty Prius, którą kupowali zamożni eko-podróżnicy. „Dowiedzieliśmy się także, że średnie zarobki właścicieli EV1 wynosiły około dwustu tysięcy dolarów rocznie" – powiedział Tarpenning. Ludzie zainteresowani zakupem Lexusa, BMW albo Cadillaca postrzegali auta elektryczne czy hybrydowe jako nowy symbol statusu. Mężczyźni wykombinowali, że mogliby zbudować coś przeznaczonego na rynek samochodów luksusowych, które kupowałyby osoby zarabiające rocznie trzy miliardy dolarów, aby one też mogły dobrze się bawić i fajnie się poczuć. „Ludzie płacą za szałowe, seksowne i zadziwiające cacka z jak najkrótszym czasem do setki" – podsumował Tarpenning.

1 lipca 2003 roku Eberhard i Tarpenning zarejestrowali nazwę swojej firmy. Kilka miesięcy wcześniej w Disneylandzie, w trakcie randki ze swoją żoną, Eberhard wymyślił nazwę Tesla Motors: zarówno w hołdzie dla wynalazcy i pioniera silnika elektrycznego Nikoli Tesli, jak i dlatego, że brzmiała świetnie. Współzałożyciele wynajęli biuro z trzema biurkami i dwoma małymi pokojami w walącym się budynku z lat sześćdziesiątych przy 845 Oak Grove Avenue w Menlo Park. Trzecie z biurek zajął kilka miesięcy później Ian Wright, inżynier, który dorastał na nowozelandzkiej farmie. Był sąsiadem obydwu mężczyzn w Woodside i podjął z nimi współpracę, by móc rozkręcić swój start-up z branży internetowej. Gdy nie udało mu się zebrać funduszy od inwestorów, dołączył do zespołu Tesli. Kiedy we trzech zaczęli zdradzać zaufanym osobom swoje plany, spotykali się z powszechnym szyderstwem. „W trakcie wyjścia z przyjaciółką do pubu w Woodside powiedzieliśmy jej, że postanowiliśmy w końcu zrobić elektryczne auto" – wspominał Tarpenning. „A ona na to: »Jaja sobie ze mnie robisz«".

Każdy, kto próbuje rozkręcić firmę w branży motoryzacyjnej w Stanach Zjednoczonych, szybko usłyszy, że ostatnim start-upem, jakiemu udało się odnieść sukces, był założony w 1925 roku Chrysler. Zaprojektowanie i zbudowanie samochodu od podstaw wiąże się z mnóstwem wyzwań, ale to zebranie funduszy i know-how, umożliwiających seryjną produkcję, zazwyczaj udaremniało wysiłki poprzednich śmiałków. Założyciele Tesli byli tego świadomi. Wiedzieli, że Nikola Tesla zbudował silnik elektryczny sto lat wcześniej i postawienie go na kołach było wykonalne. Naprawdę przerażającą częścią biznesu miało być zbudowanie fabryki produkującej auto i jego części. Im lepiej goście od Tesli poznawali branżę, tym bardziej zdawali sobie sprawę, że najwięksi producenci właściwie nie produkowali już swoich samochodów. Dawno minęły czasy, gdy Henry Ford dostarczał surowce z jednej strony swojej fabryki w stanie Michigan, a drugą wychodziły gotowe samochody. „BMW nie robiło już ani szyb, ani tapicerki, ani lusterek wstecznych" – podkreślał Tarpenning. „Duzi producenci zatrzymali u siebie jedynie dział badań nad spalaniem wewnętrznym, sprzedaż i marketing oraz montaż końcowy. Naiwnie sądziliśmy, że możemy otrzymać dostęp do tych samych dostawców dla naszych części".

Współzałożyciele Tesli opracowali plan uzyskania licencji na część technologii AC Propulsion stosowanej w tzero oraz do zastosowania podwozia Lotus Elise dla swojego samochodu. Angielski producent Lotus wyprodukował dwudrzwiową Elise w 1996 roku, a model z pewnością miał elegancką, sportową linię, skłonną przemówić do zamożnych odbiorców. Po rozmowach z wieloma osobami z branży dealerskiej zespół Tesli zdecydował się zrezygnować ze sprzedaży poprzez partnerów i przyjął model bezpośredni. Mając podstawowy plan, trzej mężczyźni zabrali się za poszukiwanie inwestorów w styczniu 2004 roku.

Aby projekt wydawał się poważniejszy, założyciele Tesli pożyczyli tzero od AC Propulsion i przejechali nim przez Sand Hill Road, gdzie rezydowali potencjalni inwestorzy. Auto przyśpieszało szybciej od Ferrari, a to naprawdę robiło wrażenie. Problem stanowił fakt, że inwestorom brakowało wyobraźni, by dostrzec coś więcej ponad kiepski plastik wspaniałego, koncepcyjnego auta. Jedynymi zainteresowanymi okazali się Compass Technology Partners i SDL Ventures, którzy bynajmniej nie padli z zachwytu. Główny partner

Compass dobrze zarobił na NuvoMedia i poczuł się po prostu lojalny wobec Eberharda i Tarpenninga. „Powiedział: »To głupota, ale inwestowałem w każdy start-up z branży motoryzacyjnej przez ostatnie cztery dekady, więc właściwie to czemu nie«" – wspominał Tarpenning. Mimo to Tesla wciąż potrzebowała głównego inwestora, który wyłożyłby siedem milionów dolarów niezbędnych do konstrukcji tak zwanego muła, czyli pojazdu prototypowego. To miał być pierwszy krok milowy, coś, co mogliby zaprezentować światu i zebrać dzięki temu drugą turę funduszy.

Eberhard i Tarpenning od początku mieli w zanadrzu nazwisko Elona Muska jako potencjalnego głównego inwestora. Obydwaj widzieli go kilka lat wcześniej przemawiającego na konferencji Mars Society na Stanford, gdzie przedstawił wizję wysłania myszy w kosmos. Mieli wówczas wrażenie, że myślał nieco inaczej, więc mógłby podchwycić pomysł zbudowania elektrycznego auta. Plan wciągnięcia go do projektu wykrystalizował się, gdy Tom Gage z AC Propulsion zadzwonił do Eberharda i powiedział mu, że Musk szukał czegoś do sfinansowania w branży samochodów elektrycznych. Eberhard i Wright polecieli do Los Angeles i spotkali się z Muskiem w piątek. W weekend Musk zasypał Tarpenninga, który był właśnie na wycieczce, gradem pytań o model finansowy. „Pamiętam, że odpowiadałem na niekończącą się liczbę pytań" – powiedział Tarpenning. „W poniedziałek Martin i ja znów polecieliśmy na spotkanie, a on zdecydował: »W porządku, wchodzę w to«".

Założyciele Tesli czuli, że idealny inwestor spadł im z nieba. Musk miał umysł inżyniera, więc wiedział, co budują. Co więcej, podzielał ich wizję położenia kresu krajowemu uzależnieniu od ropy. „Potrzebujesz anioła biznesu, który uwierzy w to, co robisz, a dla Muska to nie była czysto finansowa transakcja" – podkreślał Tarpenning. „Chciał zmienić bilans energetyczny kraju". Z inwestycją w wysokości sześciu i pół miliona dolarów Musk został największym udziałowcem Tesla Motors oraz jej prezesem. Później wykorzystywał swoją silną pozycję, tocząc z Eberhardem walkę o kontrolę nad firmą. „To był błąd" – przyznał Eberhard. „Chciałem pozyskać więcej inwestorów. Gdybym jednak jeszcze raz miał wybór, to wziąłbym jego pieniądze. Jak to mówią – lepszy wróbel w garści. Potrzebowaliśmy ich".

Niedługo po spotkaniu Musk zadzwonił do Straubela i nakłonił go do spotkania z zespołem Tesli. Straubel dowiedział się, że ich biura w Menlo Park były niespełna kilometr od jego domu. Był także zaintrygowany, choć sceptycznie nastawiony do całej historii. Nikt na całej planecie nie był bardziej zafiksowany na punkcie pojazdów elektrycznych od niego i trudno było mu uwierzyć, że jakimś gościom udało się dojść tak daleko, a on nic o tym nie wiedział. Mimo to wstąpił do ich biura na spotkanie i od razu dostał pracę w maju 2004 roku z pensją w wysokości dziewięćdziesięciu pięciu tysięcy dolarów rocznie. „Powiedziałem im, że buduję potrzebne im akumulatory kilka przecznic dalej za pieniądze Elona" – wspominał Straubel. „Zgodziliśmy się połączyć siły i zmontowaliśmy ten cyrk".

Gdyby ktokolwiek z Detroit znalazł się w tym czasie w Tesla Motors, wpadłby niewątpliwie w histerię. Całość firmowej ekspertyzy z zakresu motoryzacji zasadzała się na tym, że kilku facetów naprawdę lubiło samochody, a jeden był autorem serii projektów naukowych opartych na technologii, którą branża motoryzacyjna uznawała za absurdalną. Co więcej, założyciele nie mieli zamiaru zwracać się do gigantów z Detroit po radę, jak założyć firmę produkującą auta. Nie, Tesla Motors miała zamiar zrobić to, co każdy inny start-up przed nimi, a więc zatrudnić młodych, głodnych wyzwań inżynierów i jakoś radzić sobie z problemami, jakie pojawiały się po drodze. Nieważne, że w Bay Area taki model biznesowy nigdy w historii nie sprawdził się do budowy firmy, ani też, że budowa złożonego, fizycznego obiektu miała niewiele wspólnego z pisaniem aplikacji komputerowej. Tesla miała jednak jedną przewagę, mianowicie zdawała sobie sprawę, że akumulator litowo-jonowy 18650 uległ znacznym ulepszeniom i miał stać się jeszcze lepszy.

Przy dobrych wiatrach oraz odrobinie wysiłku i sprytu mogło to zaowocować przepisem na sukces.

Straubel miał bezpośredni dostęp do inteligentnych, pełnych energii inżynierów na Stanford, którym powiedział o firmie. Gene Berdichevsky, jeden z członków zespołu pracującego nad zasilanym energią słoneczną autem, od razu zapalił się do współpracy. Będąc na pierwszym roku studiów, zgodził się porzucić naukę, pracować za darmo i myć podłogi w Tesli, jeśli tylko dzięki temu miałby dostać pracę. Współzałożyciele byli pod wrażeniem jego energii i dali mu posadę po pierwszej rozmowie. To postawiło chłopaka w niekomfortowej sytuacji, w której musiał zadzwonić do swoich rodziców – inżynierów łodzi podwodnych rosyjskiego pochodzenia mieszkających w Stanach – i powiedzieć im, że rzucił studia na Stanford, aby pracować w start-upie zajmującym się samochodami elektrycznymi. Jako pracownik numer siedem spędzał część dniówki w biurze przy Menlo Park, a resztę w salonie u Straubela, projektując trójwymiarowe modele układu napędowego na komputerze i budując w garażu prototyp akumulatora. „Dopiero dziś zdaję sobie sprawę, jakie to było zwariowane" – wspominał.

Tesla Motors wkrótce potrzebowała więcej miejsca dla swojej przyszłej armii inżynierów oraz na warsztat, w którym miałby zostać powołany do życia Roadster, bo taką nazwę otrzymał samochód. W tym celu firma przeniosła się do dwupiętrowego budynku przemysłowego przy 1050 Commercial Street w San Carlos. Powierzchnia dziewięciuset dwudziestu dziewięciu metrów kwadratowych nie była może imponująca, ale wystarczała na stworzenie warsztatu badawczo-rozwojowego, w którym można było budować prototypowe auta.

Od strony dojazdowej znajdowały się hale montażowe i dwie pary drzwi z roletami, na tyle duże, by mogły przez nie przejechać samochody. Wright podzielił otwartą przestrzeń na segmenty: silniki, akumulatory, energoelektronika i montaż końcowy. Lewa strona budynku przeznaczona została pod powierzchnię biurową, którą poprzedni lokator – firma z branży hydraulicznej, zmodyfikował w dziwaczny sposób. Główna sala konferencyjna miała bar z alkoholami i umywalkę z baterią w kształcie łabędziego dziobu, a kurki ciepłej i zimnej wody – skrzydeł. Berdichevsky pewnego niedzielnego wieczoru pomalował biuro na biało, a w kolejnym tygodniu pracownicy zorganizowali wycieczkę do sklepu IKEA po biurka i zamówili komputery na stronie Della. Firma miała jedną skrzynkę z narzędziami Craftsman załadowaną młotkami, gwoździami i innymi podstawowymi akcesoriami do prac stolarskich. Czasem Musk wpadał z wizytą z Los Angeles, ale warunki pracy nie wywierały na nim wrażenia, bo pamiętał początki SpaceX.

Pierwotny plan budowy prototypowego pojazdu wydawał się prosty. Firma miała wykorzystać układ napędowy tzero od AC Propulsion i dopasować do nadwozia Lotusa Elise. Tesla pozyskała schemat silnika elektrycznego i postanowiono, że można by kupić skrzynię biegów od amerykańskiej albo europejskiej firmy, a pozostałe części pozyskać z Azji. Inżynierowie Tesli musieli się skupić głównie na opracowaniu akumulatorów, instalacji elektrycznej, a także docięciu i spawaniu metalu zgodnie z potrzebami, żeby stworzyć całość. Inżynierowie uwielbiają grzebać w sprzętach, a zespół Tesli myślał o Roadsterze jak o czymś na wzór przeróbki auta, której można byłoby dokonać dzięki dwóm lub trzem inżynierom mechanikom i kilkorgu osobom od montażu.

Główną ekipę budowniczych prototypu tworzyli Straubel, Berdichevsky i David Lyons – bardzo zdolny inżynier mechanik oraz pracownik numer dwanaście. Lyons miał około dekady doświadczenia w pracy dla firm z Doliny Krzemowej i poznał Straubela kilka lat wcześniej w fast foodzie, a ich znajomość zaczęła się od rozmowy o elektrycznym rowerze, na którym Straubel akurat jechał. Lyons pomógł Straubelowi opłacić rachunki, zatrudniając go jako konsultanta w firmie tworzącej urządzenie do pomiaru temperatury wnętrza ciała. Sprowadzenie Lyonsa do tak ekscytującego projektu było nie tylko wyrazem wdzięczności, ale i troski o firmę. Jak to ujął Berdichevsky: „Dave Lyons zajebiście dobrze znał się na tej robocie".

Inżynierowie zakupili niebieski podnośnik do samochodu i umieścili go wewnątrz budynku. Kupili również maszyny, narzędzia i reflektory umożliwiające nocną pracę i ruszyli z działaniami badawczo-rozwojowymi. Inżynierowie elektrycy studiowali podstawowe oprogramowanie Lotusa, aby zrozumieć, jak połączono ze sobą pedały, urządzenia mechaniczne i czujniki deski rozdzielczej. Naprawdę zaawansowane prace miały miejsce przy projektach akumulatorów. Nikt nie próbował dotychczas łączyć ze sobą równolegle setek ogniw litowo-jonowych, więc Tesla dotarła na sam szczyt najbardziej zaawansowanych rozwiązań technologicznych.

Inżynierowie próbowali zrozumieć, jak rozproszy się ciepło i jak będzie płynąć prąd przez siedemdziesiąt ogniw, sklejając je razem w grupy zwane pakietami. Później umieszczano razem dziesięć pakietów, a inżynierowie testowali różne typy mechanizmów chłodzących wykorzystujących powietrze lub płyny. Gdy udało się opracować nadający się do eksploatacji akumulator, rozciągano żółte podwozie Lotusa Elise o niemal trzynaście centymetrów i opuszczano akumulator za pomocą dźwigu na tył samochodu, tam gdzie znajdowałby się silnik. Wysiłki te przybrały na sile 18 października 2004 roku i dość nieoczekiwanie po czterech miesiącach, 27 stycznia 2005 roku, osiemnastoosobowa grupa ludzi zbudowała całkowicie nowy rodzaj samochodu. Można nawet było nim pojeździć. Tego dnia w firmie odbyło się posiedzenie zarządu, a Musk oczywiście skorzystał z okazji i wskoczył za kierownicę. Wyszedł z firmy zadowolony na tyle, żeby nie szczędzić kolejnego zastrzyku gotówki. Dołożył dziewięć milionów dolarów, a firma zebrała trzynaście milionów od innych inwestorów. Tesla Motors planowała rozpocząć sprzedaż Roadstera na początku 2006 roku.

Gdy kilka miesięcy później zakończono budowę drugiego auta, inżynierowie Tesli zdecydowali, że muszą stawić czoła ogromnej potencjalnej usterce swojego elektrycznego pojazdu. 4 lipca 2005 roku w domu Eberharda w Woodside odbywała się impreza z okazji Dnia Niepodległości, więc wymyślono, że to idealny moment na sprawdzenie, co stanie się, gdy akumulatory Roadstera staną w ogniu. Ktoś obkleił taśmą dwadzieścia akumulatorów, włożył pomiędzy nie drut grzewczy i wszystko to podpalił. „Całość wybuchła jak zbitka rakiet z butelki" – wspominał Lyons. Jednak w Roadsterze nie miało być dwudziestu akumulatorów, lecz prawie siedem tysięcy, a sama myśl o eksplozji na taką skalę przeraziła inżynierów. Jedną z zalet elektrycznego auta miało być uniknięcie łatwopalnej substancji, jaką była benzyna, i niezliczonej liczby eksplozji mających miejsce w silniku. Bogaci ludzie niechętnie płaciliby duże pieniądze za coś jeszcze bardziej niebezpiecznego, a prawdziwym koszmarem dla pracowników Tesli był scenariusz, że ktoś bogaty i sławny spłonąłby w jednym z ich samochodów. „To był jeden z tych momentów, w których myślisz sobie: »O kurwa«" – powiedział Lyons. „Wtedy naprawdę otrzeźwieliśmy".

Firma powołała sześcioosobowy oddział specjalny do rozprawienia się z problemem. Odciągnięto ich od poprzednich zadań i przekazano fundusze na eksperymenty. Pierwsze eksplozje miały miejsce w siedzibie Tesli, a inżynierowie nagrywali je w zwolnionym tempie. Gdy kontrolę objęły rozsądniejsze umysły, Tesla przeniosła dział badań nad eksplozjami poza obszar podstacji elektrycznej zarządzanej przez straż pożarną. Wybuch po wybuchu inżynierowie poznawali wewnętrzne tajemnice akumulatorów. Opracowali metody postępowania z nimi tak, żeby ogień nie przedostawał się pomiędzy nimi, a także techniki unikania wybuchu. W trakcie eksperymentów eksplodowały tysiące akumulatorów, ale rezultaty były tego warte. Wciąż było wcześnie, ale Tesla znajdowała się u progu wynalezienia technologii, która miała dać jej przewagę rynkową na całe lata i wyróżnić na tle rywali.

Początkowy sukces w zbudowaniu dwóch prototypowych aut wraz z przełomami technologicznymi w zakresie akumulatorów oraz w innych sferach ogromnie zwiększył pewność siebie firmy. Przyszła pora na umieszczenie znaku rozpoznawczego Tesli na samochodzie. „Pierwotny plan zakładał całkowite minimum, przy czym samochód miał być stylistycznie inny od Lotusa oraz elektryczny" – podkreślał Tarpenning. „W międzyczasie Elon i reszta zarządu powiedzieli: »Macie tylko jedną szansę. To musi zachwycać klienta, a Lotus nie jest na to dość dobry«".

Podwozie Elise czy też jego rama bardzo dobrze nadawało się do prac inżynieryjnych Tesli. Ale nadwozie samochodu wiązało się z poważnymi problemami zarówno w kwestii formy, jak i funkcji. Drzwi miały raptem trzydzieści centymetrów wysokości i trzeba było albo do auta wskoczyć, albo do niego wpaść, zależnie od waszej elastyczności i/lub godności. Nadwozie trzeba było także wydłużyć, aby pomieścić akumulator Tesli i bagażnik. Poza tym firma wolała wykonać Roadstera z włókna węglowego zamiast światłowodowego. Musk miał wiele do powiedzenia w kwestii tych uwag projektowych. Chciał auto, do którego komfortowo mogłaby wsiadać jego żona i które byłoby do pewnego stopnia praktyczne. Jasno wyraził swoje opinie na posiedzeniach zarządu i przeglądach projektu.

Tesla Motors zatrudniła grupę projektantów do opracowania makiety. Po wybraniu wersji końcowej firma zapłaciła za stworzenie modelu w skali 1:4 w styczniu 2005 roku, a później naturalnej wielkości w kwietniu. Dzięki temu kierownictwo Tesli dostąpiło kolejnego objawienia co do złożoności procesu budowania auta. „Owinęli model błyszczącą folią poliestrową i odessali powietrze, aby można było zobaczyć kontury, połysk i cienie" – opowiadał Tarpenning. Srebrny model zmieniono następnie w cyfrowe renderowanie, które inżynierowie mogli obrobić na komputerach. Brytyjska firma stworzyła za pomocą pliku cyfrowego plastikową wersję auta do testów aerodynamicznych. „Wysłali nam go statkiem, a my zabraliśmy go na Burning Man" – powiedział Tarpenning, przywołując nazwę dorocznego, kipiącego od narkotyków festiwalu sztuki, organizowanego na pustyni w Nevadzie.

Mniej więcej rok później, po wielu finalnych poprawkach i miesiącach ciężkiej pracy, nastąpił moment przesilenia. Był maj

2006 roku, a firma rozrosła się do stu pracowników. Ten zespół zbudował czarną wersję Roadstera znaną jako EP1 lub prototyp inżynieryjny numer 1. „Patrząc na nią, zrozumieliśmy, co tutaj tworzymy" – wspominał Tarpenning. „To się dało poczuć. To prawdziwy samochód, i to bardzo ekscytujący". Pojawienie się EP1 było doskonałą wymówką, by pokazać inwestorom, na co poszły ich fundusze, oraz poprosić innych o więcej pieniędzy. Inwestorzy kapitału wysokiego ryzyka byli na tyle pod wrażeniem, że nie zauważyli faktu, iż inżynierowie musieli czasem pomiędzy jazdami próbnymi chłodzić auto za pomocą wentylatorów, za to zaczęli dostrzegać długoterminowy potencjał firmy. Musk ponownie zainwestował w Tesla Motors, tym razem dwanaście milionów dolarów, a za nim poszło całe grono chętnych, w tym firma venture capital Draper Fisher Jurvetson, VantagePoint Capital Partners, J.P. Morgan, Compass Technology Partners, Nick Pritzker, Larry Page i Sergey Brin, łącznie przeznaczając na dalszy rozwój Tesli czterdzieści milionów dolarów[I].

W lipcu 2006 roku firma zdecydowała się ogłosić światu swoje dalsze plany. Inżynierowie zbudowali czerwony prototyp – EP2, który miał uzupełniać poprzedni, i obydwa modele pojechały reprezentować firmę na targach branżowych w Santa Clara. Prasa zleciała się na wieść o tym, a widok Roadsterów zwalił reporterów z nóg. Obydwa modele były wspaniałe: dwumiejscowe kabriolety, które mogły rozpędzić się do setki w około cztery sekundy. „Do dziś wszystkie elektryczne auta były do bani" – powiedział Musk w trakcie imprezy[6].

Targi odwiedziło wiele sław, takich jak ówczesny gubernator Arnold Schwarzenegger czy były dyrektor Disneya Michael Eisner,

---

[I] W notce prasowej ogłaszającej etap finansowania Musk nie został wymieniony wśród założycieli firmy. W sekcji „O firmie" znajdowała się wzmianka, że „Tesla Motors została założona w czerwcu 2003 roku przez Martina Eberharda i Marca Tarpenninga celem zbudowania pierwszych efektywnych samochodów elektrycznych dla osób kochających jazdę autem". Musk i Eberhard mieli później kłócić się o status założyciela.

i wielu z nich postanowiło przejechać się Roadsterami. Pojazdy były tak delikatne, że jedynie Straubel i kilku innych wtajemniczonych wiedziało, jak się z nimi obchodzić, a co pięć minut były zamieniane, aby uniknąć przegrzania. Firma ujawniła, że każde auto miało kosztować około dziewięćdziesięciu tysięcy dolarów i mogło przejechać czterysta kilometrów na jednym ładowaniu. Zgodnie z oświadczeniem Tesli trzydzieści osób zapisało się na listę chętnych, w tym założyciele Google Brin i Page oraz grupka innych miliarderów z branży technologicznej. Musk obiecał, że za około trzy lata zbudowany zostanie tańszy, czteromiejscowy i czterodrzwiowy model w cenie poniżej pięćdziesięciu tysięcy dolarów.

Mniej więcej w tym czasie miniprofil firmowy Tesli zadebiutował w magazynie „New York Times". Eberhard optymistycznie obiecywał rozpoczęcie wysyłek Roadsterów w połowie 2007 roku, zamiast na początku 2006, jak to wcześniej planowano, i wyłożył strategię biznesową swojej firmy, zasadzającą się na produktach kosztownych, skierowanych do najdroższego segmentu rynku, a następnie stopniowej zmianie profilu na bardziej przystępne cenowo produkty, w miarę rozwoju podstawowej technologii produkcji i zdolności wytwórczych. Musk i Eberhard pokładali wiarę w tę strategię, wiedząc, że sprawdziła się wcześniej w przypadku wielu urządzeń elektronicznych. „Telefony komórkowe, lodówki, telewizory kolorowe – te produkty nie trafiały od razu na masowy rynek" – powiedział w wywiadzie Eberhard[7]. „Były relatywnie drogie, dostępne dla osób mogących sobie na nie pozwolić". Choć Tesla osiągnęła tak wiele przez ostatnie lata, Muskowi nie podobało się odsunięcie na boczny tor. „Próbowaliśmy podkreślić jego rolę i wspominaliśmy o nim nieustannie reporterom, ale ich nie interesował zarząd firmy" – powiedział Tarpenning. „Elon był wściekły. Wpadł w szał".

Można było zrozumieć, dlaczego Musk chciał grzać się w blasku firmowej sławy. Samochód stał się branżową sensacją. Pojazdy elektryczne zdawały się wywoływać histeryczne reakcje zarówno w obozie zwolenników, jak i przeciwników, a pojawienie się szybkiego cacka zasilanego prądem podsyciło emocje wszystkich. Tesla po raz pierwszy zmieniła Dolinę Krzemową – przynajmniej koncepcyjnie – w prawdziwe zagrożenie dla Detroit. Miesiąc po targach, w Santa Monica odbyło się Pebble Beach Concours d'Elegance, słynna wystawa egzotycznych samochodów. Tesla była tak gorącym tematem, że organizatorzy wydarzenia błagali o wystawienie Roadstera i obniżyli ceny za prezentację. Stoisko stanęło, a przed nim pojawiły się długie kolejki, w których dziesiątkami ustawiali się chętni, na miejscu wypisując czeki na sto tysięcy dolarów, aby zamówić swoje auto w przedsprzedaży. „To było długo przed Kickstarterem, a my nawet nie pomyśleliśmy o czymś takim" – powiedział Tarpenning. „Ale potem nagle zaczęliśmy dostawać miliony dolarów na tego typu wydarzeniach". Inwestorzy kapitału wysokiego ryzyka, celebryci i przyjaciele pracowników firmy podejmowali próby wkupienia się na listę oczekujących. Niektórzy członkowie bogatej elity Doliny Krzemowej posunęli się aż do tego, by zapukać do drzwi firmy i spróbować kupić w ten sposób samochód. Przedsiębiorcy Konstantin Othmer i Bruce Leak, którzy znali Muska z czasów stażu w Rocket Science Games, zrobili dokładnie tak pewnego dnia i udało im się załapać na prywatną kilkugodzinną przejażdżkę autem z Muskiem i Eberhardem. „Pod koniec powiedzieliśmy: »Dobra, kupujemy jedno«" – powiedział Othmer. „Właściwie nie wolno im było sprzedawać jeszcze samochodów, ale dołączyliśmy do klubu. Członkostwo kosztowało sto tysięcy dolarów, ale jedną z zalet było otrzymanie darmowego auta".

Po zmianie modelu działalności firmy z marketingowego ponownie na badawczo-rozwojowy okazało się, że niektóre trendy działały na jej korzyść. Rozwój w zakresie informatyki sprawił, że małe firmy z branży motoryzacyjnej nie były na straconej pozycji wobec gigantów. Lata wcześniej producenci aut musieliby wyprodukować całą flotę do każdego testu zderzeniowego. Tesla nie miała na to budżetu i nie musiała tego robić. Trzeci prototyp Roadstera udał się do tej samej placówki testów zderzeniowych, której używali duzi producenci, a tym samym Tesla uzyskała dostęp do najwyższej klasy kamer z funkcją pomiaru szybkości i pozostałej technologii obrazowania. Jednakże tysiące innych testów zlecono firmie zewnętrznej specjalizującej się w symulacjach komputerowych, co ratowało Teslę przed koniecznością budowania floty pojazdów testowych. Uzyskała ona również dostęp do torów testowych konkurencji wykonanych z kostki brukowej i betonu wzmocnionych elementami metalowymi. W takich placówkach można było przeprowadzić testy odzwierciedlające sto sześćdziesiąt tysięcy przejechanych kilometrów i dziesięć lat zużycia.

Dość często inżynierowie Tesli przenosili swoje metody pracy wyniesione z Doliny Krzemowej na grunt zarezerwowany do tej pory dla producentów samochodów. W północnej Szwecji, niedaleko koła podbiegunowego, znajduje się tor testowania układu hamulcowego i trakcji, gdzie auta dostraja się na dużych lodowych równinach. Standardem byłoby testować samochód przez około trzy dni, zebrać dane, a potem wrócić do siedziby firmy, gdzie przez wiele tygodni dyskutowałoby się na spotkaniach, jak go dopracować. Proces wprowadzania poprawek może zająć całą zimę. Tesla tymczasem wysłała inżynierów wraz z testowanymi Roadsterami i kazała im analizować dane na miejscu. Gdy trzeba było wprowadzić zmiany, przepisywali fragmenty kodu i znów wysyłali auto na lód. „BMW organizowało konferencje między trzema albo czterema firmami, które nawzajem zrzucały na siebie winę za problem" – mówił Tarpenning. „My naprawialiśmy go sami". Inna procedura testowa wymagała umieszczenia Roadsterów w specjalnej komorze chłodzącej, aby sprawdzić reakcje na mrozy. Nie chcąc ponosić wywindowanych kosztów użycia takich komór, inżynierowie postanowili wynająć ciężarówkę dostawczą do lodów z dużą chłodziarką. Ktoś wjeżdżał Roadsterem do środka, a oni wkładali zimowe kurtki i pracowali nad autem.

Przy każdym kontakcie Tesli z Detroit firmie dawano do zrozumienia, że nie obowiązuje tu już dawna tradycja, zgodnie z którą wszystko da się zrobić. Gdy firma próbowała w „Mo-Town" wynająć małe biuro, którego koszty były niewiarygodnie niskie w porównaniu z tymi w Dolinie Krzemowej, storpedowała ją biurokracja. Właściciel żądał okazania siedmiu lat raportów z audytu, a Tesla wciąż była firmą prywatną. Potem chciał zaliczki za czynsz za dwa lata z góry. Tesla miała na koncie około pięćdziesiąt milionów dolarów i mogłaby od razu kupić budynek. „W Dolinie Krzemowej mówisz, że masz poręczenie inwestora kapitału wysokiego ryzyka i w ten sposób kończysz negocjacje" – mówił Tarpenning. „Ale w Detroit wszystko wyglądało w ten sposób. Dostawaliśmy przesyłki FedExem, a oni nawet nie potrafili się zdecydować, kto ma pokwitować odbiór".

W pierwszych latach inżynierowie cenili Eberharda za szybkie i rzeczowe podejmowanie decyzji. W firmie nigdy nie analizowano zbyt długo danej sytuacji. Wybierano plan działania, a gdy coś zawalono, starano się szybko pozbierać i obiecywano naprawę. Jednak wiele zmian, które chciał wprowadzić Musk, zaczęło opóźniać Roadstera. Naciskał na większy komfort, żądał modyfikacji w fotelach i drzwiach. Priorytetem było nadwozie z włókna węglowego i nalegał na elektroniczne czujniki na drzwiach, aby auto mogło być otwierane za pomocą dotknięcia palca zamiast pociągnięcia za uchwyt. Eberhard narzekał, że te zmiany spowalniają działanie firmy, i miał poparcie wielu inżynierów. „Czasem czuło się, że Elon był taką niesprawiedliwie wymagającą nadrzędną siłą" – wspominał Berdichevsky. „Firma jako całość była solidarna wobec Martina, bo cały czas tam był i wszyscy czuliśmy, że samochód powinien trafić na rynek wcześniej".

Do połowy roku 2007 Tesla miała już dwustu sześćdziesięciu pracowników i wydawało się, że dokonała niemożliwego. Wyprodukowała najszybszy i najpiękniejszy samochód elektryczny na świecie niemal z niczego. Wszystko, czego potrzebowała teraz, to zbudować wiele takich aut – ten proces miał doprowadzić firmę na skraj bankructwa.

Największym błędem, jakie popełniło kierownictwo Tesli na początku działalności, były założenia związane ze skrzynią biegów Roadstera. Celem zawsze było jak największe przyśpieszenie do setki w nadziei, że dzika prędkość auta przyciągnie mnóstwo uwagi i sprawi, iż samochód będzie się doskonale prowadzić. W tym celu inżynierowie Tesli zdecydowali się umieścić w aucie dwubiegową skrzynię, stanowiącą podstawowy mechanizm przesyłający moc z silnika do kół. Pierwszy bieg miał rozpędzać auto od zera do setki w mniej niż cztery sekundy, a drugi do ponad dwustu kilometrów na godzinę. Tesla zatrudniła do konstrukcji tego elementu brytyjską firmę Xtrac i miała wszelkie powody, by wierzyć, że to będzie jeden z najbardziej godnych zaufania elementów w podróży Roadsterem. „Ludzie produkowali skrzynie biegów od czasów, gdy Robert Fulton zbudował silnik parowy" – powiedział Bill Currie[8], doświadczony inżynier z Doliny Krzemowej i pracownik numer 86. „Sądziliśmy, że po prostu się taką zamawia. Jednak pierwsza, jaką dostaliśmy, przetrwała czterdzieści sekund". Początkowa skrzynia nie wytrzymała zmiany z pierwszego biegu na drugi i pojawiły się obawy, że drugi bieg przy wysokiej prędkości nie zsynchronizuje się prawidłowo z silnikiem, co mogłoby zakończyć się katastroficznymi zniszczeniami samochodu.

Lyons i pozostali inżynierowie szybko zaczęli prace nad rozwiązaniem problemu. Znaleźli innych wykonawców, którzy mieli zaprojektować części wymienne, i liczyli na to, że doświadczeni eksperci dostarczą szybko coś użytecznego. Wkrótce jednak stało się jasne, że wykonawcy niekoniecznie zlecali zadania dla maleńkiego start-upu z Doliny Krzemowej swoim asom i w efekcie nowe skrzynie biegów nie były wcale lepsze od poprzednich. W trakcie testów Tesla stwierdziła, że psuły się czasem po dwustu czterdziestu kilometrach użytkowania, a średni czas bezawaryjnej pracy wynosił około trzech tysięcy dwustu kilometrów. Gdy zespół z Detroit przeprowadził analizę przyczyn źródłowych w celu znalezienia usterek, odkrył czternaście odrębnych problemów, które mogły prowadzić do awarii. Firma liczyła na rozpoczęcie sprzedaży Roadstera w listopadzie 2007 roku, ale problemy ze skrzynią biegów wciąż były nierozwiązane, a do 1 stycznia 2008 roku zdarzały się regularnie, więc postanowiono ponownie spróbować z trzecią skrzynią biegów od samego początku.

Inne problemy pojawiły się za granicą. Tesla postanowiła wysłać zespół swoich najmłodszych i najbardziej prężnych inżynierów do Tajlandii, by tam założyli fabrykę akumulatorów. Rozpoczęto partnerstwo z entuzjastycznie nastawionym, acz niezbyt kompetentnym producentem. Inżynierowie Tesli usłyszeli, że mogą przylecieć i nadzorować budowę najbardziej zaawansowanej fabryki akumulatorów. Zamiast niej zastali betonową płytę z dachem na słupach. Budynek znajdował się około trzech godzin drogi od Bangkoku i przez większość czasu z uwagi na straszliwy upał stał otwarty, podobnie jak wiele innych fabryk. Okoliczne fabryki produkowały kuchenki, opony i towary, którym warunki pogodowe nie przeszkadzały. Wrażliwe akumulatory Tesli i elementy elektroniczne, jak części Falcona 1, uległyby jednak zniszczeniu w słonym, wilgotnym klimacie. Ostatecznie partner zapłacił około siedemdziesiąt pięć tysięcy dolarów za regipsy, wylewki i budowę magazynów z czujnikami temperatury. Inżynierowie Tesli tracili rozum, poświęcając długie godziny na szkolenie tajskich robotników w zakresie prawidłowego obchodzenia się z elektroniką. Rozwój technologii akumulatorów, który do niedawna szedł jak z płatka, zwolnił do ślimaczego tempa.

Fabryka akumulatorów była częścią globalnego łańcucha dostaw, który pociągał za sobą koszty i opóźnienia w produkcji Roadstera. Panele do samochodu miały być produkowane we Francji, a silniki na Tajwanie. Ogniwa akumulatorów miały zostać zakupione w Chinach, a potem wysłane do Tajlandii i tam składane w pakiety. Te mogły być przechowywane przez krótki czas, by uniknąć degradacji, a następnie miały być wysyłane drogą morską do Anglii, gdzie przechodziły odprawę celną. Lotus miał budować nadwozie, montować akumulatory, a potem wysyłać Roadstery drogą morską wokół Cape Horn do Los Angeles. Zgodnie z tym scenariuszem Tesla płaciłaby za większość samochodu i nie miałaby szansy na obliczenie przychodu uzyskanego na częściach przez sześć do dziewięciu miesięcy. „Pomysł polegał na tym, żeby przenieść się do Azji, zrobić wszystko szybko i tanio, po czym zarobić na aucie" – podsumował jeden z inżynierów wysłanych do Tajlandii, Forrest North. „Dowiedzieliśmy się jednak, że bardziej skomplikowane rzeczy lepiej robić na miejscu, bo wyjdzie taniej, z mniejszą liczbą opóźnień i problemów". Gdy do pracy przyszły nowe osoby, były przerażone odkryciem, jak bardzo chaotyczny wydawał się firmowy plan działania. Ryan Popple, który spędził cztery lata w wojsku, a potem zrobił magistra zarządzania na Harvardzie, rozpoczął pracę na stanowisku dyrektora finansowego, by przygotować firmę do wejścia na giełdę. Po przejrzeniu sprawozdań finansowych na początku swojej kadencji spytał kierownika działu produkcji i oddziałów zagranicznych, jak dokładnie zamierza zrobić ten samochód. „Cóż, zdecydujemy się rozpocząć produkcję, a potem stanie się cud" – usłyszał Popple.

Gdy plotki o problemach z produkcją dotarły do uszu Muska, bardzo zaniepokoił się sposobem, w jaki Eberhard prowadził firmę, i wezwał osobę, która miała zająć się tą sytuacją. Jednym z inwestorów Tesli była firma inwestycyjna z Chicago – Valor Equity, która specjalizowała się w końcowych poprawkach przedsięwzięć produkcyjnych. Firma była zainteresowana technologią akumulatorów oraz układu napędowego Tesli i przekalkulowała, że nawet jeśli nie udałoby jej się sprzedać wielu wyprodukowanych przez siebie aut, to duzi producenci i tak byliby zainteresowani zakupem jej własności intelektualnej. Aby chronić swoją inwestycję, Valor wysłała Tima Watkinsa, dyrektora naczelnego oddziałów zagranicznych, który szybko doszedł do przerażających wniosków.

Watkins jest Brytyjczykiem z dyplomami z robotyki przemysłowej oraz inżynierii elektrycznej i reputacją faceta, któremu żaden problem nie jest straszny. Przykładowo podczas pracy w Szwajcarii znalazł sposób, aby obejść sztywne prawo ograniczające godziny pracy dzięki automatyzacji w fabryce tłoczenia metali, przez co mogła działać całą dobę, a nie tylko szesnaście godzin dziennie, jak fabryki konkurencji. Watkins znany jest również z tego, że wiąże włosy w kucyk za pomocą czarnej frotki, nosi czarną skórzaną kurtkę i saszetkę na pasku. W saszetce trzyma paszport, książeczkę czekową, słuchawki, krem przeciwsłoneczny, jedzenie i kilka innych drobiazgów pierwszej potrzeby. „Noszę w niej rzeczy niezbędne mi na co dzień do przeżycia" – powiedział Watkins. „Jeśli oddalę się od niej na trzy metry, wyczuwam ją". Odrobinę ekscentryczny, spędził kilka tygodni, rozmawiając z pracownikami i skrupulatnie analizując każde ogniwo łańcucha dostaw firmy, aby zrozumieć, ile kosztowała produkcja Roadstera.

Tesla wykonała przyzwoitą robotę, obniżając koszty pracy. Zatrudniano dzieciaki prosto po Stanford za czterdzieści pięć tysięcy dolarów rocznie zamiast doświadczonych pracowników, którzy nie chcieliby tak harować choćby i za sto dwadzieścia tysięcy. Jednak w kwestii sprzętu i materiałów firma okazała się horrorem spod znaku radosnych wydatków. Nikt nie lubił używać firmowego programu śledzącego zestawienie materiałowe, więc nieliczni z niego korzystali, inni wcale. Ci, którzy go używali, często popełniali ogromne błędy. Bazując na kosztach części z prototypowych aut, szacowali, ile zniżki otrzymaliby przy zakupie hurtowym, zamiast negocjować realną cenę. W pewnym momencie według programu każdy Roadster kosztowałby około sześćdziesiąt osiem tysięcy dolarów, a więc firma zarabiałaby trzydzieści tysięcy na sztuce. Wszyscy wiedzieli, że te liczby były niewłaściwe, ale i tak przedstawiono je zarządowi.

Mniej więcej w połowie 2007 roku Watkins przedstawił Muskowi swoje ustalenia. Musk był przygotowany na duże liczby, ale był również pewny, że cena samochodu będzie maleć w miarę dopracowywania procesu produkcyjnego i zwiększania sprzedaży.

„Właśnie wtedy Tim przekazał mi naprawdę złe informacje" – wspominał Musk. Wyglądało na to, że produkcja jednego Roadstera miała kosztować nawet do dwustu tysięcy dolarów, a firma planowała je sprzedawać za zaledwie około osiemdziesiąt pięć tysięcy. „Nawet gdyby produkcja ruszyła pełną parą, koszt wynosiłby około sto siedemdziesiąt tysięcy dolarów czy coś podobnie wariackiego" – powiedział. „Oczywiście to nie miało wtedy znaczenia, bo mniej więcej trzydzieści procent tych samochodów była równie sprawna, co pieprzone auta ze szrotów".

Eberhard poczynił starania, żeby wyciągnąć swój zespół z tego bagna. Poszedł na przemówienie sławnego inwestora z branży technologii przyjaznych środowisku Johna Doerra, który zadeklarował poświęcenie swojego czasu i pieniędzy na ratowanie Ziemi przed globalnym ociepleniem, bo uważał, że jest to winien swoim dzieciom. Eberhard szybko wrócił do firmy i zaprezentował podobną przemowę. Przed około setką pracowników wyświetlił zdjęcie swojej córki na projektorze na ścianie głównego warsztatu. Zapytał inżynierów, dlaczego to zrobił. Jeden z nich zgadł, że ludzie tacy jak córka szefa będą jeździć tym samochodem. On odparł: „Nie. Budujemy to auto, ponieważ zanim ona dorośnie i zrobi prawo jazdy, będzie uważać samochód za coś zupełnie innego niż my dziś, tak samo jak nie myślimy dziś o telefonie jak o czymś wiszącym na ścianie z kablem i słuchawką. Ta przyszłość zależy od was". Eberhard podziękował następnie niektórym kluczowym inżynierom i docenił publicznie ich wysiłki. Wielu z nich regularnie pracowało po nocach, a wystąpienie szefa podbudowało morale. „Przepracowywaliśmy się tam do granic wyczerpania" – powiedział David Vespremi, były rzecznik Tesli. „Aż nastąpił ten przełomowy moment, gdy uświadomiono nam, że budowa auta nie miała na celu wejścia na giełdę ani sprzedaży go kilku bogatym typkom, ale zmianę myślenia o tym, czym w ogóle jest samochód".

Te małe zwycięstwa niestety nie wystarczyły, aby przezwyciężyć panujące wśród wielu inżynierów poczucie, że Eberhard wyczerpał swój dyrektorski potencjał. Weterani zawsze podziwiali jego pomysły inżynierskie i wciąż to robią. To jemu firma zawdzięcza swój kultowy status w branży technologicznej. Niestety, inne sfery działalności zostały pominięte, a ludzie wątpili w to, że Eberhard jest w stanie poradzić sobie z przeprowadzeniem firmy z fazy badań i rozwoju do etapu produkcji. Absurdalne koszty, trudności ze skrzynią biegów, dostawcy – te problemy ciągnęły firmę na dno. A gdy zaczęły się kłopoty z dotrzymaniem dat dostawy, wielu z wcześniejszych entuzjastycznych klientów, którzy dokonali ogromnych zaliczek, odwróciło się od Tesli i Eberharda. „Sprawa była przesądzona" – powiedział Lyons. „Wszyscy wiedzieli, że założyciel firmy niekoniecznie musi być odpowiednią osobą, by nią kierować na dłuższą metę, a jeśli tak się dzieje, nie jest to łatwe".

Eberhard i Musk toczyli przez kilka lat boje nad niektórymi kwestiami projektowymi dotyczącymi samochodu, ale w pozostałych sprawach dogadywali się dobrze. Żaden nie denerwował się na drugiego i z pewnością dzielili wspólną wizję w zakresie technologii akumulatorów oraz jej znaczenia dla świata. Ich relacja nie mogła jednak przetrwać różnicy zdań dotyczącej kosztów produkcji Roadstera, jakie ujawnił Watkins. Dla Muska to wyglądało, jakby Eberhard potwornie niewłaściwie zarządzał firmą, pozwalając na tak ogromny wzrost cen części. Co więcej, w opinii Muska, Eberhard zataił powagę sytuacji przed zarządem. Eberhard, w drodze na Motor Press Guild w Los Angeles, gdzie miał wygłosić przemówienie, odebrał telefon od Muska i w trakcie krótkiej, nieprzyjemnej rozmowy dowiedział się, że nie będzie dłużej pełnił funkcji dyrektora generalnego w swojej firmie.

W sierpniu 2007 roku zarząd Tesli zdegradował Eberharda do stanowiska dyrektora działu technologii, co jedynie pogłębiło problemy. „Martin był strasznie rozgoryczony i uciążliwy" – wspominał Straubel. „Pamiętam, że biegał po biurze i siał ferment, gdy tymczasem my próbowaliśmy skończyć samochód przy topniejących funduszach, a wszystko stało na ostrzu noża". Eberhard widział to inaczej: jego zdaniem narzucono mu bardzo nieudolne oprogramowanie finansowe, które utrudniło precyzyjne szacowanie kosztów. Twierdził, że opóźnienia i galopujące wydatki były częściowo winą żądań innych członków zespołu kierowniczego, a on był szczery z zarządem w kwestii problemów. Co więcej, uważał, że Watkins przejaskrawił sytuację na jego niekorzyść. Start-upy w Dolinie Krzemowej traktują kompletny chaos jako standardową procedurę operacyjną. „Valor – pracodawca Watkinsa, nawykł do pracy ze starszymi firmami" – tłumaczył Eberhard. „Oni nie byli przyzwyczajeni do chaosu. To był chaos start-upu". Eberhard prosił wcześniej zarząd firmy o zastąpienie go kimś z większym doświadczeniem w sferze produkcji.

Po kilku miesiącach Eberhard nadal chodził wkurzony. Wielu pracowników Tesli czuło się niczym dzieci w trakcie sprawy rozwodowej, które muszą wybrać rodzica – Eberharda lub Muska. Do grudnia sytuacja zrobiła się nie do wytrzymania, a dawny założyciel opuścił firmę. W oświadczeniu napisano, że otrzymał propozycję stanowiska doradczego, ale odmówił. „Nie jestem obecnie związany z firmą Tesla Motors – ani jako członek zarządu, ani jako jej pracownik" – pisał w oświadczeniu. „Nie jestem zadowolony ze sposobu, w jaki mnie potraktowano". Musk wysłał notkę do gazety Doliny Krzemowej, w której pisał: „Przykro mi, że do tego doszło, i chciałbym tego uniknąć. Powodem nie były różnice charakterów, ponieważ decyzja o zatrzymaniu Martina na stanowisku doradczym zapadła w zarządzie jednomyślnie. Tesla boryka się z problemami operacyjnymi, które wymagają rozwiązania, i jeśli zarząd widziałby dla Martina jakiś sposób na bycie jego częścią, to wciąż byłby pracownikiem firmy"[9]. Te oświadczenia stały się początkiem publicznej wojny, która miała ciągnąć się między dwoma mężczyznami przez lata i w wielu sferach trwa do dziś.

Do końca roku 2007 problemy w Tesli nawarstwiały się. Nadwozie z włókna węglowego, choć wyglądało świetnie, okazało się być niezwykle kłopotliwe w malowaniu i firma odrzuciła szereg wykonawców, zanim znalazła takiego, który poradził sobie z wyzwaniem.

Zdarzały się błędy w akumulatorze. W silniku od czasu do czasu pojawiały się zwarcia. Panele miały widoczne luki. Firma musiała także pogodzić się z tym, że nie ma mowy o dwubiegowej skrzyni. Aby zaś Roadster mógł osiągnąć swoją imponującą prędkość od zera do setki dzięki skrzyni z pojedynczym biegiem, inżynierowie musieli przeprojektować silnik i przetwornik oraz trochę odchudzić całość. „Właściwie musieliśmy zrobić wszystko od nowa" – powiedział Musk. „To było straszne".

Po usunięciu Eberharda zarząd powołał jako okresowego szefa firmy Michaela Marksa. Marks kierował wcześniej Flextronics, ogromnym dostawcą elektroniki, i miał duże doświadczenie w zakresie produkcji oraz rozwiązywania problemów logistycznych. Rozpoczął pracę od przepytania różnych grup pracowników, aby zrozumieć ich problemy i nadać priorytety kłopotom nękającym Roadstera. Wdrożył także kilka podstawowych zasad, jak upewnianie się, że wszyscy przychodzą do pracy równocześnie, żeby ustanowić punkt dla oceny początkowej produktywności, co było trudną prośbą w nieformalnej kulturze pracy Doliny Krzemowej. Wszystkie te kroki były częścią Listy Marksa – dziesięciopunktowego studniowego planu, który miał na celu eliminację wszystkich usterek akumulatorów, zmniejszenie luk między elementami nadwozia poniżej czterdziestu milimetrów i ustalenie określonej liczby rezerwacji. „Martin nie dawał sobie rady i brakowało mu dyscypliny, kluczowej dla kierownika" – powiedział Straubel. „Przyszedł Michael, oszacował bajzel i przepuścił całe pieprzenie przez filtr. Nie miał w tym osobistych celów i mógł powiedzieć: »Nie obchodzi mnie, co ty myślisz albo co myśli tamten gość. To powinniśmy zrobić«". Przez jakiś czas strategia Marksa sprawdzała się, a inżynierowie w Tesli znów mogli skupić się na budowaniu Roadstera zamiast na polityce wewnętrznej. Aż do momentu, gdy jego wizja firmy zaczęła różnić się od tej, jaką wyznawał Musk.

Do tego czasu Tesla przeniosła się do większego budynku przy 1050 Bing Street w San Carlos. Pozwoliło to przenieść z Azji prace nad akumulatorami oraz część produkcji Roadstera, łagodząc problemy łańcucha dostaw. Firma dojrzewała jako producent z branży motoryzacyjnej, choć szalona osobowość start-upu miała się nadal doskonale. Pewnego dnia w trakcie przechadzki po fabryce Marks zauważył Smarta marki Daimler na podnośniku. Musk i Straubel pracowali nad niewielkim projektem pobocznym, którego celem było sprawdzenie, jak wyglądałby Smart jako auto elektryczne. „Michael nic o tym nie wiedział, więc zdenerwował się i wybuchnął: »Kto tu jest właściwie dyrektorem generalnym?«" – wspominał Lyons (praca nad Smartem doprowadziła ostatecznie do wykupu dziesięciu procent akcji Tesli przez Daimlera).

Zamiarem Marksa były próby uczynienia z Tesli zasobu, który można byłoby sprzedać większej firmie z branży. To był doskonały, rozsądny plan. Podczas kierowania Flextronics przewidział on stworzenie ogromnego, globalnego łańcucha dostaw i znał trudności produkcji na małą skalę. Tesla musiała jawić mu się jako firma na granicy beznadziejności. Nie była w stanie porządnie wyprodukować jedynego produktu, pieniądze i terminy uciekały bokiem, a w dodatku jej inżynierowie prowadzili sobie eksperymenty na boku. Postaranie się, aby Tesla wyglądała jak najlepiej dla potencjalnego nabywcy, wydawało się najrozsądniejszym wyjściem z sytuacji.

Praktycznie w każdym innym przypadku Marksowi dziękowano by za jego stanowczy plan działań i za uratowanie inwestorów przed ogromnymi stratami. Ale Muska nie interesowało odpicowanie Tesli dla tego, kto da najwięcej. Założył tę firmę, aby zmienić oblicze branży motoryzacyjnej i odmienić myślenie ludzi na temat aut elektrycznych. Zamiast przyjąć modną w Dolinie Krzemowej strategię „obracania się" w kierunku nowego pomysłu lub planu, Musk zagłębił się w istniejącą sytuację. „Produkt był opóźniony, przeszacowany i wszystko było nie tak, ale Elon nie chciał nawet słyszeć ani o sprzedaży firmy, ani o utracie kontroli poprzez zawarcie partnerstwa" – wyjaśniał Straubel. „Zdecydował się więc podwoić stawkę".

3 grudnia 2007 roku Ze'ev Drori zastąpił Marksa na stanowisku dyrektora generalnego. Drori zdobył doświadczenie w Dolinie Krzemowej, zakładając firmę produkującą pamięć do komputerów, którą potem sprzedał producentowi chipów Advanced Micro Devices. Drori nie był pierwszym wyborem Muska – osoba z góry listy odrzuciła ofertę, ponieważ nie chciała przeprowadzać się ze Wschodniego Wybrzeża – a jego wybór nie spotkał się ze zbytnim entuzjazmem ze strony pracowników Tesli. Drori był ledwie jakieś półtorej dekady starszy od najmłodszego pracownika w firmie i w żaden sposób nie był z nią zjednoczony więzami trudów oraz cierpienia. Postrzegano go raczej jako wykonawcę życzeń Muska niż kierującego firmą, niezależnego dyrektora generalnego.

Tymczasem Musk zaczął prowadzić publiczną kampanię w celu złagodzenia kiepskiej opinii w mediach na temat firmy. Publikował oświadczenia i udzielał wywiadów, w których obiecywał, że Roadster trafi do klientów na początku 2008 roku. Zaczął opowiadać o samochodzie o nazwie roboczej WhiteStar – Roadster nosił nazwę DarkStar – który miał być sedanem w cenie około pięćdziesięciu tysięcy dolarów, a także o budowie nowej fabryki, w której miał powstać. „W związku z niedawnymi zmianami kierownictwa nadeszła pora na pewne zobowiązania dotyczące planów Tesla Motors" – pisał na blogu. „Przekaz na najbliższy okres jest prosty i jednoznaczny – w kolejnym roku wyprodukujemy wspaniałe sportowe auto, które pokochają klienci. [...] Moje auto o numerze identyfikacyjnym VIN 1 zjechało już z linii produkcyjnej w Wielkiej Brytanii i trwają ostateczne przygotowania do jego dostarczenia". Firma zorganizowała serię spotkań z klientami w miejskim ratuszu, gdzie próbowano otwarcie wyjaśnić wszystkie problemy, a także rozpoczęła budowę salonów wystawowych dla swojego auta. Vince Sollitto, były członek zarządu PayPala, odwiedził salon w Menlo Park, gdzie Musk narzekał na problemy wizerunkowe, ale z drugiej strony był wyraźnie pod wrażeniem powstającego w firmie produktu. „Jego zachowanie zmieniło się w momencie, gdy przeszliśmy do wystawy silnika" – wspominał Sollitto. Ubrany w skórzaną kurtkę i luźne spodnie, Musk zaczął opowiadać o właściwościach silnika, a potem odstawił pokaz godny siłacza z wesołego miasteczka, podnosząc do góry czterdziestopięciokilogramową kupę metalu. „Podnosi to żelastwo i ściska w dłoniach" – opowiadał Sollitto. „Trzyma je, zaczyna się trząść, a na jego czole pojawiają się krople potu. To nie była raczej demonstracja siły, ile piękna produktu". I choć klienci narzekali poważnie na opóźnienie, wyczuwali pasję Muska i podzielali jego entuzjazm wobec produktu. Zaledwie garstka zażyczyła sobie zwrotu wpłaconych z góry pieniędzy.

Pracownicy Tesli wkrótce zaczęli doświadczać takich samych sytuacji, z jakimi ich koledzy ze SpaceX borykali się od lat. Gdy pojawiały się problemy w rodzaju wadliwych paneli Roadstera, Musk zajmował się tym osobiście. Leciał do Anglii swoim odrzutowcem po zakup nowego sprzętu produkcyjnego, a potem sam dostarczał go do fabryki we Francji, żeby upewnić się, że terminy nie zostaną przekroczone. Minął także czas niejednoznacznej polityki co do kosztów produkcji Roadstera. „Elon wściekł się i powiedział, że wdrożymy ten ostry program redukcji kosztów" – powiedział Popple. „Wygłosił przemówienie, w którym powiedział, że będzie pracował w weekendy i spał na biurku, aż doprowadzi sprawy do końca. Ktoś wyłamał się i argumentował, że wszyscy ciężko pracowali nad ukończeniem auta, więc chcieli w końcu wziąć wolne, żeby zobaczyć się z rodzinami. Elon na to: »Będą mieli dużo czasu dla swoich rodzin, gdy splajtujemy«. Zamurowało mnie, ale zrozumiałem, co miał na myśli. Dorastałem w kulturze wojskowej, więc wiedziałem, że trzeba po prostu realizować wytyczne". Od pracowników zażądano, żeby w każdy czwartek o siódmej rano spotykali się na zestawienia materiałowe. Musieli znać koszty każdej części i mieć przekonywający plan, jak zdobyć je taniej. Jeśli silnik kosztował sześć i pół tysiąca od sztuki na koniec grudnia, do kwietnia Musk chciał tę kwotę obniżyć do trzech tysięcy ośmiuset dolarów. Koszty przedstawiano na wykresach i analizowano. „Jeśli się nie sprawdzałeś, czekało cię prawdziwe piekło" – wspominał Popple. „Wszystko było widać jak na dłoni, a ludzie tracili pracę, gdy nie wykonali planu. Elon ma umysł, który przypomina kalkulator. Jeśli na projektor wrzucisz liczbę, która nie ma sensu, on to wychwyci. Zawsze dostrzega szczegóły". Popple uważał jego styl kierowania za agresywny, ale podobało mu się, że słuchał dobrze argumentowanego, analitycznego punktu widzenia i często zmieniał zdanie, jeśli otrzymał ku temu dostatecznie dobry powód. „Niektórzy uważali Elona za zbyt ostrego, narwanego albo autokratycznego" – dodawał. „Ale to były trudne czasy i wiedzieli o tym ci z nas, którzy byli blisko rzeczywistych operacyjnych działań firmy. Doceniałem to, że nie miał w zwyczaju przekłamywać rzeczywistości".

Na froncie marketingowym Musk przeprowadzał codzienne poszukiwania informacji na temat firmy. Jeśli znalazł niekorzystny artykuł, zlecał komuś, by to „naprawił", mimo faktu, że osoby odpowiedzialne za kształtowanie wizerunku Tesli niewiele mogły zrobić, by ugłaskać reporterów. Gdy jeden z pracowników nie przyszedł na imprezę związaną z narodzinami dziecka Muska, ten odpowiedział wściekłym e-mailem: „To żadna wymówka. Jestem głęboko rozczarowany. Powinieneś przemyśleć swoje priorytety. Zmieniamy świat i piszemy na nowo historię, a ty albo okazujesz swoje oddanie sprawie, albo nie"[II].

Marketingowców, którzy robili błędy gramatyczne w e-mailach, zwalniano, podobnie jak ludzi, którzy nie dokonali niczego „wspaniałego" w ostatnich czasach. „On potrafi być czasami okropnie przerażający, ale nie rozumie tak do końca, jak bardzo narzuca innym swoje zdanie" – powiedział jeden z byłych członków zarządu. „Na spotkaniach zakładaliśmy się czasem, kto tym razem oberwie po głowie. Jeśli powiedziałeś, że twój wybór był powodowany faktem,

---

[II] Tak zapamiętał tekst pracownik. Nie widziałem samej wiadomości. Musk powiedział później pracownikowi: „Chciałem, żebyś myślał przyszłościowo i każdego dnia tak ciężko, że aż boli od tego głowa. Chcę, żeby bolała cię głowa każdego wieczoru, gdy kładziesz się spać".

że »tak się zawsze postępowało«, od razu wywalał cię ze spotkania. Mówił wtedy: »Nigdy więcej nie chcę słyszeć czegoś takiego. Będziemy tu zapierdalać i robota na pół gwizdka nie będzie tolerowana«. On cię po prostu niszczy, a jeśli to przetrwasz, wtedy ocenia, czy może ci zaufać. Musi zrozumieć, czy jesteś tak samo szalony, jak on sam". Ten etos pracy istniał w całej firmie i wszyscy szybko zrozumieli, że z Muskiem nie ma żartów.

Straubel, mimo że czasem trafiał pod ostrze krytyki, z zadowoleniem przyjął trudną obecność Muska. Pięć ostatnich lat było dla niego przyjemną harówką. Zmienił się z cichego, zdolnego inżyniera, który przemykał się po fabryce Tesli z głową skrytą w ramionach, w najbardziej kluczowego członka zespołu technicznego. Wiedział więcej o akumulatorach oraz elektrycznym układzie napędowym niż ktokolwiek inny w firmie. Służył też za pośrednika między pracownikami i Muskiem. Jego zdolności inżynierskie i etyka pracy przyniosły mu szacunek szefa, a ponadto przekonał się, że potrafi mu przekazywać trudne wiadomości w imieniu kolegów. Przez kolejne lata miał okazać się idealną osobą do sprawdzania – już w drzwiach gabinetu – w jakim stanie znajduje się ego Muska danego dnia. Jednak teraz znaczenie miało jedynie umieszczenie na rynku Roadstera i jego następcy – sedana oraz spopularyzowanie elektrycznych aut, a Musk wydawał się do tego idealną osobą.

Pozostali pracownicy cieszyli się z wyzwań, jakie przynosiła im praca przez ostatnie pół dekady, ale teraz byli wypaleni do granic. Wright nie wierzył, że elektryczne auto dla mas trafi kiedykolwiek na rynek. Odszedł i założył własną firmę, która miała produkować elektryczne ciężarówki dostawcze. Berdichevsky był kluczowym, wszechstronnym młodym inżynierem przez długie lata istnienia firmy. Teraz, gdy firma zatrudniała około trzystu osób, czuł się mniej efektywny i niezbyt podobał mu się pomysł kolejnych pięciu lat harówki nad wprowadzeniem na rynek sedana. Odszedł z Tesli, zrobił kilka dyplomów na Stanfordzie i współzałożył start-up, który zbudował rewolucyjny akumulator do zasilania auta elektrycznego. Kiedy odszedł Eberhard, Tarpenningowi nie pracowało się w firmie zbyt przyjemnie. Nie dogadywał się z Drorim i niespecjalnie widział sens, by zaprzedawać swoją duszę przy próbach powołania do życia sedana. Dłużej został Lyons, co wydaje się pomniejszym cudem. Przy kilku sytuacjach kierował rozwojem większości kluczowej technologii Roadstera, w tym akumulatorów, silnika, energoelektroniki skrzyni biegów. Oznaczało to, że przez około pięć lat Lyons był jednym z najzdolniejszych pracowników Tesli, wyciągającym firmę z dołka, a jednak wciąż w niełasce z powodu swoich zadań kierowniczych. Musiał znosić niektóre barwne tyrady Muska – skierowane do niego lub też do nierzetelnych dostawców – które zawierały teksty o obcinaniu jaj i inne brutalne lub seksualne epitety. Oglądał też wyczerpanego, zestresowanego Elona wypluwającego kawę na drugi koniec sali konferencyjnej, ponieważ była zimna, a potem żądającego od pracowników cięższej, bardziej efektywnej pracy z mniejszą ilością pomyłek. Podobnie jak inni, którym dane było dostąpić zaszczytu oglądania tych wystąpień, Lyons nie miał złudzeń co do charakteru szefa, choć żywił największy szacunek dla jego wizji i pragnień wcielenia jej w życie. „Praca dla Tesli przypominała bycie Kurtzem w *Czasie Apokalipsy*" – wspominał. „Nie przejmujcie się metodami ani zdrowym rozsądkiem. Po prostu róbcie swoje. Wszystko wychodzi od Elona. On słucha, zadaje właściwe pytania, działa szybko i dociera do sedna sprawy".

Firma mogła przetrwać utratę części pracowników. Silna marka umożliwiła jej rekrutowanie najlepszych talentów, w tym ludzi z dużych firm motoryzacyjnych, którzy potrafili radzić sobie z końcowymi problemami, blokującymi Roadstera przed trafieniem do klientów. Największa trudność Tesli nie wiązała się jednak z wysiłkiem, inżynierią ani sprytnym marketingiem. Na początku 2008 roku firma stała u progu bankructwa. Roadster pochłonął około sto czterdzieści milionów dolarów, znacznie powyżej początkowych dwudziestu pięciu milionów, na jakie go oszacowano w biznesplanie z 2004 roku. W normalnych okolicznościach Tesla prawdopodobnie zrobiła wystarczająco dużo, by zebrać fundusze. Jednak to nie były zwykłe czasy. Duzi amerykańscy producenci zbliżali się do granicy bankructwa w środku największego krachu finansowego od czasu Wielkiego Kryzysu. Pośrodku tego wszystkiego Musk musiał przekonać inwestorów, żeby wyskrobali jeszcze dziesiątki dodatkowych milionów dolarów, a ci z kolei musieli udać się do swoich akcjonariuszy, aby wytłumaczyć im powody takiej decyzji. Zgodnie ze słowami Muska: „Spróbujcie wyobrazić sobie przekonywanie kogoś do inwestycji w firmę produkującą elektryczne samochody, gdy wszystko, co o niej piszą, przemawia za tym, że to gówno skazane na porażkę, a poza tym mamy recesję i nikt nie kupuje samochodów". Jedyne, co Musk mógł zrobić, aby wydostać firmę z tego impasu, to stracić całą swoją fortunę i znaleźć się na skraju załamania nerwowego.

8

BÓL, CIERPIENIE I PRZETRWANIE

W TRAKCIE PRZYGOTOWANIA do rozpoczęcia zdjęć do *Iron Mana*, na początku 2007 roku, reżyser Jon Favreau wynajął należący poprzednio do Hughes Aircraft kompleks w Los Angeles. Około osiem lat wcześniej Howard Hughes rozpoczął budowę tego kompleksu dla swojej firmy z branży lotniczej i obronnej. Placówka liczyła kilka połączonych ze sobą hangarów i służyła za biuro produkcji na potrzeby filmu. Zapewniała również Robertowi Downeyowi Jr., który miał wcielić się w Iron Mana oraz jego ludzkiego twórcę Tony'ego Starka, nieustanny dopływ inspiracji. Downey czuł nostalgię, patrząc na jeden z większych hangarów, który popadł w ruinę. Jeszcze niedawno ten budynek był kolebką wielkich pomysłów wielkiego człowieka, który trząsł wpływowymi branżami i robił rzeczy całkowicie po swojemu.

Downey słyszał plotki o podobnym do Hughesa człowieku – Elonie Musku, który zbudował swój własny współczesny kompleks fabryk ledwie kilkanaście kilometrów dalej. Zamiast próbować sobie wyobrażać, jakie życie wiódłby Hughes, Downey mógł przecież przekonać się o tym na własną rękę. W marcu 2007 roku wybrał się do siedziby SpaceX w El Segundo, gdzie Musk zafundował mu prywatną wycieczkę z przewodnikiem. „Niełatwo zrobić na mnie wrażenie, ale to miejsce i tamten facet byli niesamowici” – przyznał Downey.

Dla niego siedziba SpaceX wyglądała jak wielki egzotyczny sklep z narzędziami. Gorliwi pracownicy krzątali się i grzebali przy maszynach. Młodzi inżynierowie w białych koszulach współpracowali z robotnikami linii montażowej i zdawały się nimi kierować te same szczere emocje związane z pracą. „To miejsce wydawało się kompletnym start-upem” – powiedział Downey. Po pierwszej wycieczce aktor wrócił zadowolony, że budowane plany zdjęciowe w fabryce Hughesa mają wiele wspólnego z fabryką SpaceX. „Nie czuło się rozbieżności” – podkreślił.

Zostawiając na boku otoczenie, Downey naprawdę pragnął zajrzeć w głąb psychiki Muska. Mężczyźni spacerowali, siedzieli w biurze Muska i zjedli razem lunch. Aktor docenił, że miliarder nie był śmierdzącym, niespokojnym dziwakiem od klepania kodu. Wychwycił jego „przystępne obsesje” i poczucie, że był bezpretensjonalnym facetem potrafiącym pracować obok swoich podwładnych. Zarówno on, jak i Tony Stark byli zdaniem aktora z rodzaju tych, którzy „chwytali ideę i żyli nią, poświęcając się dla niej”, i nie mieli zamiaru tracić ani chwili.

Po powrocie do biura produkcji Downey poprosił, żeby Favreau umieścił Roadstera w warsztacie Starka. Z pozoru miał symbolizować styl i kontakty bohatera, który uzyskał auto, zanim nawet trafiło do sprzedaży. Na głębszym poziomie miało stać się najbliższym przedmiotem stojącym przy biurku Starka, tworząc rodzaj więzi między aktorem, postacią i Muskiem. „Po spotkaniu z Elonem czułem jego obecność w warsztacie” – powiedział Downey. „Myślę, że musieli być ze Starkiem rówieśnikami. Elon był kimś, z kim Tony prawdopodobnie kumplowałby się i imprezował, z kim jeździłby na jakieś szalone wędrówki po dżungli, żeby pić mikstury z szamanami”.

Po premierze *Iron Mana* Favreau zaczął zachwalać udział Muska jako inspirację dla postaci Tony'ego Starka. Na wielu poziomach było to nadużycie, Musk nie jest raczej typem faceta, który popija szkocką z tyłu Humvee'a, jeżdżąc w konwoju wojskowym po Afganistanie. Jednak prasa łyknęła to porównanie, a Musk wypłynął na forum publicznym. Ludzie, którzy dotychczas kojarzyli go raczej jako „gościa od PayPala", zaczęli o nim myśleć jako o bogatym, ekscentrycznym biznesmenie stojącym za SpaceX i Teslą.

Muskowi podobał się ten nagły błysk sławy. Łechtał jego ego i zapewniał dobrą zabawę. Wraz z Justine kupili dom w Bel Air, gdzie sąsiadowali z producentem muzycznym Quincym Jonesem, oraz niesławnym twórcą serii filmów *Girls Gone Wild* – Joem Francisem. Po rozwiązaniu konfliktów z częścią dawnego zarządu PayPala, Musk wyprodukował film *Dziękujemy za palenie* i wykorzystał w nim swój odrzutowiec. Chociaż nie był zapalonym imprezowiczem, angażował się w nocne życie Hollywood oraz udzielał się publicznie. „Tam ciągle chodziło się na jakieś imprezy" – wspominał bliski przyjaciel Muska, Bill Lee. „Elon miał dwóch quasi-celebrytów za sąsiadów. Nasi przyjaciele kręcili filmy, a przez to połączenie dwóch światów ciągle było gdzie pójść i co robić". W jednym z wywiadów Musk wyliczył, że był w dziesięciu procentach playboyem i w dziewięćdziesięciu procentach inżynierem[10]. „Zatrudnialiśmy pięcioosobowy personel domowy. W trakcie dnia nasz dom zmieniał się w drugie miejsce pracy" – pisała Justine w artykule. „Chodziliśmy na półoficjalne spotkania z inwestorami i dostawaliśmy najlepsze stoliki w hollywoodzkich nocnych klubach dla śmietanki, gdzie obok nas bawili się Paris Hilton czy Leonardo DiCaprio. Byliśmy na weselu współzałożyciela Google Larry'ego Page'a na prywatnej wyspie Richarda Bransona na Karaibach, imprezując razem z Johnem Cusackiem i patrząc, jak Bono pozuje w gronie pięknych kobiet przed namiotem recepcji".

Justine wydawała się rozsmakowana w ich nowym życiu jeszcze bardziej od męża. Jako pisarka powieści fantasy prowadziła blog, w którym opisywała życie rodzinne pary oraz ich przygody towarzyskie. W jednym z wpisów cytowała wypowiedź męża, zgodnie z którą wolałby pójść do łóżka z Veronicą niż z Betty z komiksu *Archie*, a innym razem, że chciałby odwiedzić Chucka E. Cheese'a. Pisała też o spotkaniu z Leonardo DiCaprio w klubie i o tym, jak aktor błagał o darmowego Roadstera, którego mu odmówili. Justine nadała przezwiska często przewijającym się przez jej wpisy osobom, więc Bill Lee jako właściciel hotelu na Dominikanie został „Billem Hotelarzem", a Joe Francis – „Niesławnym Sąsiadem". Trudno wyobrazić sobie kogoś tak skrytego jak Musk zadającego się z kimś tak ostentacyjnym jak Francis, ale mężczyźni dogadywali się dobrze. Musk uczestniczył w urodzinach Francisa, w parku rozrywki, specjalnie wynajętym na tę okazję, a skończył imprezę w domu sąsiada. Justine napisała: „E był tam przez chwilę, ale uznał to za »trochę obciachowe«. Był na kilku imprezach w domu NS i zawsze czuł się zażenowany, »bo ciągle wydaje się, że tam jest pełno wstrętnych gości polujących na panienki, a ja nie chcę być brany za kogoś takiego«". Jednak gdy Francis był gotowy na zakup Roadstera, zatrzymał się przed domem sąsiadów i przekazał żółtą kopertę ze stoma tysiącami dolarów w gotówce.

Przez pewien czas blog Justine dostarczał unikalnego wglądu w życie niezwykłego dyrektora generalnego. Musk wydawał się czarujący. Czytelnicy mogli się dowiedzieć, że kupił żonie dziewiętnastowieczne wydanie *Dumy i uprzedzenia*, że przyjaciele przezywali go „Elonius". Ponadto mogli przeczytać, że lubił zakładać się o dolara o różne rzeczy, na przykład: czy można złapać opryszczkę na Wielkiej Rafie Koralowej lub czy da się utrzymać dwa widelce na wykałaczce – o ile wiedział, że wygra. Justine raz opowiedziała historię o podróży męża na wyspę Necker na Brytyjskich Wyspach Dziewiczych, gdzie imprezował z Tonym Blairem i Richardem Bransonem. Później w prasie pojawiło się zdjęcie trzech mężczyzn, na którym Musk miał nieobecne spojrzenie. „To był E zawieszony na jakimś rakietowym problemie, jak sądzę, właśnie odebrał jakiś kłopotliwy, związany z pracą e-mail i ewidentnie nie zdawał sobie sprawy z faktu bycia fotografowanym" – pisała. „To również powód, dla którego tak się dobrze bawię [sic] – na zdjęciu widzicie dokładnie takiego samego faceta, którego na przykład spotkałam wczoraj wieczorem w drodze do łazienki, stojącego w holu z założonymi rękoma i zmarszczonymi brwiami". Justine wpuszczająca cały świat do łazienki Musków powinna być ostrzeżeniem. Blog miał wkrótce zmienić się w najgorszy koszmar jej męża.

Prasa od bardzo dawna nie spotkała nikogo takiego jak Musk. Stał się sławą Internetu dzięki trwającemu sukcesowi PayPala. Oferował również element tajemnicy. Miał dziwaczne nazwisko. Chętnie wydawał ogromne sumy na statki kosmiczne i samochody elektryczne, co wydawało się kombinacją śmiałości, ekstrawagancji i wręcz oszołomienia. „Elona Muska nazywano w połowie playboyem, a w połowie kosmicznym kowbojem, czemu w dużej mierze przysłużyła się kolekcja samochodów, do której należały Porsche 911 Turbo, Jaguar E-Type z 1967 roku, Hamann BMW M5 oraz wspomniany wcześniej McLaren F1, którym rozwijał prędkość niemal trzystu pięćdziesięciu kilometrów na godzinę na prywatnym pasie startowym" – donosił brytyjski reporter w 2007 roku. „Był też wojskowy odrzutowiec L39, który sprzedał po tym, jak został ojcem". Prasa podchwyciła fakt, że Musk lubił mówić o wielkich planach, a potem z trudnością dotrzymywał obietnic, ale jakoś się tym nikt nie przejął. Plany były o wiele większe niż to, czym zajmowali się inni, więc reporterzy dawali Muskowi pole manewru. Tesla została pupilkiem blogerów z Doliny Krzemowej, którzy śledzili każdy jej ruch i z zapartym tchem publikowali nowe informacje. W podobnym stylu reporterzy piszący o SpaceX byli niezmiernie uradowani, że młoda i waleczna firma przybyła, by przyszpilić Boeinga i Lockheeda, a także w znacznym stopniu NASA. Musk musiał teraz jedynie wprowadzić w końcu te wspaniałe finansowane przez siebie projekty na rynek.

Choć show dla opinii publicznej i prasy szedł Muskowi bardzo dobrze, to zaczynał się naprawdę martwić o swoje firmy. Druga próba startu rakiety SpaceX nie powiodła się, a doniesienia z Tesli były coraz gorsze. Musk rozpoczynał obydwie przygody z dwustoma milionami na koncie i zdążył już wtopić ponad połowę z niewielkim efektem. Za kolejnymi opóźnieniami z Tesli szły wizerunkowe problemy, a blask Muska przygasał. W Dolinie Krzemowej pojawiły się plotki o jego kłopotach finansowych. Reporterzy, którzy jeszcze kilka miesięcy wcześniej rozpływali się w zachwytach, obrócili się przeciwko niemu. „New York Times" podchwycił problemy ze skrzynią biegów, a serwisy z branży motoryzacyjnej zaczęły narzekać, że Roadster może nigdy nie trafić do klientów. Do końca 2007 roku sprawy przybrały okropny obrót. Blog plotkarski Doliny Krzemowej „Valleywag" szczególnie zainteresował się Muskiem. Główny autor tekstów Owen Thomas zaczął grzebać w historii Zip2 oraz PayPala i wykorzystał historię usunięcia Muska ze stanowiska dyrektora do podkopania jego wizerunku jako przedsiębiorcy. Thomas postawił też tezę, że Musk był mistrzem manipulacji, który dużo ryzykował i przegrywał pieniądze innych. „To wspaniałe, że Musk zrealizował część swoich dziecięcych marzeń" – pisał. „Ale ryzykuje zniszczenie tych marzeń, odmawiając pogodzenia ich z rzeczywistością". „Valleywag" umieścił Roadstera Tesli na pierwszym miejscu porażek wśród firm technologicznych w 2007 roku.

Nie tylko wizerunek Muska jako przedsiębiorcy i jego biznes cierpiały – problemy pojawiły się także w sferze rodzinnej. Pod koniec 2006 roku urodziły się trojaczki – Kai, Damian i Saxon, które dołączyły do swoich dwóch starszych braci, Griffina i Xaviera. Zgodnie z relacją Muska, Justine zapadła wówczas na depresję poporodową. „Wiosną 2007 roku w naszym małżeństwie pojawiły się poważne problemy" – powiedział. „Było naprawdę w rozsypce". Justine opisywała na blogu mniej romantycznego męża i czuła, że ludzie traktują ją raczej jak „ładną ozdobę u jego boku, która nie miała nic ciekawego do powiedzenia", niż pisarkę równą swojemu mężowi. W trakcie jednej z wypraw na St. Barts Muskowie jedli obiad w towarzystwie bogatych i wpływowych par. Gdy Justine wyraziła swoje poglądy polityczne, jeden z mężczyzn poczynił żartobliwą uwagę na temat jej obstawania przy swojej opinii. „E roześmiał się i poklepał mnie po dłoni tak, jak się klepie dziecko" – napisała Justine na blogu. Od tamtej pory kobieta nakazała, by mąż przedstawiał ją jako poczytną autorkę, a nie tylko żonę i matkę swoich dzieci. Jaki był tego efekt? „Jego sposób postępowania przez resztę wycieczki: »Justine chce, żebym wam powiedział, że napisała powieści«, co sprawiło, że ludzie patrzyli na mnie pobłażliwym wzrokiem i traktowali jak *urocze dziewczątko*, co wcale nie pomogło".

Na przełomie 2007 i 2008 roku życie Muska stało się jeszcze bardziej skomplikowane. Tesla praktycznie musiała zacząć dużą część produkcji Roadstera od początku, a dziesiątki pracowników SpaceX wciąż mieszkało na wyspach Kwajalein, czekając na kolejny start Falcona. Obydwa przedsięwzięcia wysysały pieniądze z kont Muska. Aby zdobyć dodatkową gotówkę, zaczął wyprzedawać swoje co cenniejsze rzeczy, jak McLarena. Próbował oszczędzić pracownikom prawdy na temat powagi swojej sytuacji finansowej poprzez ciągłe motywowanie ich do jak najlepszej pracy. Równocześnie osobiście nadzorował wszystkie ważne zakupy w obydwu firmach. Przeszkolił także personel w zakresie osiągania właściwych kompromisów między wydawaniem pieniędzy a osiąganiem produktywności. To wydało się ludziom nowatorskie, ponieważ przywykli do pracy w wielkich firmach z branży lotniczej i kosmicznej bazujących na wieloletnich kontraktach rządowych, które nie musiały codziennie walczyć o przetrwanie. „Elon zawsze pojawiał się w pracy w niedzielę i rozmawialiśmy na temat jego filozofii biznesowej" – powiedział jeden z pierwszych pracowników SpaceX Kevin Brogan. „Mawiał, że wszystkie nasze działania przekładały się na tempo wydawania pieniędzy i że wydawaliśmy sto tysięcy dolarów dziennie. To był bardzo przedsiębiorczy sposób myślenia rodem z Doliny Krzemowej, jakiego nie znał żaden z inżynierów z Los Angeles. Czasem nie pozwalał kupić części za dwa tysiące dolarów, bo oczekiwał, że gdzieś uda się ją znaleźć taniej albo wymyślić tańsze rozwiązanie. Innym razem nawet nie mrugnął okiem na pomysł wynajęcia samolotu za dziewięćdziesiąt tysięcy dolarów, żeby przewieźć coś na Kwaj, bo dzięki temu można było zaoszczędzić cały dzień pracy, więc było warto. Tę potrzebę pilności wyjaśniał oczekiwanymi zyskami w wysokości dziesięciu milionów dolarów dziennie za dziesięć lat i tłumaczył nam, że każdy dzień opóźnienia w osiągnięciu naszych celów oddala nas od tych pieniędzy".

Musk był pochłonięty sprawami Tesli oraz SpaceX i nie ulega wątpliwości, że to nasiliło napięcia w jego małżeństwie. Para miała sztab opiekunek do pomocy z piątką synów, a on rzadko bywał w domu. Pracował cały tydzień i często dzielił swój czas między Los Angeles i San Francisco, a Justine potrzebowała zmian. W chwilach autorefleksji czuła przygnębienie, postrzegając siebie jako żonę na pokaz. Pragnęła znów być partnerką dla męża i poczuć odrobinę tej iskry z początków ich związku, zanim życie stało się takie oszałamiające i wymagające. Nie jest też jasne, ile wyjawił Musk żonie na temat swojej topniejącej fortuny, gdyż długo utrzymywała, że ukrywał przed nią kwestie finansowe. Jednak niektórzy najbliżsi przyjaciele poznali szczegóły pogarszającej się sytuacji finansowej Muska. W pierwszej połowie 2008 roku założyciel i dyrektor generalny Valor Equity Antonio Gracias spotkał się z Muskiem na obiedzie. Gracias był inwestorem Tesli i został jednym z najbliższych przyjaciół i sprzymierzeńców Muska. Widział, że przyjaciel boryka się z problemami. „Sprawy skomplikowały się między nim a Justine, ale wciąż byli razem" – wspominał Gracias. „Podczas tamtego obiadu Elon powiedział: »Wydam na te firmy ostatniego dolara. Jeśli będziemy musieli przeprowadzić się do piwnicy u moich teściów – tak zrobimy«".

Możliwość przeprowadzki do rodziców Justine znikła 16 czerwca 2008 roku, gdy Musk złożył papiery rozwodowe. Para nie ujawniła od razu swojej decyzji, choć Justine opublikowała na blogu pewne wskazówki. Pod koniec czerwca przytoczyła wyrwany z kontekstu cytat Moby'ego: „Nie ma czegoś takiego jak znana zrównoważona osoba. Gdyby była zrównoważona, nie zależałoby jej na byciu znaną". W kolejnym wpisie z nieznanych powodów szukała domu, w czym pomagała jej Sharon Stone, a kilka wpisów później mówiła o „poważnym problemie", z którym obecnie się boryka. We wrześniu napisała swój pierwszy wpis wprost traktujący o rozwodzie: „Przeżyliśmy dobre lata. Pobraliśmy się młodo, byliśmy razem tyle, ile daliśmy radę, a teraz to koniec". „Valleywag" oczywiście opublikował tekst o rozwodzie i zauważył, że Muska widziano z dwudziestokilkuletnią aktorką.

Dzięki zainteresowaniu mediów i rozwodowi Justine mogła pisać o swoim życiu prywatnym w znacznie bardziej wyzwolony sposób. W kolejnych postach opublikowała relację na temat zakończenia małżeństwa, opinie o obecnej dziewczynie i przyszłej żonie Muska, a także odsłoniła kulisy procesu rozwodowego. Po raz pierwszy świat ujrzał głęboko nieprzyjemny wizerunek Muska i otrzymał nieco doniesień z pierwszej ręki – aczkolwiek od byłej żony – o jego bezkompromisowym usposobieniu. Teksty mogły być stronnicze, ale zapewniały wgląd w sposób działania Muska. Oto jeden z wpisów na temat błyskawicznego przebiegu rozwodu:

> Rozwód był dla mnie niczym bomba, którą odpalasz wtedy, gdy wszelkie inne opcje zostały wyczerpane. Jeszcze nie zrezygnowałam z mediacji, dlatego nie składałam papierów. Wciąż znajdowaliśmy się na wczesnym etapie terapii małżeńskiej (zaledwie po trzech sesjach). Jednakże Elon wziął sprawy we własne ręce, jak ma to często w zwyczaju, i postawił mi ultimatum: „Albo naprawimy [małżeństwo] dzisiaj, albo jutro się z tobą rozwiodę".
>
> Tamtej nocy i ponownie rano zapytał mnie, co chcę zrobić. Empatycznie powiedziałam, że nie byłam gotowa rozpętać piekła rozwodu, więc zasugerowałam, abyśmy „oboje" wstrzymali się kolejny tydzień. Elon skinął, dotknął mojej głowy i wyszedł. Kilka godzin później chciałam dokonać zakupu i odkryłam,

> że unieważnił moje karty kredytowe, a wtedy zrozumiałam, że podjął decyzję o złożeniu pozwu (o czym nie pofatygował się powiadomić mnie bezpośrednio, kazał to zrobić komuś innemu).

Każde internetowe oświadczenie dotyczące Muska wywoływało kolejny kryzys wizerunkowy, który nakładał się na nieskończony ciąg problemów, z jakimi borykały się jego firmy. Wizerunek tworzony przez lata wydawał się upadać wraz z nimi. To był scenariusz katastrofy.

Wkrótce jednak Musk dorobił się statusu celebryty-rozwodnika. Główne serwisy medialne dołączyły do „Valleywag", śledząc sądowe przepychanki, zwłaszcza walkę Justine o pieniądze. W czasach PayPala podpisała umowę poślubną i obecnie argumentowała, że nie miała wówczas ani czasu, ani powodów do wczytywania się w konsekwencje jej zapisów. We wpisie zatytułowanym *Naciągaczka* napisała, że walczyła o ugodę, w której otrzymałaby wspólny dom, alimenty dla siebie i dla dzieci, sześć milionów dolarów w gotówce, dziesięć procent udziałów męża w Tesli oraz pięć procent jego udziałów w SpaceX i Roadstera. Pojawiła się także w show telewizyjnym kanału CNBC *Divorce Wars* oraz napisała do magazynu „Marie Claire" artykuł zatytułowany *Byłam żoną wstępną: wewnątrz najbrudniejszego rozwodu Ameryki*.

Opinia publiczna opowiedziała się po stronie Justine i nie była w stanie zrozumieć, dlaczego miliarder nie chciał przyjąć uczciwych warunków żony. Głównym problemem dla Muska było oczywiście to, że jego aktywa były w dużej mierze upłynnione, a wartość netto majątku była w większości powiązana z udziałami w Tesli i SpaceX. Małżonkowie ostatecznie osiągnęli porozumienie: Justine otrzymała dom, dwa miliony w gotówce (minus opłaty sądowe), osiemdziesiąt tysięcy dolarów miesięcznie alimentów na siebie i dzieci przez siedemnaście lat oraz Roadstera[I].

[I] Musk walczył o wyjaśnienie faktów zgodnie ze swoją wersją, publikując tekst liczący tysiąc pięćset słów w „Huffington Post". Utrzymywał, że umowa poślubna zo-

Wiele lat po rozwodzie Justine wciąż z trudem rozmawia o swoim małżeństwie. W trakcie naszego wywiadu kilkakrotnie płakała i potrzebowała czasu na to, aby zebrać myśli. Powiedziała, że Elon w trakcie ich małżeństwa zataił przed nią wiele spraw oraz że traktował ją w czasie sprawy rozwodowej jak przeciwnika biznesowego, którego trzeba zniszczyć. „Przez chwilę toczyliśmy wojnę, a jeśli idziesz na wojnę z Elonem, robi się naprawdę krwawo" – wspominała. Blogowała o nim długo po rozwodzie. Pisała o Riley, a także komentowała to, jakim był ojcem. W jednym z postów zrobiła mężowi awanturę za zakaz trzymania wypchanych zwierząt w domu, gdy ich dzieci skończyły siedem lat. Spytana o to, odpowiedziała: „Elon jest trudny. Wyrósł w trudnej kulturze i w trudnych okolicznościach. Musiał stać się bardzo twardy nie tylko po to, aby przetrwać, ale również by podbić świat. Nie chce wychowywać dzieci na mięczaków, którym wszystko wolno i które nie mają celu w życiu". Tego typu komentarze wydają się potwierdzać, że Justine nadal podziwiała, albo przynajmniej rozumiała silną wolę męża[II].

---

stała podpisana po dwumiesięcznych negocjacjach z niezależnymi doradcami, co umożliwiło rozdzielenie dochodów małżonków tak, aby Musk mógł zarabiać na swoich firmach, a Justine na publikacji książek. „W połowie 1999 roku Justine powiedziała mi, że przyjmie moje oświadczyny" – pisał. „To było wkrótce po sprzedaży mojej pierwszej firmy Zip2 Compaqowi oraz współzałożeniu PayPala, więc przyjaciele i rodzina doradzili mi, żebym przemyślał, czy małżeństwo na pewno było z miłości czy może dla pieniędzy". Po ugodzie Musk poprosił Ariannę Huffington o usunięcie swojego tekstu ze strony. „Nie chcę roztrząsać przeszłości" – tłumaczył. „W sieci zawsze można wszystko znaleźć. Więc to nie tak, że tekst zniknął. Po prostu trudniej do niego dotrzeć".

II Eksmałżonkowie wciąż mieli spięcia. Przez długie lata Musk ustalał dni opieki nad synami przez swoją asystentkę Mary Beth Brown, zamiast kontaktować się bezpośrednio z Justine. „Naprawdę trafiał mnie o to szlag" – powiedziała była żona Muska. Kobieta płakała w trakcie naszego wywiadu najbardziej, gdy rozważała zalety i wady sytuacji, w której dzieci dorastały w blasku fleszy, gdy mogły niemal natychmiast polecieć prywatnym odrzutowcem na mecz Super Bowl czy do Hiszpanii albo bawić się w fabryce Tesli. „Wiem, że dzieciaki naprawdę na niego liczą" – powiedziała. „Zabiera je wszędzie i zapewnia mnóstwo przygód. Moja rola jako matki polega na tym, żeby zapewnić im poczucie normalności. One nie dorastają

Kilka tygodni po złożeniu papierów rozwodowych, w połowie czerwca 2008 roku, Musk wpadł w poważny dołek. Bill Lee zaczął naprawdę martwić się o kondycję psychiczną przyjaciela i jako jeden z jego bardziej beztroskich znajomych próbował go jakoś pocieszyć. Od czasu do czasu wraz Muskiem wybierali się na wycieczki na kontynent, by łączyć biznes z przyjemnością. Teraz nadeszła pora na kolejną taką podróż – na początku lipca polecieli do Londynu.

Program dekompresji zaczął się kiepsko. Mężczyźni wybrali się do siedziby Astona Martina na spotkanie z dyrektorem generalnym i wycieczkę po fabryce. Szef potraktował Muska jak amatora w branży, dogadując mu i uważając siebie za kogoś, kto posiadł całą dostępną ludzkości wiedzę o pojazdach elektrycznych. „Był kompletnym kretynem" – podsumował Lee, dlatego przyjaciele szybko wrócili do centrum Londynu. W drodze dręczący Muska ból brzucha nasilił się. W tym czasie Lee był mężem Sarah Gore, córki byłego wiceprezydenta Ala Gore'a, która studiowała medycynę, więc wezwał ją na konsultację. W związku z podejrzeniem zapalenia wyrostka Lee zabrał przyjaciela do kliniki znajdującej się w okolicy centrum handlowego. Gdy wynik badań okazał się negatywny, próbował nakłonić go do pójścia na miasto. „Elon nie chciał imprezować i szczerze mówiąc, ja też nie miałem na to ochoty" – wspominał Lee. „Ale wciąż się upierałem, powtarzając: »No chodź, stary. Przelecieliśmy taki kawał drogi«".

Lee przekonał Muska do wyjścia do klubu o nazwie Whisky Mist w dzielnicy Mayfair. Ludzie stłoczyli się na małym ekskluzywnym parkiecie, a Elon chciał wyjść po dziesięciu minutach. Posiadający mnóstwo koneksji Lee wysłał SMS swojemu koledze, menadżerowi klubu, który pociągnął za kilka sznurków, by Musk mógł się znaleźć w strefie dla VIP-ów. Następnie menadżer odezwał się do kilku swoich najładniejszych koleżanek, w tym dwudziestodwuletniej, dobrze zapowiadającej się aktorki Talulah Riley, które

---

w normalnej rodzinie z normalnym tatą. Ich życie ze mną jest bardziej kameralne. Cenimy inne rzeczy. Dla mnie bardziej liczy się empatia".

wkrótce przyjechały do klubu. Riley i jej dwie wspaniałe przyjaciółki przyjechały z gali dobroczynnej w długich zwiewnych sukniach. „Talulah miała na sobie ogromną suknię w stylu Kopciuszka" – powiedział Lee. Musk i Riley zostali sobie przedstawieni przez ludzi w klubie, a on ożywił się na widok jej oszałamiającej figury.

Musk i Riley siedzieli przy stoliku w gronie przyjaciół, ale nie zwracali uwagi na innych. Riley właśnie zbierała laury za rolę Mary Bennet w *Dumie i uprzedzeniu* i uważała się za gwiazdę. Starszy od niej Musk przybrał tymczasem rolę małomównego, uroczego inżyniera. Wyciągnął telefon i pokazał zdjęcia Falcona 1 oraz Roadstera, choć Riley sądziła, że po prostu pracował nad nimi, nie uświadamiając sobie, że prowadził firmy, które je budowały. „Pamiętam, że wydawało mi się, iż ten facet niezbyt często musiał rozmawiać z młodymi aktorkami i chyba się trochę denerwował" – powiedziała Riley. „Postanowiłam być dla niego naprawdę miła i spędzić z nim przyjemny wieczór. Nie miałam pojęcia, z jak wieloma atrakcyjnymi dziewczynami rozmawiał w swoim życiu"[III]. Im dłużej Musk i Riley rozmawiali, tym bardziej Lee ich podpuszczał. To był pierwszy raz od wielu tygodni, gdy jego przyjaciel wyglądał na zadowolonego. „Przestał go boleć brzuch, nie był załamany, to było wspaniałe" – wspominał Lee. I choć Riley miała na sobie suknię z bajki, nie zakochała się w Elonie od pierwszego wejrzenia. Była jednak coraz bardziej zaintrygowana, zwłaszcza gdy menadżer przedstawił Muskowi zachwycającą modelkę, a on jedynie przywitał się z nią grzecznie, a potem znów usiadł z Riley. „Pomyślałam, że nie może być aż taki zły" – wspominała, dlatego pozwoliła mu wtedy położyć rękę na swoim kolanie. Przyjęła także zaproszenie na kolację następnego dnia.

[III] Musk zapamiętał ich spotkanie następująco: „Faktycznie wyglądała świetnie, ale ja myślałem, że to po prostu kolejna modelka. Wiesz, z nimi nie da się ot tak rozmawiać. Ale Talulah naprawdę była zainteresowana rozmową o rakietach i samochodach elektrycznych. To mnie zaciekawiło".

Ze swoimi krągłościami, uwodzicielskim spojrzeniem i zachowaniem w stylu swawolnej dziewczynki, Riley doskonale wcielała się w filmowe role, ale w rzeczywistości taka nie była. Dorastała na sielankowej angielskiej wsi, chodziła do świetnej szkoły i dopiero tydzień przed spotkaniem Muska wyprowadziła się od rodziców. Po imprezie w Whisky Mist dziewczyna zadzwoniła do domu, żeby opowiedzieć o interesującym mężczyźnie, którego poznała, budującym rakiety i samochody. Jej ojciec, który dowodził niegdyś krajowym wydziałem do walki z przestępczością, od razu skontrolował w sieci przeszłość potencjalnego chłopaka córki. Odkrył, że bogaty życiorys Muska obejmuje żonę, piątkę dzieci i opinię międzynarodowego playboya. Zbeształ córkę za bycie głupią, ale Riley w nadziei na rozsądne wyjaśnienie, poszła na umówioną kolację.

Musk zabrał na kolację Leego, a Riley zaprosiła przyjaciółkę, Tamsin Egerton, również piękną aktorkę. W trakcie posiłku atmosfera była nieco chłodniejsza, ponieważ jedzono w depresyjnie pustej restauracji. Riley czekała na inicjatywę ze strony Elona, który w końcu powiedział o swoich pięciu synach i trwającym procesie rozwodowym. Wyznanie wystarczyło, by utrzymać zainteresowanie dziewczyny i zaciekawienie odnośnie do kierunku, w jakim potoczą się dalej sprawy. Po kolacji Musk i Riley opuścili restaurację sami. Poszli na spacer po Soho, a potem do Cafe Boheme, gdzie Riley, wieczna abstynentka, zamówiła sok jabłkowy. Muskowi udało się utrzymać jej zainteresowanie i związek zaczął się na poważnie.

Następnego dnia para poszła na lunch, następnie do White Cube – galerii sztuki współczesnej, a później znów do pokoju hotelowego Muska. Elon powiedział Riley, wówczas dziewicy, że chciał jej pokazać swoje rakiety. „Miałam wątpliwości, ale okazało się, że miał na myśli filmy wideo z rakietami" – opowiadała Riley. Po jego powrocie do Stanów[IV] utrzymywali kontakt mailowy przez

---

[IV] Poprosił Riley, aby z nim wtedy pojechała, ale się nie zgodziła.

kilka tygodni, a potem dziewczyna zarezerwowała bilet na samolot do Los Angeles. „Nie uważałam się wtedy za jego dziewczynę czy coś w tym stylu. Po prostu dobrze się bawiłam" – podkreślała.

Musk miał na ten temat inne poglądy. Riley była w Kalifornii ledwie przez pięć dni, kiedy on zrobił pierwszy krok. Oboje leżeli w łóżku w małym pokoju w hotelu Peninsula w Beverly Hills i rozmawiali. „Powiedział: »Nie chcę, żebyś wyjechała. Chcę, żebyś za mnie wyszła«. Myślę, że wtedy wybuchłam śmiechem. A on na to: »Nie, mówię poważnie. Przepraszam, że nie mam pierścionka«. Odpowiedziałam: »Możemy uścisnąć sobie dłonie, jeśli chcesz«. I tak zrobiliśmy. Nie pamiętam, co sobie wtedy myślałam, mogę jedynie powiedzieć, że miałam dwadzieścia dwa lata".

Riley była do tamtego dnia wzorową córką, nigdy nie dając swoim rodzicom powodów do zmartwienia. Miała dobre oceny, jej kariera aktorska rozwijała się doskonale, a jej osobowość przyjaciele opisywali jako żywe wcielenie Królewny Śnieżki. A teraz stała na hotelowym tarasie, informując rodziców, że zgodziła się wyjść za mężczyznę starszego od niej o czternaście lat, który dopiero co przedłożył pozew rozwodowy poprzedniej żonie, miał pięcioro dzieci i dwie firmy, a w dodatku nie miała pojęcia, jak mogła pokochać go po ledwie kilku tygodniach znajomości. „Myślę, że moja mama przeszła załamanie nerwowe" – powiedziała Riley. „Ale ja zawsze byłam romantyczką i to właściwie nie wydawało mi się aż tak dziwne". Dziewczyna wróciła do domu po swoje rzeczy, a rodzice polecieli z nią do Stanów, by poznać przyszłego zięcia, który poniewczasie poprosił ojca Riley o błogosławieństwo. Musk nie miał własnego domu, więc para wprowadziła się do domu należącego do jego przyjaciela, miliardera Jeffa Skolla. „Mieszkałam tam przez tydzień, gdy nagle wchodzi jakiś nieznany facet" – wspominała Riley. „Pytam go, kim jest, a on odpowiada, że właścicielem domu. I pyta, kim ja jestem. Powiedziałam mu, a on po prostu wyszedł". Musk oświadczył się później ponownie na tarasie domu Skolla z ogromnym pierścionkiem (od tamtej pory kupił jej trzy pierścionki zaręczynowe, w tym jeden gigantyczny, jeden codzienny i jeden zaprojektowany przez siebie z diamentem otoczonym przez dziesięć szafirów). „Pamiętam, że powiedział: »Bycie ze mną to wybór tej trudniejszej drogi«. Wtedy tego nie zrozumiałam, ale dziś tak. To naprawdę trudna, szalona przejażdżka" – podkreślała.

Riley przeszła prawdziwy chrzest bojowy. Burzliwy romans pozostawił w niej wrażenie, że zaręczyła się z podbijającym świat miliarderem z samego szczytu śmietanki towarzyskiej. W teorii tak było, ale rzeczywistość miała się okazać mroczniejsza. Pod koniec lipca Musk zorientował się, że miał ledwie dość pieniędzy, żeby dociągnąć do końca roku. Zarówno SpaceX, jak i Tesla potrzebowały zastrzyku gotówki, żeby zapłacić pracownikom, a nie było jasne, skąd wziąć pieniądze w sytuacji, gdy światowe rynki finansowe znajdowały się w rozsypce, a inwestycje wstrzymano. Gdyby sprawy biznesowe szły nieco bardziej gładko, Musk czułby się pewniej, pozyskując fundusze, ale tak nie było. „Każdego dnia wracał do domu i zawsze miała miejsce jakaś katastrofa" – wspominała Riley. „Był pod ogromną presją z każdej strony. To było przerażające".

Trzecia próba startu SpaceX z Kwajalein jawiła się najbardziej naglącym zmartwieniem Muska. Jego zespół inżynierów pozostał na wyspie, by przygotować Falcona 1 do kolejnego startu. Typowa firma skupiłaby się jedynie na obecnych zadaniach – ale SpaceX taka nie była. Falcon 1 został wysłany na Kwaj w kwietniu z jednym zespołem inżynierów, a kolejny miał pracować nad nowym projektem rozwoju Falcona 9 – dziewięciosilnikowej rakiety, która miała zająć miejsce Falcona 5, zastępując wychodzący z użytku prom kosmiczny. SpaceX wciąż musiała udowodnić, że potrafi polecieć w kosmos, ale Musk już ubiegał się o wielkie kontrakty z NASA[V]. 30 lipca 2008 roku Falcon 9 przeszedł w Teksasie

[V] Do tego czasu Musk dorobił się reputacji najbardziej zawziętego człowieka w branży kosmicznej. Zanim zdecydował się na Falcona 9, planował zbudować BFR, czyli Big Falcon Rocket albo – bardziej żartobliwie – Big Fucking Rocket. Musk chciał, aby miała największy silnik rakietowy w historii. Jego mentalność nieustannego dąże-

udany start testowy dla wszystkich dziewięciu swoich silników, wytwarzając trzysta osiemdziesiąt pięć tysięcy kilogramów ciągu. Trzy dni później na Kwaj inżynierowie SpaceX zatankowali Falcona 1 i skrzyżowali palce na szczęście. Rakieta miała dostarczyć na orbitę satelitę sił powietrznych oraz kilka eksperymentów NASA. Łącznie ładunek handlowy ważył sto siedemdziesiąt kilogramów.

SpaceX dokonała znaczących zmian w rakiecie od czasu ostatniego nieudanego startu. Tradycyjna firma z branży nie ryzykowałaby dodatkowo, ale Musk nalegał na jednoczesne ulepszenia technologiczne przy próbach upewnienia się co do efektywności działania. Wśród największych zmian Falcona 1 była nowa wersja silnika Merlin 1, z dopracowanym systemem chłodzenia.

Pierwsza próba startu 2 sierpnia 2008 roku została przerwana przy T minus zero sekund. SpaceX przegrupowała się i próbowała ponowić próbę tego samego dnia. Tym razem wszystko zdawało się iść jak z płatka. Falcon 1 poszybował w niebo i leciał spektakularnie bez najmniejszych oznak problemu. Pracownicy firmy z Kalifornii

---

nia do większych i szybszych osiągów wprawiała w podziw oraz przerażenie niektórych dostawców, do jakich SpaceX czasem zwracała się po pomoc, jak Barber-Nichols Inc., producent turbopomp oraz innych elementów do silników rakietowych z Kolorado. Kierownictwo Barber-Nichols – Robert Linden, Gary Frey i Mike Forsha – było na tyle miłe, by zdać relację z pierwszego spotkania z Muskiem w połowie 2002 roku oraz kolejnych. Oto fragment: „Elon przyszedł z Tomem Muellerem i zaczął opowiadać, że jego przeznaczeniem są niedrogie loty w kosmos i chce pomóc nam w jego podbiciu. Bardzo ceniliśmy Toma, ale nie byliśmy pewni, na ile poważnie należało traktować Elona. Zaczęli oczekiwać od nas rzeczy niemożliwych. Chcieli mieć turbopompę w mniej niż rok, za mniej niż milion dolarów. Boeing robiłby coś takiego przez pięć lat za sto milionów. Tom powiedział nam, żebyśmy się postarali, a my dokonaliśmy tego w trzynaście miesięcy. Buduj i ucz się szybko – to była filozofia Elona. Był nieugięty w targowaniu się. Bez względu na to, co pokazywaliśmy mu na papierze w zakresie kosztów materiałów, chciał wszystko taniej, bo to była część jego modelu biznesowego. Praca z nim bywała niezwykle frustrująca. Niewiele znanych nam osób, które z nim pracowało, było zadowolonych. Mimo to obniżył koszty podróży w kosmos i utrzymał swój model biznesowy. Boeing, Lockheed i pozostałe firmy stały się przesadnie ostrożne i wydały mnóstwo pieniędzy. SpaceX ma jaja".

oglądający podcast gwizdali i pokrzykiwali radośnie. I wtedy, dokładnie w momencie rozdzielania się pierwszego i drugiego stopnia, doszło do awarii. Późniejsza analiza wykazała, że nowe silniki wytwarzały nieoczekiwany ciąg w trakcie procedury rozdzielania, który powodował zderzenie się stopni i uszkodzenie górnej części rakiety oraz jej silnika[VI].

Nieudany start doprowadził wielu pracowników do rozpaczy. „Widok tak ogromnej huśtawki emocji w pokoju w ciągu pół minuty był miażdżący" – powiedziała Dolly Singh, rekruterka w SpaceX. „To był najgorszy, pieprzony dzień w naszym życiu. Rzadko ogląda się płaczących dorosłych ludzi, ale to był jeden z tych dni. Byliśmy zmęczeni i emocjonalnie wyczerpani". Musk natychmiast zwrócił się do pracowników, zachęcając ich do powrotu do pracy. „Powiedział: »Słuchajcie. Uda nam się. Wszystko będzie dobrze. Nie dajcie się złamać«" – wspominała Singh. „To było coś magicznego. Wszyscy od razu wyluzowali i zaczęli skupiać nad tym, co się stało i jak to naprawić. Od stanu kompletnego zwątpienia przeszliśmy do poczucia nadziei i skupienia". Musk przybrał pozytywną maskę także wobec opinii publicznej. W oświadczeniu ujawnił, że firma ma przygotowaną kolejną rakietę do czwartego startu oraz piątego wkrótce potem. „Wydałem również pozwolenie na rozpoczęcie przygotowań do szóstego lotu" – powiedział. „Rozwój Falcona 9 będzie postępował z niesłabnącą siłą".

[VI] Aby udowodnić, jak dobrze Musk zna się na rakietach, oto jak wyjaśniał z perspektywy sześciu lat, z pamięci, tamte wydarzenia: „Ulepszyliśmy silnik Merlin o chłodzenie regeneracyjne i jego nagły ciąg trwał kilka sekund dłużej. To był ledwie procentowy wzrost ciągu trwający przez około półtorej sekundy. A ciśnienie w komorze wynosiło jedynie sześćdziesiąt osiem setnych atmosfery, czyli jeden procent całkowitego ciśnienia. Jednak to poniżej ciśnienia na poziomie morza. Średnie ciśnienie na poziomie morza było wyższe, na poziomie około jednej atmosfery, co wpłynęło na wyniki testu. Dodatkowy ciąg sprawił, że pierwszy stopień nadal poruszał się po oddzieleniu i ponownie połączył z drugim, co wywołało odrzut plazmy i zniszczenie drugiego stopnia".

W rzeczywistości trzecia próba była katastrofą, która pociągnęła za sobą konsekwencje. W związku z tym, że drugi stopień rakiety nie wystartował prawidłowo, SpaceX nie otrzymała szansy sprawdzenia, czy faktycznie naprawiono usterkę z paliwem, będącą powodem katastrofy drugiego lotu. Wielu inżynierów było pewnych, że została rozwiązana i chcieli doprowadzić do startu, wierząc w łatwą odpowiedź na niedawny problem ciągu. Tymczasem w oczach Muska sytuacja wydawała się coraz bardziej poważna. „Byłem w strasznej depresji" – powiedział. „Gdybyśmy nie przezwyciężyli bariery rozchlapującej brei w trakcie drugiego lotu albo pojawiłby się dowolny inny problem, powiedzmy błąd w procedurze startowej lub wada na etapie produkcji niezwiązana z niczym wcześniej – wtedy koniec gry". SpaceX po prostu nie miała już pieniędzy na piątą próbę. Musk włożył sto milionów dolarów w firmę i nie miał już więcej funduszy z powodu trudności w Tesli. „Lot czwarty miał być tym ostatnim" – powiedział. Jednakże gdyby udało się przeprowadzić lot z sukcesem, wówczas firma zagwarantowałaby sobie zaufanie amerykańskiego rządu i prawdopodobnie klientów prywatnych, otwierając drogę dla Falcona 9 i bardziej ambitnych projektów.

Czyniąc przygotowania do trzeciego lotu, Musk był niezwykle zaangażowany w typowy dla siebie sposób. Każdy w firmie, kto wstrzymywał start, trafiał na jego gównianą listę krytycznej ścieżki. Musk prześladowałby osobę odpowiedzialną za opóźnienia, ale zazwyczaj również robiłby wszystko, co w jego mocy, żeby pomóc rozwiązać problem. „Raz osobiście wstrzymywałem start i musiałem dwa razy dziennie raportować Elonowi postęp moich prac" – powiedział Kevin Brogan. „Ale on mówił: »W firmie pracuje pięćset osób. Czego potrzebujesz?«". Jeden z takich telefonów musiał mieć miejsce w trakcie zalotów Elona do Riley, ponieważ Brogan zapamiętał, że Musk dzwonił z toalety londyńskiego klubu, aby dowiedzieć się, jak stoją sprawy w zakresie spawania dużego elementu rakiety. Inny telefon Musk wykonał w środku nocy, leżąc u boku Riley, i musiał szeptać, próbując zwymyślać inżynierów. „Serwuje nam te pogaduszki do poduszki, więc musimy nachylać się do głośnika, żeby cokolwiek zrozumieć, gdy on szepce: »Ogarnijcie się, do kurwy nędzy!«” – wspominał Brogan.

Przy czwartym locie oczekiwania i przewidywania stały się na tyle duże, że ludzie zaczęli popełniać głupie błędy. Zazwyczaj kadłub rakiety podróżował na Kwaj łodzią. Tym razem Musk wraz z inżynierami byli zbyt podekscytowani i zdesperowani, by czekać na długą podróż drogą morską. Musk wynajął wojskowy samolot transportowy, aby przewieźć kadłub rakiety z Los Angeles na Hawaje, a potem na Kwaj. Pomysł byłby dobry, gdyby inżynierowie nie zapomnieli o tym, co ciśnienie zrobi z kadłubem cieńszym niż trzy dziesiąte centymetra. Gdy samolot lądował na Hawajach, dało się słyszeć dziwne dźwięki dochodzące z ładowni. „Obejrzałem się i mogłem zobaczyć, jak stopień się wgniata” – powiedział Bulent Altan, były szef działu awioniki w SpaceX. „Poprosiłem pilota, żeby podniósł maszynę – i tak zrobił”. Rakieta zachowywała się podobnie jak pusta butelka po wodzie, z ciśnieniem naciskającym od wewnątrz na ścianki i powodującym wgniecenia. Altan wyliczył, że zespół w samolocie miał około pół godziny na rozwiązanie problemu, zanim trzeba było wylądować. Wyciągnęli scyzoryki i rozcięli folię kurczliwą, którą owinięty był kadłub rakiety. Znaleźli w samolocie zestaw narzędzi i użyli kluczy do odkręcenia śrub, wyrównując w ten sposób ciśnienie. Po lądowaniu podzielili się obowiązkiem wykonania telefonu do kierownictwa firmy i powiadomienia ich o katastrofie. W Los Angeles była trzecia nad ranem, a jeden z menedżerów wysokiego szczebla wziął na siebie zadanie przekazania strasznych wieści Muskowi. Wówczas myślano, że naprawienie szkód zajmie kwartał. Kadłub wgiął się w wielu miejscach, pękły przegrody umieszczone w zbiorniku, które miały rozwiązać problem rozchlapującego się paliwa, a w dodatku pojawił się szereg innych usterek. Musk nakazał zespołowi z Kwaj kontynuować prace i wysłał dodatkowy zespół z częściami wymiennymi. Dwa tygodnie później rakietę naprawiono w prowizorycznym hangarze. „To było jak siedzenie razem w okopie" – powiedział Altan. „Nie wolno było skapitulować i zostawić kolegi obok. Gdy było po wszystkim, poczuliśmy się wspaniale".

Czwarty i prawdopodobnie ostatni wystrzał dla SpaceX miał się odbyć 28 września 2008 roku. Pracowano na całodobowych zmianach pod zabójczą presją przez sześć tygodni, aby to umożliwić. Ceną była inżynierska duma i marzenia. „Ludzie oglądający wszystko w fabryce próbowali nie zwymiotować z nerwów" – mówił mechanik James McLaury. Mimo wcześniejszych wtop inżynierowie na Kwaj byli pewni, że tym razem wszystko się powiedzie. Niektórzy z nich całe lata mieszkali na wyspie, doświadczając w tym czasie jednego z najbardziej surrealistycznych wyzwań z zakresu inżynierii w historii ludzkości. Oddzielono ich od rodzin, wystawiono na palące słońce i wygnano na niewielki przyczółek z wyrzutnią – często nawet z niedoborami żywności – na Bóg wie jak długo, by czekali na otwarcie okna startowego i radzili sobie z kolejnymi odwołanymi startami. Ten ból, cierpienie i strach miał pójść w zapomnienie, jeśli start wreszcie zakończyłby się sukcesem.

Późnym popołudniem 28 września zespół SpaceX ustawił Falcona 1 w pozycji startowej. Ponownie rakieta stała dumnie, wyglądając niczym dziwaczny artefakt wyspiarskiego plemienia pośród kołyszących się palm, na tle błękitu nieba z nielicznymi chmurami. Do tego czasu firma zdążyła zmienić swoje webcasty w ogromne przedstawienie zarówno dla pracowników, jak i publiczności. Dwóch kierowników do spraw marketingu dwadzieścia minut przed startem zapoznawało się z technicznymi szczegółami procedury. Tym razem rakieta nie zabierała ze sobą prawdziwego ładunku; ani firma, ani wojsko nie chciało już oglądać niczego wybuchającego albo ginącego w morzu, więc Falcon 1 otrzymał stusześćdziesięciokilogramową atrapę.

Fakt, nie wszyscy byli obecni na pokazie, nie zmartwił pracowników ani nie zmniejszył ich entuzjazmu. Gdy rakieta zadudniła, a potem wzniosła się ku niebu, pracownicy w siedzibie głównej wydali z siebie głośne okrzyki radości. Każdy kolejny krok milowy – oczyszczenie wyspy, testy silnika informujące o braku usterek – napotykał kolejne gwizdy i okrzyki. Gdy doszło do rozdzielenia stopni i drugi wystrzelił w górę około półtorej minuty później, pracownicy byli wręcz wniebowzięci, wypełniając webcast ekstatycznymi wrzaskami. „Idealnie" – powiedział jeden ze spikerów. Silnik Kestrel rozbłysnął na czerwono i zaczął swoje sześciominutowe spalanie. „Gdy drugi stopień był już sprawdzony, mogłem znowu zacząć oddychać i przestać trząść kolanami" – wspominał McLaury. Czepiec otworzył się w okolicach trzyminutowego celu i spadł z powrotem na Ziemię. I wreszcie, po około dziewięciu minutach podróży, Falcon 1 wyłączył się, tak jak planowano, i dotarł na orbitę, stając się pierwszą prywatną konstrukcją, która osiągnęła ten cel. Aby dokonać tego cudu współczesnej nauki i biznesu, potrzebowano sześciu lat – około cztery i pół roku dłużej, niż zakładał Musk – i pięciuset ludzi.

Wcześniej tego samego dnia Musk próbował odstresować się trochę, jadąc wraz z bratem Kimbalem i dziećmi do Disneylandu. Potem musiał pędzić na start o czwartej po południu i wszedł do pokoju kontrolnego w przyczepie SpaceX mniej więcej dwie minuty przed wystrzałem. „Gdy wszystko się udało, ludzie zaczęli płakać" – wspominał Kimbal. „To było jedno z moich najbardziej emocjonalnych doświadczeń". Musk wyszedł z pomieszczenia kontrolnego i poszedł do fabryki, gdzie powitano go jak gwiazdę rocka. „Cóż, to było zajebiste" – powiedział. „Wiele osób uważało, że nam się nie uda – naprawdę mnóstwo – ale przysłowie głosi, że do czterech razy sztuka, no nie? Na planecie jest zaledwie kilka krajów, które tego dokonały. Zazwyczaj zajmują się tym państwa, a nie firmy. […] Mój mózg jest teraz trochę wypompowany, więc trudno mi cokolwiek powiedzieć, ale, kurczę, to zdecydowanie jeden z najlepszych dni w moim życiu – i sądzę, że dla wielu z was również. Pokazaliśmy, że potrafimy tego dokonać. To tylko jeden z pierwszych kroków na naszej drodze. [...] Nie wiem jak wy, ale ja mam zamiar zrobić dziś naprawdę świetną imprezę". Mary Beth Brown poklepała potem Muska po ramieniu i zabrała go na spotkanie.

Blask tego wspaniałego zwycięstwa przygasł już wkrótce po zakończeniu imprezy, gdy finansowe piekło ponownie zaprzątnęło myśli Muska. SpaceX musiała wspierać wysiłki w tworzeniu Falcona 9, a także natychmiast uruchomiła budowę kolejnej maszyny, kapsuły Dragon, która miała wynosić zapasy, a z czasem również ludzi, na Międzynarodową Stację Kosmiczną. Z historycznego punktu widzenia ukończenie każdego z projektów miałoby pochłonąć ponad miliard dolarów, ale SpaceX chciała znaleźć sposób budowania obydwu maszyn równocześnie, aby zredukować wydatki. Firma dramatycznie zwiększyła tempo naboru personelu i przeniosła się do znacznie większej siedziby w Hawthorne, w Kalifornii. SpaceX miała już zamówiony lot komercyjny, by wynieść satelitę na orbitę dla rządu malezyjskiego, ale start i płatność zaplanowano dopiero na połowę 2009 roku. W międzyczasie firma ledwie wiązała koniec z końcem.

Prasa nie znała zakresu problemów Muska, ale wiedziała dość, by szczegóły niepewnej sytuacji Tesli stały się ulubionym tematem. Strona o nazwie Truth About Cars w maju 2008 roku uruchomiła rubrykę „Czuwanie nad trumną Tesli", publikując dziesiątki wpisów. Blog czerpał wyjątkową przyjemność z negowania pomysłu, że Musk był prawdziwym założycielem firmy, przedstawiając go jako finansistę i prezesa, który w mniejszym lub większym stopniu ukradł Teslę genialnemu inżynierowi – Eberhardowi. Gdy ten zaczął pisać blog o wadach i zaletach bycia klientem firmy, Tesla zbyt nerwowo reagowała na jego zażalenia. *Top Gear*, popularny brytyjski program telewizyjny, nie zostawił na Roadsterze suchej nitki, przedstawiając auto w takim świetle, jakby miał skończyć mu się prąd w trakcie jazdy próbnej. „Ludzie żartowali sobie ze śmierci Tesli, ale to było okropne" – podkreślał Kimbal. „Pewnego dnia pojawiło się pięćdziesiąt artykułów na temat tego, jak Tesla zakończy działalność".

Później, w październiku 2008, zaledwie kilka tygodni po udanym starcie SpaceX, na scenie ponownie pojawił się „Valleywag". Najpierw wyśmiał Muska za oficjalne przejęcie kierownictwa w Tesli i zastąpienie Droriego, uznając poprzednie sukcesy za zwykły łut szczęścia. Dowodem na to miał być e-mail od jednego z pracowników opublikowany na blogu. Zgodnie z raportem Tesla właśnie dokonała serii zwolnień, zamknęła biuro w Detroit i miała na koncie ledwie dziewięć milionów dolarów. „Dokonaliśmy ponad tysiąca dwustu rezerwacji, a więc otrzymaliśmy dziesiątki milionów dolarów w gotówce od naszych klientów i wszystko już wydaliśmy" – pisał pracownik firmy. „W międzyczasie udało nam się dostarczyć mniej niż pięćdziesiąt aut. Rozmawiałem z bliskim przyjacielem o obniżeniu ceny za Roadstera do sześćdziesięciu tysięcy dolarów. Nie mogę dłużej być biernym obserwatorem i pozwolić firmie zwodzić opinię publiczną i defraudować pieniądze klientów. To oni i opinia publiczna są powodem, dla których Tesla jest tak kochana. Okłamywanie ich jest po prostu nie w porządku"[VII].

Owszem, Tesla zasługiwała na sporą część negatywnej opinii, jakiej się doczekała. Musk jednakże uznał, że klimat 2008 roku z nienawiścią wobec bankierów i bogaczy zmienił go w łatwy cel. „Obrywałem zupełnie niezasłużenie" – mówił. „Wtedy mnóstwo osób cieszyło się z mojego nieszczęścia i to w wielu sferach. Justine odgrywała się na mnie w prasie. Wciąż pojawiały się negatywne artykuły o Tesli i historie o trzecim niepowodzeniu SpaceX. To naprawdę bolało. Prześladowało mnie to nieustanne poczucie, że życie mi się sypie, że auto mi szwankuje, że mam na głowie rozwód

---

VII Musk odkrył później tożsamość tego pracownika poprzez skopiowanie treści listu do dokumentu Microsoft Word, przesłanie pliku do drukarki i odszukanie w logach pliku o takim samym rozmiarze. Odnalazł w ten sposób osobę, która wydrukowała oryginalny plik. Pracownik napisał list z przeprosinami i odszedł z firmy.

i to wszystko naraz. Czułem się jak kupa gówna. Nie sądziłem, że uda mi się przez to przejść. Zdawało mi się, że wszystko prawdopodobnie jest zjebane na dobre".

Gdy Musk zagłębił się w obliczenia dotyczące obydwu swoich firm, zdał sobie sprawę, że tylko jedna z nich ma szansę przetrwać. „Mogłem wybrać albo SpaceX, albo Teslę lub podzielić pozostałe pieniądze pomiędzy nie" – wspominał. „To była niezwykle trudna decyzja. Jeśli podzieliłbym fundusze, wtedy być może obydwie firmy upadłyby. Jeśli dofinansowałbym jedną z firm, zwiększyłbym prawdopodobieństwo jej przetrwania, ale to oznaczałoby pewny koniec tej drugiej. Nieustannie nad tym myślałem". W czasie, gdy Musk rozważał swoją decyzję, stan gospodarki pogarszał się, a z nim jego własna kondycja finansowa. Wraz z końcem 2008 roku skończyły mu się pieniądze.

Riley zaczęła postrzegać życie męża na wzór szekspirowskiej tragedii. Czasem Elon rozmawiał z nią o problemach, a czasem zamykał się w sobie. Podglądała go, gdy otwierał pocztę elektroniczną, i śledziła mimikę jego twarzy, gdy czytał złe wiadomości. „Można było dostrzec myśli kotłujące się w jego głowie" – powiedziała. „Naprawdę trudno patrzeć na ukochaną osobę, która tak cierpi". Z powodu długich godzin pracy i nawyków dietetycznych waga Muska nieustannie się wahała. Pod oczami miał worki, a jego fizjonomia zaczęła przypominać wyczerpanego biegacza na mecie ultramaratonu. „Wyglądał jak własna śmierć" – wspominała Riley. „Pamiętam, że obawiałam się, iż za chwilę dostanie zawału i umrze. Wydawał się stać jedną nogą w grobie". W środku nocy Musk budził się z koszmarów, krzycząc wniebogłosy. „Dręczył go fizyczny ból" – mówiła żona. „Wtulał się we mnie z krzykiem, wciąż śpiąc". Para zapożyczała się na setki tysięcy dolarów u przyjaciela Muska Skolla, a rodzice Riley zaoferowali się przejąć hipotekę za dom. Musk nie latał już w tę i z powrotem swoim odrzutowcem między Los Angeles a Doliną Krzemową. Teraz latał tanimi liniami Southwest.

Wydając miesięcznie około czterech milionów dolarów, Tesla potrzebowała kolejnego dużego zastrzyku pieniędzy, aby przetrwać 2008 rok. Musk musiał polegać na przyjaciołach, chcąc opłacić rachunki, a w międzyczasie negocjował z inwestorami. Wysyłał emocjonalne prośby do wszystkich osób, o których tylko pomyślał, że mogłyby chcieć ulokować jakiekolwiek pieniądze. Bill Lee zainwestował w Teslę dwa miliony dolarów, a Sergey Brin pół miliona. „Wielu pracowników chwyciło za książeczki czekowe, żeby utrzymać firmę na rynku" – wspominał Diarmuid O'Connell, wicedyrektor do spraw pozyskiwania kontaktów biznesowych w Tesli. „Zaczęli inwestować, ale wtedy to było dwadzieścia pięć albo pięćdziesiąt tysięcy dolarów, których raczej nie spodziewali się zobaczyć ponownie. Myśleli, że to się zmieni w cholerną czarną dziurę, która wszystko pochłonie". Kimbal stracił większość pieniędzy w trakcie kryzysu, gdy jego inwestycje utonęły, a to, co mu zostało, sprzedał i zainwestował w Teslę. „Byłem bliski bankructwa" – powiedział. Tesla nie korzystała z wpłat, które klienci dokonali za Roadstery, ale teraz Musk potrzebował ich na podtrzymanie firmy, a wkrótce i one się skończyły. Podatkowe manewry zmartwiły Kimbala: „Jestem pewien, że Elon znalazłby sposób, aby wszystko naprawić, ale ostatecznie podjął ryzyko, przez które mógł trafić do więzienia za wykorzystanie cudzych pieniędzy".

W grudniu 2008 roku Musk wystartował z podobnymi kampaniami w celu ocalenia swoich biznesów. Usłyszał plotkę, że NASA podejmowała kroki celem zakontraktowania dostawcy na przesłanie zapasów na stację kosmiczną. Czwarty start SpaceX umieścił ją na pozycji zdolnej do negocjacji, a stawka wynosiła miliard dolarów. Musk wykorzystał znajomości w Waszyngtonie i dowiedział się, że jego firma może być faworytem w wyścigu o rządowy kontrakt. Dołożył wówczas wszelkich starań, aby zapewnić pracowników, że firma osiągnie swój cel i wyśle kapsułę na Międzynarodową Stację Kosmiczną (MSK). Jeśli zaś chodzi o Teslę, Musk musiał udać się do obecnych inwestorów i poprosić ich o kolejne fundusze przed świętami Bożego Narodzenia, konieczne do uratowania firmy przed bankructwem. Chcąc zapewnić inwestorom jakieś poczucie pewności, Musk dokonał rozpaczliwego wysiłku, zbierając wszelkie prywatne środki i przeznaczając je na firmę. Za zgodą NASA zaciągnął pożyczkę w SpaceX i zarezerwował je na Teslę. Na rynkach wtórnych próbował sprzedać część swoich udziałów w SolarCity. Ponadto jako inwestor otrzymał około piętnastu milionów dolarów, które spłynęły z przejęcia przez Della start-upu tworzącego oprogramowanie dla centrum przetwarzania danych o nazwie Everdream założonego przez kuzyna Muska. „To był jakiś pieprzony matrix" – powiedział o swoich finansowych manewrach. „Przejęcie Everdreama naprawdę uratowało mi tyłek".

Musk uciułał dwadzieścia milionów dolarów i poprosił obecnych inwestorów Tesli – bo nowi się nie pojawili – żeby dopasowali liczby. Zgodzili się i 3 grudnia 2008 roku byli w trakcie finalizacji dokumentów do rundy finansowania, gdy Musk zauważył problem. VantagePoint Capital Partners podpisał wszystkie dokumenty poza jedną kluczową stroną. Musk zadzwonił do Alana Salzmana, współzałożyciela i wspólnika zarządzającego, by dopytać o sytuację, po czym usłyszał, że jest kłopot z inwestycją z powodu niedoszacowania Tesli. „Powiedziałem wtedy: »Mam świetne rozwiązanie. Możecie przejąć moją część umowy. Bardzo ciężko było mi zebrać pieniądze. Obecnie mamy na koncie tyle, że w przyszłym tygodniu nie opłacimy pensji. Więc jeśli nie macie innego pomysłu, możecie albo dołożyć tyle, ile uznacie za słuszne, albo pozwolicie okazji przejść koło nosa, bo w przeciwnym razie zbankrutujemy«". Salzman nie udzielił Muskowi jednoznacznej odpowiedzi i kazał mu przyjść w następnym tygodniu o siódmej rano, żeby przedstawić sytuacje szefostwu VantagePoint. Nie mając tyle czasu, Musk poprosił o możliwość przyjścia następnego dnia, ale spotkał się z odmową i został zmuszony do zaciągania kolejnych pożyczek. „Jedynym powodem, dla którego chciał spotkania w swoim biurze, było pragnienie zobaczenia mnie na kolanach, błagającego o pieniądze, żeby mógł mi odmówić" – podsumował Musk. „Co za kutas".

VantagePoint odmówił rozmowy na temat tego okresu, ale Musk uważa, że celem taktyki inwestora było doprowadzenie Tesli do bankructwa. Obawiał się, że chcą usunąć go ze stanowiska, rekapitalizować firmę i stać się jej głównym właścicielem. Następnie mogliby sprzedać ją dużemu producentowi z Detroit albo skupić się na sprzedaży elektrycznych układów napędowych i akumulatorów, zamiast budować samochody. Takie myślenie z biznesowego punktu widzenia byłoby całkiem praktyczne, ale nie pokrywało się z wizją Muska dla firmy. „VantagePoint próbował wepchnąć te mądrości do gardła przedsiębiorcy, który pragnął zrobić coś większego i odważniejszego" – uważał Steve Jurvetson, partner w Draper Fisher Jurvetson oraz inwestor w Tesli. „Być może byli przyzwyczajeni do ustępujących im dyrektorów, ale Elon taki nie jest". Zamiast tego on podjął ogromne ryzyko. Tesla zmieniła sposób pozyskiwania funduszy z finansowania kapitałowego na finansowanie dłużne, wiedząc, że VantagePoint nie może wówczas interweniować. Haczyk polegał na tym, że inwestorzy z dobrymi chęciami, tacy jak Jurvetson, mieli związane ręce, ponieważ firmy venture capital nie mogą zajmować się tego typu finansowaniem, a przekonanie ich fundatorów do nagięcia typowych zasad działania, dla firmy stojącej u progu bankructwa, byłoby trudnym zadaniem. Wiedząc o tym, Musk blefował. Mówił inwestorom, że miał zamiar zaciągnąć następną pożyczkę w SpaceX i samemu opłacić kolejną rundę finansowania w wysokości czterdziestu milionów dolarów. Taktyka okazała się skuteczna. „Przy niedoborze naturalnie wzmacnia się chciwość, prowadząc do większego zainteresowania" – powiedział Jurvetson. „Łatwiej było nam również wrócić do naszych firm i powiedzieć: »Tak wygląda umowa. Wchodzimy w to czy nie?«". Umowa została sfinalizowana w Boże Narodzenie, na kilka godzin przez bankructwem Tesli. Muskowi zostało kilkaset tysięcy dolarów i następnego dnia nie miałby z czego opłacić rachunków. Ostatecznie włożył dwanaście milionów dolarów, a inwestorzy dołożyli resztę. Jeśli zaś chodzi o Salzmana, Musk powiedział: „Powinien się za siebie wstydzić".

Z kolei w SpaceX Musk i najwyższe kierownictwo spędziło większość grudnia, z przerażeniem śledząc doniesienia prasowe. Zgodnie z nimi ich firma – niedawny faworyt wielkiego kontraktu NASA nagle popadła w niełaskę agencji kosmicznej. Michael Griffin, który kiedyś nieomal został współzałożycielem SpaceX, był szefem NASA i zwrócił się przeciwko Muskowi. Nie obchodziła go agresywna taktyka biznesowa dawnego kolegi, którego uważał za niezrównoważonego psychicznie i nieetycznego. Niektórzy sugerowali, że był zazdrosny o sukces jego i jego firmy[VIII]. Jednakże 23 grudnia 2008 roku SpaceX przeżyła szok. Pracownicy NASA wsparli starania firmy o kontrakt dla MSK. Firma otrzymała 1,6 miliarda dolarów zapłaty za dwanaście lotów na stację kosmiczną. W trakcie urlopu z Kimbalem w Boulder w stanie Kolorado Musk rozpłakał się, gdy równocześnie ruszyły transakcje dla SpaceX i Tesli. „Nie miałem nawet kiedy kupić prezentu świątecznego dla Talulah" – powiedział. „Pobiegłem pieprzoną ulicą w Boulder, a jedyne miejsce, jakie było wtedy otwarte, sprzedawało takie gówniane błyskotki i właśnie mieli zamykać. Najlepszą rzeczą, jaką tam znalazłem, były plastikowe małpki z kokosami – takie z serii »nic nie widzę, nic nie słyszę«". Dla Graciasa, przyjaciela Muska oraz inwestora w obydwie jego firmy, rok 2008 mówił wszystko, co trzeba wiedzieć o charakterze Muska. Zobaczył człowieka, który przybył do Stanów bez grosza przy duszy, który stracił dziecko, na którym prasa i była żona nie zostawili suchej nitki i który nieomal nie stracił dorobku swojego życia. „On potrafi pracować ciężej i wytrzymać więcej stresu niż ktokolwiek, kogo w życiu poznałem" – powiedział. „To, co wówczas przeżył, złamałoby każdego innego. On nie tylko przetrwał. Nadal pracował i nadal był skupiony na swoich celach". Ta umiejętność pozostania skupionym w centrum kryzysu jest jedną z najważniejszych zalet

---

VIII Griffin pragnął zbudować potężny nowy statek kosmiczny, który utrwaliłby jego miejsce w branży. Jednak wraz z wyborem Baracka Obamy w 2008 roku, protegowany Busha wiedział, że jego rządy w NASA mają się ku końcowi i teraz SpaceX była coraz bliżej budowy najbardziej interesujących maszyn.

Muska na tle innych kierowników oraz konkurencji. „Większość ludzi łamie się pod taką presją" – dodawał Gracias. „Podejmują złe decyzje. Elon staje się hiperracjonalny. Wciąż potrafi podejmować niezwykle jasne, długoterminowe decyzje. Im trudniej się robi, tym lepiej sobie radzi. Każdy, kto widział na własne oczy, przez co on przeszedł, zaczął go bardziej szanować. Nigdy nie widziałem nikogo z taką odpornością na ból".

9
LOT W KOSMOS

FALCON ZOSTAŁ KONIEM POCIĄGOWYM SPACEX, pomimo że rakieta wyglądała, prawdę mówiąc, jak ogromny biały fallus. Mierzyła niespełna siedemdziesiąt metrów wysokości i miała prawie cztery metry szerokości, ważyła zaś ponad 500 ton. Zasilało ją dziewięć silników, tworzących ośmiokątny wzór u podstawy, z jednym silnikiem pośrodku i pozostałymi wokół. Silniki łączyły się z pierwszym stopniem lub głównym kadłubem rakiety, na którym widniało błękitne logo SpaceX oraz flaga amerykańska. Krótszy drugi stopień znajdował się na pierwszym i to właśnie on faktycznie wypełniał zadania w kosmosie. Można było go wyposażyć w okrągły pojemnik do przenoszenia satelitów albo kapsułę zdolną przetransportować w kosmos ludzi. Zgodnie z projektem nie ma nic nadzwyczajnego w zewnętrznym wyglądzie Falcona 9. To statek kosmiczny porównywalny do laptopa marki Apple albo do czajnika Brauna – elegancka maszyna do konkretnego celu, pozbawiona wszystkiego, co ozdobne i zbędne.

SpaceX czasem wysyła w kosmos swoje Falcony 9 z kosmodromu Vandenberg Air Force Base w Kalifornii Południowej. Gdyby nie należała do wojska, baza byłaby ośrodkiem wypoczynkowym. Wiele kilometrów wzdłuż granicy bazy ciągnie się ocean, a na szeroko otwartych, porośniętych krzewami terenach gdzieniegdzie wznoszą się wzgórza. Do jednego z takich pagórków wtulonych jest kilka platform startowych. W dni startowe biały Falcon 9 przecina krajobraz błękitu i zieleni, wznosząc się ku niebu i nie pozostawiając złudzeń co do swoich zamiarów.

Około cztery godziny przed wystrzałem Falcon 9 zostaje wypełniony ogromną ilością ciekłego tlenu i paliwem naftowym. Część tlenu uchodzi z rakiety w czasie oczekiwania na start i jest utrzymywana w temperaturze tak niskiej, że gotuje się w kontakcie z metalem i powietrzem, tworząc białe pióropusze dymu. To sprawia wrażenie, że Falcon 9 dyszy i sapie, rozgrzewając się przed podróżą. Inżynierowie wewnątrz centrum kontroli misji monitorują systemy paliwa oraz różne inne elementy. Rozmawiają przez słuchawki i przechodzą przez kolejne kroki na liście kontrolnej, pochłonięci czymś, co w branży nosi nazwę „gorączki startowej" w trakcie przechodzenia od jednej akceptacji do kolejnej. Dziesięć minut przed startem ludzie ustępują pola zautomatyzowanym urządzeniom, które przejmują pozostałe procedury. Zapada cisza i napięcie wzrasta do momentu tuż przed głównym wydarzeniem. To wówczas nagle Falcon 9 przerywa ciszę, wydając głośny pomruk.

Biała wieża startowa odrywa się od kadłuba rakiety. Rozpoczyna się dziesięciosekundowe odliczanie. Niewiele dzieje się przez pierwsze sześć sekund. W trzeciej sekundzie jednakże następuje zapłon silników, a komputery przeprowadzają po raz ostatni szybką kontrolę stanu technicznego. Cztery ogromne metalowe zaciski trzymają rakietę, gdy systemy komputerowe sprawdzają wszystkie dziewięć silników i mierzą, czy wytwarzana jest dostateczna siła działająca w dół. Po zakończeniu odliczania i ustaleniu, że misja może zostać przeprowadzona, zaciski zostają zwolnione. Rakieta rozpoczyna walkę z inercją, płomienie otaczają jej podstawę, a grube niczym śnieg pióropusze ciekłego tlenu wypełniają powietrze, gdy wznosi się w górę. Widok czegoś tak wielkiego lecącego tak prosto i stabilnie w powietrzu jest trudny do zarejestrowania przez mózg. To coś obcego, niewytłumaczalnego. Około dwudziestu sekund po starcie obserwatorzy oglądający spektakl z bezpiecznej odległości kilku kilometrów słyszą pierwsze odgłosy dudnienia Falcona 9. To odległy dźwięk, swego rodzaju trzaski staccato powstające w wyniku gwałtownego mieszania substancji chemicznych. Nogawki spodni wibrują od fal uderzeniowych powstających wskutek serii gromów wydobywających się z dyszy. Biała rakieta wznosi się coraz wyżej z zadziwiającą wytrzymałością. Po około minucie jest zaledwie czerwoną plamką na niebie, a później puf! – i znika. Trzeba być cynicznym bęcwałem, żeby wyjść z takiego pokazu z uczuciem innym niż podziw dla tego, co może osiągnąć człowiek.

Dla Elona Muska ten spektakl zmienił się w znajome doświadczenie. SpaceX z pośmiewiska branży kosmicznej stała się jednym z najbardziej wytrwałych operatorów. Starty odbywały się mniej więcej co miesiąc, a rakiety wynosiły satelity komercyjne i państwowe oraz dostawy na Międzynarodową Stację Kosmiczną. Tam, gdzie Falcon 1 startujący z Kwajalein był zasługą start-upu, Falcon 9 szybujący w niebo z Vandenberg był dziełem prawdziwej potęgi w branży kosmicznej. SpaceX dzięki cenom ze śmiesznie niską marżą mogła zakasować amerykańską konkurencję: Boeinga, Lockheed Martina, Orbital Sciences. Oferowała także krajowym klientom spokój, którego konkurencja nie daje. Gdy oni muszą polegać na Rosjanach i innych dostawcach zagranicznych, SpaceX produkuje wszystkie swoje urządzenia od zera na miejscu. Z powodu niskich kosztów firmie udało się przywrócić swojemu krajowi pozycję lidera na światowym rynku komercyjnych lotów rakietowych. Jej wynoszące sześćdziesiąt milionów dolarów od lotu stawki są znacznie niższe od stawek europejskich i japońskich. Przebijają nawet całkiem korzystne oferty Rosjan oraz Chińczyków, którzy posiadają dodatkowe zaplecze w postaci utopionych przez dekady inwestycji w programy kosmiczne, a także taniej siły roboczej.

Stany Zjednoczone wciąż są niezwykle dumne z tego, że Boeing konkuruje z Airbusem oraz innymi zagranicznym producentami samolotów. Jednakże z jakichś powodów przywódcy krajów i opinia publiczna z chęcią oddali sporą część rynku lotów komercyjnych, co okazało się tyleż przygnębiającym, co krótkowzrocznym posunięciem. Rynek wszelkich powiązanych z satelitami usług oraz lotów rakietowych na przestrzeni ubiegłej dekady poszybował z około sześćdziesięciu miliardów dolarów rocznie do ponad dwustu miliardów[11]. Wiele krajów płaci za wysyłkę swoich satelitów szpiegowskich, komunikacyjnych i pogodowych. Z kolei firmy interesują się kosmosem z powodu usług telewizyjnych, internetowych, radiowych, pogodowych, nawigacyjnych i obrazowania. Urządzenia w kosmosie kształtują tkankę współczesnego życia, a z czasem staną się jeszcze bardziej sprawne i ciekawe. Na scenie pojawiła się zupełnie nowa grupa producentów satelitów, która była w stanie odpowiedzieć na podobne do wyszukiwarki Google zapytania o naszą planetę. Ich urządzenia potrafią dokonać zbliżenia obrazu nad stanem Iowa i określić, czy dojrzałą kukurydzę należy już zebrać z pól. Co więcej, można policzyć samochody na parkingach przez siecią sklepów Wal-Mart w stanie Kalifornia, żeby określić popyt w trakcie sezonu świątecznego. Start-upy produkujące takie innowacyjne urządzenia muszą często zwracać się do Rosjan o pomoc w wystrzeleniu w kosmos ich sprzętu, ale SpaceX zamierza to zmienić.

Stany Zjednoczone zachowały przewagę konkurencyjną w większości lukratywnych obszarów branży kosmicznej, produkując satelity oraz systemy wspomagające, a także tworząc systemy do ich obsługi. Każdego roku Stany produkują około jednej trzeciej wszystkich satelitów i zgarniają około sześćdziesiąt procent globalnego dochodu z tej produkcji. Większość zysków pochodzi z interesów z rządem amerykańskim. Chiny, Europa i Rosja odpowiadają niemal za całość pozostałej sprzedaży i lotów satelitarnych. Oczekuje się wzrostu pozycji Chin w branży, a Rosjanie obiecali przeznaczyć pięćdziesiąt miliardów dolarów na wskrzeszenie swojego programu kosmicznego. To oznacza, że Amerykanie będą musieli konkurować z dwoma swoimi najmniej ulubionymi rywalami i będą to robić bez większych nacisków. Co więcej, wycofanie promów kosmicznych uzależniło Stany w całości od Rosjan w kwestii wysyłki astronautów na MSK. Ci kasują siedemdziesiąt milionów od osoby za wycieczkę i odcinają Amerykanów jak im pasuje w przypadku politycznych zawirowań. Obecnie SpaceX wydaje się być najlepszym rozwiązaniem dla tego impasu i szansą na odzyskanie przez Stany utraconej pozycji.

SpaceX stała się wolnym radykałem próbującym wywrócić branżę do góry nogami. Nie chce polegać na kontraktach rządowych i obsługiwać kilku startów w roku, utrzymując się w ten sposób na rynku. Celem Muska jest drastyczne obniżenie kosztów wysyłania różnych rzeczy w kosmos na podstawie przełomowych osiągnięć z zakresu technik produkcji oraz postępy w technologii budowy platform startowych. Co najważniejsze, testował rakiety mogące wynosić ładunek w kosmos, a potem wrócić na Ziemię i wylądować niezwykle precyzyjnie na pływającej platformie lub nawet na pierwotnej platformie startowej. Zamiast pozwolić rakietom rozpaść się po upadku do wody, SpaceX użyje wstecznego ciągu, aby obniżyć je powoli i wykorzystać ponownie. W ciągu kolejnych lat firma zamierza obniżyć ceny przynajmniej do jednej dziesiątej cen konkurencji. Recykling rakiet będzie napędem owej redukcji cen oraz przewagą konkurencyjną firmy. Wyobraźcie sobie linie lotnicze, które latają ciągle tym samym samolotem, konkurujące z rywalami pozbywającymi się swoich maszyn po każdym locie[I]. Dzięki tej przewadze kosztowej SpaceX ma nadzieję na przejęcie większości komercyjnych lotów na świecie, a wszelkie dowody przemawiają za tym, że firma jest na dobrej drodze, by tego dokonać. Do tej pory

---

[I] Należy zaznaczyć, że wiele osób w branży kosmicznej wątpi w użyteczność rakiet odzyskiwalnych, głównie wskutek obciążeń, na jakie są narażone metal i urządzenia w trakcie startu. Nie wiadomo, czy najbardziej pożądani klienci wezmą pod uwagę używany pojazd kosmiczny z uwagi na powiązane z tym ryzyko. To główny powód, dla którego inne kraje i firmy nie stosują tej technologii. Istnieje cała rzesza ekspertów z branży, którzy uważają, że Musk zupełnie marnuje czas, a wyliczenia inżynierskie już dowiodły, że takie rakiety to nic więcej, jak tylko głupota.

wykonywała loty dla klientów z Kanady, Europy oraz Azji i ma ich na koncie około dwa tuziny. Publiczny manifest poskutkował na lata, a firma posiada obecnie w harmonogramie ponad pięćdziesiąt zaplanowanych lotów na łączną kwotę ponad pięciu miliardów dolarów. Pozostaje prywatną własnością Muska jako największego udziałowca, a do pozostałych zewnętrznych inwestorów należą firmy venture capital, takie jak Founders Fund czy Draper Fisher Jurvetson, nadając firmie konkurencyjny etos, jakiego brakuje innym. Od czasu swojego bliskiego upadkowi doświadczenia z 2008 roku SpaceX jest dochodowa, a jej wartość szacuje się na dwanaście miliardów dolarów.

Zip2, PayPal, Tesla, SolarCity – wszystkie te firmy stanowią wyraz osobowości Muska. SpaceX nim jest. Jej słabostki wypływają bezpośrednio z niego, podobnie jak sukcesy. Część z nich można powiązać z szaleńczym przywiązaniem Muska do detali i zaangażowaniem we wszystkie dążenia firmy. Trzyma rękę na pulsie do tego stopnia, że zawstydziłby nawet Hugha Hefnera, znanego ze swojej obsesji kontroli. Wynika to w dużej mierze z faktu, że SpaceX stanowi apoteozę Kultu Muska. Pracownicy równocześnie czczą swojego szefa i boją się go. Oddaliby za niego życie.

Wymagający styl zarządzania Muska potrafi rozkwitnąć wyłącznie dzięki temu, że aspiracje firmy są – dosłownie – nie z tej ziemi. Podczas gdy reszcie branży kosmicznej zupełnie odpowiadało wysyłanie w kosmos reliktów z lat sześćdziesiątych, SpaceX nie omieszkała zrobić dokładnie czegoś przeciwnego. Jej rakiety i statki kosmiczne wielokrotnego użytku wyglądają jak maszyny z XXI wieku, a modernizacja sprzętu nie jest jedynie na pokaz. Odzwierciedla nieustanne dążenia firmy do postępu technologicznego i zmiany ekonomicznej w branży. Musk nie chce jedynie obniżyć kosztów wysyłki satelitów i zaopatrzenia stacji kosmicznej. Chce zredukować koszty startów do tego stopnia, aby stało się opłacalne organizowanie tysięcy lotów zaopatrzeniowych na Marsa i założenie tam kolonii. Musk chce podbić Układ Słoneczny i na tę chwilę istnieje

Dzieci Haldemanów doświadczyły wielu okresów przestoju w trakcie szalonych przygód z rodzicami w afrykańskim buszu. ©*Maye Musk*

Z lewej: Kilkuletni Musk często bujał w obłokach, ignorując ludzi wokół siebie. Lekarze podejrzewali problemy ze słuchem, więc usunięto mu migdałki. Po prawej: W szkole podstawowej Musk był odludkiem, nad którym znęcały się silniejsze dzieciaki. ©*Maye Musk*

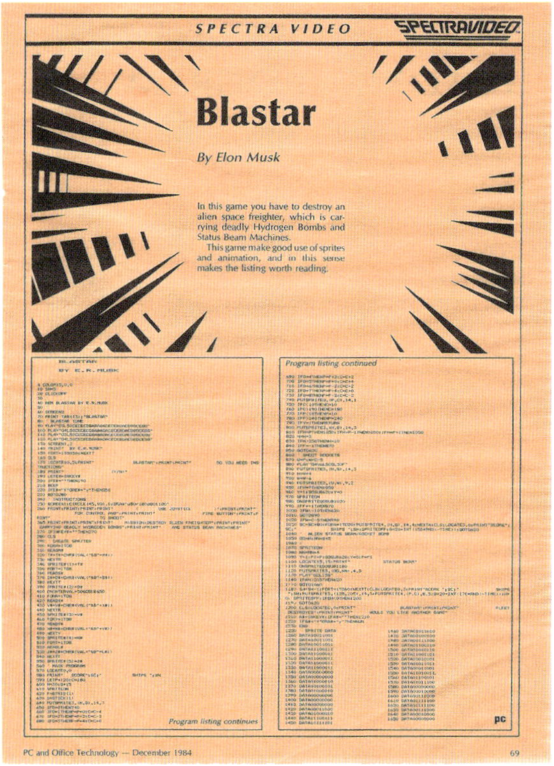

SPECTRA VIDEO

Blastar

By Elon Musk

In this game you have to destroy an alien space freighter, which is carrying deadly Hydrogen Bombs and Status Beam Machines.

This game make good use of sprites and animation, and in this sense makes the listing worth reading.

Program listing continued

Program listing continues

PC and Office Technology — December 1984 69

Autorski kod do gry wideo Muska noszącej nazwę *Blastar*, który napisał jako dwunastolatek, został opublikowany w lokalnym magazynie. © *Maye Musk*

Od lewej: Elon, Kimbal i Tosca przed domem rodzinnym w RPA. Cała trójka mieszka obecnie w Stanach Zjednoczonych. © *Maye Musk*

Musk na własną rękę uciekł do Kanady, gdzie podjął studia na Queen's University w Ontario, mieszkając w akademiku dla studentów zagranicznych. ©*Maye Musk*

J.B. Straubel montuje w swoim domu jeden pierwszych akumulatorów Tesla Motors. *Zdjęcie dzięki uprzejmości Tesla Motors*

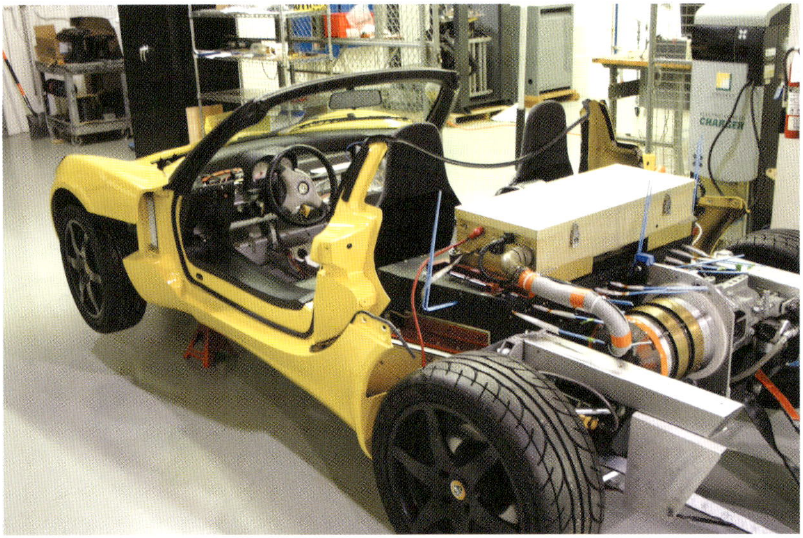

Kilkoro inżynierów zbudowało pierwszy model Roadstera w magazynie w Dolinie Krzemowej, zmieniony następnie w warsztat samochodowy i laboratorium badawcze. *Zdjęcie dzięki uprzejmości Tesla Motors*

Musk i Martin Eberhard wyjeżdżają jednym z pierwszych Roadsterów na jazdę próbną. Relacje obydwu mężczyzn w kolejnych latach popsuły się. *Zdjęcie dzięki uprzejmości Tesla Motors*

SpaceX od zera zbudowała swoją fabrykę rakiet w magazynie w Los Angeles, by stworzyć w niej rakietę Falcon 1. *Zdjęcie dzięki uprzejmości SpaceX*

Tom Mueller (pierwszy od prawej, w szarym T-shircie) kierował pracami projektowymi, testowymi i konstrukcyjnymi nad tworzeniem silników SpaceX. *Zdjęcie dzięki uprzejmości SpaceX*

Pierwsze starty SpaceX odbyły się z Atolu Kwajalein (lub Kwaj) na Wyspach Marshalla. Doświadczenie to było trudne, lecz ostatecznie okazało się cenne dla inżynierów pracujących przy projekcie. *Zdjęcie dzięki uprzejmości SpaceX*

SpaceX stworzyła mobilne centrum kontroli lotów, z którego Musk i Mueller monitorowali późniejsze starty z Kwaj. *Zdjęcie dzięki uprzejmości SpaceX*

Musk zatrudnił Franza von Holzhausena w 2008 roku do prac nad projektem Modelu S. Mężczyźni rozmawiali niemal codziennie, czego przykładem jest to zdjęcie z jednego ze spotkań w siedzibie SpaceX. © *Steve Jurvetson*

Ambicje SpaceX rosły z biegiem lat, czego przykładem jest budowa kapsuły Dragon, mogącej zabrać ludzi na Międzynarodową Stację Kosmiczną oraz w kosmos. © *Steve Jurvetson*

Musk od lat żywi słabość do robotów, dlatego zawsze opiniuje nowe maszyny w fabrykach SpaceX i Tesli. © *Steve Jurvetson*

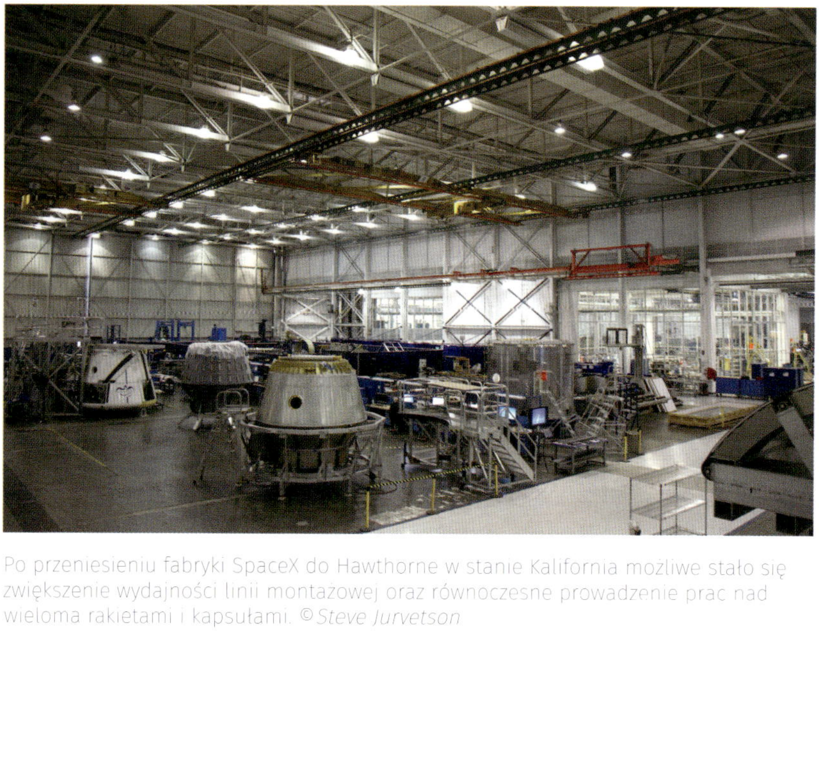

Po przeniesieniu fabryki SpaceX do Hawthorne w stanie Kalifornia możliwe stało się zwiększenie wydajności linii montażowej oraz równoczesne prowadzenie prac nad wieloma rakietami i kapsułami. © *Steve Jurvetson*

SpaceX testuje nowe silniki i jednostki na poligonie w McGregor w stanie Texas. To właśnie tu prowadzone są testy rakiety odzyskiwalnej Grasshopper, która potrafi samodzielnie wylądować na kosmodromie. *Zdjęcie dzięki uprzejmości SpaceX*

Musk ma w zwyczaju odwiedzać restaurację Dairy Queen przed lotami testowymi w Texasie, tu na zdjęciu z inwestorem i członkiem zarządu SpaceX Steve'em Jurvetsonem (po lewej) oraz inwestorem Randym Gleinem (po prawej). © *Steve Jurvetson*

Z kapsułą Dragon zawieszoną nad głowami, pracownicy SpaceX zaglądają do centrum kontroli lotów wewnątrz fabryki w Hawthorne. ***Zdjęcie dzięki uprzejmości SpaceX***

Gwynne Shotwell jest prawą ręką Muska w SpaceX, nadzorując codzienne działania firmy, w tym również start z centrum kontroli lotów. *Zdjęcie dzięki uprzejmości SpaceX*

Tesla przejęła fabrykę samochodów New United Motor Manufacturing Inc. (NUMMI) we Fremont w stanie Kalifornia, w której obecnie budowany jest sedan Model S. *Zdjęcie dzięki uprzejmości Tesla Motors*

Rozpoczęcie wysyłki sedana Model S nastąpiło w 2012 roku. Auto wyróżniono większością najbardziej liczących się nagród branży motoryzacyjnej. ***Zdjęcie dzięki uprzejmości Tesla Motors***

Sedan Tesla Model S z widocznym silnikiem elektrycznym (z tyłu) oraz akumulatorem (na dole). *Zdjęcie dzięki uprzejmości Tesla Motors*

Kolejnym samochodem Tesli będzie SUV Model X ze swoim znakiem rozpoznawczym: drzwiami typu „gullwing”. ***Zdjęcie dzięki uprzejmości Tesla Motors***

W 2013 roku Musk wraz z Seanem Pennem (za kierownicą) oraz inwestorem Shervinem Pishevarem (z tyłu obok Muska) odwiedził Kubę. Spotkali się ze studentami oraz członkami rodziny Castro, a także starali się o zwolnienie amerykańskiego więźnia. ©*Shervin Pishevar*

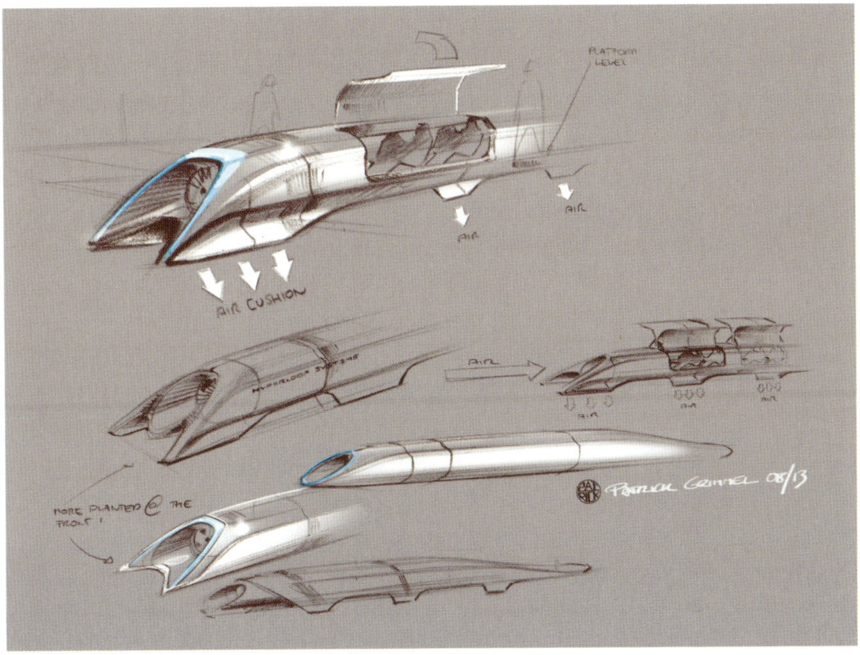

Musk ogłosił plany budowy Hyperloop w 2013 roku. Jego zdaniem miał to być nowy środek transportu, a szereg grup przystąpiło do prac nad jego budową. *Zdjęcie dzięki uprzejmości SpaceX*

W 2014 roku Musk ujawnił całkowicie nowe podejście do kapsuły kosmicznej – Dragona 2. W eleganckim wnętrzu znajdował się rozwijany ekran dotykowy. *Zdjęcie dzięki uprzejmości SpaceX*

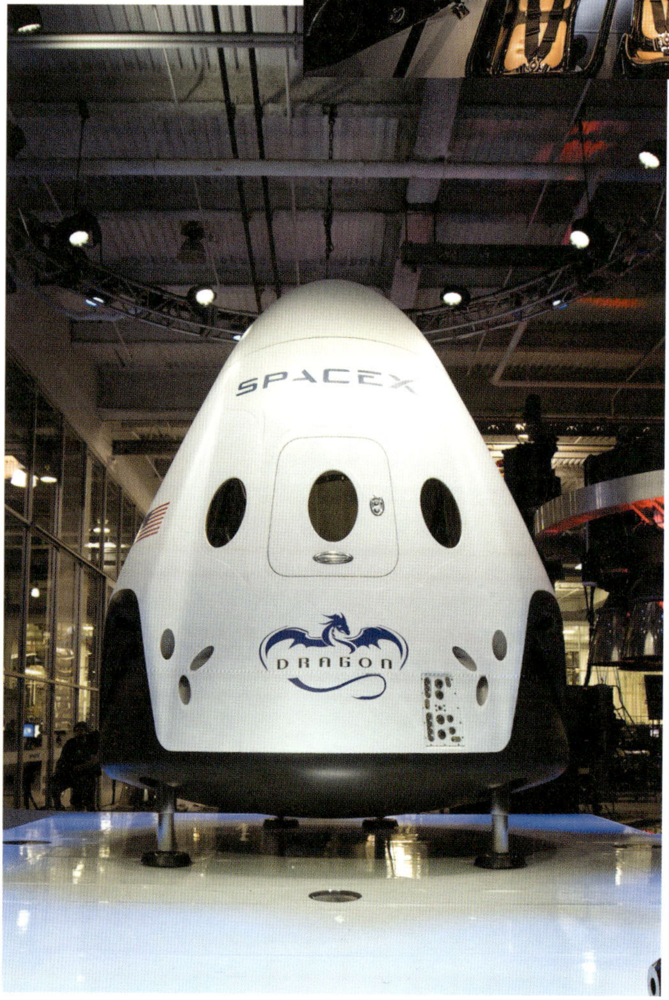

Kapsuła Dragon 2 będzie miała możliwość powrotu i precyzyjnego wylądowania na Ziemi. *Zdjęcie dzięki uprzejmości SpaceX*

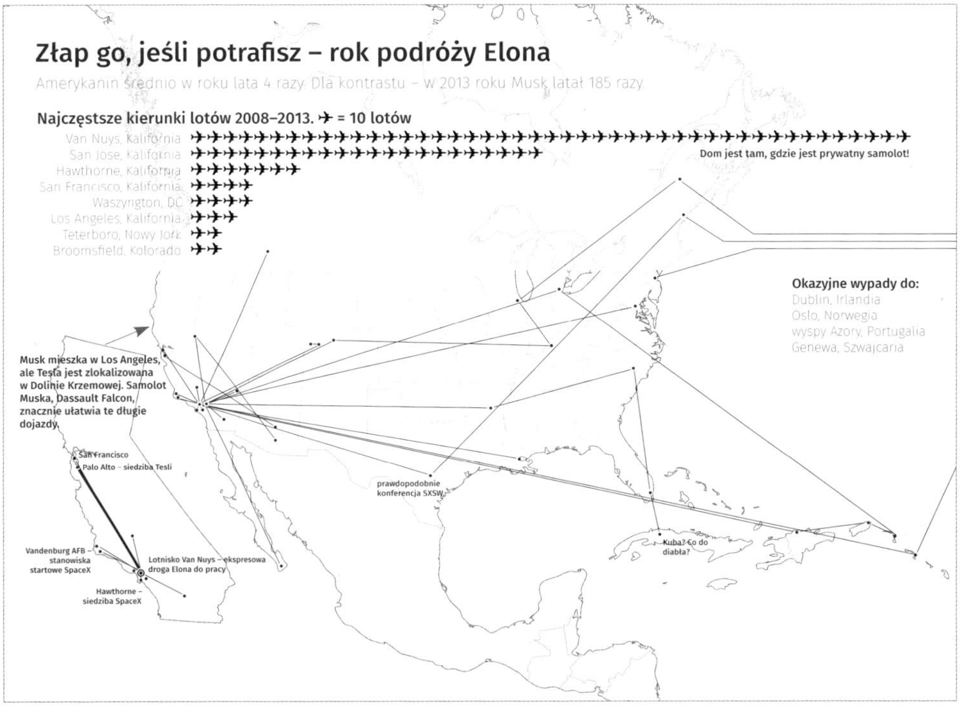

Musk nieustannie przebywa w podróży. Oto rok z jego życia odwzorowany na podstawie danych pozyskanych zgodnie z ustawą o swobodnym dostępie do informacji.

Musk ożenił się, rozwiódł, ożenił ponownie, a następnie ponownie rozwiódł z aktorką Talulah Riley. *Zdjęcie dzięki uprzejmości Talulah Riley*

Musk i Riley odpoczywają w domu w Los Angeles. Musk mieszka tam z pięciorgiem swoich synów. *Zdjęcie dzięki uprzejmości Talulah Riley*

tylko jedna firma, w której możecie się zatrudnić, jeśli marzenia o takiej wyprawie pozwalają wam wstawać z łóżka każdego ranka.

Może to zabrzmieć szokująco, ale reszta branży kosmicznej uczyniła kosmos nudnym. Rosjanie, którzy zdominowali większość biznesu powiązanego z lotami w kosmos, robią to za pomocą sprzętu sprzed dziesięcioleci. Ciasna kapsuła Sojuz, w której ludzie latają na MSK, ma mechaniczne pokrętła i ekrany komputerowe wyglądające na niezmienione od czasów pierwszego lotu z 1966 roku. Kraje wchodzące na rynek lotów kosmicznych naśladowały staroświecki sprzęt rosyjski i amerykański z szaloną dokładnością. Gdy młodzi ludzie zaczynają pracę w branży, śmieją się lub płaczą na widok sprzętu. Nic nie odbiera przyjemności z pracy na statku kosmicznym tak, jak konieczność używania mechanizmów widzianych po raz ostatni w pralni samoobsługowej z lat sześćdziesiątych. A faktyczne środowisko pracy jest równie antyczne, co same urządzenia. Asy tuż po studiach zawsze musiały wybierać między niemrawymi wykonawcami zleceń dla armii lub interesującymi start-upami bez perspektyw.

Muskowi udało się przekuć negatywne stereotypy otaczające branżę w zalety dla swojej firmy. SpaceX nie jest jedynie kolejnym wykonawcą. To modne miejsce, gdzie patrzy się w przyszłość, które skupia wszystkie korzyści Doliny Krzemowej – mrożony jogurt, opcje na zakup akcji dla pracowników, szybkie podejmowanie decyzji i płaską strukturę korporacyjną – w statecznej branży. Ludzie dobrze znający Muska zazwyczaj całkowicie słusznie opisują go raczej jako generała niż dyrektora. Stworzył armię inżynierów, werbując niemal wszystkich specjalistów, których chciał pozyskać do swojej firmy.

Model zatrudniania SpaceX kładzie pewien nacisk na najlepsze wyniki uzyskane w najlepszych uczelniach. Jednak największą uwagę przykłada się do pozyskiwania inżynierów o cechach osobowości typu A, wykazywanych przez całe życie. Rekruterzy poszukują inżynierów przodujących w zawodach budowania robotów albo miłośników wyścigów samochodowych tworzących wyjątkowe pojazdy. Celem jest znajdowanie osób emanujących pasją, pracujących świetnie w zespole i posiadających doświadczenie w obróbce metalu. „Nawet jeśli zawodowo piszesz kod, musisz rozumieć, jak działają różne obiekty mechaniczne" – powiedziała Dolly Singh, która pracowała przez pięć lat na stanowisku szefowej działu do spraw pozyskiwania talentów w SpaceX. „Szukaliśmy ludzi, którzy budowali różne rzeczy od dzieciństwa".

Czasem takie osoby po prostu przechodziły przez frontowe drzwi. Innymi razy Singh musiała polegać na różnych technikach zawodowych, aby je odszukać. Zasłynęła dzięki przesiewaniu prac akademickich w poszukiwaniu inżynierów z konkretnymi umiejętnościami, składaniu badaczom niezapowiedzianych wizyt w laboratoriach i wyławianiu inżynierów z uczelni. Na targach i konferencjach rekruterzy SpaceX kusili interesujących kandydatów za pomocą intrygi rodem z filmów szpiegowskich. Podawali im czarną kopertę, która zawierała zaproszenie na spotkanie w określonym miejscu i czasie, zazwyczaj barze lub restauracji niedaleko wydarzenia, gdzie odbywała się rozmowa wstępna. Kandydaci, którzy się pojawili, odkrywali, że znaleźli się wśród garstki namaszczonych. Natychmiast czuli się wyjątkowi i zainspirowani.

Podobnie jak wiele firm z branży technologicznej, SpaceX poddaje kandydatów na pracowników serii wywiadów i testów. Niektóre wywiady to przyjemne rozmowy, w których obydwie strony mają okazję się wyczuć, inne zaś są naszpikowane trudnymi quizami. Inżynierowie muszą sprostać najbardziej rygorystycznym przesłuchaniom, choć biznesmenom i handlowcom też nikt nie odpuszcza. Programiści oczekujący standardowych wyzwań gorzko się rozczarują. Rekruterzy zwykle każą programistom rozwiązywać problemy wymagające poradzenia sobie z kilkoma tuzinami linijek kodu. Standardowy problem w SpaceX wymaga pięciuset i więcej linijek. Każdy kandydat, który dotrwa do końca procesu rekrutacyjnego, otrzyma ostatnie zadanie: zostanie poproszony o napisanie eseju dla Muska z odpowiedzią na pytanie, dlaczego chciałby pracować w SpaceX.

Nagrodą za rozwiązanie puzzli, błyskotliwe odpowiedzi w wywiadach oraz napisanie dobrego eseju jest spotkanie z Muskiem. Przeprowadzał on dotychczas rozmowy z niemal każdym z pierwszego tysiąca pracowników swojej firmy, w tym z dozorcami i technikami, a rekrutację inżynierów prowadzi nadal, choć firma się rozrosła. Każdy pracownik lub pracownica otrzymuje ostrzeżenie przed takim spotkaniem. Słyszy, że rozmowa może potrwać od trzydziestu sekund do kwadransa. *Elon prawdopodobnie będzie kontynuował pisanie e-maili i pracował w trakcie początkowego etapu rozmowy i nie będzie zbyt wylewny. Nie panikuj. To normalne. W końcu odwróci się na krześle w twoją stronę, ale nawet wtedy może nie utrzymywać kontaktu wzrokowego albo w pełni uświadamiać sobie twojej obecności. Nie panikuj. To normalne. W odpowiednim czasie się odezwie.* W opowieściach inżynierowie oceniają te rozmowy różnie, od największej tortury, po wspaniałe doświadczenie. Może zadać jedno pytanie albo wiele. Wy możecie jednak być pewni, że zada Zagadkę: „Stoisz na powierzchni Ziemi. Idziesz półtora kilometra na południe, półtora na zachód i półtora na północ. Doszedłeś dokładnie do punktu wyjścia. Gdzie jesteś?". Jedną z odpowiedzi jest biegun północny i większość inżynierów odpowiada na to pytanie bezbłędnie. Wtedy Musk pyta: „A gdzie jeszcze mógłbyś być?". Inną odpowiedzią może być okolica bieguna południowego, gdzie obwód Ziemi wynosi półtora kilometra. Tę odpowiedź zna mniej osób, a Musk chętnie pomoże im do tego dojść, podobnie jak do innych rozwiązań, cytując odpowiednie równania w trakcie swoich wyjaśnień. Mniej obchodzi go, czy dana osoba otrzyma odpowiedź, niż to, jak opisze problem i jak podejdzie do jego rozwiązania.

W rozmowie z potencjalnymi kandydatami Singh próbowała ich pobudzać do działania, a także z góry komunikować oczekiwania firmy i szefa: „Ton rekrutacji był następujący: SpaceX jest jak siły specjalne. Jeśli nie chcecie twardej gry, nic tu po was". Gdy już się tu trafiło, nowi pracownicy szybko odkrywali, czy faktycznie byli gotowi podjąć wyzwanie. Wielu odchodziło w ciągu kilku miesięcy z powodu dziewięćdziesięciogodzinnego tygodnia pracy z nadgodzinami. Inni nie mogli wytrzymać bezpośredniego podejścia Muska i reszty kierownictwa. „Elon cię nie zna i nie wie, czy to, co mówi, zrani twoje uczucia" – mówiła Singh. „On po prostu wie, że to ma być dla niego, kurwa, zrobione. Ludzie niebędący w stanie przejść do porządku dziennego nad jego stylem komunikacji nie radzą sobie dobrze".

Istnieje wrażenie, że firma cierpi z powodu znacznej fluktuacji kadrowej i faktem jest, że przewinęło się przez nią wiele osób. Spora część kadry zarządzającej, która pomagała ją zakładać, pracuje tu od dekady lub dłużej. Wśród zwykłych inżynierów większość zostaje przynajmniej na pięć lat, aby uzyskać opcje na wykup akcji oraz doczekać finalizacji swoich projektów. To typowe w branży technologicznej. SpaceX i Musk wydają się jednak rozbudzać niezwykły poziom lojalności, a on sam stał się obiektem pewnego rodzaju kultu podobnego do tego, jaki roztaczał wokół siebie Steve Jobs. „Jego wizja jest niezwykle jasna" – podkreślała Singh. „On cię niemal hipnotyzuje. Patrzy na ciebie tym szalonym wzrokiem, zarażając wiarą, że oczywiście możemy polecieć na Marsa". Jeśli rozciągniemy to myślenie nieco szerzej, otrzymamy sadomasochistyczną relację typu przyjemność i ból, którą ludzie czerpią z pracy z Muskiem. Mnóstwo moich rozmówców potępiało godziny pracy, styl Muska i jego często absurdalne oczekiwania. A jednak niemal każda osoba – w tym te zwolnione – nadal czciły go i mówiły o nim językiem, jakim opowiada się o superbohaterach lub bóstwach.

Pierwotna siedziba SpaceX w El Segundo nie do końca spełniała zamierzenia firmy w kwestii stworzenia miejsca, gdzie chciałyby pracować modne dzieciaki. Tego problemu nie ma już nowa placówka w Hawthorne. Adres firmy to 1 Rocket Road, a po sąsiedzku mieszczą się Hawthorne Municipal Airport oraz kilka przedsiębiorstw z branży narzędziowej i produkcyjnej. I choć budynek SpaceX przypomina inne kształtem i rozmiarem, wyróżnia go całkowicie biały kolor fasady. Struktura przypomina ogromny prostokątny lodowiec osadzony pośrodku szczególnie bezdusznej części hrabstwa Los Angeles.

Goście firmy muszą przejść przez bramki ochrony, a potem niewielki parking zarządu obok wejścia, gdzie Musk parkuje swój czarny Model S. Lustrzane drzwi frontowe kryją przestrzeń znajdującą się wewnątrz. Ściany foyer są białe, w poczekalni znajduje się wystrzałowy biały stolik oraz białe stanowisko w recepcji z białymi wazonami, w których stoją storczyki. Po dokonaniu rejestracji goście otrzymują plakietki z nazwiskiem i są odprowadzani do głównej przestrzeni biurowej. Ogromny boks biurowy Muska, znajdujący się po prawej stronie, ozdobiony jest wiszącymi na ścianach okładkami magazynów „Aviation Week", zdjęciami synów stojącymi obok ogromnego płaskiego monitora oraz różnymi akcesoriami, w tym bumerangiem, książkami, butelką wina i pokaźnym mieczem samurajskim Lady Vivamus, jaki otrzymał po wygraniu nagrody Heinlein Prize, przyznawanej za komercyjne osiągnięcia w branży kosmicznej. W boksach na wielkiej, otwartej przestrzeni pracują setki innych osób, w tym kierownictwo, inżynierowie, programiści i handlowcy, stukający w klawiatury swoich komputerów. Sale konferencyjne wokół ich biurek noszą nazwy związane z kosmosem, jak Apollo lub Werner von Braun, a małe tabliczki wyjaśniają ich znaczenie. Największe z nich mają supernowoczesne krzesła – z wysokimi oparciami, lśniące i czerwone, stojące wokół wielkich szklanych stołów, a panoramiczne zdjęcia Falcona 1 startującego z Kwaj lub kapsuły Dragon dokującej na MSK wiszą w tle na ścianach.

Bez całego tego szpanu z rakietami i mieczem samurajskim środkowa część biura SpaceX wyglądałaby zupełnie jak coś, co można znaleźć w przeciętnej siedzibie firmy z Doliny Krzemowej. Nie można jednak powiedzieć tego samego o widoku, jaki goście zobaczą, przechodząc przez parę podwójnych drzwi do fabryki SpaceX. Powierzchnia licząca ponad czterdzieści sześć tysięcy metrów kwadratowych jest trudna do ogarnięcia wzrokiem. To ogromna przestrzeń z szarymi epoksydowymi podłogami, białymi ścianami i filarami. Na tej powierzchni wydaje się mieścić niewielkie miasteczko pełne ludzi, maszyn i hałasu. Tuż nieopodal wejścia jedna z kapsuł Dragon, która poleciała na MSK i wróciła na Ziemię, wisi z sufitu z czarnymi śladami spalenizny na boku. Zaraz pod nią na ziemi znajduje się para ponad siedmioipółmetrowych podpór zbudowanych przez SpaceX, aby rakieta Falcon mogła ostrożnie wylądować na powierzchni i zostać odzyskana. Po lewej stronie znajduje się kuchnia, a po prawej centrum kontroli misji. To zamknięty obszar z dużym przeszklonym oknem i ogromnymi ekranami, na których śledzi się postępy rakiety. Znajdują się w nim cztery rzędy biurek z około dziesięcioma komputerami dla personelu kontroli misji. Wchodząc głębiej do fabryki, można zobaczyć wiele przemysłowych miejsc pracy oddzielonych od siebie w najbardziej nieformalny sposób. W niektórych miejscach na podłodze wymalowano niebieskie separujące linie, zaś w innych błękitne stoły warsztatowe ustawiono na planie kwadratu, by wydzielić przestrzeń. To częsty widok, że pośrodku takich miejsc umieszczono jeden z silników Merlin, a wokół niego krząta się pół tuzina techników pracujących nad jego podłączeniem i ulepszających jakieś jego elementy.

Tuż za stanowiskami pracy znajduje się przeszklona przestrzeń na tyle duża, by pomieścić dwie kapsuły Dragon. To pomieszczenie czyste, w którym trzeba nosić fartuch laboratoryjny i siatkę na włosy, by nie zanieczyścić kapsuły w trakcie pracy. Około dziesięć metrów na lewo leży w rzędzie kilka rakiet Falcon 9 już pomalowanych i czekających na transport. Gdzieniegdzie znajdują się miejsca z niebieskimi ścianami, które wydają się być pokryte tkaniną. To ściśle tajne strefy, w których właśnie może odbywać się praca nad wymyślnym kombinezonem astronauty lub częścią rakiety skrywaną przed pracownikami niezwiązanymi z projektem. Z boku znajduje się ogromna strefa, w której SpaceX tworzy części elektroniczne, kolejna przeznaczona dla wyspecjalizowanych materiałów kompozytowych oraz inna dla czepców o wielkości autobusów, które chronią satelity. Setki ludzi krzątają się równocześnie po fabryce – mieszanina twardych techników z tatuażami i bandanami oraz młodych inżynierów w formalnych strojach. Zapach potu dzieciaków, które dopiero co wybiegły z placu zabaw, przenika budynek i wskazuje na nieustanną aktywność, jaka ma tutaj miejsce.

Musk pozostawił ślady swojej osobowości w całej fabryce. To niewielkie rzeczy, jak centrum danych skąpane w błękitnych światłach, wyglądające jak sceneria z filmu science fiction. Oświetlone komputery wielkie niczym lodówki oznaczono blokowymi literami, aby wyglądały na wyprodukowane przez fikcyjną firmę znaną z serii filmów *Terminator*, Cyberdyne Systems. Obok wind Musk umieścił świetlisty posąg Iron Mana. Jednak najbardziej w jego stylu jest przestrzeń biurowa zorganizowana na samym środku fabryki. To trzypiętrowa przeszklona struktura z salami konferencyjnymi i biurkami, która wznosi się pomiędzy strefami spawania i budowy. Biuro z przeszklonymi ścianami w takim przemysłowym ulu równocześnie nietypowo wygląda i sprawia dziwne wrażenie. Jednak Musk chciał, aby jego inżynierowie mogli nieustannie obserwować prace nad maszynami, i upewnił się, że w drodze do swoich biurek przejdą przez fabrykę i porozmawiają z technikami.

Fabryka jest świątynią poświęconą temu, co SpaceX uważa za swoją główną broń w grze tworzenia rakiet, mianowicie produkcji wewnątrzzakładowej. Firma produkuje między osiemdziesiąt a dziewięćdziesiąt procent swoich rakiet, silników, elektroniki i innych części. Ta strategia absolutnie oszałamia konkurencję, jak choćby United Launch Alliance czyli ULA, która otwarcie chwali się zależnością od ponad tysiąca dwustu dostawców koniecznych do finalizacji swoich produktów końcowych (ULA, partnerstwo między Lockheed Martinem i Boeingem, postrzega siebie raczej jako motor tworzenia miejsc pracy niż model nieefektywności).

Typowa firma z branży kosmicznej przygotowuje listę części potrzebnych do systemu startowego, a potem przekazuje projekt i specyfikacje gronu podwykonawców, którzy faktycznie budują sprzęt. SpaceX kupuje jak najmniej, by oszczędzić pieniądze, ponieważ uważa uzależnianie się od dostawców – zwłaszcza zagranicznych – za słabość. Takie podejście na pierwszy rzut oka może się wydać przesadą. W końcu firmy od dekad produkowały takie urządzenia, jak radia czy jednostki zasilające. Wynajdowanie na nowo koła dla każdego komputera i maszyny do rakiety mogło zwiększać ryzyko błędów, a przy tym było zwykłą stratą czasu. W przypadku SpaceX strategia okazała się skuteczna. Poza budowaniem własnych silników, kadłubów rakiet i kapsuł, firma projektuje własne płyty główne i obwody, czujniki wykrywające wibracje, komputery pokładowe i panele solarne. Wyłącznie dzięki usprawnieniu radia inżynierowie SpaceX odkryli, że mogą obniżyć jego wagę o około dwadzieścia procent, a oszczędności kosztów przy jego produkcji są ogromne – wydatki spadają z ceny mieszczącej się w przedziale od pięćdziesięciu tysięcy do stu tysięcy dolarów za sprzęt klasy przemysłowej używany przez konkurencję do pięciu tysięcy za jednostkę SpaceX.

Na początku trudno uwierzyć w tak ogromne różnice cen, ale istnieją dziesiątki, jeśli nie setki miejsc, w których SpaceX udało się zaoszczędzić. Firma wydaje się budować swój sprzęt z łatwo dostępnej elektroniki użytkowej w przeciwieństwie do urządzeń „klasy kosmicznej" stosowanych przez rywali. Przez lata starano się udowodnić NASA, że standardowa elektronika osiągnęła dostateczny poziom, by móc konkurować z urządzeniami wyspecjalizowanymi, jakim ufano w przeszłości. „Tradycjonaliści z branży trzymali się pewnego schematu przez długie lata" – tłumaczył były inżynier SpaceX Drew Eldeen. „Największym wyzwaniem było przekonanie NASA, by dali szansę czemuś nowemu, oraz zebranie dokumentacji potwierdzającej, że części miały dostateczną jakość". Aby dowieść, że wybór był dobry zarówno dla niej, jak i dla NASA SpaceX czasem wrzucała do rakiet standardowy sprzęt oraz prototypy własnego projektu do testowania w trakcie lotu. Inżynierowie porównywali następnie parametry użytkowe, a gdy projekty SpaceX okazywały się tak samo dobre albo lepsze od komercyjnych produktów, awansowały do miana sprzętu użytkowego.

Wielokrotnie zdarzało się również, że firma dokonała pionierskiej pracy w zakresie rozwoju bardzo złożonych systemów sprzętowych. Klasycznym przykładem jest jedno z dziwaczniej wyglądających ustrojstw w fabryce, dwupiętrowa maszyna zaprojektowana na potrzeby czynności zwanej zgrzewaniem techniką FSW, czyli zgrzewaniem tarciowym z przemieszaniem. Maszyna pozwala zautomatyzować proces obróbki ogromnych arkuszy metalowych, jak te tworzące kadłuby rakiet Falcon. Ramię bierze jeden z paneli, układa obok drugiego, a następnie łączy je za pomocą sześciometrowej, a czasem nawet dłuższej spoiny. Firmy z branży lotniczej zazwyczaj starają się unikać spoin, ponieważ osłabiają one metal, a to ograniczało wielkość dostępnych do stosowania blach i wymuszało inne reguły projektowania. Od początku istnienia firmy Musk naciskał na opanowanie techniki FSW, w której obracające się narzędzie uderza z dużą prędkością w obszar złącza między dwoma elementami metalu, by spoić ich uplastycznione struktury. To tak, jakbyście podgrzali dwa arkusze folii aluminiowej, a potem połączyli, dociskając je kciukiem i skręcając razem metal. Ta technika zgrzewania daje znacznie mocniejsze łączenia niż tradycyjne spoiwa. Wykorzystywano ją wcześniej, ale nie na tak dużych strukturach jak rakiety ani też do takiego stopnia, do jakiego stosuje ją SpaceX. W efekcie prób i błędów w firmie obecnie łączy się duże cienkie blachy metalu i tworzy rakiety lżejsze o setki kilogramów dzięki temu, że można zastosować lżejsze stopy oraz uniknąć wykorzystywania nitów, złącz oraz innych konstrukcji wsporczych. Konkurencja z branży motoryzacyjnej wkrótce mogła potrzebować tego samego, ponieważ SpaceX przeniosła nieco sprzętu i technik do Tesli. Istnieje szansa, że firma będzie mogła produkować lżejsze i bardziej wytrzymałe auta.

Technologia okazała się na tyle cenna, że konkurenci SpaceX zaczęli ją kopiować i próbowali podkraść kilku ekspertów w tym zakresie. Tajna firma z branży rakietowej Jeffa Bezosa o nazwie

Blue Origin okazała się wyjątkowo agresywna, przejmując Raya Miryektę, jednego z najlepszych ekspertów od techniki FSW na świecie, i rozpętując spory konflikt z Muskiem. „Blue Origin zaczęła atakować z chirurgiczną precyzją w naszych specjalistów[II], oferując im dwa razy lepsze zarobki. Moim zdaniem to niepotrzebne i trochę niegrzeczne" – powiedział Musk. Wewnątrz SpaceX Blue Origin nazywa się prześmiewczo „BO" i w pewnym momencie w firmie założono filtr mailowy wykrywający wiadomości z elementami „blue" i „origin", aby uniknąć nagabywania. Relacja między szefami obydwu firm zrobiła się napięta i nie gawędzą już o wspólnym marzeniu podróży na Marsa. „Sądzę, że Bezos ma niezaspokojone pragnienie zostania Królem Bezosem" – powiedział Musk. „Wyznaje bezwzględną etykę pracy i chce zniszczyć cały handel internetowy. Tak szczerze, to nie jest zbyt fajnym facetem"[III].

Na początku istnienia swojej firmy Musk niewiele wiedział o maszynach oraz ilości ciężkiej pracy, z jaką wiąże się produkcja rakiet. Odrzucał prośby o zakup specjalistycznego oprzyrządowania, dopóki inżynierowie nie potrafili wytłumaczyć za pomocą konkretnych argumentów, dlaczego potrzebowali danych narzędzi, albo dopóki doświadczenie nie nauczyło go, że to jednak konieczne. Opanował również z czasem kilka technik zarządzania ludźmi, które przyniosły mu sukces, a do pewnego stopnia zapewniły mu złą sławę.

Dojrzewanie Muska na stanowisku dyrektora generalnego i eksperta branży rakietowej szło w parze z rozwojem SpaceX jako firmy. Na początku podróży Falcona 1 był przesadnie

---

[II] Blue Origin podkupił również sporą część zespołu napędu odrzutowego SpaceX.

[III] Musk zarzucił Blue Origin i Bezosowi składanie wniosków patentowych na odzyskiwane technologie rakietowe. „Jego patent to zupełny absurd" – skomentował. „Ludzie sugerowali możliwość lądowania na niezakotwiczonych platformach oceanicznych od pięciu dekad. Nie ma żadnych szans by ten patent się powiódł. Obmyślono już tyle sposobów i metod zrobienia tego i choć pomysł wydaje się dziwny, to problem polega na tym, żeby to zrobić i naprawdę zbudować rakietę, która tego dokona".

wymagającym kierownikiem z doświadczeniem programisty, próbującym dowiedzieć się podstawowych rzeczy o zupełnie nowym dla siebie świecie. W Zip2 i PayPalu czuł się komfortowo, obstając przy swoim zdaniu i kierując ekipą programistów. W SpaceX musiał na bieżąco uczyć się nowych rzeczy. Początkowo polegał na podręcznikach, z których pochodziła większość jego wiedzy na temat rakiet. W miarę rekrutowania kolejnych genialnych pracowników Musk zdał sobie sprawę, że może skorzystać z ich zasobów wiedzy. Osaczał inżyniera w fabryce i wypytywał go o rodzaj zaworu albo specjalistycznego materiału. „Na początku myślałem, że sprawdza moją wiedzę" – wspominał jeden z pierwszych zatrudnionych w firmie inżynierów, Kevin Brogan. „A potem zdałem sobie sprawę, że on chce się sam nauczyć. Przesłuchiwał cię, aż nauczył się dziewięćdziesięciu procent tego, co ty wiedziałeś". Ludzie, którzy spędzili z Muskiem sporo czasu, zaświadczą o jego zdolnościach do absorbowania niewiarygodnych ilości informacji z niemal bezbłędną umiejętnością powtórnego przywoływania. To jeden z jego najbardziej imponujących i przerażających talentów, który tak samo świetnie sprawdza się dziś, co w czasach pochłaniania książek w dzieciństwie. Po kilku latach kierowania SpaceX Musk zmienił się w eksperta z branży lotniczej i kosmicznej na poziomie dostępnym niewielu dyrektorom generalnym z branży technologicznej. „On pokazał nam, jak ważny jest czas, a my jemu tajniki techniki rakietowej" – powiedział Brogan.

W kwestii czasu Musk mógł wyznaczyć o wiele agresywniejsze cele dostawy na znacznie bardziej skomplikowane produkty niż jakikolwiek inny kierownik w historii. Zarówno jego pracownicy, jak i opinia publiczna uznali tę cechę za jeden z najbardziej drażniących aspektów charakteru Muska. „Elon zawsze był optymistą" – podkreślał Brogan. „To ładnie powiedziane. Potrafi wręcz posunąć się do kłamstwa, gdy rzeczy muszą być zrobione. Wybierze najbardziej agresywny harmonogram, jaki można sobie wyobrazić, uznając, że wszystko pójdzie jak trzeba, a potem go jeszcze przyspieszy, zakładając, że wszyscy mogą pracować ciężej".

Prasa stawiała już Muska pod pręgierzem za wyznaczanie, a potem niedotrzymywanie dat dostaw produktów. To jeden z nawyków, jakie napytały mu największej biedy, gdy SpaceX i Tesla próbowały wprowadzić na rynek swoje produkty. Co jakiś czas Musk znajdował się w sytuacji, w której musiał wymyślać coraz to nowe wymówki dla opóźnień. Kiedy przypomniano mu o początkowej dacie startu Falcona 1 ustalonej na 2003 rok, Musk zareagował szokiem. „Poważnie?" – spytał. „Tak mówiliśmy? W porządku, to jakiś absurd. Zdaje mi się, że nie miałem pojęcia, o czym mówię. Miałem wcześniej doświadczenie jedynie w zakresie oprogramowania i wiedziałem, że można napisać oprogramowanie i odpalić stronę w rok. To żaden problem. Z rakietami sprawa wygląda zupełnie inaczej". Musk po prostu nic na to nie poradzi – jest z natury optymistą i da się odczuć, że prowadzi kalkulacje w zakresie tego, ile zajmie zrobienie czegoś, na podstawie pomysłu, że sprawy będą szły bez przeszkód na każdym etapie, a członkowie zespołu będą cechować się zdolnościami podobnymi do jego własnych i taką samą etyką pracy. Brogan żartował, że Musk jest w stanie przewidzieć czas trwania projektu oprogramowania na podstawie liczby sekund koniecznych do napisania jednej linijki kodu, a potem ekstrapoluje te dane na tyle linijek kodu, ile oczekuje po finalnym projekcie. To niedoskonałe porównanie, ale wydaje się być zbliżone do poglądu Muska. „On robi wszystko niezwykle szybko" – powiedział Brogan. „Nawet sika szybko, jakby używał węża strażackiego – trzy sekundy i po robocie. Autentycznie żyje w pośpiechu". Spytany o swoje podejście, Musk powiedział:

> Na pewno nie próbuję wytyczać celów niemożliwych do osiągnięcia. Uważam, że takie cele demotywują. Nie mówi się ludziom, by pokonali mur, waląc w niego głową. Nigdy nie stawiam takich celów w zamierzony sposób. Z pewnością byłem

zawsze optymistą wobec ram czasowych. Staram się je dostosować, by być nieco bardziej realistą.

Nie zakładam, że zawsze taki byłem. Mam na myśli to, że na początku istnienia SpaceX mogłem po prostu nie rozumieć, czego wymaga tworzenie rakiet. Mój błąd wynosił jakieś dwieście procent. Uważam, że różnica dla przyszłych programów może wynosić od dwudziestu pięciu do pięćdziesięciu procent w odróżnieniu od wcześniejszych dwustu procent.

Sądzę, że ogólnie powinno się określić harmonogram, gdzie opierając się na posiadanej wiedzy termin zakończenia ustala się na X i należy się go trzymać, ale pamiętając o tym, że po drodze mogą pojawić się różne nieprzewidziane rzeczy, które przesuną tę datę. Nie oznacza to, że nie powinno się dążyć do tego celu od samego początku, ponieważ dążenie do innego wiązałoby się z samowolnym wydłużeniem czasu.

Co innego powiedzieć: „No dobra, co obiecaliśmy ludziom?". Ponieważ chcesz spróbować obiecać ludziom coś, co wpisano w zakres planu. Ale aby osiągnąć zewnętrzny obiecany plan, musisz ustalić bardziej agresywny harmonogram wewnętrzny. I czasem nie uda ci się dotrzymać zewnętrznego terminu.

SpaceX nie jest w tym osamotniona. Opóźnienia to element działalności w branży kosmicznej. Pytanie nie powinno brzmieć, czy coś się opóźnia, ale jak bardzo opóźni się cały program. Nie sądzę, żeby jakikolwiek program w tej branży udało się ukończyć w terminie od czasu cholernej drugiej wojny światowej.

Radzenie sobie z bardzo agresywnymi planami i oczekiwaniami Muska wymagało od inżynierów SpaceX rozwinięcia szeregu technik survivalowych. Musk często wymaga niezwykle szczegółowych konspektów opisujących metody finalizacji projektów. Pracownicy nauczyli się nigdy nie rozkładać czasu wymaganego do ukończenia pracy na miesiące lub tygodnie. Oczekuje się od nich codziennych i cogodzinnych prognoz, czasem nawet odliczania co do minuty, a za niedotrzymanie terminów grożą surowe konsekwencje. „Trzeba było raportować nawet wyjście do toalety" – wspominał Brogan. „Mówiłem Elonowi, że czasem człowiek potrzebuje posiedzieć dłużej na kiblu". Główne kierownictwo firmy pracuje razem, aby de facto opracować sztuczne harmonogramy, które ich zdaniem przypadną mu do gustu, ale są właściwie niemożliwe do osiągnięcia. Nie byłoby wcale takie straszne, gdyby owe cele pozostały wewnątrz firmy. Musk jednakże ma w zwyczaju cytować owe zmyślone plany klientom, nieświadomie dając im fałszywą nadzieję. Zazwyczaj wszystko spada na głowę prezes firmy Gwynne Shotwell, która musi posprzątać powstały w ten sposób bajzel. Albo musi dzwonić do klienta i podawać mu bardziej realny termin, albo preparować litanię wymówek, by wytłumaczyć nieuniknione opóźnienia. „Biedna Gwynne, słuchanie jej rozmów przez telefon z klientami jest po prostu bolesne" – ubolewał Brogan.

Nie ma wątpliwości, że Musk do perfekcji opanował sztukę wyciskania swoich pracowników jak cytryny. Wystarczy przeprowadzić wywiady z trzema tuzinami inżynierów pracujących w jego firmie, a można się dowiedzieć, że każdy z nich wyłapał menedżerskie triki, których używał Musk, by nakłonić ludzi do dotrzymywania jego terminów. Oto przykład podany przez Brogana: tam gdzie zwykły menedżer daje termin pracownikowi, Musk nakazuje swoim inżynierom przejmowanie kontroli nad terminami. „On nie mówi: »Macie to zrobić do piątku do drugiej po południu«. Mówi: »Potrzebuję rzeczy niemożliwej na piątek do drugiej po południu. Dacie radę?«. Gdy się zgodzisz, nie harujesz dlatego, że on ci kazał. Harujesz dla samego siebie. Tę różnicę da się odczuć. Zgłosiłeś się do wykonania własnej pracy". Co więcej, rekrutując setki bystrych, zmotywowanych ludzi, SpaceX zwiększyła siłę jednostki. Jedna osoba pracująca szesnaście godzin okazuje się bardziej efektywna niż dwie pracujące razem po osiem godzin. Jednostka nie musi odbywać spotkań, osiągać porozumienia ani sprowadzać innych, żeby przyspieszyć projekt. Po prostu bez przerwy pracuje. Idealny pracownik SpaceX to ktoś taki jak Steve Davis, dyrektor projektów zaawansowanych. „Pracuje od lat codziennie po szesnaście godzin" – powiedział Brogan. „Wykonuje więcej pracy niż jedenastoosobowy zespół".

Aby znaleźć Davisa, Musk zadzwonił do asystenta z działu aeronautyki na Stanford i zapytał go, czy mają tam jakichś ciężko pracujących i bystrych kandydatów – magistrów lub doktorantów, którzy nie mieli rodzin. Ten wskazał mu Davisa, który robił dyplom z inżynierii aeronautyki, a wcześniej posiadał już dyplomy z finansów, inżynierii mechanicznej i fizyki cząstek elementarnych. W środę Davis odebrał telefon i otrzymał ofertę pracy od piątku. Był dwudziestym drugim pracownikiem SpaceX, nadal w niej pracuje i zajął dwunaste miejsce w firmie pod względem długości stażu. W 2014 roku skończył trzydzieści pięć lat.

Davis odbył wyprawę na Kwaj, którą uważa za najwspanialszy okres swojego życia. „Każdej nocy można było spać obok rakiety w namiocie, gdzie łaziły po tobie gekony, albo wsiąść do łodzi, którą przez godzinę wracało się na główną wyspę, walcząc z chorobą morską" – wspominał. „Wybierało się ten ból, który pamiętało się najmniej. Było nam gorąco i byliśmy wyczerpani. To było po prostu wspaniałe". Po zakończeniu prac nad Falconem 1 Davis rozpoczął prace przy Falconie 9, a następnie nad Dragonem.

Zaprojektowanie kapsuły Dragon zajęło firmie cztery lata i jest to prawdopodobnie najszybciej ukończony projekt tego rodzaju w historii branży kosmicznej. Rozpoczął go Musk i garstka inżynierów, z których większość nie miała nawet trzydziestu lat, a w szczytowym okresie pracowała przy nim setka ludzi[IV]. Ściągali z poprzednich

[IV] Według Muska: „We wczesnej wersji Dragona – Version 1 – do zespołu należałem ja i trzech lub czterech inżynierów. Żyliśmy z dnia na dzień i nie mieliśmy pojęcia, czy NASA udzieli nam kontraktu. Technicznie wcześniej istniał jeszcze znacznie prostszy Magic Dragon, lecz nie spełnił wymogów. Przy tym projekcie pracowałem tylko ja i ci goście z Wielkiej Brytanii znający się na balonach stratosferycznych".

dokonań w zakresie kapsuł, a także czytali każdy artykuł opublikowany przez NASA oraz inne instytucje branżowe związane z takimi projektami, jak Gemini czy Apollo. „Jeśli szukasz czegoś w stylu algorytmu ponownego wejścia dla misji Apollo, trafisz na wspaniałe bazy danych, które wyplują odpowiedzi" – powiedział Davis. Inżynierowie w SpaceX musieli wykombinować, jak rozwinąć dawne osiągnięcia i wprowadzić kapsułę w XXI wiek. Niektóre obszary ulepszenia były oczywiste i łatwe do pozyskania, podczas gdy inne wymagały większej pomysłowości. Saturn 5 i Apollo miały potężne komputery, które cechowała jedynie część obecnej mocy przerobowej dostępnej tym znajdującym się na przykład w iPadach. Inżynierowie SpaceX wiedzieli, że mogą zaoszczędzić sporo miejsca, wyrzucając kilka komputerów, a w to miejsce dodając narzędzia dostępne wraz z ich potężniejszym sprzętem. Zdecydowali, że choć Dragon będzie przypominał w dużym stopniu Apollo, będzie miał także ostrzejsze kąty ścian, aby zyskać miejsce dla sprzętu i astronautów, których firma miała nadzieję wysłać w kosmos. W efekcie umowy z NASA SpaceX opracowała także formułę na materiał do wykonania osłony termicznej o nazwie PICA. Inżynierowie wymyślili, jak go produkować taniej, ulepszając bazową formułę, aby Dragon już od pierwszego dnia mógł wytrzymać temperaturę ponownego wejścia w atmosferę przy powrocie na Ziemię z Marsa[V]. Całkowity koszt budowy kapsuły wyniósł trzysta milionów dolarów, co oznaczało kwotę od dziesięciu do trzydziestu razy niższą niż projekty konkurencji. „Metal przychodzi, my rozwijamy blachę, zgrzewamy ją i robimy poszczególne elementy" – podsumował Davis. „Prawie wszystko odbywa się wewnętrznie. Dlatego udało nam się obniżyć koszty".

[V] NASA badając projekt Dragona, zauważyła szereg cech kapsuły, które wydają się celowo zbudowane dla umożliwienia lądowania na Marsie. Badacze opublikowali wiele artykułów na temat możliwości zorganizowania misji NASA na Marsa, w której Dragon mógłby zebrać próbki i powrócić z nimi na Ziemię.

Podobnie jak Brogan, Davis oraz wielu innych inżynierów usłyszało od Muska prośby o dokonanie rzeczy niemożliwych. Jego ulubiona padła w 2004 roku. Firma potrzebowała wówczas siłownika, który inicjowałby działanie przegubu Cardana sterującego górnym stopniem Falcona 1. Davis nigdy w życiu nie budował żadnego sprzętu i oczywiście wyruszył na poszukiwania dostawców, którzy zrobiliby dla niego elektryczno-mechaniczny siłownik. Otrzymał wycenę na sto dwadzieścia tysięcy dolarów. „Elon zaśmiał się: »Ta część jest nie bardziej skomplikowana niż pilot do garażu. Masz pięć tysięcy dolarów budżetu. Zajmij się tym«" – wspominał Davis, który przez dziewięć miesięcy budował urządzenie. Potem trzy godziny biedził się nad e-mailem do Muska, w którym opisał wady i zalety owocu swoich prac. Wdał się w bolesne szczegóły na temat projektu, różnych wyborów oraz kosztów. Wysyłając swoją wiadomość, poczuł niepokój przepływający przez całe ciało, bo wiedział, że poświęcił niemal rok na coś, czego inżynier u konkurencji nawet by nie próbował. Cały jego trud i zmartwienia Musk nagrodził jedną ze swoich standardowych odpowiedzi – krótkim „Ok". Siłownik projektu Davisa kosztował ostatecznie trzy tysiące dziewięćset dolarów i poleciał w Falconie 1 w kosmos. „Włożyłem w tę wiadomość cały wysiłek intelektualny, a minutę później dostałem tę prostą odpowiedź" – wspominał. „Wszyscy w firmie mamy takie doświadczenia. Jedną z moich ulubionych rzeczy w Elonie jest umiejętność szybkiego podejmowania niezwykle trudnych decyzji. Do dziś to działa tak samo".

Kevin Watson może się pod tym podpisać. Przeszedł do SpaceX w 2008 roku po dwudziestu czterech latach w Laboratorium Napędu Odrzutowego NASA. Pracował tam nad różnymi projektami, w tym nad tworzeniem i testowaniem systemów komputerowych, które byłyby w stanie wytrzymać trudne warunki w kosmosie. Jego dział zazwyczaj kupował drogie, specjalnie wzmacniane komputery, a to frustrowało Watsona. Marzył o sposobach budowania znacznie tańszych, a równie wydajnych maszyn. Po rozmowie kwalifikacyjnej z Muskiem przekonał się, że w SpaceX potrzebowano dokładnie takiego podejścia. Musk chciał, żeby cena za większość systemów komputerowych rakiety nie przekraczała dziesięciu tysięcy dolarów, a to była według branżowych standardów szalona stawka, gdyż systemy awioniki zazwyczaj kosztowały grubo ponad dziesięć milionów. „Tradycyjnie w branży kosmicznej dziesięć tysięcy dolarów wydawało się na jedzenie na spotkaniu dla przedyskutowania kosztów awioniki" – powiedział Watson.

W trakcie rozmowy kwalifikacyjnej Watson obiecał Muskowi, że dokona nieprawdopodobnego i zbuduje system awioniki za dziesięć tysięcy dolarów. Zaczął pracę nad komputerami do Dragona już pierwszego dnia, a pierwszy system nosił nazwę CUCU, którą wymawiano „kuku". Skrzynka komunikacyjna miała zostać umieszczona na MSK i komunikować się z kapsułą. Sporo osób z NASA mówiło o inżynierach ze SpaceX jako „gościach z garażu" i cynicznie odnosiło się do możliwości ukończenia przez start-up jakiegokolwiek projektu, w tym zbudowania tego typu urządzenia. Jednak firma zbudowała komputer w rekordowym czasie, w dodatku okazał się on pierwszym tego typu systemem, który przeszedł protokół testowy NASA za pierwszym podejściem. Przedstawiciele agencji byli zmuszeni w trakcie spotkań do nieustannego powtarzania „kuku", co stanowiło mały wyraz buntu zaplanowany przez SpaceX od samego początku, by się nad nimi znęcać. W miarę upływu miesięcy Watson i inni inżynierowie zbudowali kompletne systemy komputerowe dla Dragona, a później dostosowali technologię dla Falcona 9. W efekcie powstała rezerwowa platforma awioniki, która wykorzystywała mieszankę gotowego oprzyrządowania obliczeniowego oraz produktów zbudowanych na miejscu. Kosztowała nieco ponad dziesięć tysięcy dolarów, ale była bliska spełnienia celu Muska.

SpaceX wzmocniła Watsona rozczarowanego zgodą Laboratorium na zbędne wydatki oraz panującą tam biurokracją. Musk musiał akceptować wszystkie wydatki powyżej kwoty dziesięciu tysięcy dolarów. „To jego pieniądze wydawaliśmy, a on trzymał rękę na pulsie – i miał do tego cholerne prawo" – podkreślał Watson. „Upewniał się, że nikt nie robił głupot". Decyzje zapadały szybko w trakcie cotygodniowych spotkań, a cała firma je akceptowała. „To było niezwykłe, jak szybko ludzie dostosowywali się do wyników tego spotkania. Statek potrafił zrobić zwrot o dziewięćdziesiąt stopni. Coś takiego byłoby nie do pomyślenia w Lockheed Martinie". I dalej:

> Elon jest genialny. Bierze udział niemal we wszystkim. Wszystko rozumie. Jeśli cię o coś zapyta, szybko się uczysz, żeby nie reagować spontanicznie. On oczekuje odpowiedzi, która będzie odnosić się do fundamentalnych praw fizyki. Rzeczą, którą świetnie rozumie, jest fizyka rakiet. Rozumie ją jak nikt inny. Rzeczy, które potrafi robić w głowie, są naprawdę zwariowane. Potrafi dyskutować o wysyłaniu w kosmos satelity i o tym, czy uda nam się dotrzeć na właściwą orbitę i dostarczyć Dragona w tym samym czasie, a także równocześnie rozwiązuje wszystkie te równania. To niewiarygodne móc patrzeć na ilość wiedzy, jaką zgromadził przez te wszystkie lata. Nigdy nie chciałbym być osobą, której przyjdzie rywalizować z Elonem. Można równie dobrze wycofać się z interesu i znaleźć coś innego, fajnego do roboty. On cię wymanewruje, wygłówkuje i wysadzi z dalszej gry.

Jednym z największych odkryć Watsona w SpaceX było stanowisko testowe na trzecim piętrze w fabryce w Hawthorne. SpaceX posiada wersje testowe całości swojego sprzętu i elektroniki rakiety powykładane na metalowych stołach. Powielono w ten sposób wnętrze rakiety, aby można było przeprowadzić tysiące symulacji lotów. Ktoś „startuje" rakietę z komputera, a następnie każdy element mechaniczny i elektroniczny monitoruje się za pomocą czujników. Inżynier może kazać zaworom otworzyć się, a potem sprawdzić, czy tak się stało, zbadać szybkość reakcji i dopływ prądu. Ta aparatura testowa pozwala inżynierom sprawdzać wszystko przed startami i wymyślać, jak mogliby poradzić sobie z każdym typem anomalii. W trakcie faktycznych lotów SpaceX ma ludzi w placówkach testowych, którzy mogą replikować błędy z Falcona albo Dragona i dokonać odpowiednich poprawek. Dzięki temu systemowi firma mogła dokonywać na bieżąco wielu poprawek. Raz ktoś zauważył błąd w pliku oprogramowania na kilka godzin przed startem. Inżynierowie podmienili plik, sprawdzili, jak wpłynie to na sprzęt testowy, a gdy nie wykryto problemów, wysłali nowy plik na Falcona 9, oczekującego już na platformie, a wszystko w mniej niż pół godziny. „NASA nie ma takiej praktyki" – powiedział Watson. „Jeśli coś byłoby nie tak z wahadłowcem, wszyscy po prostu czekaliby kolejne trzy tygodnie na ponowną próbę startu"[12].

Od czasu do czasu Musk wysyłał e-mail do całej firmy, aby wprowadzić nową politykę albo zasygnalizować, że coś mu nie odpowiada. Jeden z najsłynniejszych trafił do skrzynek pocztowych pracowników w maju 2010 roku, a w temacie znajdowało się – „Dotyczy Używania Przeklętych Akronimów":

> SpaceX ogarnia stopniowa tendencja do stosowania wymyślonych akronimów. Ich nadmierne użycie jest poważnym upośledzeniem dla komunikacji, a sprawna komunikacja jest niezwykle istotna dla rozwoju firmy. Pojedyncze akronimy pojawiające się tu czy tam nie wydają się groźne, ale jeśli wymyśla je tysiąc osób, z czasem powstanie ogromny glosariusz, który będziemy musieli udostępniać nowym pracownikom. Nikt właściwie nie pamięta ich wszystkich, a ludzie nie chcą wyjść na spotkaniach na głupków, więc siedzą w nieświadomości. To wyjątkowo trudne dla nowych osób.
>
> To musi się skończyć natychmiast albo będę musiał podjąć drastyczne środki – ostrzegałem już wielokrotnie przez ostatnie lata. Żaden akronim bez mojej zgody nie wejdzie do słownika firmowego. Jeśli istniejący akronim nie może być rozsądnie

uargumentowany, należy go wyeliminować z użycia, zgodnie z moją wcześniejszą prośbą.

Przykładowo, z użycia należy wyeliminować akronim „HTS" czy „VTS" oznaczające odpowiednio poziome i pionowe stanowiska testowe. Są one wyjątkowo głupie, gdyż zawierają zbędne słowa. Stanowiska w naszej placówce testowej są z definicji stanowiskami testowymi. VTS-3 to cztery sylaby i trójka, zamiast dwusylabowej nazwy (ang. test stand), wówczas wypowiedzenie cholernego akronimu zajmuje więcej czasu niż samej nazwy!

Kluczowe dla tworzenia akronimu jest pytanie, czy faktycznie pomaga on czy też szkodzi komunikacji. Taki, który zna większość inżynierów spoza naszej firmy, jak na przykład GUI, jest w porządku. W porządku jest również tworzenie od czasu do czasu kilku akronimów albo skrótowców przy założeniu, że je zaakceptuję, na przykład MVac i M9 zamiast Merlin 1C-Vacuum lub Merlin 1C-Sea Level, ale należy zredukować ich ilość do minimum.

To był typowy Musk. Wiadomość jest nieprzyjemna, ale nie bezzasadna jak na kogoś, kto po prostu chciałby, aby robota została wykonana. Zadręcza się czymś, co inni mogą uznać za trywialne, ale ma bez wątpienia rację. To śmieszne, że Musk oczekuje, iż wszystkie akronimy muszą otrzymać najpierw jego akceptację, ale jest to także całkowicie zgodne ze stylem praktycznego zarządzania, jaki generalnie okazał się skuteczny zarówno w SpaceX, jak i w Tesli. Pracownicy ochrzcili od tamtej pory politykę dotyczącą akronimów Zasadą DUPA.

Naczelną zasadą w SpaceX jest samodzielne i należycie wykonywać swoją pracę. Ludzie czekający na wskazówki albo szczegółowe instrukcje nie mają szansy się tu utrzymać. To samo dotyczy pracowników wiecznie oczekujących na informację zwrotną. A już absolutnie najgorszą rzeczą, jaką można zrobić, jest poinformowanie Muska, że prosi o rzecz niemożliwą do wykonania. Pracownik może mu na przykład powiedzieć, że nie ma sposobu na obniżenie kosztów siłownika do żądanego przez niego poziomu, albo że po prostu nie wystarczy czasu na skonstruowanie części w podanym przez Muska terminie. „Elon odpowie: »Nie ma sprawy. Odsuwam cię z projektu i zostaję jego kierownikiem. Będę wykonywał twoją pracę i prowadził równocześnie dwie firmy. Mnie się uda«" – powiedział Brogan. „Co nieprawdopodobne, jemu faktycznie się to uda. Za każdym razem, gdy kogoś zwalniał i przejmował jego obowiązki, udawało mu się ukończyć projekt – bez względu na to, czym trzeba się było zająć".

Gdy kultura organizacyjna SpaceX spotyka się z bardziej biurokratycznymi podmiotami, jak NASA, U.S. Air Force czy Federalna Administracja Lotnictwa, pojawiają się tarcia. Pierwsze trudności powstały już na wyspie Kwaj, gdy przedstawiciele rządu kwestionowali czasem niefrasobliwe ich zdaniem podejście SpaceX do procedur startowych. Bywało, że firma chciała wprowadzać do nich zmiany, a każda z nich wymagała tony papierkowej roboty. Przykładowo spisano wszystkie kroki wymagane do wymiany filtra, jak włożenie rękawic, gogli ochronnych, odkręcenie śruby, a potem firma postanowiła zmienić procedurę albo użyć filtra innego typu. FAL potrzebowałaby tygodnia na zapoznanie się z nową procedurą, zanim SpaceX mogłaby faktycznie przystąpić do wymiany filtra, a taka obsuwa była absurdalna i dla inżynierów, i dla Muska. Raz po takiej historii Musk naskoczył na przedstawiciela agencji w trakcie rozmowy konferencyjnej, w której brał udział także zespół SpaceX oraz NASA. „Atmosfera zrobiła się gorąca, a on mieszał tego faceta z błotem przez dobre dziesięć minut" – wspominał Brogan.

Musk nie przypominał sobie tego incydentu, ale pamiętał inną konfrontację z FAL. Pewnego razu zebrał listę rzeczy, które jej pracownik powiedział w trakcie spotkania, a które on uznał za głupie, po czym przesłał ją szefowi owego nieszczęśnika. „Nagle ten durny menedżer wysyła do mnie długi mail o tym, jak to on uczestniczył w programie kosmicznym, kierował dwudziestoma lotami czy coś takiego i jak ja śmiem twierdzić, że tamten facet się mylił" – wspominał Musk. „Powiedziałem mu, że nie tylko tamten facet się mylił, co mu zaraz ponownie wyjaśnię, ale że on się także myli, co mu również wyjaśnię. Nie sądzę, by kiedykolwiek znów do mnie napisał. Próbujemy odmienić branżę kosmiczną. Jeśli zasady uniemożliwiają ten postęp, to trzeba z nimi walczyć. Z organami kontrolnymi istnieje poważny problem. Jeśli kontroler zgodzi się zmienić regułę i stanie się coś złego, pożegna się z karierą. Jeśli tymczasem stanie się coś dobrego, nie otrzyma nagrody. Brak tu proporcjonalności i łatwo zrozumieć, dlaczego organy kontroli niechętnie zmieniają zasady. Po jednej stronie czeka je ciężka kara, po drugiej brak nagrody. Jak zachowałaby się w takiej sytuacji każda inna rozsądna osoba?"

W połowie 2009 roku SpaceX zatrudniła byłego astronautę Kena Bowersoxa na stanowisko wicedyrektora do spraw bezpieczeństwa astronautów i misji. Idealnie pasował do wymogów rekrutacyjnych stawianych przez branżowych gigantów. Miał dyplom z inżynierii lotniczej i kosmonautyki uzyskany na U.S. Naval Academy, był oblatywaczem w siłach powietrznych i kilkakrotnie latał promem kosmicznym. Wiele osób cieszyło się z jego przybycia. Uważano go za pracowitego i poważnego człowieka, który mógł skontrolować wiele procedur SpaceX, upewniając się co ich bezpieczeństwa i standaryzacji. Bowersox wylądował w samym środku nieustannej przepychanki między efektywną pracą a walką z przestrzeganiem tradycyjnych procedur. Wraz z upływem miesięcy coraz gorzej dogadywał się z Muskiem i zaczął czuć, że jego opinie są ignorowane. Pewnego razu jedna z części dotarła aż do stanowiska testowego z poważną usterką, porównaną przez jednego z inżynierów do kubka na kawę bez denka, a która powinna zostać wychwycona w fabryce. Zgodnie z relacją obserwatorów Bowersox argumentował, że należy cofnąć się i zbadać procedurę, która do tego doprowadziła, a następnie rozwiązać przyczynę źródłową. Musk zdecydował już, że znał problem, i zwolnił Bowersoxa po kilku latach pracy (Bowersox odmówił wypowiedzi o tym okresie). Niektórzy pracownicy uznali ten incydent za przykład agresywnego zarządzania, który podważał konieczność istnienia potrzebnych procedur. Musk miał na ten temat zupełnie inne zdanie, uznając Bowersoxa za pracownika, który nie był w stanie sprostać inżynieryjnym wymaganiom jego firmy.

Kilkoro wysoko postawionych przedstawicieli rządu udzieliło mi szczerych, choć anonimowych wypowiedzi na temat Muska. Jeden uznał sposób traktowania przez niego generałów lotnictwa i wysokich rangą wojskowych za przerażający. Musk jest znany z tego, że nie oszczędza nawet oficjeli na stanowiskach, gdy uzna, że się mylą, i wcale nie żałuje swojego zachowania. Inny z moich rozmówców nie mógł uwierzyć, gdy Musk nazywał bardzo inteligentnych ludzi idiotami. „Wyobraźcie sobie najgorszy możliwy efekt takiego zachowania, a właśnie tak będzie" – powiedziała ta osoba. „Życie z Elonem przypomina bardzo intymną relację małżeńską. Może być niezwykle łagodny i lojalny, a potem naprawdę przykry dla innych w sytuacjach, gdy to jest zupełnie zbędne". Jeden z byłych przedstawicieli rządu uważał, że Musk powinien w najbliższych latach trzymać nerwy na wodzy, jeśli SpaceX miała dalej pozostać w łaskach agencji wojskowych i rządowych, próbując pokonać zasiedziałych w branży konkurentów. „Sam stanie się swoim najgorszym wrogiem przez to, jak traktuje ludzi" – dodała ta osoba.

Gdy Musk nastawia innych przeciwko sobie, Shotwell często próbuje załagodzić sytuację. Podobnie jak jej szef ma cięty język i wybuchowy temperament, ale chętnie odgrywa rolę mediatora. Dzięki temu zajmuje się codziennymi czynnościami w firmie, podczas gdy on skupia się na ogólnej strategii, koncepcji produktów, marketingu i motywacji pracowniczej. Podobnie jak wszyscy najbardziej zaufani zastępcy, ona także trzyma się w cieniu, wykonuje swoją pracę i skupia na celu firmy.

Shotwell dorastała na przedmieściach Chicago, w rodzinie artystki i neurochirurga. Była tą bystrą, ładną dziewczyną, która w szkole zbierała same piątki i należała do drużyny cheerleaderek. Nie wykazywała większego zainteresowania naukami ścisłymi, a maszyny kojarzyły jej się jedynie z facetem prowadzącym lokomotywę. Pewne rzeczy wskazywały jednak, że jest nieco inna. Była tą córką, która kosiła trawnik przed domem rodzinnym i pomogła zmontować kosz do gry w koszykówkę. W trzeciej klasie na krótko zainteresowała się silnikami samochodowymi, a mama kupiła jej książkę na ten temat. Później w liceum mama zmusiła ją do pójścia na wykład na Illinois Institute of Technology w sobotnie popołudnie. W trakcie uczestnictwa w jednym z paneli Shotwell zauroczyła się pięćdziesięcioletnią inżynier mechanik. „Miała takie piękne ubrania, kostium i buty, które bardzo mi się spodobały" – wspominała. „Była wysoka i świetnie chodziła na szpilkach". Dziewczyna podeszła do inżynier po wykładzie, by porozmawiać i dowiedzieć się czegoś na temat jej pracy: „Tego dnia podjęłam decyzję, że pójdę w jej ślady".

Shotwell zrobiła studia licencjackie z inżynierii mechanicznej, a potem magistra z matematyki stosowanej na Northwestern University. Następnie podjęła pracę w Chryslerze. Odbywał się tam program szkoleniowy dla menedżerów, przeznaczony dla najlepszych młodych absolwentów, którzy wykazywali potencjał przywódczy. Shotwell zapisała się do szkoły dla mechaników samochodowych – „Uwielbiałam to" – a potem na różne inne wydziały. Pracując nad badaniami silników, odkryła dwa bardzo kosztowne superkomputery Cray stojące zupełnie bezczynnie, ponieważ nikt ze starych pracowników nie wiedział, jak ich używać. Wkrótce zalogowała się na komputery i zaprogramowała je do pracy nad obliczeniową dynamiką płynów, czyli CFD, która miała symulować wydajność zaworów i innych komponentów. Praca była interesująca dla Shotwell, ale środowisko zaczynało ją drażnić. Wszystko było obwarowane zasadami, w tym mnóstwem regulacji związkowych, które ograniczały możliwość dostępu do konkretnych urządzeń. „Raz podniosłam jakieś narzędzie i zostałam upomniana" – wspominała. „Potem otworzyłam pojemnik z ciekłym azotem i znów mnie zaraportowano. Zaczęłam myśleć, że ta praca zupełnie nie spełnia moich oczekiwań".

Shotwell zrezygnowała z programu szkoleniowego Chryslera, pozbierała się w domu, a potem na krótko rozpoczęła studia doktoranckie z matematyki stosowanej. Po powrocie na kampus Northwestern jeden z jej profesorów napomknął o pracy w Aerospace Corporation. Ta zupełnie nieznana z nazwy firma miała siedzibę w El Segundo od 1960 roku i była czymś w rodzaju organizacji pozarządowej doradzającej lotnictwu, NASA i innym instytucjom federalnym w sprawie programów kosmicznych. Struktury firmy były biurokratyczne, ale przez lata okazała się bardzo przydatna dzięki swojej działalności badawczej oraz zdolności do obalania kosztownych przedsięwzięć. Shotwell rozpoczęła pracę w październiku 1988 roku i zajęła się wieloma projektami. Jeden z nich obejmował model termiczny obrazujący, jak wahania temperatury w ładowni promu kosmicznego wpływały na wydajność dla różnych ładunków. Kobieta spędziła w firmie dekadę, szlifując umiejętności inżyniera systemowego. Pod koniec jednak zaczęło irytować ją tempo pracy w branży. „Nie rozumiałam, dlaczego budowa satelity wojskowego musi trwać półtorej dekady" – wspominała. „Dało się zauważyć spadek mojego zainteresowania".

Przez kolejne cztery lata Shotwell pracowała w Microcosm, kosmicznym start-upie z siedzibą kilka przecznic od poprzedniej firmy, pełniąc funkcję szefa działów systemów kosmicznych oraz pozyskiwania kontaktów biznesowych. Łącząc inteligencję, pewność siebie, bezpośredniość i atrakcyjny wygląd, Shotwell zyskała reputację silnego handlowca. W 2002 roku jeden z jej współpracowników Hans Koenigsmann odszedł do SpaceX. Kobieta zabrała go na lunch i podwiozła do mieszczącej się wtedy w podrzędnej lokalizacji siedziby SpaceX. „Hans powiedział, żebym weszła poznać Elona" – wspominała kobieta. „Tak zrobiłam i powiedziałam mu: »Potrzebujesz dobrej osoby do kontaktów biznesowych«". Dzień później

Mary Beth Brown zadzwoniła do Shotwell i powiedziała, że Musk chciał przeprowadzić z nią rozmowę na stanowisko wicedyrektora do spraw kontaktów biznesowych. Tak została pracownikiem numer siedem. „Rozwiązałam umowę z trzytygodniowym okresem wypowiedzenia w Microcosm i przearanżowałam łazienkę, bo wiedziałam, że po zmianie pracy nie będę już miała życia" – dodała.

W pierwszych latach pracy Shotwell udało się dokonać niemożliwego, sprzedając nieistniejący jeszcze towar. Przeprowadzenie udanego lotu zajęło SpaceX znacznie dłużej niż planowano. Porażki po drodze były żenujące i szkodliwe dla wizerunku firmy. Niemniej jednak Shotwell udało się sprzedać około tuzina lotów zarówno klientom rządowym, jak i prywatnym, zanim jeszcze firma wyniosła swojego pierwszego Falcona 1 na orbitę. Jej umiejętności w zakresie zawierania umów doprowadziły do wynegocjowania intratnych kontraktów z NASA, które utrzymały firmę na rynku w najtrudniejszych latach, w tym umowy o wartości dwustu siedemdziesięciu ośmiu milionów dolarów w sierpniu 2006 roku na rozpoczęcie prac nad pojazdami dostawczymi dla MSK. Dzięki swoim sukcesom została głównym powiernikiem Muska i pod koniec 2008 roku awansowała na prezesa oraz dyrektora do spraw operacyjnych.

Jednym z obowiązków Shotwell jest wzmacnianie kultury organizacyjnej SpaceX w miarę jej rozrostu i powolnego przypominania branżowych gigantów, których lubi wyśmiewać. Potrafi wprowadzić przyjazną i uprzejmą atmosferę, zwracając się do całej firmy w trakcie spotkania, albo przekonać kandydatów do harówki po kres sił. W trakcie jednego z takich spotkań z grupą stażystów Shotwell zebrała około stu osób w rogu stołówki. Miała na sobie czarne botki, jeansowe rurki, beżową marynarkę i apaszkę, a duże kolczyki-koła dyndały na tle jej blond włosów ściętych do łopatek. Spacerując przed grupą z mikrofonem w dłoni, prosiła studentów o przedstawienie się oraz opowiedzenie, z jakich są uczelni i nad jakimi projektami pracowali aktualnie w firmie. Jeden z nich powiedział, że studiuje na Cornell, a pracuje nad Dragonem, inny, że uczy się na USC i projektował system napędowy, a jeszcze inny był z University of Illinois i pracował w zespole zajmującym się aerodynamiką. Około pół godziny zajęło jej przejście po całej sali, a studenci według kryterium akademickiego pochodzenia należeli do najwspanialszej młodzieży świata. Potem oni zasypali Shotwell pytaniami: Jaki był jej najlepszy moment? Jakiej rady udzieliłaby, żeby odnieść sukces? Jakie są zagrożenia konkurencyjne SpaceX? Ona zaś odpowiadała szczerze, ale z odrobiną egzaltacji. Mocno podkreślała efektywność i innowacyjność, które dawały SpaceX przewagę nad bardziej tradycyjnymi firmami z branży. „Konkurencja robi w portki ze strachu przed nami" – powiedziała grupie. „Te molochy muszą wykombinować, jak zebrać się do kupy i zacząć rywalizować. A naszym zadaniem jest ich wykończyć". Jednym z głównych celów jej zdaniem było zwiększenie częstotliwości lotów. Firma nigdy nie zamierzała zbijać fortuny na pojedynczych lotach, ale zarobić niewielką kwotę na każdym i zapewnić ciągłość kontraktów. Lot Falcona 9 kosztuje sześćdziesiąt milionów dolarów, a firma chce obniżyć tę kwotę do dwudziestu milionów dzięki korzyściom skali i ulepszeniom technologii startu. Firma wydała do tej pory dwa i pół miliarda dolarów na dostarczenie czterech kapsuł Dragon na MSK, dziewięć lotów Falcona 9 i pięć lotów Falcona 1. To całkowity koszt jednostkowy niepojęty dla reszty branży, więc nie ma mowy nawet o próbach dążenia do niego. „Nie mam pojęcia, co ci goście robią ze swoimi pieniędzmi" – powiedziała Shotwell. „Może je palą. Sama nie wiem". W jej opinii kilka krajów rozwijających się było zainteresowanych lotami rakietowymi, postrzegając technologię komunikacyjną jako konieczną dla rozwoju gospodarczego oraz podniesienia swojej pozycji w oczach krajów rozwiniętych. Tańsze loty pozwoliłyby SpaceX przejąć większość biznesu w tym segmencie rynkowym. Firma oczekiwała także udziału w rosnącym rynku lotów załogowych, choć nigdy nie wyrażała zainteresowania pięciominutowymi wycieczkami turystycznymi na niską orbitę okołoziemską oferowanymi przez Virgin Galactic czy XCOR. Ma jednak możliwość zabierania badaczy na orbitujące habitaty budowane przez Bigelow Aerospace czy laboratoria naukowe tworzone przez różne kraje. Firma planuje także budowę własnych satelitów, zmieniając się w kompleksowy market kosmiczny. Wszystkie te plany zasadzają się na idei udowodnienia, że SpaceX może latać zgodnie z miesięcznym harmonogramem i nadrobić opóźnienie w startach na pięć miliardów dolarów. „Większość naszych klientów zapisała się wcześniej, chcąc okazać nam wsparcie, i dostała dobrą cenę na swoje misje" – podkreślała Shotwell. „Jesteśmy teraz na etapie, gdzie musimy organizować wysyłkę terminowo i usprawnić efektywność startową naszych Dragonów".

Na chwilę rozmowa ze stażystami utkwiła w martwym punkcie. Temat zszedł na utrudnienia na kampusie SpaceX. Firma wynajmowała swoje budynki, więc nie miała możliwości budowy ogromnego parkingu, który ułatwiłby życie potężnej, trzytysięcznej armii pracowników. Shotwell obiecała, że wkrótce przybędzie miejsc parkingowych, toalet i bonusów, jakie oferują pracownikom technologiczne start-upy z Doliny Krzemowej. „Ja chciałabym mieć opiekę dzienną" – powiedziała.

Jednak dopiero w trakcie omawiania największej misji firmy Shotwell pokazała, na co ją stać, i zaczęła inspirować stażystów. Niektórzy z nich wyraźnie marzyli o byciu astronautami, a ona powiedziała, że praca dla SpaceX była niemal na pewno ich najlepszą szansą na lot w kosmos, odkąd korpus astronautów NASA praktycznie przeszedł do historii. Musk traktował jako osobiste wyzwanie zaprojektowanie wystrzałowych, „niepiankowych" skafandrów kosmicznych. „Nie mogą być niezgrabne ani paskudne" – podkreśliła. „To musi być coś znacznie lepszego". A cele podróży? Można było lecieć do habitatów, na Księżyc i oczywiście na Marsa. SpaceX rozpoczęła już testy gigantycznej rakiety o nazwie Falcon Heavy, zdolnej dolecieć znacznie dalej od Falcona 9, i trwały prace nad jeszcze większym statkiem kosmicznym. „Nasza rakieta Falcon Heavy nie zabierze na Marsa całego autobusu pasażerów" – mówiła Shotwell. „Więc będzie jakiś jej następca. Pracujemy nad tym". Aby zbudować tego rodzaju pojazd, pracownicy muszą być efektywni i bezczelni. „Musicie upewnić się, że pracujecie wydajnie" – powiedziała Shotwell. „Jeśli wrzucamy wam do roboty mnóstwo gówna, powinniście odpyskować. To nie jest cecha powszechne akceptowana w innych firmach, ale u nas owszem". A jeśli to zabrzmiało oprysklliwie – trudno.

Zdaniem Shotwell wyścig o komercyjne loty w kosmos ograniczał się obecnie do rywalizacji między SpaceX i Chinami. W szerszej perspektywie na końcu miało się rozstrzygnąć przetrwanie naszego gatunku. „Jeśli nienawidzicie ludzi i uważacie, że wyginięcie naszego gatunku jest w porządku – pieprzyć to wszystko" – powiedziała. „Nie lećcie w kosmos. Jeżeli uważacie, że warto zająć się zarządzaniem ryzykiem i znaleźć nowe miejsce do życia, to powinniście skupić się na problemie i być skłonni wydać na to pieniądze. Jestem praktycznie pewna, że to nas wybierze NASA do wysłania na Marsa lądowników i łazików. Potem pierwszą misją będzie zostawienie tam zapasów, żeby ludzie, którzy tam dotrą, mieli gdzie mieszkać, co jeść i czym się zająć".

Właśnie takie słowa ekscytują i zachwycają ludzi w branży kosmicznej, którzy od dawna liczyli, że jakaś firma wreszcie wkroczy i zrewolucjonizuje loty w kosmos. Eksperci wskazują, że dwie dekady po rozpoczęciu eksperymentów przez braci Wright podróże lotnicze stały się codziennością. Tymczasem kosmiczne loty komercyjne wydają się tkwić w martwym punkcie. Byliśmy na Księżycu, wysłaliśmy sondy na Marsa i zbadaliśmy Układ Słoneczny, ale wciąż są to bezgranicznie kosztowne jednorazowe projekty. „Koszt pozostaje niewiarygodnie wysoki z powodu bilansu rakietowego" – powiedziała planetolog z NASA Carol Stoker. Dzięki kontraktom wojskowym i rządowym od agencji takich jak NASA, branża od zawsze posiadała ogromny budżet do pracy i starała się budować największe oraz najbardziej niezawodne pojazdy. Dążono do maksymalnej wydajności, aby wykonawcy mogli powiedzieć, że spełnili normy. Ta strategia ma sens, jeśli wysyłacie w kosmos wartego miliard dolarów wojskowego satelitę dla amerykańskiego rządu i po prostu nie stać was na to, żeby ładunek eksplodował. Na dłuższą metę takie podejście ogranicza wykonanie innych projektów. Prowadzi do patologii w komercyjnej branży kosmicznej.

Poza SpaceX, amerykańskie firmy z branży lotniczej nie są już zdolne do konkurowania z biznesami z innych krajów. Mają ograniczone możliwości i wątpliwe ambicje. Głównym konkurentem SpaceX w branży krajowych satelitów wojskowych oraz innych dużych ładunków jest United Launch Alliance (ULA), spółka joint venture założona w 2006 roku z połączenia sił między Boeingiem i Lockheed Martinem. Sądzono wówczas, że rząd nie ma dość zleceń dla dwóch firm, a połączenie ich prac badawczych oraz produkcyjnych przyniesie tańsze i bezpieczniejsze loty. ULA od dekad opierała się na pojazdach Delta (Boeing) i Atlas (Lockheed), mając na koncie wiele udanych lotów, co uczyniło ją rzetelnym partnerem. Jednak ani spółka, ani żadna z osobnych tworzących ją firm, z których obydwie nadal oferują komercyjne usługi, nie jest w stanie zaproponować cen choćby częściowo konkurencyjnych w porównaniu do tych deklarowanych przez SpaceX, Rosjan lub Chińczyków. „W większości globalny rynek komercyjnych lotów zdominowały Arianespace [Europa], Long March [Chiny] albo pojazdy rosyjskie" – powiedział Dave Bearden, dyrektor naczelny programów cywilnych i handlowych w Aerospace Corporation. „Różnią się jedynie stawki za robociznę i budowa samych pojazdów".

Ujmując sprawy dosadniej, ULA przyniosła swojemu krajowi wstyd. W marcu 2014 roku ówczesny dyrektor generalny firmy Michael Gass starł się z Muskiem w trakcie posiedzenia Kongresu, które zajmowało się między innymi rozpatrzeniem prośby SpaceX o przyjęcie większej części rocznych rządowych lotów. Na pokazie slajdów zobrazowano, jak poszybowały w górę rządowe koszty, gdy Boeing i Lockheed z dwóch osobnych firm stały się monopolem. Zgodnie z wyliczeniami Muska zaprezentowanymi na posiedzeniu, ULA kasowała za lot trzysta osiemdziesiąt milionów dolarów, gdy

SpaceX zaledwie dziewięćdziesiąt milionów (kwota ta była wyższa niż standardowe sześćdziesiąt milionów, ponieważ rząd miał dodatkowe wymogi dla szczególnie wrażliwych startów). Wybierając na swojego dostawcę SpaceX, rząd – zdaniem Muska – zaoszczędziłby dość, by sfinansować budowę satelity wynoszonego przez rakietę. Gassowi zabrakło riposty. Twierdził, że podane przez Muska koszty ULA były niewłaściwe, ale nie podał własnych. Na posiedzeniu wypłynęły ponadto spięcia na linii Waszyngton–Moskwa wynikające z agresji na Ukrainie. Musk słusznie zauważył, że wkrótce Stany mogą nałożyć na Rosję sankcje, które odbiją się czkawką przemysłowi kosmicznemu. Tak się składa, że ULA polega na silnikach rosyjskich w swojej wysyłce wrażliwego sprzętu wojskowego w rakietach Atlas V. „Nasze rakiety Falcon 9 i Falcon Heavy są w pełni amerykańskie" – podkreślił Musk. „Projektujemy je i budujemy w Kalifornii i Teksasie". Gass z kamienną twarzą kontrował, że ULA zakupiła dwuletni zapas rosyjskich silników wraz ze schematami, które przetłumaczono z rosyjskiego na angielski (kilka miesięcy po posiedzeniu został zwolniony ze stanowiska, a firma podpisała z Blue Origin umowę na rozwój amerykańskich rakiet).

Jeden z najbardziej przygnębiających momentów nastąpił w trakcie pytań zadawanych przez senatora Richarda Shelby'ego z Alabamy. ULA posiada fabryki w tym stanie, jak również bliskie powiązania z samym senatorem. Shelby czuł się zobowiązany do podjęcia roli lokalnego obrońcy i kilkakrotnie podkreślał, że ULA ma na koncie sześćdziesiąt osiem udanych startów, a potem pytał Muska, czy może się pochwalić podobnymi osiągnięciami. Branża kosmiczna jest jednym z największych sponsorów Shelby'ego, a on sam jest zadziwiająco probiurokratyczny i przeciwny wolnemu rynkowi, gdy sprawa dotyczy wysyłania rzeczy w kosmos. „Zazwyczaj konkurencja skutkuje wzrostem jakości i obniżaniem ceny, ale rynek lotów rakietowych nie jest typowy" – powiedział. „Cechuje go ograniczony popyt i blokują regulacje rządowo-przemysłowe". Marcowe posiedzenie, na którym Shelby wygłosił swoje oświadczenie, okazało się być jednak mydleniem oczu. Rząd zgodził się wystawić do przetargu czternaście swoich wrażliwych lotów zamiast po prostu przyznać je ULA. Musk przedstawił swoje stanowisko na Kongresie, argumentując, dlaczego jego firma była właściwym kandydatem do obsługi tych i kolejnych lotów. Dzień po posiedzeniu lotnictwo obniżyło liczbę startów wystawionych do przetargu z czternastu do maksymalnie siedmiu. Miesiąc później Musk pozwał siły powietrzne, żądając szansy na uczciwe konkurowanie w branży. „SpaceX nie chce otrzymać tych kontraktów" – oświadczyła firma na swojej stronie freedomtolaunch.com. „Żądamy jedynie prawa do uczciwej konkurencji"[VI].

Głównym konkurentem w zakresie misji zaopatrzeniowych MSK i satelitów komercyjnych na rynku krajowym jest Orbital Sciences Corporation. Założona w stanie Virginia w 1982 roku, firma zaczynała bardzo podobnie do SpaceX, zbierając fundusze na rozwój i wynosząc małe satelity na niską orbitę okołoziemską. Obecnie jest bardziej doświadczona, choć dysponuje niewielkim harmonogramem typów maszyn. Zależy również od zewnętrznych dostawców, w tym silników i kadłubów rakiet produkcji rosyjskiej i ukraińskiej, co czyni z niej raczej montera statków kosmicznych niż prawdziwego konstruktora. Co więcej, w odróżnieniu od SpaceX, kapsuły Orbital nie są w stanie przetrwać podróży powrotnej ze

---

[VI] Politykierstwo w branży kosmicznej może przybrać naprawdę paskudne oblicze. Była zastępczyni dyrektora NASA Lori Garver latami walczyła o udostępnienie przetargów agencji dla prywatnych firm, by mogły konkurować choćby o dostawy na MSK. Jej pozycja budowy silnego związku między NASA i sektorem prywatnym ostatecznie przeważyła, ale za wysoką cenę. „Grożono mi śmiercią, otrzymywałam przesyłki z fałszywym wąglikiem" – powiedziała. Garver natknęła się także na rywali SpaceX, którzy próbowali rozsiewać bezpodstawne plotki na temat firmy i samego Muska. „Twierdzili, że był na bakier z fiskusem w RPA i że miał tam drugą, sekretną rodzinę. Powiedziałam, że to wierutne bzdury. Mamy szczęście, że ludzie z długoterminową wizją, jak Elon, Jeff Bezos czy Robert Bigelow [założyciel firmy nazwanej od swojego nazwiska] dorobili się majątków. To szaleństwo, że ludzie chcą zdyskredytować Elona. Może i mówi rzeczy, które innych irytują, ale na pewnym etapie bycie miłym dla wszystkich wokół przestaje być opłacalne".

stacji kosmicznej na Ziemię, więc nie można sprowadzić eksperymentów ani innych towarów. W październiku 2014 roku jedna z rakiet eksplodowała na platformie startowej. Wstrzymując lot na potrzeby zbadania przyczyn katastrofy, Orbital zwrócił się do SpaceX o pomoc. Firma chciała się przekonać, czy Musk byłby w stanie przejąć niektórych klientów. Zasygnalizowała również zamiar odejścia od rosyjskich silników.

W kwestii lotów załogowych zwycięzcami czteroletniego wyścigu o kontrakty NASA na wysyłkę astronautów na MSK okazały się SpaceX i Boeing. Obydwie firmy otrzymają odpowiednio dwa i sześć dziesiątych miliarda oraz cztery i dwie dziesiąte miliarda dolarów na rozwój kapsuł oraz loty do roku 2017. Firmy de facto zajmą miejsce promów kosmicznych i odbudują pozycję w obszarze lotów załogowych dla swojego kraju. „Właściwie nie przeszkadza mi, że Boeing dostał dwa razy więcej za spełnienie wymogów NASA z gorszą technologią" – powiedział Musk. „Dwie firmy to lepsze możliwości postępu dla rozwoju programu załogowych lotów kosmicznych".

SpaceX wydawała się niegdyś firmą z jednym asem w rękawie. Oryginalny plan zakładał zawojowanie branży z maleńkim Falconem 1. Dzięki kosztom lotu wynoszącym od sześciu do dwunastu milionów dolarów, Falcon 1 był najtańszym sposobem w historii na wysłanie czegokolwiek w kosmos, ekscytując całą branżę. Gdy w 2007 roku Google ogłosiło nominacje do nagrody Lunar X, trzydzieści milionów dolarów przyznawane osobom, które mogły posadzić na Księżycu robota, wiele nadsyłanych propozycji wybrało Falcona 1 jako preferowany środek transportu, ponieważ była to jedyna rozsądna cenowo opcja wysłania czegokolwiek na Księżyc. Naukowcy z całego świata byli równie podekscytowani, ponieważ sądzili, że oto pierwszy raz mają możliwość wysyłania na orbitę eksperymentów w efektywny kosztowo sposób. Jednak pomimo całego entuzjazmu dla Falcona 1, popyt nigdy nie nadszedł. „Stało się jasne jak słońce, że popyt jest duży, ale nie idą za tym pieniądze" – podsumowała

Shotwell. „Rynek musi utrzymać określoną liczbę pojazdów, a trzy Falcony 1 rocznie to żaden biznes". Ostatni start miał miejsce w lipcu 2009 roku z Kwajalein, gdy rakieta wyniosła na orbitę malezyjskiego rządowego satelitę. Ludzie z branży narzekali od tamtego czasu. „Daliśmy Falconowi ogromną szansę" – powiedziała Shotwell. „Targały mną emocje, byłam rozczarowana. Spodziewałam się rzeki zamówień, a po ośmiu latach one po prostu nie spłynęły".

SpaceX od tamtego czasu rozwinęła skrzydła w zadziwiającym tempie i wygląda na to, że może znajdować się u progu odzyskania perspektywy dwunastu milionów za lot. W czerwcu 2010 roku po raz pierwszy wzbił się w niebo Falcon 9, docierając z powodzeniem na ziemską orbitę. W grudniu 2010 roku firma udowodniła, że rakieta potrafi wynieść w kosmos kapsułę Dragon, a także, że można ją bezpiecznie odzyskać po lądowaniu na oceanie[VII]. Stała się tym samym pierwszą firmą prywatną, która osiągnęła ten cel. Potem w maju 2012 roku nastąpił najbardziej przełomowy moment w historii firmy od czasu pierwszego udanego startu na Kwajalein.

22 maja o 03.44 nad ranem, rakieta Falcon 9 wystartowała z kosmodromu Kennedy Space Center na przylądku Canaveral w stanie Floryda. Rakieta wykonała swój żołnierski obowiązek, wynosząc kapsułę w kosmos. Potem wysunęły się panele słoneczne kapsuły i Dragon stał się zależny od osiemnastu silników sterujących, które prowadziły go w stronę MSK. Inżynierowie w SpaceX pracowali na zmiany, a niektórzy spali na łóżkach polowych w fabryce podczas trzydniowej podróży kapsuły. Większość czasu spędzali, obserwując jej lot i sprawdzając, czy czujniki odbierały stację. Oryginalnie miała zadokować o czwartej nad ranem 25 maja, ale gdy zaczęła się zbliżać, nieoczekiwany rozbłysk zakłócał obliczenia lasera mierzącego odległość do stacji. „Pamiętam, że walka trwała dwie i pół godziny" – wspominała Shotwell. W swoich uggach, siatkowym swetrze

---

[VII] SpaceX w tajemnicy umieściła koło sera wewnątrz tej kapsuły Dragon. To samo koło Jeff Skoll podarował Muskowi w czasach planów wysłania myszy na Marsa.

i legginsach czuła się niczym w piżamie, gdy noc ustępowała dniu, a inżynierowie borykali się z tą nieplanowaną trudnością. W obawie przed odwołaniem misji SpaceX zdecydowała o aktualizacji oprogramowania kapsuły, aby obciąć rozmiar kadru używanego przez czujniki i wyeliminować efekt rozbłysku na urządzeniu. Wtedy, tuż przed siódmą rano, Dragon zbliżył się do MSK na tyle, by astronauta Don Pettit za pomocą dwudziestometrowego ramienia robotycznego przechwycił kapsułę zaopatrzeniową. „Houston, Stacja, wygląda na to, że złapaliśmy smoka za ogon" – powiedział Pettit[13].

„Zjadałam zęby z nerwów" – wspominała Shotwell. „A chwilę później popijałam szampana o szóstej nad ranem". W momencie dokowania w ośrodku kontroli misji było około trzydziestu osób. W ciągu kolejnych godzin napływali pracownicy, by cieszyć się atmosferą sukcesu. SpaceX ponownie zapisała się w historii, tym razem jako pierwsza i jedyna firma prywatna, której rakieta zadokowała na MSK. Kilka miesięcy później otrzymała czterysta czterdzieści milionów dolarów od NASA na dalszy rozwój Dragona, by mógł wykonywać loty załogowe. „Elon zmienia sposób prowadzenia interesów w branży kosmicznej" – powiedziała Stoker z NASA. „Udało mu się utrzymać wysoki wskaźnik bezpieczeństwa przy jednoczesnym obniżeniu kosztów. Z branży technologicznej wniósł najlepsze elementy, jak otwarta przestrzeń biurowa, możliwość nieskrępowanej wypowiedzi i ogólne interakcje między ludźmi. To bardzo nietypowe dla przemysłu kosmicznego, który z zasady wystawia deklaracje wymagań i przeglądy projektów".

W maju 2014 roku Musk zaprosił reporterów do siedziby SpaceX, aby zademonstrować efekty spożytkowania części pieniędzy NASA. Pokazał pojazd kosmiczny Dragon 2, czyli wersję drugą kapsuły. W przeciwieństwie do większości zarządów, które preferują chwalenie się swoimi produktami na targach branżowych i wydarzeniach w ciągu dnia, Musk woli wyprawiać wieczorne gale w hollywoodzkim stylu. Goście przybywali setkami do Hawthorne i zajadali się przekąskami aż do pokazu, który rozpoczął się o wpół do ósmej wieczorem. Musk pojawił się w jedwabnej, śliwkowej marynarce i otworzył wejście do kapsuły uderzeniem pięści w stylu Fonza z serialu *Happy Days*. To, co ujrzeli goście, było zadziwiające. Ciasne wnętrza odeszły w mroki historii. W kapsule mieściło się siedem wąskich, wytrzymałych, wyprofilowanych foteli, z czego cztery znajdowały się obok pulpitu sterowniczego, a pozostałe trzy w rzędzie z tyłu. Musk przechadzał się po wnętrzu, demonstrując jej przestronność, a potem usiadł na centralnym fotelu kapitana. Sięgnął w górę, by odblokować czteropanelowy pulpit z płaskim ekranem, który elegancko wysunął się przed pierwszym rzędem siedzeń[VIII]. Pośrodku znajdował się joystick sterowniczy oraz kilka przycisków fizycznych, które astronauci mogą wcisnąć w sytuacji awaryjnej lub w razie usterki ekranu dotykowego. Wewnątrz kapsuła posiadała jasne metaliczne wykończenie. W końcu ktoś zbudował statek kosmiczny na miarę marzeń naukowców i filmowców.

Za wyglądem szła funkcjonalność. Dragon 2 będzie mógł dokować na MSK oraz w innych habitatach kosmicznych automatycznie, bez konieczności interwencji robotycznego ramienia. Będzie zasilany silnikiem sterującym SuperDraco produkcji SpaceX i w całości zbudowanym za pomocą drukarki 3D. Oznacza to, że urządzenie sterowane komputerowo wytworzyło silnik z pojedynczego fragmentu metalu – w tym przypadku stopu Inconel o dużej wytrzymałości, aby jego siła i osiągi przekraczały dotychczasowe maszyny stworzone ludzkimi rękami za pomocą zgrzewarek. I co najbardziej zaskakujące, Musk oświadczył, że Dragon 2 będzie mógł wylądować w dowolnym miejscu na Ziemi dzięki silnikom SuperDraco, łagodnie siadając na jej powierzchni. Koniec z lądowaniem w oceanie. Koniec z wyrzucaniem statków kosmicznych. „W taki sposób powinien lądować statek kosmiczny XXI wieku” –

[VIII] Musk opisał mi wygląd w typowy dla siebie sposób: „Stylistyka jest podobna do Modelu S (kapsuła używa tych samych ekranów, ulepszonych o kosmiczne funkcje), ale struktura aluminiowa isogrid pozostała odsłonięta, by zyskać bardziej egzotyczny wygląd”.

zaznaczył Musk. „Można po prostu zatankować i znowu polecieć. Dopóki będziemy wyrzucać rakiety i pojazdy kosmiczne, nigdy nie podbijemy kosmosu".

Dragon 2 jest tylko jedną z równolegle rozwijanych przez SpaceX maszyn. Kolejnym krokiem milowym firmy będzie pierwszy lot Falcona Heavy, który zaprojektowano jako najpotężniejszą rakietę na świecie[IX]. SpaceX znalazła sposób na połączenie trzech rakiet Falcon 9 w pojedynczy statek z dwudziestoma siedmioma silnikami Merlin oraz udźwigiem ponad pięćdziesięciu trzech ton metrycznych ładunku. Część geniuszu Muska i projektów Muellera opiera się na tym, że firma może używać ponownie tego samego silnika w różnych konfiguracjach – od Falcona 1 do Falcona Heavy – oszczędzając koszt i czas. „Produkujemy nasze główne komory spalania, turbopompy, czadnice, wtryskiwacze i główne zawory" – powiedział Mueller. „Mamy pełną kontrolę. Mamy własny poligon testowy. Czas pracy zmniejszamy o połowę, podobnie jak pracę nad materiałami. Cztery lata temu byliśmy w stanie produkować dwie rakiety rocznie, a dziś – dwadzieścia". SpaceX chwali się, że Falcon Heavy ma dwukrotnie większy

---

[IX] Co dość szalone, NASA buduje gigantyczny, futurystyczny statek kosmiczny, który pewnego dnia może polecieć na Marsa, choć SpaceX pracuje już nad Falconem Heavy. Budżet programu agencji założono na osiemnaście miliardów dolarów, choć obliczenia rządowe uznają te szacunki za mocno oszczędne. „NASA nie ma w tym żadnego pieprzonego interesu" – powiedział Andrew Beal, inwestor-miliarder i do niedawna przedsiębiorca z branży komercyjnych lotów kosmicznych. „Cały program promów kosmicznych był katastrofą. Oni są jak pieprzone dzieci we mgle. Kto przy zdrowych zmysłach używałby rakiet na paliwo stałe, zwłaszcza w segmencie wymagającym dynamicznego uszczelniania? Mają szczęście, że zdarzyła im się jak dotąd jedna katastroficzna awaria rakiety". Solidna krytyka Beala jest oparta na latach obserwacji, jak rząd konkuruje z prywatnymi firmami, dotując budowę statków kosmicznych i startów. Jego firma Beal Aerospace splajtowała z powodu finansowania przez administrację rządową konkurencyjnych rakiet. „Rządy z całego świata wydają miliardy na próby robienia tego samego co Elon, i ponoszą klęskę" – mówił. „Są nam potrzebne, ale sam pomysł ich rywalizacji z sektorem prywatnym to jakieś pieprzenie".

udźwig niż jej główny konkurent – Delta IV Heavy od Boeinga/ ULA przy jednej trzeciej kosztów.

SpaceX zajmuje się również budową kosmodromu w Brownsville w stanie Teksas, z którego mogłaby wysyłać wiele rakiet na godzinę dzięki automatyzacji procedury ustawiania rakiety w pozycji pionowej na platformie, tankowania i startu.

Podobnie jak w pierwszych latach istnienia firmy, prowadzone są eksperymenty z nowymi pojazdami w trakcie startów, na co nie poważyłaby się konkurencja. Często SpaceX ogłasza, że testuje nowy silnik albo podpory i kładzie nacisk na jedną aktualizację w materiałach marketingowych przed startem. Powszechne jest także prowadzenie innych testów w tajemnicy już w trakcie misji. Musk generalnie oczekuje od swoich pracowników, by dokonywali rzeczy niemożliwych, gdy już wcześniej nad takimi pracują. Jeden z poprzednich kierowników opisał atmosferę panującą w firmie jako perpetuum mobile napędzane dziwaczną mieszanką niezadowolenia i wiecznej nadziei. „To tak, jakby wszyscy pracowali nad autem, mającym dojechać z Los Angeles do Nowego Jorku na jednym baku benzyny" – powiedział. „Będą pracować przez rok i testować wszystkie części. Potem, gdy wyruszą w drogę, wszyscy wicedyrektorzy pomyślą w duchu, że przy odrobinie szczęścia auto dociągnie może do Las Vegas. Tymczasem uda się dojechać aż do Nowego Meksyku, a więc dwa razy dalej, niż ktokolwiek się spodziewał – a Elon wciąż będzie wściekły. On wyciska z ludzi dwa razy więcej niż inni".

Musk nigdy nie jest usatysfakcjonowany, nieważne, czego dotyczy sprawa. Wymownym przykładem może być start z grudnia 2010 roku, gdy kapsuła Dragon dotarła na orbitę i powróciła bezpiecznie na Ziemię. To był jeden z wielkich sukcesów SpaceX, nad którym ludzie pracowali bez wytchnienia miesiącami, jeśli nie latami. 8 grudnia odbył się start, a 16 grudnia w firmie organizowano imprezę bożonarodzeniową. Około dziewiętnaście minut przed rozpoczęciem przyjęcia Musk wezwał do siebie kadrę zarządzającą na spotkanie. Sześciu mężczyzn, w tym Mueller, znajdowało się już w imprezowym nastroju, gotowych uczcić święta i historyczne osiągnięcie SpaceX. Musk przez godzinę wylewał im wiadro pomyj na głowę z powodu opóźnień w konstrukcji wieży do kolejnej rakiety. „Żony siedziały kilka boksów dalej, czekając na zakończenie reprymendy" – wspominał Brogan. Od czasu do czasu pojawiały się podobne sytuacje. Przykładowo Musk nagrodził trzydziestu pracowników, którzy zakończyli trudny projekt dla NASA, bonusami składającymi się z dodatkowych opcji na zakup firmowych akcji. Wielu z nich oczekiwało natychmiastowej, bardziej namacalnej nagrody, więc zażądali gotówki. „Zbeształ nas za niedocenienie akcji" – powiedział były inżynier Drew Eldeen. „Podkreślił, że w dłuższej perspektywie są więcej warte niż tysiąc dolarów w gotówce. Nie krzyczał, po prostu wydawał się nami rozczarowany. To było przykre". Przewijające się w myślach wielu pracowników pytanie brzmiało, kiedy konkretnie zobaczą wielką nagrodę za całą swoją pracę. Personel dobrze zarabia, ale nie otrzymuje kokosów. Wielu z nich oczekuje zmiany, gdy firma wejdzie na giełdę. Problem w tym, że Musk wcale nie ma takich planów i trudno się temu dziwić. Ciężko byłoby wytłumaczyć całą tę misję na Marsa inwestorom, gdy model biznesowy wokół założenia kolonii na innej planecie jest niejasny. Wiele osób było niezadowolonych na wieść o tym, że wejście na giełdę to raczej perspektywa odległej przyszłości i nie wydarzy się przed zabezpieczeniem misji. Musk słysząc o tym, napisał e-mail, który zapewnia świetny wgląd w jego sposób myślenia i podkreśla różnice między nim a innymi dyrektorami (pełna treść w Dodatku nr 3).

> 7 czerwca 2013
> Wejście na giełdę
> Zgodnie z moimi wcześniejszymi komentarzami, jestem coraz bardziej zaniepokojony perspektywą wejścia na giełdę SpaceX przed ustanowieniem systemu transportowego na Marsa. Stworzenie technologii koniecznej do ustanowienia tam życia jest

i zawsze było fundamentalnym celem firmy. Jeśli bycie spółką akcyjną zagrozi temu celowi, nie wejdziemy na giełdę, dopóki misja nie będzie bezpieczna. Nie zamykam się na dyskusję, ale biorąc pod uwagę moje doświadczenia z Teslą i SolarCity, nie będę forsować wejścia na giełdę, zwłaszcza w długiej perspektywie naszej misji.

Ci z Was, którzy nie mają doświadczenia ze spółką akcyjną, mogą myśleć, że to coś pożądanego. Tak nie jest. Akcje na giełdzie, zwłaszcza w przypadku ogromnych zmian technologicznych, są podatne na skrajne wahania, zarówno z przyczyn wewnętrznych, jak i pod wpływem zewnętrznych nacisków gospodarki. Maniakalno-depresyjna natura giełdy odwraca uwagę ludzi, którzy przestają skupiać się na tworzeniu wspaniałych produktów.

Do tych, którym wydaje się, że ich inteligencja pozwoli im przechytrzyć inwestorów giełdowych i zdążą sprzedać akcje SpaceX w „odpowiednim" momencie: wyprowadzę Was z błędu. Jeśli naprawdę jesteście w tym lepsi niż większość zarządców funduszy hedgingowych, nie musicie się martwić o wartość Waszych akcji SpaceX, bo możecie zainwestować w inne i zarobić na giełdzie miliardy dolarów.

Elon

10

ZEMSTA SAMOCHODU ELEKTRYCZNEGO

W TELEWIZJI LECI TYLE REKLAM samochodów i ciężarówek, że łatwo jest uodpornić się na nie i zacząć ignorować ich treść. To zupełnie w porządku, bo nie dzieje się tam wiele rzeczy godnych uwagi. Producenci chcący włożyć minimum wysiłku w swoje reklamy starają się od lat sprzedać to samo: auto z większą ilością miejsca, większą ilością kilometrów do przejechania na jednym baku, lepiej prowadzące się czy wyposażone w dodatkowy uchwyt na napoje. Ci, którzy nie są w stanie znaleźć w swoich autach nic ciekawego, próbują pomóc sobie dzięki skąpo odzianymi kobietom, mężczyznom z brytyjskim akcentem, a nawet tańczącym myszom w smokingach, które mają przekonać klienta, że oferowany produkt jest lepszy od konkurencji. Następnym razem, gdy w waszym telewizorze pojawi się reklama auta, zatrzymajcie się na moment i posłuchajcie. Gdy zrozumiecie, że akcja Volkswagena „sign-and-drive" to klucz oznaczający „staramy się uczynić doświadczenie kupna auta nieco mniej żałosnym niż zazwyczaj", zaczniecie zauważać, jak nisko upadła branża motoryzacyjna.

W połowie 2012 roku Tesla Motors zadziwiła swoich beztroskich kolegów z branży motoryzacyjnej, rozpoczynając wysyłkę sedana Model S. W pełni elektryczny luksusowy pojazd mógł przejechać na jednym ładowaniu pięćset kilometrów i przyspieszał do setki w cztery i dwie dziesiąte sekundy. Mieścił siedem osób, jeśli użyło się dodatkowych zwróconych do przodu fotelików dziecięcych. Miał także dwa bagażniki: jeden standardowy oraz drugi z przodu, tam gdzie zwykle znajduje się wielki silnik. Model S był zasilany akumulatorem elektrycznym, który tworzył podwozie auta, oraz silnikiem elektrycznym o rozmiarze arbuza, znajdującym się pomiędzy oponami z tyłu. Pozbycie się silnika z jego hałaśliwą, grzechoczącą maszynerią oznaczało także cichą pracę. Model S przewyższał również większość innych luksusowych sedanów w zakresie prędkości, zasięgu, trzymania się drogi i pojemności bagażników.

Auto miało też szpanerskie klamki, które zlewały się z autem, dopóki kierowca do niego nie podszedł. Wówczas srebrne klamki wysuwały się, kierowca wsiadał, a one ponownie wtapiały się w karoserię. Wewnątrz kierowca miał do dyspozycji siedemnastocalowy ekran dotykowy, kontrolujący większość funkcji pojazdu, od zwiększania głośności radia[1] do otwierania szyberdachu za pomocą ruchu palca. Podczas gdy większość aut potrzebuje sporej deski rozdzielczej, by pomieścić wszystkie wyświetlacze i przyciski, a także chronić ludzi przed hałasem silnika, Model S miał dużo przestrzeni. Oferował wszechobecne połączenie z siecią, umożliwiające kierowcy słuchanie muzyki poprzez panel dotykowy oraz wyświetlanie ogromnych map Google do nawigacji. Nie było konieczności przekręcania kluczyka w stacyjce ani nawet wciskania przycisku, aby uruchomić samochód. Waga kierowcy w fotelu razem z czujnikiem w kluczykach o kształcie małego Modelu S wystarczyła do aktywacji pojazdu. Samochód wykonany z lekkiego stopu aluminium osiągnął najlepsze wyniki w testach bezpieczeństwa w historii. I mógł być

---

[1] Poziom głośności systemu nagłośnienia domyślnie ustawia się na 11 w hołdzie dla filmu *Oto Spinal Tap* oraz by odzwierciedlić poczucie humoru Muska.

bezpłatnie ładowany na stacjach Tesli wzdłuż autostrad w całych Stanach, a z czasem także na całym świecie.

Model S był flagowym przykładem wydajności zarówno dla inżynierów, jak i osób troszczących się o środowisko. Tradycyjne auta i hybrydy mają od setek do tysięcy ruchomych elementów. Silnik wykonuje ciągłe kontrolowane eksplozje z udziałem tłoków, wałów korbowych, filtrów olejów, alternatorów, wentylatorów, rozdzielaczy, zaworów, cewek i cylindrów pośród wielu elementów mechanicznych koniecznych do jego pracy. Energia wytwarzana przez silnik musi następnie przejść przez sprzęgła, przekładnie i wały napędowe poruszające kołami, a układ wydechowy musi poradzić sobie z odpadami. Samochody wykazują od dziesięciu do dwudziestu procent efektywności w przełożeniu dostarczanej benzyny na napęd. Większość, bo około siedemdziesiąt procent energii jest tracona w postaci ciepła w silniku, a reszta poprzez opór wiatru, układ hamulcowy i inne funkcje mechaniczne. Dla odmiany Model S ma około tuzina ruchomych elementów, a jego akumulator przesyła energię natychmiast do silnika, który obraca koła. Dzięki temu wykazuje w przybliżeniu sześćdziesięcioprocentową efektywność, tracąc pozostałą energię w postaci ciepła. Sedan otrzymuje ekwiwalent około stu sześćdziesięciu kilometrów przejechanych na galonie benzyny[II].

Kolejną cechą wyróżniającą Model S był sposób kupna i posiadania tego auta. Koniec z wyprawą do salonu, by targować się z nachalnym handlowcem. Tesla sprzedawała swoje auta bezpośrednio przez sieć sklepów i stronę internetową. Zazwyczaj sklepy mieściły się w ekskluzywnych centrach handlowych lub na zamożnych przedmieściach, niedaleko sklepów Apple, na których były wzorowane. Klienci wchodzili do środka, gdzie w centralnej

---

[II] Nie chodzi jedynie o to, że Model S oraz inne auta elektryczne są trzy-, a nawet czterokrotnie bardziej efektywne od samochodów z silnikiem spalinowym. Mogą także korzystać z energii wytwarzanej w scentralizowany, wysokowydajny sposób przez elektrownie i panele słoneczne.

części stał Model S, a często z tyłu znajdował się drugi, pozbawiony karoserii, by można było obejrzeć akumulator i silnik. Na ogromnych ekranach dotykowych obliczało się oszczędność paliwa po zmianie auta na elektryczne, a także konfigurowało wygląd i elementy wyposażenia przyszłego Modelu S. Po zakończeniu procesu konfiguracji za pomocą energicznego ruchu, na jeszcze większym ekranie na środku sklepu teatralnie pojawiał się przyszły Model S klienta. Sprzedawcy nie zarabiali na prowizjach od sprzedaży, więc nie musieli namawiać do zakupu opcji dodatkowych. Gdy już decydowało się na zakup w sklepie lub w sieci, samochód trafiał do klienta w sposób przywodzący na myśl usługę all inclusive. Tesla przywoziła auto pod dom, do pracy lub gdziekolwiek klient sobie zażyczył. Kupującym oferowano także możliwość odbioru aut prosto z fabryki w Dolinie Krzemowej, gdzie ich rodzina i przyjaciele mogli bezpłatnie zwiedzić placówkę. W kolejnych miesiącach od zakupu nie było konieczności wymiany oleju ani przeglądów technicznych. Uniknięto ogromnej ilości mechanicznych śmieci typowych dla pojazdów z silnikami spalinowymi. Jednakże jeśli cokolwiek by się stało, Tesla przyjechałaby po auto i przekazałaby klientowi samochód zastępczy na czas naprawy. Model S oferował także możliwość naprawy awarii w sposób dotychczas niespotykany w masowo produkowanych samochodach. Niektórzy pierwsi właściciele narzekali na usterki, takie jak niewłaściwe wysuwanie się uchwytów albo wycieraczki poruszające się z nietypową prędkością. Przy tak kosztownym aucie to były niewybaczalne błędy, ale Tesla jak zwykle poradziła sobie z nimi sprytnie i sprawnie. Gdy właściciele spali, inżynierowie łączyli się z systemem auta przez internet i wgrywali aktualizacje oprogramowania. Rano klienci zorientowali się, że wszystko działa jak należy, a błędy zniknęły jak za dotknięciem czarodziejskiej różdżki. Tesla wkrótce zaczęła chwalić się swoimi umiejętnościami informatycznymi w sprawach zupełnie innych niż naprawa błędów. Wypuściła aplikację na smartfony, która pozwalała włączać zdalnie klimatyzację lub ogrzewanie albo sprawdzać na mapie, gdzie auto zostało zaparkowane. Wkrótce firma zaczęła instalować aktualizacje systemowe, które naszpikowały auta nowymi usprawnieniami. Przez jedną noc samochód mógł zyskać nową kontrolę trakcji do jazdy w terenie i po autostradzie, ładować się znacznie szybciej niż wcześniej albo zdobyć nowy zakres kontroli głosowej. Tesla przekształcała swój samochód w gadżet – urządzenie, które zmieniało się na lepsze po zakupie. Jak ujął to jeden z pierwszych właścicieli Modelu S i uznany naukowiec, który jako pierwszy odkodował ludzkie DNA, Craig Venter: „To zmienia naszą dotychczasową wiedzę na temat transportu. To komputer na kołach".

Pierwszymi, którzy dostrzegli dokonania Tesli, byli technofile z Doliny Krzemowej. Region jest pełen zwolenników nowinek, którzy chętnie kupią najnowsze gadżety, nawet pełne błędów. Zazwyczaj dotyczy to urządzeń komputerowych w przedziale od stu do dwóch tysięcy dolarów, ale teraz technofile nie tylko okazali się skłonni wydać sto tysięcy dolarów na produkt, który może nie działać, lecz również powierzyć swój dobrostan start-upowi. Tesla potrzebowała zaś tego początkowego kredytu zaufania i otrzymała go na skalę, jakiej niewielu oczekiwało. W ciągu pierwszych miesięcy rozpoczęcia sprzedaży można było zobaczyć jeden lub dwa Modele S na ulicach San Francisco i okolicznych miast. Później już widywało się nawet dziesięć. Wkrótce Model S wydawał się być najpopularniejszym autem w dwóch miastach położonych w sercu Doliny Krzemowej: Palo Alto i Mountain View. Urósł do rangi symbolu statusu zamożnych technofilów, pozwalając im równocześnie zadać szyku, zdobyć nowy gadżet i zadeklarować troskę o środowisko. Fenomen Modelu S dotarł z Doliny Krzemowej do Los Angeles, a stamtąd rozprzestrzenił się wzdłuż Zachodniego Wybrzeża do Waszyngtonu oraz Nowego Jorku, choć w mniejszym stopniu.

Na początku producenci aut tradycyjnych postrzegali Model S jako chwyt reklamowy, a rosnącą sprzedaż jako fanaberię. Szybko jednak ich powątpiewanie ustąpiło miejsca panice. W listopadzie

2012 roku, ledwie kilka miesięcy po rozpoczęciu wysyłki do klientów, Model S został okrzyknięty samochodem roku magazynu „Motor Trend" w pierwszym jednomyślnym głosowaniu, jakie przeprowadzono kiedykolwiek w redakcji. Pokonał jedenaście innych modeli takich firm jak: Porsche, BMW, Lexus czy Subaru, stanowiąc „potwierdzenie, że Amerykanie wciąż potrafią produkować wspaniałe auta". „Motor Trend" zachwalał Model S jako pierwsze auto z silnikiem innym niż spalinowy, które znalazło się na szczycie notowania, pisząc, że prowadzi się niczym auto sportowe, jeździ płynnie niczym Rolls-Royce, trzyma się nawierzchni niczym Chevy Equinox, a w dodatku jest efektywne jak Toyota Prius. Kilka miesięcy później „Consumer Reports" przyznał Modelowi S najwyższą notę w historii – dziewięćdziesiąt dziewięć na sto – równocześnie twierdząc, że było to prawdopodobnie najlepsze auto, jakie kiedykolwiek powstało. Mniej więcej w tym czasie sprzedaż poszybowała w górę razem z cenami akcji Tesli, a General Motors wraz z innymi producentami stworzyli zespół, który miał na celu zbadanie Modelu S, Tesli i metod Elona Muska.

Warto zatrzymać się na chwilę i zastanowić się nad tym, co Tesla osiągnęła. Musk powziął sobie za cel zbudowanie niezawodnego auta elektrycznego. Dokonał tego. Potem, wykorzystując rodzaj biznesowego judo, odwrócił dekady krytyki wobec samochodów elektrycznych. Model S nie był jedynie najlepszym samochodem elektrycznym, ale najlepszym samochodem w ogóle. W dodatku takim, jaki ludzie pragnęli mieć. Nikomu w tej branży nie udało się odnieść sukcesu na rynku amerykańskim od czasu powstania Chryslera w 1925 roku. Dolina Krzemowa nie dokonała w tej materii zbyt wiele godnego uwagi. Musk nigdy dotychczas nie prowadził fabryki samochodowej, a giganci z Detroit uważali go za aroganckiego amatora. A jednak po roku od rozpoczęcia sprzedaży Modelu S Tesla wyszła na plus, odnotowała pięćset sześćdziesiąt dwa miliony dolarów przychodów w raporcie kwartalnym, zwiększyła prognozy dotyczące sprzedaży, a wartość firmy dorównała tej, na jaką wyceniano Mazda Motor. Elon Musk stworzył ekwiwalent iPhone'a w branży motoryzacyjnej. A kierownictwo koncernów z Detroit, Japonii i Niemiec mogło jedynie oglądać swoje żałosne reklamy i zastanawiać się, jak do tego doszło.

Można wybaczyć branżowym weteranom, że dali się złapać z opuszczoną gardą. Przez całe lata Tesla wyglądała jak ostatnie nieszczęście, niezdolne do zrobienia czegokolwiek porządnie. Dopiero na początku 2009 roku firma złapała wiatr w żagle dzięki Roadsterowi i rozwiązała problemy z produkcją modelu sportowego. W związku z próbami nadania rozpędu pracom nad Roadsterem, Musk wysłał e-maile do klientów z oświadczeniem wzrostu cen. Oryginalna cena oscylująca wokół dziewięćdziesięciu dwóch tysięcy dolarów miała teraz rozpoczynać się od stu dziewięciu tysięcy. W treści Musk twierdził, że czterystu klientów, którzy już złożyli zamówienia na Roadstery, ale nadal ich nie otrzymali, musiało ponieść koszty zmiany ceny i wysupłać dodatkową gotówkę. Próbował udobruchać ich argumentami, że Tesla znalazła się pod ścianą. Koszty produkcji okazały się znacznie wyższe od początkowo założonych, a firma musiała udowodnić, że potrafi zarabiać na swoich autach, aby zwiększyć szanse na dużą rządową pożyczkę konieczną do budowy Modelu S, który obiecano dostarczyć w 2011 roku. „Mocno wierzę, że plan [...] stanowi wyraz rozsądnego kompromisu między uczciwością wobec pierwszych nabywców oraz zapewnieniem przetrwania rynkowego Tesli, co oczywiście jest w najlepszym interesie wszystkich klientów" – pisał. „Masowa produkcja samochodów elektrycznych była moim celem od początku istnienia firmy. Nie sądzę, aby ogromna większość odbiorców Tesli chciała uczynić cokolwiek, by pokrzyżować te plany". I choć niektórzy kupujący utyskiwali, Muskowi udało się dobrze odczytać intencje większości. Oni wsparliby praktycznie każdą jego propozycję.

Po wzroście cen Tesla zorganizowała akcję serwisową związaną z bezpieczeństwem. Firma twierdziła, że producent podwozia Roadstera Lotus nie dokręcił śruby na linii montażowej. Plusem było to, że Tesla dostarczyła jedynie około trzysta czterdzieści pięć Roadsterów, co pozwalało w miarę łatwo zorganizować akcję. Minusem, że coś takiego było ostatnią rzeczą, jakiej potrzebował start-up samochodowy, nawet jeśli wydarzeniu nadano charakter prewencyjny. Rok później miała miejsce kolejna dobrowolna akcja serwisowa. Firma otrzymała informację, że przewód zasilający ociera się o nadwozie, powodując zwarcie, i wydobywa się nieco dymu. Tym razem ściągnięto do serwisu czterysta trzydzieści dziewięć Roadsterów. Tesla dołożyła wszelkich starań, by przekuć porażkę w sukces, ogłaszając „wizyty domowe" w celu przeprowadzenia napraw albo plan odbioru aut i zwożenia do fabryki. Od tamtej pory Musk stara się zamienić każdy bajzel[III] w wymówkę do pochwalenia się uwagą przykładaną do obsługi klienta i jego potrzeb. Zazwyczaj ta strategia okazywała się skuteczna.

Poza występującymi od czasu do czasu kłopotami z Roadsterem Tesla wciąż zmagała się z problemami wizerunkowymi. W czerwcu 2009 roku Martin Eberhard wytoczył Muskowi sprawę sądową, w której nie owijał w bawełnę szczegółów dotyczących swojego zwolnienia. Oskarżył Muska o zniesławienie, oszczerstwo i naruszenie warunków umowy. W świetle zarzutów Musk jawił się niczym opętany żądzą pieniędzy tyran, który wyrzucił natchnionego wynalazcę z jego własnej firmy. W pozwie pojawił się również zarzut, że rola Muska w założeniu Tesli to wyssana z palca bzdura. Musk odpowiedział w podobnym stylu, wypisując na blogu litanię wad Eberharda oraz reagując obrazą na samą sugestię, że nie był prawdziwym założycielem firmy. Wkrótce później mężczyźni doszli do porozumienia i zgodzili się zakopać topór wojenny. „Wkład Elona jako współzałożyciela Tesli jest nie do przecenienia" – napisał Eberhard w opublikowanym wówczas oświadczeniu. Te słowa musiały

---

[III] Oryg. „snafu" – słowo-akronim powstałe od wyrażenia „Situation Normal, All Fucked Up", wywodzące się ze slangu armii amerykańskiej na określenie chaosu bitewnego jako stanu normalnego. Można je przełożyć na język polski jako „Sytuacja Normalna, Ale Fatalnie Upier..." [przyp. tłum.].

być dla niego niezwykle bolesne, ale fakt, że zgodził się umieścić je na piśmie, stanowi potwierdzenie umiejętności i taktyki Elona jako nieprzejednanego negocjatora. Mężczyźni do dziś sobą gardzą, choć prawo wymaga od nich, by robili to po cichu. Jednakże Eberhard nie chowa urazy do swojej dawnej firmy. Jego udziały zyskały z czasem dużą wartość. Nadal jeździ swoim Roadsterem, a jego żona kupiła Model S.

Przez lata Tesla pojawiała się mediach z niewłaściwych powodów. Dla wielu osób z branży rozrywkowej i motoryzacyjnej firma była powodem do żartów. Wydawali się czerpać przyjemność ze sprzeczek rodem z opery mydlanej między Muskiem i Eberhardem, a także innymi rozżalonymi byłymi pracownikami. Daleki od bycia powszechnie postrzeganym jako przedsiębiorca, który osiągnął sukces, Musk miał w niektórych kręgach Doliny Krzemowej opinię nieprzyjemnego samochwały, który dostałby za swoje po spodziewanym upadku firmy i wywiezieniu Roadstera na złomowisko aut elektrycznych. Detroit miało udowodnić, że lepiej radziło sobie z całą tą innowacją niż Dolina Krzemowa, a naturalny porządek rzeczy zostałby przywrócony.

Stało się jednak coś zabawnego – Tesla poradziła sobie i utrzymała się na rynku. Między 2008 a 2012 rokiem sprzedała około dwa i pół tysiąca Roadsterów[IV]. Samochód osiągnął początkowy cel założony przez Muska. Dowiódł, że elektryczne auta mogą się przyjemnie prowadzić i stać obiektem pożądania. Dzięki Roadsterom Tesla utrzymała masowe zainteresowanie autami elektrycznymi i to w najbardziej niesprzyjających okolicznościach, mianowicie w okresie zapaści krajowego rynku samochodowego i globalnych rynków finansowych. To, czy Musk był założycielem

---

[IV] Pierwszy Roadster przybył w wielkiej skrzyni ze sklejki. Inżynierowie rozpakowali go z pasją, zainstalowali akumulator i pozwolili Muskowi zabrać samochód na przejażdżkę. Około dwudziestu z nich wskoczyło do prototypowych pojazdów i pojechało za swoim szefem w konwoju na wycieczkę po drogach Palo Alto i Stanford.

Tesli w ścisłym znaczeniu tego słowa, jest w tym momencie nieistotne. Nie mówilibyśmy dzisiaj o Tesli, gdyby nie jego pieniądze, zmysł marketingowy, szykany, zdolności inżynierskie i niezłomny duch. Jej istnienie jest owocem jego woli i przez to odzwierciedla ona jego osobowość w równym stopniu, co Intel, Microsoft czy Apple odzwierciedlają charaktery swoich twórców. Drugi z założycieli Tesli Marc Tarpenning powiedział to samo, gdy opisywał znaczenie Muska dla firmy: „Z Elonem dotarliśmy znacznie dalej, niż kiedykolwiek marzyliśmy".

Choć narodziny Roadstera były trudne, przygoda zaostrzyła apetyt Muska na to, co mógł osiągnąć w branży, zaczynając od zera. Kolejne auto firmy, noszące kryptonim WhiteStar, nie miało być zmienioną wersją pojazdu innego producenta. Miało zostać zbudowane od początku i w taki sposób, by w pełni wykorzystać osiągnięcia technologii samochodów elektrycznych. Przykładowo akumulator Roadstera musiał zostać umieszczony z tyłu z powodu ograniczeń podwozia Lotusa Elise. To nie było rozwiązanie idealne ze względu na wagę akumulatora. W przypadku WhiteStara, który miał się stać Modelem S, Musk wraz z inżynierami Tesli wiedzieli od początku, że umieszczą półtonowy akumulator na podwoziu. Dzięki temu auto miało zyskać nisko położony środek ciężkości oraz doskonałą przyczepność. Ponadto samochód miał uzyskać niski biegunowy moment bezwładności, odnoszący się do oporu wobec ruchu obrotowego. Najlepiej, gdy ciężkie elementy samochodu, takie jak silnik, znajdują się jak najbliżej środka ciężkości, dlatego w autach sportowych umieszcza się je właśnie w pobliżu środka pojazdu. Tradycyjne samochody są pod tym względem chaotyczne: z wielkimi silnikami z przodu, pasażerami pośrodku i benzyną rozpryskującą się gdzieś po baku z tyłu. W przypadku Modelu S większość masy skupiona jest w pobliżu środka ciężkości auta, co ma pozytywny wpływ na prowadzenie, osiągi i bezpieczeństwo.

Wnętrze auta było jedną z jego zalet. Musk chciał, by również wygląd robił wrażenie. To miał być sedan, owszem, ale seksowny.

Miał być przy tym wygodny oraz luksusowy i bez żadnych kompromisów, na jakie Tesla musiała pójść przy budowie Roadstera. Do budowy tak pięknego i funkcjonalnego samochodu Musk zatrudnił duńskiego projektanta Henrika Fiskera znanego z pracy dla Astona Martina.

Tesla pokazała mu swoje plany dla Modelu S po raz pierwszy w 2007 roku. Został poproszony o zaprojektowanie smukłego czterodrzwiowego sedana, który miał kosztować między pięćdziesiąt tysięcy a siedemdziesiąt tysięcy dolarów. Tesla wciąż ledwie była w stanie produkować Roadstera i nie miała pojęcia, czy w pełni elektryczny napęd wytrzyma. Musk jednak odmówił oczekiwania i sprawdzenia. Chciał, by pierwsze sedany trafiły do klientów pod koniec 2009 lub na początku 2010 roku, i potrzebował, aby Fisker szybko zabrał się do pracy. Ten zaś miał reputację projektanta z rozmachem, który na przestrzeni minionej dekady wykonał kilka z najbardziej zapierających dech w piersiach projektów nie tylko dla Astona Martina, ale również edycji specjalnych BMW i Mercedesa-Benza.

Fisker miał studio w hrabstwie Orange w stanie Kalifornia, gdzie spotykał się z Muskiem oraz menedżerami Tesli, którzy śledzili postępy jego prac nad Modelem S, a każda wizyta była mniej owocna od poprzedniej. Fisker zbijał zespół Tesli z tropu swoimi ciężkostrawnymi projektami. „Niektóre z pierwszych ujęć wyglądały jak wielkie jajo" – wspominał Ron Lloyd, były wicedyrektor projektu WhiteStar. „Były straszne". Gdy Musk je odrzucał, Fisker obwiniał fizyczne ograniczenia nałożone przez firmę na Model S, uznając je za zbyt restrykcyjne. „Powiedział, że nie pozwalają mu zrobić seksownego auta" – dodał Lloyd. Fisker zaproponował kilka innych pomysłów i pokazał kilka modeli. „Wciąż mu powtarzaliśmy, że się nie nadają".

Niedługo po spotkaniach Fisker założył własną firmę o nazwie Fisker Automotive i w 2008 roku zaprezentował hybrydowy model Fisker Karma. Luksusowy sedan wyglądał jak pojazd, którego

Batman nie powstydziłby się zabrać na niedzielną przejażdżkę. Ze smukłą sylwetką i ostrymi krawędziami był zachwycający i naprawdę oryginalny. „Od razu stało się jasne, że próbuje z nami rywalizować" – powiedział Lloyd. Gdy Musk zbadał sprawę, odkrył, że Fisker już od pewnego czasu próbował sprzedać swój pomysł na firmę inwestorom w Dolinie Krzemowej. Jedna z bardziej znanych firm venture capital o nazwie Kleiner Perkins Caufield & Byers, która kiedyś miała szansę zainwestować w Teslę, teraz postawiła na niego. Tego wszystkiego było Muskowi za wiele, więc w 2008 roku wniósł przeciwko Fiskerowi pozew, w którym oskarżył go o kradzież pomysłów Tesli i wykorzystanie ośmiuset siedemdziesięciu pięciu tysięcy dolarów, jakie zapłacił mu za projekty, do sfinansowania swojej konkurencyjnej firmy (Fisker ostatecznie wygrał spór, a sędzia zasądził pokrycie opłat sądowych przez Teslę i odrzucił jej roszczenia jako bezzasadne).

Tesla myślała o budowie hybrydy podobnej do tej, jaką zbudował Fisker, w której klasyczny silnik ładowałby akumulator po jego wyczerpaniu. Samochód byłby w stanie przejechać około stu kilometrów na jednym ładowaniu, a potem można byłoby go zatankować, korzystając z wszechobecnych stacji benzynowych, eliminując problem zasięgu. Inżynierowie skonstruowali prototyp hybrydy i poddali różnorakim pomiarom pod kątem wydajności kosztowej, stwierdzając ostatecznie, że byłaby zbyt dużym kompromisem. „Byłaby kosztowna i słabsza pod względem wydajności od auta elektrycznego" – powiedział J.B. Straubel. „W dodatku musielibyśmy stworzyć zespół do konkurowania z kluczowymi kompetencjami każdej firmy motoryzacyjnej świata. Musielibyśmy jeszcze raz stawić czoła wszystkim dotychczasowym wyzwaniom, jak choćby energoelektronice czy ulepszaniu akumulatora. Zdecydowaliśmy się skupić całą energię na podążaniu w stronę naszego celu i nie oglądać się za siebie". Po dojściu do tych wniosków Straubel i inni inżynierowie zaczęli wściekać się na Fiskera. Stwierdzili, że zaprojektuje jakąś prowizorkę i dostanie za swoje.

Duży koncern motoryzacyjny może wydać miliard dolarów i potrzebować tysięcy ludzi na zaprojektowanie nowego pojazdu oraz wprowadzenie go na rynek. Tesla nie miała takich zasobów, a jednak stworzyła Model S. Zgodnie z relacją Lloyda, początkowo planowano produkcję około dziesięciu tysięcy modeli rocznie, przeznaczając na ten cel budżet w wysokości około stu trzydziestu milionów dolarów, pokrywający także prace inżynieryjne oraz zakup maszyn tłoczących elementy nadwozia. „Jedną z rzeczy, na które Elon naciskał, było skupienie jak największej części produkcji w zakładzie" – powiedział. Tesla miała nadrabiać braki funduszy na badania i rozwój, zatrudniając bystrych ludzi, potrafiących pracować ciężej i kombinować lepiej niż dostawcy, na których polegali inni producenci. „Motto firmy głosiło, że jeden świetny inżynier zastąpi trzech średnich" – dodał Lloyd.

Mały zespół inżynierów rozpoczął proces deszyfrowania wewnętrznych zawiłości Modelu S. Pierwszym krokiem ku temu była wizyta w salonie Mercedesa, gdzie odbyli przejażdżkę testową czterodrzwiowym coupe CLS oraz sedanem klasy E. Obydwa auta miały to samo podwozie, a inżynierowie wymierzyli każdy centymetr, badając wszystkie zalety i wady. W końcu bardziej przypadł im do gustu wygląd CLS, który obrali za podstawę do dalszych prac nad Modelem S.

Po zakupie inżynierowie rozebrali Mercedesa. Spłaszczyli prostokątny akumulator Roadstera, wycięli spód i umieścili go tam. Następnie dodali w bagażniku elektronikę, która połączyła system. Potem wymienili wnętrze auta, nadając wykończenie. Po trzech miesiącach pracy Tesla zbudowała de facto elektrycznego Mercedesa CLS, którego użyto do zachęcenia inwestorów i przyszłych partnerów, jak Daimler, którzy później zwracali się do firmy po elektryczne układy napędowe do swoich samochodów. Od czasu do czasu zespół zabierał auto na przejażdżkę po drogach publicznych. Ważyło więcej od Roadstera, ale wciąż było szybkie i na jednym ładowaniu mogło przejechać około dwustu kilometrów. Chcąc utrzymać testy w sekrecie, inżynierowie musieli zamocować z powrotem rury wydechowe, aby auto wyglądało jak każdy inny CLS.

Mniej więcej w tym czasie, latem 2008 roku, pracę w Tesli rozpoczął nieco afektowany miłośnik aut, Franz von Holzhausen. Miał tchnąć nowe życie we wczesne projekty samochodu i – w miarę możliwości – uczynić Model S produktem kultowym[V].

Von Holzhausen dorastał w małym miasteczku w stanie Connecticut. Jego ojciec pracował nad projektowaniem i marketingiem towarów użytkowych, a syn traktował rodzinną piwnicę pełną markerów, różnych rodzajów papieru i innych materiałów jako pole dla rozwoju swojej wyobraźni. Z biegiem lat chłopiec zainteresował się samochodami. Wraz z przyjacielem rozmontowali pewnej zimy silnik pojazdu buggy, a potem złożyli go z powrotem. Franz zawsze rysował samochody na marginesach zeszytów szkolnych i wieszał ich plakaty w swoim pokoju. Wybierając studia, postanowił pójść w ślady ojca i zapisał się na kurs projektowania przemysłowego na Syracuse University. Później, w wyniku przypadkowego spotkania z innym projektantem w trakcie stażu, von Holzhausen usłyszał o Art Center College of Design w Los Angeles. „Ten facet powiedział mi o projektowaniu samochodów i szkole w Los Angeles, a ja od razu się wkręciłem" – wspominał. „Studiowałem dwa lata na Syracuse, a potem zdecydowałem się przenieść do Kalifornii".

[V] Gdzieś na przełomie 2007 i 2008 roku Musk próbował także zatrudnić Tony'ego Fadella, jednego z menedżerów Apple, któremu przypisuje się stworzenie iPoda oraz iPhone'a. Fadell pamięta rekrutację na stanowisko dyrektora generalnego Tesli, podczas gdy Musk zapamiętał, że było to raczej stanowisko dyrektora do spraw operacyjnych. „Elon i ja odbyliśmy wiele rozmów kwalifikacyjnych na stanowisko dyrektora generalnego Tesli, a on zorganizował nawet dla mnie imprezę-niespodziankę, gdy miałem odwiedzić ich siedzibę" – wspominał Fadell. Steve Jobs dowiedział się o tych spotkaniach i zrobił wszystko, by go zatrzymać. „Przez chwilę był dla mnie bardzo miły" – dodał. Po kilku latach Fadell odszedł jednak z Apple i założył Nest, firmę produkującą urządzenia dla inteligentnego domu, którą Google przejęło w 2014 roku.

Przeprowadzka rozpoczęła jego długą i burzliwą karierę w branży motoryzacyjnej. Von Holzhausen podjął staż w stanie Michigan w Fordzie, a potem w Europie w Volkswagenie, gdzie nauczył się wrażliwości, potrzebnej do projektowania samochodów. Po obronie w 1992 roku rozpoczął pracę w niemieckim koncernie nad najbardziej ekscytującym projektem, jaki można było sobie wyobrazić – ściśle tajną nową wersją Beetle. „To był magiczny okres" – opowiadał. „Zaledwie pięćdziesiąt osób na świecie wiedziało, że nad tym pracujemy". Von Holzhausen miał szansę pracować zarówno nad zewnętrznymi, jak i wewnętrznymi elementami auta, w tym kultowym wazonikiem na kwiaty wbudowanym w deskę rozdzielczą. W 1997 roku Volkswagen rozpoczął sprzedaż modelu New Beetle, a von Holzhausen mógł obserwować na własne oczy, jak wygląd samochodu zachwycił ludzi i zmienił sposób postrzegania marki, która notowała fatalne wyniki sprzedaży na amerykańskim rynku. „Zapoczątkowała odrodzenie marki i przywróciła znaczenie designowi" – podkreślał.

Von Holzhausen pracował w VW przez osiem lat, pnąc się po drabinie kariery projektanta i zakochując w kulturze samochodowej Południowej Kalifornii. Los Angeles od dawna uwielbiało swoje auta, a jego klimat sprzyjał posiadaniu różnych typów pojazdów, od kabrioletów do vanów, w których można było zmieścić deskę surfingową. Odbycie studiów projektowych umożliwiło von Holzhausenowi przejście z VW do General Motors, a potem do Mazdy, gdzie objął stanowisko dyrektora działu projektowego.

Dzięki pracy w GM von Holzhausen poznał wady wielkich koncernów z branży motoryzacyjnej. Żadne z aut znajdujących się w portfolio marki nie ekscytowało go, a jakakolwiek większa zmiana w kulturze organizacyjnej firmy wydawała się niemożliwa. Był zaledwie członkiem zespołu projektowego liczącego tysiąc osób, które przypadkowo przydzielano do marek, zupełnie nie biorąc pod uwagę, kto naprawdę chciałby nad czym pracować. „Wyssali ze mnie energię" – powiedział. „Wiedziałem, że nie chcę tam umrzeć”. Dla odmiany Mazda potrzebowała i chciała pomocy. Pozwoliła von Holzhausenowi i jego zespołowi w Los Angeles zostawić ślad na każdym samochodzie znajdującym się w portfolio na rynek północnoamerykański, a także stworzyć auta koncepcyjne, które zmieniały podejście do projektowania przyjęte dotychczas przez markę. Jak to ujął: „Wygląd i odczucie samochodu odzyskały swoje zoom-zoom”[VI].

Von Holzhausen rozpoczął pracę nad projektem uczynienia aut Mazdy bardziej ekologicznymi poprzez ponowną ocenę materiałów używanych do produkcji foteli oraz substancji wchodzących w skład paliw. Opracował akurat auto koncepcyjne zasilane etanolem, gdy na początku 2008 roku przyjaciel powiedział mu, że Tesla poszukuje głównego projektanta. Po trwającej miesiąc zabawie w telefonicznego berka z asystentką Muska Mary Beth Brown, von Holzhausen w końcu spotkał się z Muskiem na rozmowie kwalifikacyjnej w siedzibie SpaceX.

Kiedy Musk zobaczył wyluzowanego faceta w szerokim, modnym ubraniu, od razu zauważył jego potencjał i energicznie przekonywał go do zmiany pracy. Zabrał go na wycieczkę do fabryki SpaceX w Hawthorne oraz do Tesli w Dolinie Krzemowej. W obydwu panował chaos i atmosfera start-upu. Musk czarował i udało mu się przekonać von Holzhausena argumentem, że będzie miał szansę kształtować przyszłość branży motoryzacyjnej oraz że porzucenie wygodnej pracy w dużym koncernie ma sens dla tej jedynej w życiu szansy. „Elon i ja wybraliśmy się na przejażdżkę Roadsterem, wszyscy go podziwiali” – powiedział von Holzhausen. „Mogłem popracować wygodnie w Maździe jeszcze przez dekadę albo zaufać przeczuciu i podjąć to ryzyko. Tesla nie miała ani historii, ani bagażu. Była jedynie wizja produktów, które mogły zmienić świat. Kto nie chciałby wziąć udziału w czymś takim?”

[VI] „Zoom-zoom” to element filozofii Mazdy i hasło, które towarzyszy firmie od 2002 roku, nawiązując do przyjemności płynącej z jazdy [przyp. tłum.].

Choć von Holzhausen znał ryzyko przejścia do start-upu, nie miał pojęcia, jak blisko bankructwa była Tesla, gdy rozpoczynał pracę w sierpniu 2008 roku. Musk oderwał go od spokojnej posady i rzucił w paszczę lwa. A jednak właśnie tego potrzebował na tym etapie swojej kariery. Tesla nie wydawała się podobna do koncernu motoryzacyjnego, a raczej do grupki facetów majsterkujących nad dużym projektem. „Dla mnie to było ekscytujące" – powiedział. „Przypominało eksperymentowanie w garażu, dzięki temu samochody znów wyglądały wystrzałowo". Tu nie było odzieży roboczej, ani weteranów branży motoryzacyjnej, zmęczonych pracą w przemyśle. Zamiast tego pojawili się zaangażowani pasjonaci, którzy nie zdawali sobie sprawy, że próbują dokonać rzeczy skrajnie niemożliwych. Obecność Muska dodawała im energii, a von Holzhausena zapewniała, że Tesla naprawdę potrafi pokonać znacznie większych konkurentów. „Umysł Elona wykraczał daleko w przyszłość" – powiedział. „Dało się zauważyć, że był kilka kroków przed wszystkimi i w stu procentach oddany temu, nad czym pracowaliśmy".

Von Holzhausen przyjrzał się pozostawionym przez Fiskera szkicom Modelu S oraz modelowi auta, ale te nie zrobiły na nim wrażenia. „To była jakaś bezkształtna masa" – skomentował. „Pracowali nad tym amatorzy". Musk doszedł do tych samych wniosków i próbował wyjaśnić, czego oczekiwał. I choć nie wyrażał się zbyt precyzyjnie, sformułował swoje oczekiwania na tyle jasno, by von Holzhausen zrozumiał całą koncepcję i zyskał pewność, że potrafi ją urzeczywistnić. „Powiedziałem, że zaczniemy od początku i pracując razem, zrobimy z tego coś fantastycznego".

Ze względu na oszczędności studio projektowe Tesli powstało wewnątrz fabryki SpaceX. Grupka osób z zespołu von Holzhausena postawiła w kącie namiot, by zyskać trochę odosobnienia i tajemnicy. Zgodnie z tradycją pracy w firmach Muska, von Holzhausen musiał zbudować własne biuro. Najpierw wyprawił się do sklepu IKEA po biurka, a potem do sklepu dla artystów, by kupić papier i długopisy.

Gdy von Holzhausen rozpoczął prace nad szkicem zewnętrznych elementów Modelu S, inżynierowie zaczęli budowę kolejnego elektrycznego CLS. Tym razem rozłożyli auto na czynniki pierwsze, rozmontowując części nadwozia i rozciągając rozstaw osi o dziesięć centymetrów, aby pasował do pierwszych specyfikacji Modelu S. Prace postępowały bardzo szybko. W ciągu około kwartału von Holzhausen zaprojektował dziewięćdziesiąt pięć procent obecnego Modelu S, a inżynierowie rozpoczęli budowę prototypu nadwozia wokół szkieletu.

W trakcie postępu prac von Holzhausen i Musk rozmawiali codziennie. Ich biurka stały niedaleko, a mężczyźni bardzo dobrze się dogadywali. Musk oczekiwał estetyki wzorowanej na Astonie Martinie oraz Porsche, a także konkretnych usprawnień. Nalegał na przykład na siedem miejsc w aucie. „Pomyślałem: »Jak, do cholery, mamy wcisnąć tyle osób do sedana?«" – wspominał von Holzhausen. „Ale rozumiałem go. Miał pięcioro dzieci i chciał samochodu rodzinnego. Wiedział, że nie będzie odosobniony w tym podejściu".

Musk chciał również pokazowego, ogromnego ekranu dotykowego – wiele lat zanim na rynek trafił iPad. Ekrany dotykowe, z jakimi od czasu do czasu stykali się ludzie na lotniskach lub na stoiskach handlowych, były w większości okropne. Dla Muska iPhone i jego funkcje stanowiły oczywistą prognozę, że tego typu technologia wkrótce stanie się wszechobecna. Chciał zrobić gigantycznego iPhone'a, kontrolującego większość funkcji samochodu. Aby znaleźć idealny rozmiar, Musk i von Holzhausen siadali w szkielecie auta i trzymali w górze laptopy w różnych rozmiarach poziomo lub pionowo, szukając najlepszego wyjścia. Zdecydowali się na siedemnastocalowy ekran w pozycji poziomej. Kierowcy mieli obsługiwać z jego pomocą wszystkie czynności poza otwieraniem schowka i włączaniem świateł awaryjnych, które zgodnie z prawem muszą być sterowane za pomocą przycisków fizycznych.

W związku z dużą wagą akumulatora u podstawy auta Musk wraz z projektantami i inżynierami nieustannie poszukiwali sposobów redukcji masy Modelu S w innych miejscach. Musk postanowił rozwiązać ten problem w dużej mierze poprzez wykonanie nadwozia z lekkiego stopu aluminium zamiast stali. „Cała reszta samochodu poza akumulatorem musiała być lżejsza od porównywalnych modeli z silnikiem benzynowym, a wykonanie jej z aluminium stało się oczywistym rozwiązaniem" – powiedział Musk. „Fundamentalnym problemem było pytanie, czy w przypadku, gdybyśmy nie zrobili samochodu z aluminium, byłby on cokolwiek warty". Określenie, używane przez Muska „oczywiste rozwiązanie", oznacza długą drogę wyjaśniania jego działania. Tak, auto musiało być lekkie, i owszem, aluminium mogło to zapewnić. Jednak w tamtych latach producenci samochodów z Ameryki Północnej nie mieli praktycznie żadnego doświadczenia w produkcji aluminiowych paneli. Metal ten ma tendencję do pękania pod wpływem dużych sił, co więcej – tworzą się na nim linie, które wyglądają jak zmarszczki na skórze i które trudno potem przykryć farbą. „W Europie produkowano kilka modeli Jaguara i jeden model Audi z aluminium, ale razem tworzyły mniej niż pięć procent rynku" – podkreślał Musk. „W Ameryce Północnej nie było żadnego. Dopiero niedawno pojawił się zbudowany w większości z tego metalu Ford F-150. Przedtem byliśmy tylko my". Wewnątrz Tesli wielokrotnie podejmowano próby wyperswadowania Muskowi aluminiowego nadwozia, ale upierał się, sądząc, że to jedyny racjonalny wybór. To zespół miał wymyślić, jak sfinalizować produkcję. „Wiedzieliśmy, że to się da zrobić" – zaznaczał Musk. „Pytanie polegało jedynie na tym, jak trudne to będzie i jak długo będziemy musieli nad tym kombinować".

Praktycznie wszystkie główne decyzje projektowe dotyczące Modelu S wiązały się z podobnymi wyzwaniami. „Gdy po raz pierwszy rozmawialiśmy o ekranie dotykowym, chłopcy wrócili i powiedzieli, że czegoś takiego nie ma w branżowym łańcuchu dostaw" – wspominał Musk. „Odpowiedziałem, że wiem o tym, bo nikt do tej pory nie pakował czegoś takiego do pieprzonego samochodu". Musk wymyślił, że skoro producenci komputerów mają mnóstwo doświadczenia w produkcji siedemnastocalowych ekranów do laptopów, to powinni bez większych problemów poradzić sobie z ekranem do Modelu S. „Laptopy są dość wytrzymałe. Można je upuścić albo zostawić na słońcu, a one wciąż muszą działać" – wyjaśniał. Po skontaktowaniu się z dostawcami laptopów inżynierowie Tesli powiedzieli, że obciążenia temperatury i wibracji nie spełniają standardów dla branży motoryzacyjnej. W dodatku dostawca z Azji ciągle odsyłał ich do segmentu motoryzacyjnego zamiast komputerowego. Gdy Musk zainteresował się sprawą bliżej, odkrył, że ekrany laptopów po prostu nie były dotychczas testowane w trudniejszych warunkach samochodowych, które obejmowały większe wahania temperatury. Po testach wewnętrznych okazało się, że elektronika była w porządku. Tesla rozpoczęła bliską współpracę z producentami z Azji, aby udoskonalić ich technologię, a także znaleźć sposoby na ukrycie okablowania za ekranem. „Jestem pewien, że udało nam się zbudować jedyny na świecie siedemnastocalowy ekran dotykowy" – powiedział Musk. „Nie dokonał tego dotąd żaden producent z branży komputerowej ani Apple".

Inżynierowie Tesli mieli wyśrubowane wymogi jak na standardy swojej branży, ale nawet oni z trudnością spełniali wizję Muska. „Chcieli dodać przełącznik albo przycisk do świateł" – mówił Musk. „Po cholerę? Gdy robi się ciemno, światła się włączają". Potem dodali opór do klamek. Musk i von Holzhausen studiowali pierwsze projekty, w których jeszcze nie było uchwytów, i zakochali się w oszczędnej sylwetce auta. Zdecydowali, że będą one wysuwać się dopiero, gdy ktoś zechce do niego wsiąść. Inżynierowie natychmiast zdali sobie sprawę, że to będzie technologiczny koszmar, więc całkowicie zignorowali ten pomysł w jednej z prototypowych wersji, ku wielkiemu niezadowoleniu Muska i Holzhausena. „Ten prototyp miał zwykłe klamki" – wyjaśniał von Holzhausen. „Zdenerwowałem się, a Elon na to: »Co to ma, kurwa, być? Nie robimy tego w ten sposób«".

Aby przyśpieszyć prace nad projektem Modelu S, niektórzy inżynierowie pracowali całymi dniami, a inni przychodzili do pracy o 21.00 i zaczynali nocną zmianę. Obydwie grupy tłoczyły się w namiocie o powierzchni trzystu metrów kwadratowych rozbitym na podłodze fabryki SpaceX. Ich miejsce pracy wyglądało jak recepcja podczas plenerowego wesela. „Pracownicy SpaceX byli zadziwiająco wyrozumiali – nie zaglądali do nas i nie zadawali pytań" – wspominał jeden z głównych inżynierów Ali Javidan. Gdy tylko von Holzhausen dostarczył specyfikacje, inżynierowie zbudowali prototypowe nadwozie. W każde piątkowe popołudnie znosili efekty swojej pracy na plac na tyłach fabryki, gdzie Musk przeglądał je i opiniował. W ramach testów ładowano na auto obciążenie równe wadze pięciu pasażerów, a potem okrążano budynek, dopóki nie przegrzało się albo nie zepsuło.

Im więcej von Holzhausen dowiadywał się o problemach finansowych firmy, tym bardziej pragnął pokazać światu Model S. „Przyszłość rysowała się w ponurych barwach, a ja nie chciałem stracić naszej szansy, żeby ukończyć to i zaprezentować wszystkim" – powiedział. Szansa przyszła w marcu 2009 roku, ledwie po pół roku pracy. Tesla zaprezentowała Model S na konferencji prasowej zorganizowanej w SpaceX.

Pośród silników rakietowych i fragmentów aluminium Tesla pokazała światu szarego sedana Model S w szklanej gablocie. Z oddali model wystawowy wyglądał luksusowo i elegancko, a media ochrzciły go tamtego dnia nieślubnym dzieckiem Astona Martina i Maserati. W rzeczywistości ledwie trzymał się w kupie. Konstrukcja wciąż opierała się na Mercedesie CLS, choć żaden z obecnych na konferencji reporterów o tym nie wiedział, a niektóre z paneli i maska trzymały się ramy jedynie dzięki magnesom. „Maskę można było po prostu zsunąć" – powiedział Bruce Leak, jeden z właścicieli Tesli, obecny na wydarzeniu. „Właściwie nie była przymocowana. Zakładali ją i próbowali dopasować, pracując nad wykończeniem, ale potem ktoś przycisnął, a ona znów się przesunęła. To był jeden z momentów w stylu Czarnoksiężnika z Krainy Oz, kiedy kot przypadkiem odsuwa kurtynę i na jaw wychodzi kim jest Oz.". Kilku inżynierów odbyło jazdę testową parę dni przed pokazem, aby upewnić się, że znają długość pracy do momentu przegrzania. I choć daleka od ideału, wystawa osiągnęła zamierzony cel, przypominając ludziom, że Tesla miała wiarygodny plan popularyzacji samochodów elektrycznych, a także, że jej auta były znacznie bardziej ambitne niż wszystko, co wielkie koncerny w rodzaju GM czy Nissana oferowały zarówno w zakresie projektów, jak i zasięgu.

Jednak szara rzeczywistość była taka, że szanse na udoskonalenie modelu od rekwizytu wystawowego do nadającego się do sprzedaży auta były nieskończenie małe. Firma miała techniczne know-how oraz dobre chęci. Nie miała za to pieniędzy ani fabryki do masowej produkcji. Zbudowanie całego auta wymagało maszyn do wykrawania odpowiednich elementów z ogromnych blach aluminiowych na drzwi, maski i panele nadwozia. Następnie byłyby potrzebne ogromne maszyny stemplujące i giętarki do nadawania im odpowiednich kształtów. Niezbędne były dziesiątki robotów do montażu samochodów, zautomatyzowanych frezarek do precyzyjnej obróbki metalu, sprzętu malarskiego oraz wielu innych maszyn do testów. Taka inwestycja pochłonęłaby setki milionów dolarów. Musk musiałby ponadto zatrudnić tysiące pracowników.

Podobnie jak w przypadku SpaceX, Musk wolał skupić większość produkcji wewnątrz zakładu, ale wysokie koszty ograniczały tę możliwość. „Oryginalny plan był taki, że będziemy robić montaż końcowy" – wyjaśniał wicedyrektor do spraw kontaktów biznesowych Tesli Diarmuid O'Connell. Partnerzy mieli przejąć wyrób poszczególnych elementów, zgrzewanie ich razem, malowanie, ich wysyłkę do Tesli, a tam pracownicy montowaliby finalny produkt. Tesla zaproponowała budowę fabryki najpierw w Albuquerque w stanie Nowy Meksyk, a potem w San Jose w Kalifornii, lecz ostatecznie wycofano się z tych planów ku wielkiemu niezadowoleniu władz obydwu miast. Publiczne kręcenie nosem nad wyborem lokalizacji fabryki nie uwiarygodniło możliwości produkcji drugiego auta, za to zaowocowało podobnymi negatywnymi komentarzami ze strony mediów, jakie wcześniej otaczały przedłużające się oczekiwanie na Roadstera.

O'Connell rozpoczął pracę w Tesli w 2006 roku, aby pomóc rozwiązać część problemów związanych z produkcją i finansami firmy. Dorastał niedaleko Bostonu, w irlandzkiej rodzinie z klasy średniej. Zdobył licencjat na Dartmouth College, a potem dyplom magistra stosunków zagranicznych na University of Virginia i magistra zarządzania z Kellogg School of Management na Northwestern. Specjalizował się w polityce zagranicznej i ekonomicznej ZSRS, studiując te dziedziny na University of Virginia. „W 1988 i 1989 roku Związek Sowiecki zaczął się rozpadać, a ja poczułem się nie na miejscu" – wspominał. „Wyglądało na to, że albo zrobię karierę naukową, albo szpiegowską". Wtedy jednak nastąpił zwrot w jego karierze w stronę biznesu, a on został konsultantem zarządu dla takich firm jak McCann Erickson Worldwide, Young & Rubicam czy Accenture, doradzając Coca-Coli oraz AT&T.

Ścieżka kariery O'Connella zmieniła się dramatycznie w 2001 roku, gdy w bliźniacze wieże w Nowym Jorku uderzyły samoloty. W następstwie ataków terrorystycznych, podobnie jak wielu jego rodaków, zdecydował się służyć krajowi wszelkimi możliwymi metodami. Dobiegał czterdziestki i nie miał już możliwości zaciągnąć się do wojska, więc zaczął się starać o pracę w sektorze bezpieczeństwa narodowego. Bezskutecznie chodził od biura do biura w Waszyngtonie, aż w końcu wysłuchał go Lincoln Bloomfield – asystent sekretarza stanu do spraw bezpieczeństwa. Potrzebował kogoś do pomocy przy ustalaniu hierarchii misji na Bliskim Wschodzie i upewnianiu się, że odpowiedni ludzie pracują nad odpowiednimi rzeczami. Uznał, że doświadczenie konsultingowe O'Connella będzie w tej pracy przydatne. Jako szef personelu zajmował się wieloma napiętymi sytuacjami, od negocjacji handlowych po organizowanie placówki ambasady w Bagdadzie. Po otrzymaniu certyfikatu bezpieczeństwa osobowego O'Connell uzyskał dostęp do dziennego raportu obejmującego informacje wywiadowcze oraz wojskowe dotyczące statusu operacji z Iraku i Afganistanu. „Każdego ranka o szóstej pierwszą rzeczą, jaka trafiała na moje biurko, był ten raport z poprzedniego wieczoru zawierający informacje, kto zginął i w jaki sposób" – wspominał. „Zdawało mi się, że to szaleństwo. Co my tutaj robimy? Nie chodziło mi jedynie o Irak, ale ogólnie. Dlaczego jesteśmy tak zaangażowani w to miejsce na świecie?" Odpowiedzią, która nie była dla niego zaskakująca, była ropa.

Im bardziej O'Connell interesował się zależnością Stanów Zjednoczonych od zagranicznej ropy, tym bardziej stawał się sfrustrowany i przygnębiony. „Moi klienci byli głównie dowódcami wojskowymi z krajów Ameryki Łacińskiej oraz CENTCOM-u" – powiedział. „Rozmawiając z nimi, badając temat i szukając odpowiedzi, zdałem sobie sprawę, że nawet w czasach pokoju wiele naszych zasobów było zaangażowanych w podtrzymywanie ekonomicznego rurociągu". O'Connell postanowił, że rozsądnym wyjściem dla kraju i jego własnego nowo narodzonego syna będzie przechylenie tej szali. Przyjrzał się branży energii wiatrowej i solarnej, a także tradycyjnym producentom samochodów, ale nie uznał ich działań za dość radykalne, by zdołały zmienić status quo. I nagle w trakcie lektury magazynu „Businessweek" natknął się na artykuł o start-upie Tesla Motors, po czym odwiedził jego stronę, na której przeczytał, że firma „przekuwa słowa w czyny". „Wysłałem im wiadomość, że pracuję w obszarze bezpieczeństwa narodowego i jestem mocno zainteresowany zmniejszeniem naszej zależności od ropy, ale uznałem, że pewnie moja wiadomość trafi w pustkę" – wspominał. „Odpisali nazajutrz".

Musk zatrudnił O'Connella i natychmiast wysłał go do stolicy, by ten wybadał, jakiego typu ulgi podatkowe i rabaty Tesla mogłaby ugrać na autach elektrycznych. Równocześnie O'Connell wystosował podanie do Ministerstwa Energetyki o przyznanie pakietu aktywizacyjnego[VII]. „Wiedziałem, że będziemy potrzebować cholernie dużo pieniędzy na budowę firmy" – podkreślał. „Uznałem, że powinniśmy sprawdzić wszystko". Tesla liczyła na przyznanie od stu do dwustu milionów dolarów, poważnie umniejszając koszty budowy Modelu S. „Byliśmy naiwni i dopiero uczyliśmy się prowadzić ten biznes".

W styczniu 2009 roku Tesla zajęła na targach samochodowych w Detroit miejsce zazwyczaj zajmowane przez Porsche, wynajmując je po kosztach, bo wiele innych firm wycofało się z pokazu. Firma Fiskera zajęła luksusowe stoisko po drugiej stronie holu z parkietem na podłodze i ślicznymi blond hostessami. Tesla miała Roadstera, jego elektryczny napęd i żadnych ozdób.

Technologia zaprezentowana przez inżynierów Tesli okazała się na tyle dobra, żeby przyciągnąć uwagę „dużych chłopców". Niedługo po pokazie Daimler zainteresował się tym, jak elektryczny Mercedes klasy A mógłby wyglądać i jakby się prowadził. Kierownictwo zapowiedziało wizytę w ciągu miesiąca w celu szczegółowych rozmów, a inżynierowie Tesli postanowili zrobić na nich wrażenie dwoma prototypami skonstruowanymi przez ten czas. Gdy szefostwo Daimlera zobaczyło efekt prac po tak krótkim czasie, zamówiło cztery tysiące akumulatorów dla testowej floty aut w Niemczech. Podobną sztuczkę zespół wypróbował wobec Toyoty i również udało się w ten sposób zawrzeć współpracę.

W maju 2009 roku sprawy w Tesli zaczęły wreszcie iść ku lepszemu. Model S doczekał się prezentacji, a to zachęciło Daimlera do zakupu dziesięciu procent udziałów firmy za pięćdziesiąt milionów dolarów. Firmy zawarły umowę o partnerstwie strategicznym, w ramach którego Tesla dostarczyła akumulatory dla tysiąca sztuk Smartów. „To były ważne pieniądze i na długo nam wystarczyły" – powiedział O'Connell. „Zyskaliśmy również potwierdzenie

---

[VII] Potrwało kilka lat, od mniej więcej 2007 do 2009 roku, aby podanie do Ministerstwa Energetyki zmieniło się w możliwość zaciągnięcia rządowej pożyczki.

rzetelności. Zainwestowała w nas firma, która wynalazła silnik spalinowy. To był przełomowy moment, po którym ludzie z ministerstwa zrozumieli, że mają do czynienia z poważną firmą. Nie chodziło już o naszych naukowców, którzy twierdzili, że robimy coś dobrego. To był, kurde, Mercedes-Benz".

Wreszcie w styczniu 2010 roku Ministerstwo Energetyki podpisało z Teslą umowę kredytową na czterysta sześćdziesiąt pięć milionów dolarów[VIII]. Tak wysokiej kwoty nikt się nie spodziewał, ale to i tak kropla w morzu co najmniej miliardowej sumy, jakiej potrzebowało większość producentów na prace nad nowym modelem. Musk i O'Connell byli zachwyceni, ale jednocześnie skonsternowani, czy firma temu sprosta. Tesla potrzebowała kolejnego nieoczekiwanego przypływu gotówki, a najlepiej kradzionej fabryki samochodów. W maju 2010 roku mniej więcej to właśnie zrobiła.

General Motors i Toyota w 1984 roku połączyły siły, by stworzyć New United Motor Manufacturing Inc. czyli NUMMI w miejscu dawnej montowni GM we Fremont w Kalifornii, na przedmieściach Doliny Krzemowej. Liczono, że wspólne przedsięwzięcie połączy najlepsze umiejętności branży amerykańskiej i japońskiej, przynosząc lepszej jakości i tańsze samochody. Fabryka wypuszczała miliony aut w rodzaju Chevy Nova czy Toyota Corolla, ale potem przyszedł kryzys i GM znalazł się na skraju bankructwa. W 2009 roku zdecydował się opuścić fabrykę, a Japończycy wycofali się wkrótce potem, twierdząc, że zamkną fabrykę i zwolnią pół tysiąca pracowników.

Ni stąd, ni zowąd Tesla uzyskała po sąsiedzku szansę zakupu placówki o powierzchni pół kilometra kwadratowego. Zaledwie miesiąc po tym, jak ostatnia Toyota Corolla zjechała z linii produkcyjnej w kwietniu 2010 roku, Tesla i Toyota ogłosiły partnerstwo

---

[VIII] Umowa była dwuczęściowa. Tesla miała nadal produkować akumulatory i związaną z nimi technologię używaną przez inne firmy, a także tworzyć własne pojazdy elektryczne w fabryce na terenie Stanów Zjednoczonych.

i przejęcie fabryki. Tesla zgodziła się zapłacić czterdzieści dwa miliony dolarów za większą część (wartą kiedyś miliard dolarów), a Toyota zainwestowała pięćdziesiąt milionów dolarów w zamian za udziały w wysokości dwóch i pół procent. Tesla de facto zabezpieczyła sobie za darmo fabrykę, w tym potężne maszyny stemplujące oraz inny niezbędny sprzęt[IX].

Pasmo szczęśliwych wydarzeń poprawiło Muskowi nastrój. Po finalizacji umowy latem 2010 roku Tesla rozpoczęła proces wejścia na giełdę. Firma potrzebowała zebrać tyle kapitału, ile to było możliwe, aby wprowadzić na rynek Model S i urzeczywistnić pozostałe projekty. Liczono na zyski rzędu dwustu milionów dolarów.

Dla Muska to był rodzaj paktu z diabłem. Od czasu Zip2 i PayPala dokładał wszelkich starań, aby utrzymać pełną kontrolę nad swoimi firmami. Nawet jeśli pozostał największym udziałowcem Tesli, firma byłaby podatna na kapryśne wahania rynkowe. On zaś, planując zawsze w długiej perspektywie, musiałby zmagać się z ciągłym kwestionowaniem różnych decyzji ze strony inwestorów szukających krótkoterminowych zysków. Ponadto Tesla stałaby się przedmiotem publicznej kontroli, ponieważ podlegałaby obowiązkowi publikacji sprawozdań finansowych. To byłoby niekorzystne, gdyż Musk wolał działać w tajemnicy, a także ze względu na fatalną kondycję finansową firmy. Firma miała jeden produkt – Roadstera, a ogromne koszty związane z jego rozwojem sprawiły, że od miesięcy znajdowała się na granicy bankructwa. Blog branżowy Jalopnik uznał decyzję o wejściu na giełdę raczej jako desperacki atak niż rozsądny krok w ramach polityki fiskalnej firmy. „Z braku

---

[IX] Wiele osób z otoczenia Muska protestowało przeciwko lokalizacji fabryki samochodowej w Kalifornii lub okolicach. „Wszyscy z Detroit twierdzili, że to musi być miejsce, gdzie pracownicy będą mogli żyć tanio i szczęśliwie" – powiedział Lloyd. „Praca na linii montażowej wymaga jednak doświadczenia i nie można sobie pozwolić na rotację". Musk odpowiedział, że skoro SpaceX znalazła sposób na budowanie rakiet w Los Angeles, to Tesla znajdzie sposób na budowanie aut w Północnej Kalifornii. Jego upór się opłacił. „Gdyby nie kredyt rządowy i fabryka NUMMI, nie odnieślibyśmy sukcesu tak szybko" – dodał Lloyd.

lepszego wyrażenia Tesla to studnia bez dna" – pisali autorzy wpisu. „Od czasu założenia firmy w 2003 roku udało jej się ponieść straty na dwieście dziewięćdziesiąt milionów dolarów, notując przychody w wysokości zaledwie stu czterdziestu siedmiu i sześciu dziesiątych miliona". Otrzymując ze źródła informację, że Tesla liczyła na sprzedaż dwudziestu tysięcy Modeli S rocznie w cenie pięćdziesięciu ośmiu tysięcy dolarów za sztukę, blogerzy szydzili: „Nawet wliczając w to domniemany ogromny popyt na te auta wśród »zielonych«, to bardzo ambitny cel jak na małą firmę, która planuje wypuścić na rynek zbytu niszowy luksusowy produkt. Szczerze mówiąc, jesteśmy sceptyczni. Widzieliśmy już, jak brutalny i bezlitosny bywa rynek, a inni producenci aut na pewno nie oddadzą tego rynku Tesli bez walki". Inni eksperci zgodzili się z tą oceną.

Mimo wszystko Tesla weszła na giełdę 29 czerwca 2010 roku. Zebrała dwieście dwadzieścia sześć milionów dolarów, a cena akcji skoczyła tego dnia o czterdzieści jeden procent. Inwestorzy patrzyli dalej niż jedynie na stratę firmy w wysokości pięćdziesięciu pięciu i siedmiu dziesiątych miliona dolarów za ubiegły rok oraz jej wydatki rzędu trzystu milionów na przestrzeni ostatnich siedmiu lat. Tesla była pierwsza, odkąd Ford wszedł na giełdę w 1956 roku. Konkurencja traktowała ją nadal jak irytującego jamnika, który gryzł domowników po kostkach. Dyrektor generalny Nissana Carlos Ghosn wykorzystał okazję, by przypomnieć ludziom, że Tesla była jedynie miernotą oraz że jego firma planowała wypuścić pół miliona aut elektrycznych do 2012 roku.

Mając mnóstwo pieniędzy, Musk zaczął powiększać zespół inżynierów i formalizować prace rozwojowe wokół Modelu S. Główne biura firmy przeniesiono z San Mateo do większego budynku w Palo Alto, a von Holzhausen rozbudował zespół projektowy w Los Angeles. Javidan przenosił się z projektu do projektu, pomagając rozwijać technologię dla częściowo elektrycznego Mercedesa-Benza, elektrycznej Toyoty RAV4 oraz prototypowych Modeli S. Zespół uwijał się wewnątrz małego laboratorium, gdzie czterdzieści pięć osób budowało trzydzieści pięć testowych RAV4 w tempie około dwóch samochodów na tydzień. Pierwsza wersja Modelu S obejmująca nowe elementy nadwozia z fabryki we Fremont oraz przerobiony akumulator i energoelektronikę powstała w piwnicy biura w Palo Alto. „Pierwszy prototyp ukończyliśmy około drugiej nad ranem" – wspominał Javidan. „Byliśmy tak podekscytowani, że jeździliśmy nim w kółko bez szyb, wewnętrznych elementów ani maski".

Dzień lub dwa później przyjechał Musk, by zobaczyć samochód. Wskoczył do niego i pojechał na drugi koniec piwnicy, gdzie mógł pobyć z nim w samotności. Wysiadł i obszedł go dookoła, a potem podeszli inżynierowie, by wysłuchać opinii. Ten proces powtarzał się wielokrotnie w kolejnych miesiącach. „Jego komentarze były ogólnie pozytywne, ale konstruktywne" – dodał Javidan. „Staraliśmy się zabierać go na przejażdżkę, a on prosił na przykład, żeby zmniejszyć luzy na kierownicy, a potem biegł na kolejne spotkanie".

Wyprodukowano około tuzina prototypów, z których kilka trafiło do dostawców, na przykład Boscha, aby ci mogli rozpocząć prace nad układem hamulcowym, a inne były używane do testów i dalszych prac projektowych. Kierownictwo Tesli nadzorowało rotację pojazdów według ścisłego harmonogramu, przydzielając pojazd jednemu zespołowi na dwa tygodnie na testy w niskiej temperaturze, a potem wysyłając innemu do prac nad układem napędowym. „Goście z Toyoty i Daimlera wyskoczyli z butów" – powiedział Javidan. „Oni mieli tysiące modeli testowych, a my wykonywaliśmy całość prac – od testów zderzeniowych po projektowanie wnętrza – na jakichś piętnastu modelach. To było dla nich niepojęte".

Pracownicy Tesli rozwinęli podobne techniki co koledzy ze SpaceX, aby radzić sobie z wysokimi oczekiwaniami Muska. Sprytni inżynierowie dobrze wiedzieli, że nie ma co przynosić złych wieści na spotkanie bez planu awaryjnego w zanadrzu. „Na jednym z najstraszniejszych spotkań musieliśmy poprosić Elona o dodatkowe dwa tygodnie i więcej pieniędzy na budowę innej wersji Modelu S" – wspominał Javidan. „Obmyśliliśmy plan z konkretnymi wytycznymi odnośnie do czasu i kosztów. Powiedzieliśmy, że jeśli chce auto w miesiąc, będzie musiał zatrudnić nowych pracowników, i przedstawiliśmy szereg obliczeń. Jemu się nie mówi, że czegoś nie można zrobić, bo wykopie cię z pokoju. Trzeba wszystko wyliczyć. Po prezentacji odpowiedział: »W porządku, dzięki«. A wszyscy na to: »O cholera, nie wywalił cię«".

Były momenty, gdy Musk przytłaczał inżynierów swoimi oczekiwaniami. Zabrał jeden z prototypów Modelu S do domu na weekend i wrócił w poniedziałek z listą około osiemdziesięciu zmian. W związku z tym, że on nigdy niczego nie zapisuje, wszystkie modyfikacje miał w głowie i z tygodnia na tydzień sprawdzał postępy. Te same zasady obowiązywały w obydwu jego firmach. Albo robiliście to, o co prosił Musk, albo trzeba było znaleźć dobre uzasadnienie we właściwościach materiałów, dlaczego coś nie może zostać zrobione. „Zawsze powtarzał, że wszystko można wytłumaczyć za pomocą fizyki" – podkreślał Javidan.

W miarę zbliżania się daty ukończenia Modelu S Musk udoskonalił swój styl formułowania żądań i rozkładania wszystkiego na czynniki pierwsze. W każdy piątek siadał z von Holzhausenem w studio projektowym Tesli w Los Angeles, by przejrzeć postępy. Von Holzhausen wraz ze swoim niewielkim zespołem przenieśli się z namiotu w fabryce SpaceX do własnego hangaru niedaleko kompleksu[X]. Budynek miał kilka biur oraz jedną dużą otwartą przestrzeń, w której stał szereg makiet pojazdów i części czekających na przegląd. W trakcie mojej wizyty w 2012 roku znajdował się tam jeden ukończony Model S, szkielet Modelu X, który miał zostać SUV-em, oraz zestaw opon i kołpaków ustawionych pod ścianą. Musk usiadł w fotelu kierowcy Modelu S, a von Holzhausen na siedzeniu pasażera obok niego. Przez chwilę Musk rozglądał się, po czym skupił wzrok na osłonie przeciwsłonecznej. Była beżowa,

[X] W tym budynku Boeing dawniej produkował kadłuby do 747, a malował je w miejscu, gdzie dziś mieści się studio projektowe Tesli.

z wyraźną lamówką na krawędziach i wypchana. „Jest napompowana jak rybie wargi" – powiedział Musk. Śruby mocujące były widoczne i zdawały się kłuć go w oczy jak małe sztylety. Całość była nie do przyjęcia. „Musimy zdecydować, jaka jest najlepsza osłona świata, i zrobić lepszą" – postanowił. Kilkoro asystentów notujących uwagi zapisało i tę.

Proces powtórzył się w przypadku Modelu X. To miał być mariaż SUV-a z minivanem na bazie Modelu S. Von Holzhausen opracował cztery różne wersje oparte na głównym pulpicie pojazdu spoczywającym na podłodze, aby Musk mógł się im dokładnie przyjrzeć. Większość czasu dywagowali jednak nad środkowym rzędem siedzeń. Każde miało niezależną podstawę, aby pasażer mógł dostosować je bez zmian w całym rzędzie. Musk uwielbiał tę wolność, ale martwił go widok siedzeń w różnych pozycjach: „Problem polegał na tym, że nigdy nie dałoby się ich równo ustawić i całość wyglądałaby chaotycznie. Musimy upewnić się, że to nie będzie miszmasz".

Pomysł, że Musk zostaje ekspertem w dziedzinie projektowania, od dawna wydawał mi się dziwaczny. Jest w głębi serca fizykiem, który patrzy na świat oczyma inżyniera. Powinien idealnie wpisywać się w panujący w Dolinie Krzemowej stereotyp zapuszczonego nerda, który dobry projekt poznałby wówczas, gdyby przeczytał o nim w instrukcji. Wiele z tego może być prawdą, ale udało mu się przekuć ewentualne wady w zalety. Jest wzrokowcem i potrafi przechowywać w umyśle rzeczy, których wygląd doceniają inni, by przywołać je w dowolnej chwili. Jest doskonałym obserwatorem, co w połączeniu z indywidualną wrażliwością, pozwala mu zwerbalizować swoje oczekiwania. Efektem jest pewne siebie, asertywne spojrzenie na świat, które współbrzmi z gustami konsumentów. Podobnie jak przed nim Steve Jobs, Musk potrafi wymyślać rzeczy, których potrzeby posiadania ludzie sobie nawet nie uświadamiali, jak wysuwane klamki i wielkie ekrany dotykowe, oraz wcielać w życie wspólny punkt widzenia dla wszystkich produktów i usług Tesli.

„Elon scala Teslę jako firmę zorientowaną na produkt" – powiedział von Holzhausen. „Kieruje się pasją stworzenia właściwego produktu. Robię dla niego rzeczy piękne i atrakcyjne".

W przypadku Modelu X Musk ponownie wcielił się w swoją ojcowską rolę i zajął najbardziej pokazowymi elementami projektu. Razem z von Holzhausenem spacerowali po targach motoryzacyjnych w Los Angeles, narzekając na niedogodności związane ze środkowym i tylnym rzędem siedzeń w SUV-ie. Rodzice, którzy czuli ból pleców od ciągłego ustawiania fotelika, doskonale to znają, zresztą jak każda słusznych rozmiarów osoba, próbująca się wcisnąć na fotel w trzecim rzędzie. „Nawet w minivanie, gdzie teoretycznie jest więcej miejsca, niemal jedna trzecia przestrzeni wejściowej jest zajmowana przez przesuwane drzwi" – powiedział von Holzhausen. „Jeśli można byłoby otwierać auto w jakiś unikalny sposób, to zmieniałoby zasady gry. Wzięliśmy ten roboczy pomysł i przepracowaliśmy czterdzieści lub pięćdziesiąt konceptów, aby rozwiązać problem. Myślę, że doszliśmy do jednego z najbardziej radykalnych rozwiązań". Model X ma otwierane do góry drzwi, które Musk nazwał „skrzydlatymi", a które są wersją drzwi typu „gullwing", jakie można znaleźć w innych luksusowych modelach, jak DeLorean. Unoszą się, a potem opadają w sposób na tyle zwarty, że nie uszkodzą zaparkowanego obok auta ani nie zahaczą o dach garażu. W efekcie rodzic może zapakować dziecko na siedzenie w drugim rzędzie bez konieczności pochylania się i wykręcania.

Gdy inżynierowie Tesli po raz pierwszy usłyszeli o otwieranych do góry drzwiach, byli przerażeni. Oto Musk stawiał przed nimi kolejne szalone zadanie. „Wszyscy starali się wymyślić powód, dla którego to było niewykonalne" – powiedział Javidan. „Nie zmieszczą się do garażu. Narty nie wejdą na dach. A potem Elon zabrał model testowy do swojego domu i pokazał, że drzwi się otwierają. Wszyscy mruczeli pod nosem – no jasne, w rezydencji za piętnaście milionów dolarów to żaden problem". Podobnie jak w przypadku kontrowersyjnych klamek Modelu S, drzwi Modelu X stały się jednym z najbardziej wyróżniających elementów konstrukcji i rzeczą, o której mówią klienci. „Byłem jedną z pierwszych osób, która je wypróbowała z fotelikiem dziecięcym" – wspominał Javidan. „Mamy minivana i trzeba być akrobatą, żeby zapakować fotelik do środkowego rzędu. W porównaniu z tym Model X był niezwykle wygodny. Jeśli to chwyt reklamowy, to był strzałem w dziesiątkę".

W trakcie mojej wizyty w studiu projektowym w 2012 roku Tesla miała szereg pojazdów konkurencji na parkingu nieopodal, a Musk nie omieszkał zademonstrować ograniczeń w ich konstrukcji siedzeń w porównaniu do Modelu X. Dołożył szczerych starań, aby usiąść w trzecim rzędzie w SUV-ie Acura, ale pomimo faktu, że samochód teoretycznie miał pomieścić siedem osób, siedział z kolanami pod brodą i nie był w stanie ulokować się wygodnie. „To przypomina jaskinię gnomów" – powiedział. „Każdy może zrobić auto duże z zewnątrz. Sztuka polega na tym, żeby wewnątrz też było przestronne". Musk prezentował kolejne auta, podkreślając ich wady mnie i von Holzhausenowi: „Dobrze jest uświadomić sobie, jak złe są inne auta dostępne na rynku".

Gdy z ust Muska padają tego typu opinie, staje się to natychmiastowo szokujące. Oto facet, który potrzebował dziewięć lat na skonstruowanie około trzech tysięcy samochodów, wyśmiewający producentów budujących miliony aut rocznie. W tym kontekście jego drwiny wydają się absurdalne.

On jednak podchodzi do wszystkiego z platońskiej perspektywy. Jego zdaniem wszelkie decyzje stojące za projektem i technologią powinny służyć stworzeniu możliwie najbardziej perfekcyjnego auta. To właśnie ocenia Musk w stopniu, w jakim konkurencja tego nie robi. Dla niego to niemalże kwestia wyboru między dwiema skrajnościami. Albo starasz się zrobić coś spektakularnego i nie ma mowy o kompromisach, albo nie. Jeśli wybierzesz drugą opcję, Musk uzna cię za nieudacznika. Takie stanowisko może się wydać nierozsądne lub głupie dla osób z zewnątrz, ale filozofia jest skuteczna i nieustannie pozwala swojemu wyznawcy oraz osobom wokół niego przesuwać granice możliwości.

22 czerwca 2012 roku Tesla zaprosiła wszystkich pracowników, wybranych klientów i reporterów do fabryki we Fremont na wydarzenie, w trakcie którego pierwsze sedany Model S trafiły do domów swoich właścicieli. W zależności od wyboru jednej z wielu zapowiedzianych dat dostawy, opóźnienie mogło wynieść od osiemnastu miesięcy do ponad dwóch lat. Niektóre opóźnienia wynikały z tego, że Musk żądał nietypowych ulepszeń technologicznych, które trzeba było dopiero wynaleźć. Inne zaś z faktu, że młoda firma jeszcze uczyła się, jak produkować nieskazitelny luksusowy pojazd, i potrzebowała przejść przez ten proces metodą prób i błędów, by stać się dojrzalszą i bardziej wyrafinowaną.

Goście byli zachwyceni tym, co ujrzeli wewnątrz fabryki. Musk kazał wymalować nazwę firmy wielkimi czarnymi literami z boku budynku, by przejeżdżający autostradą lub przelatujący nad nim ludzie wiedzieli, co się tutaj mieści. Wnętrze fabryki, dawniej utrzymane w mrocznej i obskurnej stylistyce General Motors i Toyoty, teraz zyskało estetykę Muska. Podłogi pokryto farbą epoksydową, ściany i stropy pomalowano na biało, białe były również dziesięciometrowe maszyny stemplujące, a znaczną część pozostałych urządzeń, jak roboty, pomalowano na czerwono, przez co wnętrze fabryki wyglądało jak industrialna wersja warsztatu Świętego Mikołaja. Podobnie jak wewnątrz SpaceX, Musk umieścił biurka swoich inżynierów w fabryce, by pracowali na obszarze wydzielonym prymitywnymi ściankami boksów. On sam również miał tu biurko[XI].

Premiera Modelu S miała miejsce w tej części fabryki, gdzie samochody są wykańczane. Auta przejeżdżają przez fragment podłogi

---

[XI] „Celowo wybiera najbardziej rzucające się w oczy miejsce" – powiedział inwestor i członek zarządu Tesli Steve Jurvetson. „Jest w firmie praktycznie w każdy weekend, chce, żeby ludzie widzieli go w pracy i wiedzieli, że mogą go znaleźć. Może również dzwonić do dostawców i dawać im do zrozumienia, że skoro on poświęca swój czas, to ma prawo oczekiwać od nich tego samego".

z rowkami i wybrzuszeniami, a technicy nasłuchują ewentualnych dźwięków. W komorze polewa się je wodą pod wysokim ciśnieniem, aby sprawdzić szczelność. Ostatnim testem jest wjazd na platformę z bambusa, która wraz z silnym oświetleniem LED zapewnia znaczny kontrast umożliwiający dostrzeżenie wad karoserii. Przez kilka pierwszych miesięcy, gdy Model S zjeżdżał z linii produkcyjnej, Musk sprawdzał każdy pojazd na tym ostatnim etapie. „Na czworakach zaglądał pod każde koło" – wspominał inwestor i członek zarządu Tesli Steve Jurvetson.

Setki ludzi zebrało się, by obejrzeć prezentację pierwszego tuzina aut ich właścicielom. Było też wielu pracowników zatrudnionych w fabryce, którzy wcześniej należeli do związków zawodowych i stracili pracę po zamknięciu fabryki NUMMI, a teraz znów ją odzyskali pracując przy tworzeniu auta przyszłości. Machali amerykańskimi chorągiewkami i nosili daszki w kolorze czerwonym, białym i niebieskim. Kilkoro z nich płakało, gdy sedany ustawiano w szeregu na scenie. Nawet najbardziej cyniczni krytycy Muska zmiękliby, oglądając to widowisko. Możecie mówić, co chcecie, o przyjmowaniu przez Teslę rządowych pieniędzy albo o radosnej obietnicy elektrycznego auta, ale starała się zrobić coś wielkiego i innego, w efekcie dając pracę tysiącom ludzi. Z mruczącymi w tle maszynami Musk wygłosił zwięzłą przemowę, a potem przekazał właścicielom kluczyki. Zjechali z bambusowej platformy i wyjechali przez drzwi fabryki, żegnani owacjami pracowników firmy.

Zaledwie miesiąc wcześniej SpaceX – jako pierwsza prywatna firma – wysłała ładunek na MSK, a kapsuła powróciła na Ziemię. To osiągnięcie w połączeniu z premierą Modelu S zaowocowało nagłą przemianą sposobu, w jaki świat poza Doliną Krzemową postrzegał Muska. Facet, który dotychczas tylko obiecywał, nagle zaczął wcielać w życie rzeczy spektakularne. „Mogłem być nadmiernym optymistą co do terminów w zakresie niektórych rzeczy, ale nie co do rezultatów" – powiedział mi podczas wywiadu po premierze Modelu S. „Dokonałem wszystkiego, co zapowiedziałem".

Musk nie miał u swego boku Riley, by mógł z nią świętować i dzielić się swoim szczęściem. Rozwiedli się, a on zaczął ponownie myśleć o randkowaniu, o ile udałoby mu się znaleźć na to czas. Nawet pomimo owych zawirowań w życiu prywatnym udało mu się osiągnąć poziom spokoju, jakiego nie czuł od wielu lat. „Czuję, jakby wielki kamień spadł mi z serca" – mówił w tym okresie. Zabrał synów na Maui, aby spotkać się z Kimbalem oraz innymi krewnymi i spędzić tam pierwsze prawdziwe wakacje od lat.

Wkrótce potem Musk po raz pierwszy pozwolił mi przyjrzeć się jego prywatnemu życiu. Prezentując spalone słońcem ramiona, z których wciąż schodziła skóra, spotkał się ze mną w siedzibie Tesli i SpaceX, w studio projektowym Tesli oraz na pokazie dokumentu w Beverly Hills, który pomagał sfinansować. Film nosił tytuł *Baseball in the Time of Cholera* i był udanym, choć ponurym dziełem traktującym o epidemii cholery na Haiti. Okazało się, że Musk spędził na wyspie poprzednie święta Bożego Narodzenia, przywożąc dla miejscowego sierocińca cały odrzutowiec zabawek i MacBooków Air. Współreżyser filmu Bryn Mooser powiedział mi w trakcie grilla, że Musk uczył dzieciaki odpalania modeli rakiet, a potem w czółnie odwiedził wioskę położoną w głębi dżungli. Po pokazie Musk i ja rozmawialiśmy na ulicy, nieco dalej od tłumu. Zauważyłem głośno, że wszyscy próbują zrobić z niego kogoś w rodzaju Tony'ego Starka, ale on tak naprawdę nie roztacza wokół siebie atmosfery „playboya sączącego whisky w trakcie podróży konwojem wojskowym przez Afganistan". Odpalił, wspominając podróż kanu po Haiti: „Naprułem się jakimś miejscowym drinkiem o nazwie Zombie". Uśmiechnął się i zaprosił mnie na drinka do knajpy po drugiej stronie ulicy, aby świętować premierę filmu. Wszystko wydawało się iść po jego myśli, a on rozkoszował się tą chwilą.

Spokojny okres nie potrwał długo i wkrótce Tesla wznowiła walkę o przetrwanie. Firma mogła budować jedynie dziesięć sedanów tygodniowo i miała tysiące zaległych zamówień. Inwestorzy, którzy prognozowali spadek cen akcji, zdobyli w firmie znaczną przewagę, zmieniając je w akcje o najkrótszej sprzedaży spośród setki największych firm notowanych na giełdzie NASDAQ. Pesymiści oczekiwali w Modelu S tak wielu wad, że miały one ostudzić entuzjazm kupujących na tyle, by ludzie zaczęli anulować masowo swoje zamówienia. Pojawiły się również ogromne wątpliwości co do możliwości zwiększenia przez Teslę produkcji w znaczący i zyskowny sposób. W październiku 2012 roku kandydat republikanów na prezydenta Mitt Romney w trakcie debaty z Barackiem Obamą nazwał Teslę „porażką", a także dogadał kilku innym wspieranym przez rząd, a przyjaznym środowisku firmom (producentowi paneli słonecznych Solyndra i Fisker)[14].

Podczas gdy sceptycy stawiali ogromne stawki na nieuchronną klęskę Tesli, w Musku aktywował się tryb chwalipięty. Zaczął mówić o misji firmy zostania najbardziej zyskownym i znaczącym producentem samochodów świata, z lepszymi marżami niż BMW. A potem we wrześniu 2012 roku ujawnił coś, co zaszokowało zarówno krytyków, jak i zwolenników Tesli. Firma w sekrecie zaczęła budowę pierwszego etapu sieci swoich stacji ładowania. Ujawniła lokalizację sześciu stacji w Kalifornii, Nevadzie i Arizonie, a także obiecała powstanie setek kolejnych. Planowano globalną sieć stacji umożliwiających właścicielom Modeli S w trakcie długich podróży zjazd z autostrady i szybkie doładowanie. Całkowicie bezpłatnie. Musk podkreślał, że właściciele aut Tesli zyskaliby wkrótce możliwość podróży po całym kraju bez wydawania na paliwo ani centa. Kierowcy znajdowaliby te stacje bez problemu nie tylko dzięki komputerom pokładowym, które służyłyby nawigacją, ale także dzięki zaprojektowanym przez Muska i von Holzhausena gigantycznym czerwono-białym monolitom, które obwieszczałyby ich położenie.

Stacje szybkiego ładowania były ogromną inwestycją dla spłukanej firmy. Łatwo można było podsumować, że wydawanie pieniędzy na coś takiego w niepewnym momencie w historii Modelu S i Tesli było czymś pomiędzy zwyczajną głupotą a skrajnym wariactwem.

Z pewnością Musk nie byłby na tyle bezczelny, aby próbować ulepszać ideę samochodu i budować sieć ładowania z budżetem równym temu, za jaki Ford czy ExxonMobil wyprawiają doroczne imprezy świąteczne. Ale taki był właśnie plan. Musk, Straubel i inni zaplanowali to ryzykowne przedsięwzięcie dawno temu i wbudowali w Model S określone usprawnienia już z założeniem korzystania ze stacji szybkiego ładowania[XII].

Podczas gdy pojawienie się Modelu S oraz stacji ładowania wywołało lawinę nagłówków w mediach, niejasne było, jak długo pozytywna atmosfera się utrzyma.Trzeba było pójść na poważne kompromisy, by jak najszybciej wypuścić Model S na rynek.

XII Tesla rozpoczynała od identycznych akumulatorów litowo-jonowych, jakie stosuje się w elektronice użytkowej, na przykład laptopach. Początkowo wydawał się to ryzykowny, lecz celowy wybór dla Roadsterów. Tesla chciała wykorzystać doświadczonych dostawców z Azji i zyskać dostęp do tanich produktów, które z czasem by ulepszano. Prasa to podchwyciła, a konsumenci byli zaciekawieni pomysłem, że auto może być zasilane takim samym źródłem energii, co ich gadżety. Powszechnym nieporozumieniem jest jednak przekonanie, że Tesla nadal ich używa. Owszem, akumulatory Modelu S przypominają te, które można znaleźć w laptopie. Jednak Tesla rozpoczęła rozwój własnych typów akumulatorów we współpracy między innymi z firmą Panasonic w późniejszych latach produkcji Roadsterów. Firma wciąż może używać tego samego sprzętu produkcyjnego, co firmy z branży elektroniki użytkowej, w efekcie tworząc bezpieczniejszy i lepiej dostosowany do potrzeb intensywnego ładowania produkt. Poza tajną formułą dla samych ogniw poprawiono wydajność, rozwijając technologię połączeń między ogniwami oraz ich chłodzenia. Zaprojektowano je do oddawania ciepła w bardzo specyficzny sposób, a chłodziwo przechodzi przez cały akumulator. Akumulatory powstają w fabryce Tesli w obszarze ukrytym przed wzrokiem gości. Skład chemiczny, ogniwa i projekt akumulatora stanowią części złożonego systemu, który powstał od zera, aby umożliwić ładowanie aut z rekordową prędkością. Do kontroli ciepła wytwarzanego w trakcie procesu ładowania zaprojektowano wewnętrznie powiązany system, który chłodzi zarówno akumulatory, jak i ładowarki. „Cały ten sprzęt, system zarządzania oprogramowaniem i wszystkie sterowniki działają na najwyższych obrotach" – powiedział J.B. Straubel. Model S można doładować na jednej ze stacji Tesli w dwadzieścia minut, przesyłając energię prosto do akumulatora, dzięki czemu auto przejedzie 250 kilometrów. Dla porównania Nissan Leaf mający jedynie sto trzydzieści kilometrów zasięgu może ładować się nawet do ośmiu godzin.

Samochód miał kilka spektakularnych, innowacyjnych cech, ale wszyscy w firmie wiedzieli, że Model S nie przypominał pod względem funkcjonalności luksusowych sedanów BMW czy Mercedes-Benz. Przykładowo pierwsze kilka tysięcy Modeli S wysłano bez czujników parkowania i tempomatu opartego na technologii radarowej, powszechnych w tej klasie. „Trzeba było albo zatrudnić natychmiast zespół pięćdziesięciu osób, albo wdrożyć te rzeczy jak najlepiej i jak najszybciej, jak to było możliwe" – powiedział Javidan.

Wyposażenie i wykończenie będące znacznie poniżej normy również trudno było wyjaśnić. Nowi nabywcy mogli zaakceptować wycieraczkę na przedniej szybie wariującą przez kilka dni, ale oczekiwali foteli i osłon przeciwsłonecznych, które spełnią standardy dla wartego sto tysięcy dolarów samochodu. I choć Tesla dołożyła wszelkich starań, by pozyskać materiały najwyższej jakości, to wielokrotnie musiała przekonywać najlepszych dostawców, by traktowali firmę poważnie[15]. „Ludzie powątpiewali, że uda nam się zbudować tysiąc Modeli S" – powiedział von Holzhausen. „To było przykre, ponieważ mieliśmy mnóstwo entuzjazmu, by nasze auto było idealne, ale z zewnątrz nie mogliśmy liczyć na to samo. W przypadku osłony musieliśmy ostatecznie udać się do trzeciorzędnego dostawcy, a potem poprawiać rezultat, gdy auta trafiły już do wysyłki". Kosmetyczne problemy okazały się drobnostkami w porównaniu z wewnętrznymi problemami firmy, które tutaj zostaną ujawnione po raz pierwszy, a które ponownie zagroziły firmie bankructwem.

Musk zatrudnił jednego z byłych dyrektorów Apple George'a Blankenshipa do prowadzenia sklepów oraz centrów usługowych. W Apple pracował po sąsiedzku ze Steve'em Jobsem i zebrał pochwały za stworzenie w znacznej mierze strategii Apple Store. Gdy Tesla zatrudniła Blankenshipa po raz pierwszy, media i opinia publiczna były nerwowo podekscytowane, podejrzewając spektakularne zmiany całkowicie stawiające na głowie tradycje branży motoryzacyjnej.

Blankenship w pewnym stopniu sprostał tym oczekiwaniom. Zwiększył liczbę sklepów Tesli na świecie i nadał im atmosferę znaną ze sklepów Apple Store. Poza prezentacją Modelu S sprzedawano tam bluzy z kapturem i czapki z daszkiem, były też specjalne miejsca dla dzieciaków z kredkami i firmowymi kolorowankami. Blankenship oprowadził mnie po jednym ze sklepów przy Santana Row w efekciarskiej galerii handlowej w San Jose. Sprawiał wrażenie ciepłego gościa w typie dziadka, który postrzegał Teslę jako szansę na dokonanie zmiany. „Typowy dealer chce wcisnąć ci samochód na miejscu, aby wyczyścić swoje zapasy magazynowe" – wyjaśniał. „Tutaj celem jest rozwój relacji z marką oraz pojazdami elektrycznymi". Powiedział, że Tesla chciała zmienić Model S w coś więcej niż auto. W idealnym wypadku stałby się obiektem pożądania, jak iPod i iPhone. Blankenship zauważył, że Tesla otrzymała w tym okresie ponad dziesięć tysięcy rezerwacji na Model S, z czego znaczna większość została zrealizowana bez jazd próbnych ze strony klientów. Wiele z tego wczesnego zainteresowania wypływało z atmosfery wokół Muska, który zdaniem Blankenshipa przypominał Jobsa, ale jego obsesja kontroli była nieco bardziej stonowana. „To pierwsze moje miejsce pracy, które zmieni świat" – powiedział, wbijając szpilę w nieco trywialną naturę gadżetów Apple.

Podczas gdy Musk i Blankenship z początku dogadywali się ze sobą, ich relacja zepsuła się pod koniec 2012 roku. Tesla faktycznie miała znaczną liczbę rezerwacji, w których ludzie wpłacali pięć tysięcy dolarów za możliwość zakupu Modelu S i miejsce w kolejce oczekujących. Firma jednak walczyła, aby zmienić te rezerwacje w faktyczną sprzedaż, a powody tego problemu pozostają niejasne. Być może przyczyniły się do tego skargi dotyczące wyposażenia i wczesnych potknięć wzmiankowanych na forach Tesli i grupach dyskusyjnych. Firma nie posiadała także opcji finansowania, które złagodziłyby obciążenie w postaci konieczności wydania stu tysięcy dolarów na auto, a rynek wtórny dla Modelu S był wciąż niepewny. Można było zyskać auto przyszłości albo też wydać sześciocyfrową kwotę na bubel z akumulatorem, który straci pojemność, i nie znaleźć na to drugiego kupca. Centra serwisowe Tesli były wówczas straszne. Pierwsze modele zawodziły, a klientów masowo odsyłano do serwisów nieprzygotowanych do radzenia sobie z ich obsługą. Wielu perspektywicznych klientów prawdopodobnie wolało poczekać dłużej w kolejce, aby upewnić się, że firma utrzyma się na rynku. Jak ujął to Musk: „Marketing rekomendacji auta był do dupy".

W połowie lutego 2013 roku Tesla popadła w kryzys. Jeśli natychmiast nie rozpoczęłaby się zmiana rezerwacji w zakupy, fabryka wkroczyłaby w okres przestoju, co kosztowałoby firmę dużo pieniędzy. Gdyby wypłynęła informacja o wstrzymaniu produkcji, ceny akcji prawdopodobnie poleciałyby na łeb na szyję, perspektywiczni nabywcy staliby się jeszcze bardziej ostrożni, a przewagę zyskaliby inwestorzy krótkoterminowi. Musk nie wiedział, jak poważny był problem, ale gdy tylko się dowiedział, zareagował w typowy dla siebie bezkompromisowy sposób. Ściągnął ludzi z działu rekrutacji, studia projektowego, działu finansów oraz inżynierów, posadził ich przy telefonach i kazał dzwonić do klientów z rezerwacjami i finalizować umowy. „Jeśli nie dostarczymy im samochodów, jesteśmy w czarnej dupie" – powiedział ludziom. „Dlatego nie obchodzi mnie, czym się zajmujecie. Teraz będziecie dostarczać samochody". Byłemu dyrektorowi Daimlera Jerome'owi Guillenowi przydzielił zadanie rozwiązania problemów serwisowych. Zwolnił też członków kadry zarządzającej, których pracę uznał za niedostateczną, i awansował wielu młodszych kierowników, pracujących powyżej normy. Wystosował także oświadczenie, w którym osobiście gwarantował cenę odsprzedaży Modelu S. Klienci mieli zyskać możliwość ponownej sprzedaży swoich aut po średniej bieżącej cenie dla podobnej klasy luksusowych sedanów, a Musk poręczał tę obietnicę swoim majątkiem. Następnie zapowiedział ostateczne zabezpieczenia na wypadek awarii, gdyby te manewry okazały się nieskuteczne.

W pierwszym tygodniu kwietnia Musk zwrócił się do swojego przyjaciela z Google Larry'ego Page'a. Zgodnie z relacją świadków

Musk wyraził obawy dotyczące przetrwania Tesli przez kolejne tygodnie. Nie tylko klienci nie zmieniali rezerwacji w zakupy w tempie oczekiwanym przez Muska, ale obecni odbiorcy odwlekali swoje zamówienia po usłyszeniu o nadchodzących modernizacjach i nowych kolorach lakieru. Sytuacja pogorszyła się na tyle, że Tesla musiała zamknąć fabrykę. Opinia publiczna dowiedziała się, że konieczne były prace konserwacyjne, co technicznie rzecz biorąc, było prawdą, choć firma walczyłaby dalej, gdyby zamówienia finalizowano zgodnie z planem. Musk wyjaśnił wszystko Page'owi, a potem zawarł z nim ustną umowę na przejęcie Tesli przez Google.

Musk wcale nie chciał sprzedać firmy, ale to było jedyne rozsądne wyjście dla jej przyszłości. Największą obawą w związku z przejęciem było jednak to, że nowy właściciel nie będzie miał spójnego z nim stanowiska w sprawie celów. Chciał się upewnić, że firma będzie produkować pojazdy elektryczne na rynek masowy. Zaproponował warunki, na których utrzymałby kontrolę nad firmą przez osiem lat albo dopóki nie zostałaby masowym producentem samochodów. Poprosił również o kapitał w wysokości pięciu milionów dolarów na rozbudowę fabryki. Niektórzy prawnicy Google byli zszokowani tymi żądaniami, ale rozmowy między Muskiem i Page'em trwały nadal. Biorąc pod uwagę ówczesną wartość rynkową Tesli, szacowano, że Google będzie musiał zapłacić za nią około sześć miliardów dolarów.

Podczas trwania rozmów między Muskiem, Page'em i prawnikami Google, stał się cud. Około półtysięczna armia pracowników, których Musk zmienił w handlowców, sprzedała w krótkim czasie ogromną ilość aut.

Tesla, która znów miała na koncie gotówkę na kilka tygodni, w około czternaście dni sprzedała dość samochodów, by zakończyć pierwszy kwartał roku obrotowego z nieoczekiwanymi wynikami. 8 maja 2013 roku Tesla zdumiała maklerów z Wall Street, notując swój pierwszy zysk jako spółka akcyjna – jedenaście milionów dolarów – ze sprzedaży w wysokości pięciuset sześćdziesięciu dwóch milionów dolarów. W tym okresie udało się dostarczyć cztery tysiące dziewięćset sedanów Model S. Ta wiadomość wywindowała cenę akcji z około trzydziestu do stu trzydziestu dolarów w lipcu. Zaledwie kilka tygodni po publikacji wyników za pierwszy kwartał Tesla spłaciła rządowy kredyt na czterysta sześćdziesiąt pięć milionów dolarów – wcześniej i z odsetkami. Nagle okazało się, że firma posiada znaczne rezerwy gotówki, a inwestorzy krótkoterminowi musieli się zmierzyć z ogromnymi stratami. Wyniki giełdowe zapewniły jej zaufanie konsumentów, nakręcając spiralę sukcesu. Dzięki sprzedaży aut i wzrostowi wartości firmy, umowa z Google nie była już potrzebna, a firma stała się zbyt droga, by ją kupić. Rozmowy dobiegły końca[XIII].

Nastąpiła Era Muska. Musk postawił swój dział PR w stanie najwyższej gotowości, nakazując publikację jednego oświadczenia tygodniowo. Firma nigdy właściwie nie utrzymała tego tempa, ale faktycznie publikowano oświadczenie za oświadczeniem. On zaś zorganizował serię konferencji prasowych, na których omówił możliwości finansowania Modelu S, budowę kolejnych stacji i nowych sklepów detalicznych. W trakcie jednego z oświadczeń zauważył, że stacje Tesli były zasilane energią słoneczną i posiadały akumulatory umożliwiające magazynowanie energii. „Zażartowałem, że nawet w przypadku apokalipsy zombie można byłoby nadal podróżować po kraju, używając systemu szybkiego ładowania Tesli" – powiedział Musk, ustawiając poprzeczkę niezwykle wysoko dla dyrektorów generalnych innych producentów. Jednak największe dotychczas wydarzenie miało miejsce w Los Angeles, gdzie Tesla ujawniła kolejne sekretne usprawnienie Modelu S.

XIII. Prawnicy Google poprosili o możliwość przeprowadzenia prezentacji dla zarządu Tesli. Przed zgodą Musk poprosił o prawo do udzielenia przez Google pożyczki, gdyby Tesla napotkała na problemy z płynnością w przypadku upublicznienia rozmów o przejęciu, ponieważ wtedy firma straciłaby inne możliwości pozyskania funduszy. Google wahała się przez kilka tygodni, a w tym czasie Tesla wyszła już na prostą.

W czerwcu 2013 roku firma zatwierdziła prototypowe pojazdy w swoim studiu projektowym w Los Angeles i zaprosiła właścicieli samochodów Tesli oraz media na wystawną wieczorną galę. Setki ludzi zjechało swoimi kosztownymi sedanami przez obrzydliwe ulice Hawthorne, parkując pomiędzy studiem projektowym i fabryką SpaceX. Studio zmieniono w komfortowy bar z przyciemnionym oświetleniem, murawą na podłodze i podwyższeniami, gdzie goście mogli się zbierać albo relaksować na kanapach. Hostessy w obcisłych czarnych sukniach podawały drinki, a z głośników leciało *Get Lucky* Daft Punk. Na środku sali ustawiono scenę, ale zanim Musk na nią wkroczył, chodził wśród gości. Stało się jasne, że wśród właścicieli aut Tesli stał się kimś w rodzaju gwiazdy rocka lub kimś na wzór Steve'a Jobsa dla czcicieli Apple. Ludzie otaczali go i robili sobie z nim zdjęcia. W tym czasie Straubel stał z boku, często całkiem sam.

Gdy goście wypili już po kilka drinków, Musk wydostał się z tłumu na front sali, gdzie na ekranie nad sceną leciały stare reklamy telewizyjne z rodzinami zatrzymującymi się na stacjach Esso i Chevrona. Dzieciaki były bardzo szczęśliwe na widok maskotki tygrysa Esso. „Miłość do benzyny to dziwna sprawa" – powiedział Musk. „Naprawdę". Właśnie wtedy na scenie pojawiał się Model S. Pod autem pojawiał się otwór w podłodze. Musk podkreślał, że od początku możliwa była wymiana akumulatora pod Modelem S w przeciągu sekund – po prostu utrzymano to w tajemnicy. Tesla miała teraz wprowadzić tę możliwość na stacjach szybkiego ładowania jako szybszą alternatywę dla ładowania. Można było podjechać autem nad rodzaj kanału, gdzie maszyna zdejmowałaby stary akumulator i zakładała nowy w ciągu dziewięćdziesięciu sekund i w cenie równej napełnieniu baku benzyny. „Jedyną decyzją, jaką należało podjąć po podjechaniu na jedną ze stacji Tesli, było, czy chcesz załatwić sprawę szybciej czy taniej" – powiedział[XIV].

XIV Po prezentacji Tesla miała trudności z wdrożeniem technologii wymiany akumulatorów. Musk obiecał, że pierwsze stacje pojawią się pod koniec 2013 roku. Rok

W kolejnych miesiącach szereg wydarzeń zagroził Erze Muska. Magazyn „New York Times" opublikował miażdżącą krytykę samochodu i stacji ładowania, a kilka modeli stanęło w ogniu po kolizjach. Wbrew obiegowej mądrości dotyczącej kreowania wizerunku firmy Musk odpowiedział reporterowi, przedstawiając na dowód dane pobrane z samochodu, by podważyć przedstawione w artykule opinie. Napisał zadziorną replikę, będąc na urlopie w Aspen z Kimbalem oraz przyjacielem i członkiem zarządu Tesli, Antoniem Graciasem. „W każdej innej firmie coś takiego wyszłoby spod pióra działu PR" – powiedział Gracias. „Elon poczuł, że to był najważniejszy spośród aktualnych problemów firmy, a on zawsze podchodzi do spraw w ten sposób i tak je hierarchizuje. Coś takiego mogło pogrążyć produkt i stanowiło zagrożenie dla istnienia firmy. Czy kiedykolwiek były momenty, w których jego niekonwencjonalne zachowanie w takich sytuacjach mnie przerażało? Owszem. Ale ufam w skuteczność jego decyzji". Podobne podejście zastosował w kwestii pożarów, deklarując w oświadczeniu prasowym, że Model S jest najbezpieczniejszym amerykańskim samochodem, a także dodając tytanową osłonę podwozia oraz aluminiowe osłony ochronne akumulatora[16].

Ani pożary, ani okresowe negatywne publikacje nie miały wpływu na sprzedaż i ceny akcji Tesli. Gwiazda Muska świeciła coraz jaśniej, a wartość rynkowa firmy urosła do około połowy wartości GM i Forda.

Kolejna konferencja prasowa odbyła się w październiku 2014 roku i ugruntowała pozycję Muska jako nowego tytana w branży. Przedstawił na niej podkręconą wersję Modelu S z dwoma silnikami – jednym z przodu i jednym z tyłu – który przyspieszał do setki w trzy i dwie dziesiąte sekundy. Firma zmieniła sedana w supersamochód. „To było jak start z pokładu lotniskowca" – powiedział

---

po wydarzeniu firma wciąż tego nie zrobiła. Tłumaczył, że na przeszkodzie stanęły bardziej naglące problemy: „Zrobimy to, bo tak powiedzieliśmy. Być może nie będzie to w terminie, który nam odpowiada, ale ostatecznie tego dokonamy".

Musk. „Zupełne szaleństwo". Zaprezentował również nowy pakiet oprogramowania dla Modelu S umożliwiający zastosowanie autopilota. Auto posiadało radar do wykrywania obiektów i ostrzegania przed zagrożeniem kolizją, a także potrafiło nawigować poprzez GPS. „Wkrótce będzie możliwość wzywania samochodu" – zapowiedział Musk. „Przybędzie do dowolnego miejsca. Chciałbym również zrobić coś jeszcze. Wielu z naszych inżynierów usłyszy to często. Chciałbym, aby złącze ładowania samo podłączało się do samochodu, na wzór przegubowego węża. Sądzę, że zrobimy coś takiego".

Tysiące ludzi godzinami stało w kolejce, aby zobaczyć Muska demonstrującego tę technologię. On tymczasem żartował w trakcie prezentacji i podsycał entuzjazm tłumu. Człowiek, który był niezręczny wobec mediów w czasach PayPala, opracował unikalny i elegancki sposób reżyserowania swoich wystąpień. Kobiecie stojącej obok mnie w tłumie zmiękły kolana, gdy Musk po raz pierwszy wszedł na scenę. Mężczyzna stojący z drugiej strony powiedział, że chciał kupić Model X i właśnie zaoferował przyjacielowi piętnaście tysięcy dolarów za awans na liście rezerwacji do miejsca numer siedemset. Entuzjazm idący w parze z umiejętnością Muska do przyciągnięcia uwagi był najlepszym dowodem tego, jak daleko zaszła maleńka firma i jej ekscentryczny dyrektor. Konkurenci zabiliby za takie zainteresowanie klientów i właściwie zdębieli, gdy Tesla podkradła się z tyłu i osiągnęła więcej, niż dla nich było kiedykolwiek możliwe.

W miarę narastania gorączki Modelu S w Dolinie Krzemowej odwiedziłem niewielkie laboratorium rozwojowo-badawcze Forda w Palo Alto. Kierował nim wówczas inżynier w sandałach i z kucykiem nazwiskiem T.J. Giuli, niezwykle zazdrosny o sukces Tesli. Wewnątrz każdego z Fordów znajdowały się dziesiątki systemów komputerowych produkcji różnych firm, które współpracowały ze sobą i działały razem. To był chaos złożoności, który z czasem ewoluował, a uproszczenie sytuacji było w tym momencie niemożliwe, zwłaszcza w takiej firmie, jak Ford, która musiała rocznie wypuszczać na rynek setki tysięcy aut i nie mogła pozwolić sobie na przestój i restart. Dla kontrastu Tesla mogła rozpocząć od zera i pozwolić oprogramowaniu własnej produkcji, by skupiło się na Modelu S. Giuli marzył o podobnej szansie. „Oprogramowanie jest pod wieloma względami sercem tego samochodu" – powiedział. „Od układu napędowego do dźwięków ostrzegawczych wydawanych przez samochód, służy tworzeniu wyrazistego i przyjemnego środowiska użytkowego. Poziom jego integracji w całość Modelu S jest naprawdę imponujący. Tesla stanowi punkt odniesienia dla tego, co tutaj robimy". Wkrótce po tej rozmowie Giuli odszedł z Forda, by podjąć pracę w start-upie zajmującym się systemami bezpieczeństwa.

Niewiele mogła zrobić branża motoryzacyjna, by zatrzymać Teslę, jednak to nie przeszkodziło kierownictwu wielkich koncernów rzucać jej kłody pod nogi na każdym kroku. Przykładowo Tesla chciała nazwać swój samochód trzeciej generacji Modelem E, aby portfolio obejmowało Modele S, E i X – kolejny żarcik Muska. Jednak ówczesny dyrektor generalny Forda Alan Mulally zablokował tę możliwość, strasząc pozwem. „Dzwonię do Mulally'ego i pytam go, czy leci sobie z nami w kulki czy naprawdę mają zamiar zrobić ten pieprzony Model E" – opowiadał Musk. „Nie wiedziałem, co byłoby gorsze. Większy sens miałoby, gdyby lecieli sobie z nami w kulki, bo gdyby faktycznie zrobili wtedy Model E, a my już mieliśmy Modele S i X, to wyglądałoby idiotycznie. Ford wyprodukował dawno temu Model T, ale nikt już nie kojarzy tej nazwy z ich marką, więc wyglądałoby na to, że ją ukradli. To tak, jakby jakaś armia faszystów maszerowała przez alfabet, jak jakiś rabuś z *Ulicy Sezamkowej*. Mówię mu, że to nie jest dobry pomysł, ponieważ ludzie będą zakłopotani, bo Ford nie robi już dziś żadnych »Modeli«. Teraz produkuje Fordy Fusion i tak dalej. A on się upierał, że naprawdę chcą użyć tej nazwy. To było okropne".

Po tym incydencie Tesla zarejestrowała nazwę handlową dla Modelu Y jako kolejny żart. „Zadzwonili do nas z Forda i śmiertelnie poważnie powiedzieli: »Widzimy, że zarejestrowaliście Model Y.

Czy zamierzacie użyć tej nazwy zamiast Modelu E?« – wspominał Musk. „Powiedziałem, że to żart, i spytałem, jak powinno się zapisać słowo »SEXY«. Okazało się jednak, że prawo handlowe jest dziedziną pozbawioną poczucia humoru”[XV].

Tym, czego dokonał Musk, a co przegapili konkurencyjni producenci lub nie mieli dość środków, by o to walczyć, była zmiana marki w styl życia. Firma nie sprzedawała jedynie aut, lecz również pewien obraz, poczucie sięgnięcia w przyszłość, relację. Apple zrobiła dokładnie to samo dekady wcześniej z komputerem Mac, a później powtórzyła to z iPodem oraz iPhone'em. Nawet osoby nieotaczające kultem marki Apple dały się wciągnąć do jej świata, gdy tylko zakupiły urządzenia i pobrały oprogramowanie w rodzaju iTunes.

Trudno zbudować tego typu relację, jeśli nie obejmie się jak największej kontroli nad stylem życia. Producenci z branży IT, którzy dzierżawili swoje oprogramowanie Microsoftowi, chipy Intelowi, a projekty firmom z Azji, nigdy nie mogliby zbudować tak pięknych i tak kompletnych produktów jak Apple. Nie byli także w stanie reagować tak szybko, gdy Apple wykorzystała doświadczenie branżowe w nowych obszarach i uzależniła ludzi od swoich aplikacji.

Filozofia życiowa Muska przekłada się na samochód, co można dostrzec w tym, że nigdy nie jest podawany rocznik danego modelu. Tesla nie określa aut jako będących modelem roku 2014 albo 2015, a także nie oferuje megawyprzedaży, czy wietrzenia magazynów z rocznika 2014, żeby zrobić miejsce dla premier. Produkuje najlepszy Model S, jaki jest w stanie zrobić w danym momencie,

---

[XV] Musk w następujący sposób tłumaczył genezę nazwy Modelu S: „Lubię nazywać rzeczy takimi, jakimi są. Mieliśmy Roadstera, ale dla sedana zabrakło odpowiedniego słowa. Nie mogliśmy nazwać samochodu »Tesla Sedan«, bo to cholernie nudne. W Wielkiej Brytanii mówią »saloon«, ale to brzmi jakby jeździł nim kowboj. A jeśli już jesteśmy przy iteracjach – Model S brzmiał najlepiej. Był również ukłonem w stronę Forda i Modelu T, podkreślając, że auta elektryczne poprzedzały Model T. Poza tym zatoczyliśmy koło i to, co wchodziło do produkcji w XXI wieku naturalnie musiało otrzymać nazwę Model S. Choć to trochę odwraca logikę”.

i taki właśnie trafia do klientów. To oznacza, że Tesla nie rozwija ani nie trzyma się zestawu nowych cech w ciągu roku, żeby potem nagle ujawnić je naraz w nowym modelu. Dodaje je stopniowo na etapie produkcji, gdy zostają ukończone. Niektórzy klienci mogą być zdenerwowani, że ich model nie posiada jakiejś funkcji. Tesla jednakże stara się dostarczać większość nowości w formie aktualizacji oprogramowania, które trafiają do wszystkich, zapewniając miłą niespodziankę obecnym właścicielom Modeli S.

Dla każdego posiadacza Modelu S w pełni elektryczny styl życia przekłada się na większą wygodę. Zamiast jazdy na stację, po prostu podłącza się auto na noc, co stanowi rytuał znany wszystkim właścicielom smartfonów. Auto zaczyna ładować się od razu albo można za pomocą ustawień systemowych dostosować godzinę rozpoczęcia ładowania do tańszej taryfy nocnej. Mając auto Tesli, nie tylko unika się konieczności wizyt na stacjach benzynowych, ale także u mechanika. Tradycyjne auto wymaga wymiany oleju oraz płynu do przekładni, co zapobiega efektom tarcia oraz zużycia powodowanym przez tysiące części ruchomych. Prostsza konstrukcja samochodu elektrycznego eliminuje konieczność tego typu konserwacji. Zarówno Roadster, jak i Model S wykorzystują układ hamulcowy z odzyskiem energii, który wydłuża życie hamulców. W trakcie częstego zatrzymywania się i ruszania oprogramowanie zahamuje, wprawiając silnik w ruch o przeciwnym kierunku, zwalniając obroty kół bez konieczności używania klocków hamulcowych oraz ich ścierania w trakcie zacisku. Silnik Tesli wytwarza w tym procesie elektryczność i kieruje ją z powrotem do akumulatora, dzięki czemu samochody elektryczne mają lepszy zasięg w korkach. Mimo to producent zaleca, by właściciele przywozili raz do roku swoje Modele S na przegląd kontrolny, choć pobieżny i w celu upewnienia się, że żaden z komponentów nie zużywa się przedwcześnie.

Nawet podejście do konserwacji Tesli jest z gruntu różne od przyjętego w tradycyjnej branży motoryzacyjnej. Większość dealerów czerpie największe zyski z serwisowania samochodów. Traktują je jak usługę subskrypcji, oczekując od klientów wizyt w centrach serwisowania kilkakrotnie w roku przez wiele lat. To główny powód, dla którego dealerzy walczyli, by zablokować sprzedaż bezpośrednią Tesli[XVI]. „Naszym głównym celem było zagwarantowanie, że po zakupie nigdy nie będziesz musiał wracać ze swoim autem" – powiedział Javidan. Dealerzy kasują więcej niż niezależni mechanicy, ale w tej cenie mieści się pewność, że nad autem pracuje specjalista znający samochody konkretnej marki. Tesla zarabia na początkowej sprzedaży, a potem na niektórych dodatkowych usługach w zakresie oprogramowania. „Kupiłem Model S numer dziesięć" – powiedział Konstantin Othmer[17], spec w zakresie oprogramowania i przedsiębiorca z Doliny Krzemowej. To było fantastyczne auto, ale tkwiła w nim każda wada, o jakiej można było przeczytać na forach. Naprawili wszystkie, a potem zabrali auto do sklepu na lawecie, żeby nie nabijać mu przebiegu. Pojechałem na przegląd, a oni odpicowali wszystko tak, że był lepszy niż po zakupie. Przewiązany aksamitną wstążką czekał na mnie w centrum serwisowym. Był po prostu piękny".

Model działania Tesli nie polega jedynie na byciu solą w oku tradycji interesów producentów samochodów i dealerów. To znacznie bardziej subtelna gra na temat tego, jak samochody elektryczne reprezentują nowy sposób myślenia. Wszyscy producenci wkrótce pójdą w ślady Tesli i zaoferują jakiś rodzaj bezprzewodowych aktualizacji do swoich pojazdów. Jednakże praktyczność i zasięg tych aktualizacji będą ograniczone. „Nie da się zmienić bezprzewodowo świecy zapłonowej albo paska rozrządu" – powiedział Javidan. „W przypadku auta na benzynę musisz w pewnym momencie otworzyć maskę, a to zmusza cię do wyprawy do autoryzowanego

---

[XVI] Dealerzy samochodowi wytoczyli przeciwko Tesli szereg pozwów, twierdząc, że nie powinna mieć prawa do bezpośredniej sprzedaży samochodów. Jednak nawet w stanach, które jej tego zakazały, przyszli klienci mogą zazwyczaj poprosić o jazdę próbną i ktoś z Tesli podjedzie do nich z autem. „Czasem trzeba rzucić kość, żeby psy zaatakowały" – powiedział Musk. „Na dłuższą metę sklepy nie będą istotne. Biznes rozwija się dzięki poczcie pantoflowej. Sklepy służą reklamie".

serwisu. Mercedes nie ma żadnej motywacji, żeby powiedzieć: »Nie musisz przywozić do nas auta«, bo to nieprawda". Przewagą Tesli jest również fakt, że zaprojektowała bardzo wiele swoich kluczowych komponentów wewnętrznie, w tym oprogramowanie sterujące pojazdem. „Jeśli Daimler będzie chciał zmienić sposób wyglądu swoich wskaźników, musi skontaktować się z dostawcą na drugim końcu świata, a potem czekać na serię zgód" – dodał. „Zmiana wyglądu litery »P« na desce rozdzielczej zajęłaby cały rok. W Tesli, jeśli Elon zdecyduje, że chce na Wielkanoc podmienić wszystkie wskaźniki na króliczki, może to zrobić w kilka godzin"[XVII].

Gdy Tesla zmieniała się w gwiazdę współczesnego przemysłu amerykańskiego, jej najbliżsi rywale wypadali z gry. Fisker Automotive ogłosiła bankructwo i została wykupiona w 2014 roku przez chińską firmę produkującą części samochodowe. Jednym z głównych inwestorów był Ray Lane, inwestor kapitału wysokiego ryzyka z Kleiner Perkins Caufield & Byers. Lane nie wykorzystał wcześniej szansy inwestycji w Teslę, a potem wsparł Fiskera, co okazało się katastrofalnym krokiem, który nadszarpnął zarówno reputację jego firmy, jak i jego własną. Innym start-upem, który cieszył się większym rozgłosem niż Fisker i Tesla razem wzięte, był Better Place. Udało mu się zebrać blisko miliard dolarów na budowę aut elektrycznych i stacji wymiany akumulatorów[18], ale firma nie wyprodukowała niczego i ogłosiła bankructwo w 2013 roku.

[XVII] Straubel ujął to następująco: „Widok ludzi jeżdżących po kraju Modelem S był wspaniały. To nieosiągalne w żadnej innej branży. Nie chodzi o budowę stacji na pustyni w ramach chwytu reklamowego. Chodzi o cel, do którego się zmierza. Naszym celem jest wprowadzenie trzeciej generacji samochodów na rynek, gdzie sieć takich stacji jest darmowa i wszechobecna. Denerwuje mnie, gdy ludzie porównują nas do producentów aut. Samochody są zdecydowanie naszym głównym produktem, ale jesteśmy też firmą z branży energetycznej i technologicznej. Rozmawiamy z firmami z branży wydobywczej o materiałach do naszych akumulatorów oraz zamierzamy skomercjalizować całość elementów składowych auta elektrycznego i wszystko, co tworzy świetny produkt".

Ludzie związani z Teslą od początku, jak Straubel, chętnie przypominają innym, że szansa na tworzenie aut elektrycznych istniała od początku. „To nie jest tak, że pomysł nagle zaczął budzić zainteresowanie, a nam udało się jako pierwszym na nim zarobić" – wyjaśniał. „Z perspektywy czasu często zapomina się, że ludzie uważali ten biznes za najbardziej gówniany na świecie. Inwestorzy uciekali od niego jak szczury z tonącego statku". Teslę odróżniała jednak od konkurencji bezkompromisowa pogoń za wytyczoną wizją i całkowite oddanie standardom wyznaczonym przez Muska.

11

JEDNOLITA TEORIA POLA ELONA MUSKA

BRACIA RIVE BYLI JAK GANGSTERZY działający w branży technologii.

Pod koniec lat dziewięćdziesiątych wskakiwali na deskorolki i przemierzając ze świstem ulice Santa Cruz, pukali do drzwi firm i oferowali pomoc z zakresu zarządzania systemami komputerowymi. Młodzieńcy, którzy dorastali w RPA wraz z kuzynem Elonem Muskiem, szybko postanowili znaleźć łatwiejszy sposób sprzedaży swoich pomysłów niż handel obwoźny. Napisali oprogramowanie pozwalające na zdalne przejęcie kontroli nad systemem klienta i zautomatyzowanie wielu standardowych procedur wymaganych przez firmy, w tym instalowanie aktualizacji. Oprogramowanie stało się fundamentem firmy Everdream, a bracia promowali swoją technologię na różne ciekawe sposoby. W Dolinie Krzemowej stanęły billboardy ukazujące Lyndona Rive'a, zawodnika amatorskiej ligi hokeja podwodnego[I], ze spodniami spuszczonymi do kostek,

[I] Właściwie to nie amatorskiej. Lyndon i jego żona grali w hokeja podwodnego i wykorzystali to do zdobycia zielonych kart, spełniając kryteria „wyjątkowych umiejętności" pożądanych przez Stany. Trafili nawet do amerykańskiej reprezentacji narodowej.

zasłaniającego krocze komputerem. Slogan reklamowy nad jego głową głosił: „Nie daj się złapać z niedziałającym sprzętem".

Do roku 2004 Lyndon oraz jego bracia Peter i Russ potrzebowali nowego wyzwania – czegoś nie tylko zyskownego, ale również według słów Lyndona: „co sprawiłoby, że czuliby się świetnie każdego dnia". Tego samego roku pod koniec lata Lyndon wynajął kampera i zaplanował z Muskiem wspólną wyprawę na pustynię Black Rock na festiwal „Burning Man". Obydwaj w dzieciństwie ciągle wybierali się razem na wyprawy i tym razem nie mogli się doczekać długiej podróży, aby nadrobić wspólny czas i porozmawiać o interesach. Musk wiedział, że Lyndon i jego bracia planowali coś dużego. Podczas wycieczki zasugerował przyjrzenie się sektorowi energii solarnej. Sam rozeznał się już wcześniej w temacie i twierdził, że branża oferuje możliwości, które inni przeoczyli. „Powiedział, że to dobre miejsce na rozkręcenie biznesu" – wspominał Lyndon.

Po dotarciu na festiwal „Burning Man" Musk, jako stały bywalec, wraz z rodziną oddali się standardowym czynnościom. „Rozbili obóz i przygotowali swój artystyczny samochód do przejażdżki. W tym roku odcięli dach małego auta, podnieśli i przesunęli kierownicę w prawo, aby znajdowała się bliżej środka pojazdu, oraz wymienili fotele na kanapę. Musk świetnie się bawił, jeżdżąc tym odlotowym wozidłem[19]. „Elon lubi obserwować surowość przebywających tam ludzi" – powiedział Bill Lee, jego wieloletni przyjaciel. „To jest jego sposób na biwakowanie. On uwielbia tam być, jeździć dziwacznymi samochodami, oglądać instalacje i wielkie pokazy światła. Bardzo dużo tańczy". Musk zafundował również pokaz siły i determinacji w trakcie wydarzenia. Stał tam około dziesięciometrowy, drewniany słup z platformą do tańca. Dziesiątki ludzi próbowało bezskutecznie wspiąć się na niego i wtedy okazję wykorzystał Musk. „Jego technika wspinania była niezdarna i bez szans powodzenia" – powiedział Lyndon. „Ale on objął słup i gramolił się centymetr po centymetrze, dopóki nie wdrapał się na samą górę".

Musk i bracia Rive opuścili festiwal pełni entuzjazmu. Rive'owie zdecydowali się zostać ekspertami w branży solarnej i poszukać szans na rynku. Przez dwa lata zgłębiali technologię oraz trendy w biznesie, czytając raporty z badań, dyskutując z ludźmi oraz biorąc udział w konferencjach. Jednak ścieżkę, którą mieli poprowadzić swój biznes, odkryli dopiero podczas międzynarodowej konferencji Solar Power International. Na wydarzeniu pojawiło się zaledwie około dwóch tysięcy osób[II], wypełniając w całości kilka hotelowych sal konferencyjnych przeznaczonych na prezentacje i panele. W trakcie jednego z paneli przedstawiciele garstki największych instalatorów technologii solarnych siedzieli na scenie, a moderator dyskusji spytał, w jaki sposób przyczynili się do wzrostu przystępności cenowej paneli solarnych. „Wszyscy dawali tę samą odpowiedź" – oznajmił Lyndon. „Mówili: »Czekamy na spadek cen paneli«. Nikt nie stawił czoła problemowi".

W tamtym czasie klienci mieli trudności ze zdobyciem paneli na użytek domowy. Zakup wymagał wiele fatygi, w dodatku trudno było znaleźć kogoś, kto mógł je zainstalować. Klient płacił z góry, nie mając nawet pewności, czy posiada dom wystarczająco nasłoneczniony do takiej inwestycji. W dodatku ludzie niechętnie kupowali panele, wiedząc, że za rok dostępne będą bardziej efektywne modele.

Rive'owie postanowili uprościć zakup technologii solarnej i w 2006 roku założyli firmę SolarCity. W przeciwieństwie do innych firm nie produkowali własnych paneli słonecznych. Zamiast tego zamierzali je kupować i wykonywać całą resztę usług. Stworzyli oprogramowanie do analizy rachunków klienta za energię elektryczną, usytuowania jego domu i ilości otrzymanego światła słonecznego, aby ocenić, czy zastosowanie technologii solarnej ma sens. Stworzyli zespoły instalatorskie do montażu paneli słonecznych. Przygotowali system finansowania, w którym klient nie musiał

[II] W 2013 roku pojawiło się trzynaście tysięcy osób.

płacić z góry za zamontowane panele. Zamiast tego wydzierżawiał panele na ustaloną ilość lat za stałą miesięczną opłatą. Nowe stawki za energię były niższe, problem ciągłych podwyżek opłat za media odchodził do historii, a w przypadku sprzedaży nieruchomości umowa mogła zostać przepisana na nowego właściciela. Na koniec okresu dzierżawy właściciel mógł skorzystać z wymiany paneli na nowe, bardziej efektywne. Musk pomógł kuzynom w realizacji tego przedsięwzięcia i został prezesem firmy oraz największym udziałowcem, mając w posiadaniu około jedną trzecią udziałów SolarCity.

Sześć lat później SolarCity została największym instalatorem paneli słonecznych w kraju. Firma była wierna swoim początkowym założeniom prostej instalacji paneli. Rywale w pośpiechu zaczęli kopiować jej model biznesowy. SolarCity skorzystała w pełni na załamaniu się cen paneli słonecznych, które nastąpiło po zalaniu rynku chińskimi produktami. Firma poszerzyła również swoją działalność o klientów biznesowych takich jak Intel, Walgreens czy Wal-Mart, wykonując duże instalacje. W 2012 roku weszła na giełdę i w ciągu kolejnych miesięcy jej akcje poszybowały do góry. Do 2014 roku jej wartość szacowano na blisko siedem miliardów dolarów.

W ciągu całego okresu wzrostu SolarCity Dolina Krzemowa wpompowała ogromne ilości pieniędzy w firmy związane z zielonymi technologiami, najczęściej kończąc na tych inwestycjach fatalnie. Klęski w branży motoryzacyjnej przyniosły Fisker i Better Place, a także Solyndra, producent fotoogniw, którego konserwatyści uwielbiali stawiać za przestrogę przed rządowymi wydatkami i nadmiernym kumoterstwem. Niektórzy najbardziej znani inwestorzy kapitału podwyższonego ryzyka, jak John Doerr i Vinod Khosla, zostali rozsmarowani przez lokalną i krajową prasę za ich nieudane branżowe inwestycje. Historia za każdym razem była podobna. Ludzie trwonili pieniądze na zielone technologie nie ze względu na zyski, lecz z przekonania, że tak właśnie należy robić. Nowe rodzaje systemów magazynowania energii dla samochodów elektrycznych oraz paneli słonecznych nigdy tak naprawdę nie okazały się zyskowne i wymagały znacznych nakładów rządowych oraz sporych zachęt do kupna, aby podtrzymać rynek. I w tym właśnie miejscu pojawił się ten cały Elon Musk, który najwyraźniej wpadł na coś, co wszyscy inni pominęli. „Przez prawie dekadę mieliśmy niepisaną zasadę nieinwestowania w firmy zajmujące się zrównoważonym rozwojem" – powiedział Peter Thiel, współzałożyciel PayPala oraz inwestor kapitału podwyższonego ryzyka w Founders Fund. „Na poziomie globalnym mieliśmy rację, ponieważ sektor zielonych technologii straszliwie kulał. Jednak na poziomie lokalnym wyglądało na to, że Elon posiadał dwie najlepiej prosperujące firmy zajmujące się zielonymi technologiami w całych Stanach Zjednoczonych. Jego sukces tłumaczyliśmy sobie zwykłym fuksem. Pozostaje jeszcze ta cała otoczka Iron Mana i przedstawianie go jako kreskówkowego biznesmena, jakiegoś rodzaju egzotycznego zwierzęcia w zoo. Teraz trzeba było zadać sobie pytanie, czy jego sukces nie jest aktem oskarżenia dla nas wszystkich, którzy pracowali nad bardziej dochodowymi rzeczami. Jeśli świat nadal dziś wątpi w Elona, to moim zdaniem dowodzi to jedynie szaleństwa świata, a nie domniemanego szaleństwa Elona".

SolarCity, podobnie jak inne inwestycje Muska, nie tyle odzwierciedlała szansę biznesową, ile raczej pewien światopogląd. Musk postanowił dawno temu – na swój bardzo racjonalny sposób – że technologia solarna ma sens. W ciągu jednej godziny do powierzchni Ziemi dociera ilość energii słonecznej równa wartości energii wyprodukowanej przez wszystkie dostępne źródła na naszej planecie w ciągu całego roku[20]. Postępy w zakresie wydajności paneli słonecznych następują w stałym tempie. Jeśli technologia solarna jest przeznaczona ludzkości jako preferowane źródło energii w przyszłości, to przyszłość ta powinna nastąpić tak szybko, jak to tylko możliwe.

Począwszy od 2014 roku ambicje SolarCity stawały się coraz bardziej oczywiste. W pierwszej kolejności firma zaczęła sprzedawać systemy magazynowania energii. Zostały one wyprodukowane przy współpracy z Tesla Motors. Akumulatory produkowano w fabryce Tesli i układano w metalowych obudowach wielkości lodówki. Firmy oraz klienci indywidualni mogli zakupić taki system w celu rozszerzenia możliwości instalacji paneli słonecznych. Po naładowaniu akumulatory pozwalały dużym klientom na pracę nocą lub w trakcie nieoczekiwanych przerw w zasilaniu. Klienci mogli również używać akumulatora zamiast zasilania z sieci podczas okresów zwiększonego użycia energii, kiedy dostawcy mieli w zwyczaju pobierać dodatkowe opłaty. Chociaż SolarCity wypuściła systemy magazynujące w skromny, eksperymentalny sposób, oczekuje od większości swoich klientów, że zakupią je w najbliższych latach dla ułatwienia korzystania z zasilania energią słoneczną, by pomogły ludziom i firmom w zupełnym odejściu od energii elektrycznej.

W lipcu 2014 roku SolarCity przejęła producenta ogniw słonecznych Silevo za dwieście milionów dolarów. Ta transakcja oznaczała dużą zmianę w firmowej strategii. SolarCity miała zaprzestać kupowania paneli słonecznych i rozpocząć produkcję w fabryce zlokalizowanej w stanie Nowy Jork. Ogniwa Silevo osiągały ponoć osiemnaście i pół procent sprawności w przetwarzaniu światła na energię w porównaniu do czternastu i pół procent konkurencyjnych ogniw. Dodatkowo oczekiwano, że firma jest w stanie podnieść sprawność do dwudziestu czterech procent, stosując odpowiednie techniki produkcji. Kupno paneli zamiast ich produkcji stanowiło dużą przewagę firmy, która mogła wykorzystać przesyt panujący na rynku i uniknąć kosztów związanych z budową i prowadzeniem fabryk. Mając sto dziesięć tysięcy klientów, SolarCity zaczęła jednak zużywać tak wielkie ilości paneli, że została zmuszona do zapewnienia stałych dostaw i stałej ceny. „Obecnie instalujemy więcej paneli słonecznych, niż wynoszą zdolności produkcyjne większości firm" – powiedział Peter Rive, współzałożyciel i dyrektor do spraw technicznych SolarCity. „Jeśli przejmiemy produkcję i wykorzystamy różne możliwości technologiczne, zredukujemy koszty – a w tym biznesie redukcja kosztów była celem od samego początku".

Łącząc dzierżawę paneli słonecznych, systemy magazynowania energii oraz produkcję ogniw, staje się jasne, że SolarCity zmienia się w coś przypominającego dostawcę energii. Stworzyła sieć systemów solarnych kontrolowanych i zarządzanych przez firmowe oprogramowanie. Do końca 2015 roku firma spodziewa się rozbudowy instalacji paneli słonecznych do łącznej wartości dwóch gigawatów, co pozwala na produkcję dwóch i ośmiu dziesiątych terawatogodziny energii elektrycznej na rok. „To kieruje nas na drogę do osiągnięcia naszego celu zostania jednym z największych dostawców energii elektrycznej w Stanach Zjednoczonych" – ogłosiła firma po przedstawieniu powyższych liczb w swoim kwartalnym raporcie finansowym. W rzeczywistości możliwości SolarCity równają się ledwie ułamkowi rocznego krajowego zapotrzebowania na energię i jeszcze długa droga do tego celu. Nie ulega jednak wątpliwości, że zamierzeniem Muska jest firma będąca dominującą siłą w przemyśle solarnym, a także w całym przemyśle energetycznym.

Co więcej, SolarCity jest kluczową częścią tego, co można określić mianem jednolitej teorii pola Muska. Każda z jego inwestycji jest powiązana ze sobą zarówno krótko-, jak i długoterminowo. Tesla produkuje akumulatory, które SolarCity może sprzedawać klientom końcowym. SolarCity dostarcza Tesli stacje ładowania wyposażone w panele słoneczne, pomagając tym samym w zapewnieniu kierowcom Tesli darmowego ładowania samochodu. Świeżo upieczeni nabywcy Modelu S regularnie optują za stylem życia Muska i wyposażają domy w panele słoneczne. Firmy Tesla i SpaceX również wzajemnie sobie pomagają. Wymieniają doświadczenia w zakresie wykorzystywanych materiałów, technik produkcyjnych oraz zawiłości związanych z prowadzeniem fabryk wytwarzających produkty od podstaw.

Przez większość istnienia SolarCity, Tesla oraz SpaceX były przegranymi w swoich branżach i rywalizowały z zamożnymi i mocno zakorzenionymi na rynku konkurentami. Przemysł solarny, motoryzacyjny oraz kosmiczny naszpikowano regulacjami i biurokracją, która sprzyja starym graczom. Ludziom z branży

Musk jawił się jako naiwny inżynier, którego można było łatwo usunąć lub wyśmiać, a jako konkurent plasował się gdzieś pomiędzy wkurzającym typem, a kompletnym pierdołą. Starzy wyjadacze uprzykrzali życie wszystkim trzem firmom Muska wszelkimi metodami, używając do tego swoich powiązań w Waszyngtonie – i byli w tym świetni.

W 2012 roku Musk Co. stała się poważnym zagrożeniem i zaatakowanie SolarCity, Tesli lub SpaceX jako osobnych firm stało się trudniejsze. Gwiazda Muska rozbłysła jaśniejszym blaskiem, co przyniosło korzyści wszystkim trzem inwestycjom. Gdy akcje Tesli poszybowały w górę, ciągnęły ze sobą często akcje SolarCity. Podobny optymizm towarzyszył udanym startom SpaceX. Dowiodło to umiejętności Muska do osiągania najtrudniejszych celów, a inwestorzy wydawali się skłaniać ku jego kolejnym ryzykownym przedsięwzięciom. Kadra zarządzająca i lobbyści z firm kosmicznych, motoryzacyjnych oraz branży energetycznej nagle wystąpili przeciwko wschodzącej gwieździe wielkiego biznesu i celebrycie przemysłu. Inni zaczęli grać naprawdę nieczysto.

Musk latami podlizywał się Demokratom. Wielokrotnie gościł w Białym Domu, gdzie mógł liczyć na wysłuchanie przez prezydenta Obamę. Jednakże nie jest zaślepionym lojalistą. Przede wszystkim twardo wspiera Musk Co. i użyje wszelkich dostępnych mu środków, aby walczyć o swoją sprawę. Gra rolę bezwzględnego przemysłowca z żyłką twardego kapitalisty lepiej niż większość Republikanów, zyskując dostateczne uznanie i wsparcie. Politycy z Alabamy chcący chronić miejsca pracy w fabrykach Lockheeda lub wspierający lobby dealerów samochodowych w stanie New Jersey muszą zmierzyć się teraz z kimś, kto włada imperium produkcyjnym i zatrudnia ludzi w całych Stanach Zjednoczonych. W chwili pisania tej książki SpaceX posiada fabrykę w Los Angeles, poligon testowy w środkowym Teksasie oraz rozpoczęła budowę kosmodromu w południowym Teksasie (SpaceX działa także na istniejących platformach startowych w Kalifornii i na Florydzie). Z kolei Tesla posiada fabrykę aut w Dolinie Krzemowej, centrum projektowe w Los Angeles i rozpoczęła budowę fabryki akumulatorów w Nevadzie (politycy z Nevady, Teksasu, Kalifornii, Nowego Meksyku oraz Arizony walczyli o tę fabrykę. Ostatecznie wygrała Nevada, oferując jeden i cztery dziesiąte miliarda dolarów na zachętę. To wydarzenie nie tylko potwierdziło rosnącą sławę Muska, ale również niezrównaną zdolność do pozyskiwania środków na swoje inwestycje). SolarCity utworzyło tysiące miejsc pracy zarówno dla pracowników fizycznych, jak i umysłowych oraz planuje utworzenie kolejnych przy produkcji paneli słonecznych w budowanej obecnie fabryce w Buffalo w stanie Nowy Jork. Na koniec 2014 roku Musk Co. w sumie zatrudniało około piętnaście tysięcy ludzi. To jedynie ułamek z kilkudziesięciu tysięcy miejsc pracy, jakie planuje stworzyć przy coraz to ambitniejszych produktach.

Głównym celem dla Tesli na 2015 rok ma być wprowadzenie na rynek Modelu X[III]. Musk oczekuje sprzedaży nowego SUV-a przynajmniej na poziomie Modelu S oraz utrzymania produkcji fabryki Tesli na poziomie stu tysięcy sztuk rocznie do końca 2015 roku, by zaspokoić popyt na obydwa modele. Głównym minusem Modelu X jest cena. Sprzedaż SUV-a rozpocznie się po tak samo wygórowanej cenie, jak niegdyś w przypadku Modelu S, co znacznie zawęzi grono potencjalnych klientów. Istnieje jednak szansa, że Model X stanie się luksusowym samochodem rodzinnym i tym samym zyska miano bardziej atrakcyjnej marki w oczach kobiet. Musk zobowiązał się ponadto do rozbudowania w 2015 roku sieci stacji szybkiego ładowania, stacji serwisowych oraz placówek wymiany baterii, by lepiej przygotować grunt dla nowego modelu. Poza Modelem X, Tesla rozpoczęła pracę nad drugą wersją Roadstera, ogłosiła plany budowy pick-upa i zupełnie na poważnie zaczęła projektować rodzaj amfibii zdolnej do jazdy zarówno po drogach, jak i w wodzie. Musk zapłacił milion dolarów za Lotusa Esprit, którym Roger Moore jeździł pod wodą w filmie *Szpieg, który mnie kochał*, i chce udowodnić,

---

[III] Według oficjalnej strony Tesla Motors pierwsze zamówienia na Model X będą realizowane dopiero w drugiej połowie 2016 roku [przyp. red.].

że stworzenie takiego pojazdu jest możliwe. „Może zrobimy dwa albo trzy takie samochody, ale nie więcej" – powiedział w wywiadzie dla magazynu „Independent". „Myślę, że ten rynek jest dość mały".

Musk chciałby zamknąć portfolio produktów trzecią generacją aut Tesli – Modelem 3. Ten czterodrzwiowy samochód miałby trafić do sprzedaży w 2017 roku w cenie około trzydziestu pięciu tysięcy dolarów i stać się faktycznym sprawdzianem oddziaływania marki na świat. Firma liczy na setki tysięcy sprzedanych modeli oraz ogromny wzrost ich popularności. Dla porównania, BMW sprzedaje rocznie trzysta tysięcy sztuk modelu Mini oraz pięćset tysięcy BMW serii 3. Tesla planuje podobne wyniki. „Myślę, że Tesla będzie produkowała bardzo dużo samochodów" – powiedział Musk. „Jeśli utrzymamy obecny wzrost, możemy stać się jedną z najbardziej wartościowych firm na świecie".

Już dziś Tesla zużywa ogromną część światowej produkcji akumulatorów litowo-jonowych, a będzie potrzebować ich o wiele więcej do produkcji Modelu 3. W związku z tym w 2014 roku Musk ogłosił swoje plany wybudowania tak zwanej Gigafabryki – największej na świecie placówki produkującej akumulatory litowo-jonowe. Każda Gigafabryka miałaby dać pracę sześciu i pół tysiącu ludzi oraz pomóc marce w osiągnięciu szeregu celów. W pierwszej kolejności miałaby zapewnić podaż akumulatorów do aut Tesli oraz systemy magazynowania energii sprzedawane przez SolarCity. Firma oczekuje również obniżenia kosztów swoich akumulatorów, pracując nad poprawą parametru gęstości energii. Gigafabryka zostanie wybudowana we współpracy z długoletnim branżowym partnerem, firmą Panasonic, ale to Tesla będzie zarządzać fabryką i nadzorować operacje. Według Straubela akumulatory wyprodukowane w Gigafabryce będą nieporównywalnie tańsze i lepsze od produkowanych obecnie. Ma to pozwolić na osiągnięcie planowanej ceny Modelu 3 wynoszącej trzydzieści pięć tysięcy dolarów oraz otwarcie drogi do zwiększenia zasięgu aut elektrycznych nawet do tysiąca kilometrów.

Jeśli Tesla rzeczywiście dostarczy klientowi niedrogi samochód elektryczny z tak dużym zasięgiem, to w rzeczywistości osiągnie coś nierealnego przez całe lata w mniemaniu wielu osób z branży motoryzacyjnej. Tani samochód wraz z budową ogólnoświatowej sieci darmowych stacji ładowania oraz zmiany dotychczasowych metod sprzedaży samochodów, a także zrewolucjonizowanie technologii branżowej oznaczałoby niebywały wyczyn w historii kapitalizmu.

Na początku 2014 roku Tesla zarobiła dwa miliardy dolarów na sprzedaży obligacji. Zdolność do pomnażania pieniędzy swoich inwestorów była czymś zupełnie nowym. Firma otarła się o bankructwo wiele razy w czasie swojego istnienia i była wielką techniczną gafą dla branży motoryzacyjnej. Pieniądze zgromadzone dzięki szybującym cenom akcji oraz dobra sprzedaż dały duże możliwości otwarcia nowych salonów i centrów serwisowych przy jednoczesnym zwiększeniu możliwości produkcyjnych. „Nie mamy potrzeby gromadzenia w tej chwili całych pieniędzy potrzebnych do budowy Gigafabryki, ale zdecydowałem się na wszelki wypadek to zrobić, ponieważ nigdy nie wiadomo, kiedy nastąpi kolejny wielki krach" – powiedział Musk. „Wskutek czynników zewnętrznych lub niespodziewanej akcji serwisowej moglibyśmy nieoczekiwanie potrzebować pieniędzy na ten cel. Czuję się trochę jak moja babcia, która przeżyła Wielki Kryzys i naprawdę trudne czasy. Coś takiego zostaje w człowieku. Chyba nigdy się o tym nie zapomni. W tej chwili czuję radość, ale gdzieś ciągle pojawia się to dokuczliwe uczucie, że to może zniknąć w każdej chwili. Nawet później, kiedy moja babcia była już pewna, że nie będzie chodzić głodna, nadal martwiła się o jedzenie. W Tesli zdecydowałem o zgromadzeniu dużej sumy pieniędzy na wypadek czegoś strasznego".

Musk był na tyle optymistyczny w stosunku do przyszłości Tesli, że powiedział mi o swoim kaprysie. Chciał przeprojektować siedzibę główną Tesli w Palo Alto, tak, by pracownicy też byli zadowoleni. Budynek z maleńkim lobby z lat osiemdziesiątych ubiegłego wieku i kuchnią ledwo mieszczącą kilka osób robiących sobie w tym samym czasie płatki[21], nie miał zalet godnych ulubieńca Doliny Krzemowej. „Myślę, że nasza siedziba główna wygląda gównianie" – podsumował Musk. „Zamierzamy ją odpicować, choć może nie do poziomu, jakim szczyci się Google. Najpierw musisz zarabiać pieniądze w lawinowym tempie, aby móc wydawać je tak, jak to robi Google. Ale chcemy zmienić naszą główną siedzibę w dużo przyjemniejsze miejsce z restauracją". Musk naturalnie pomyślał też o usprawnieniach mechanicznych. „Wszyscy dookoła mają zjeżdżalnie dla pracowników w swoich lobby" – powiedział. „Zastanawiam się poważnie nad umieszczeniem kolejki szynowej w fabryce we Fremont – mam na myśli taką prawdziwą działającą kolejkę. Wsiadałbyś do niej i mógłbyś zwiedzić całą fabrykę dookoła, a także z góry na dół. Chyba nikt nie ma takiej kolejki? Chciałbym zrobić to samo również w SpaceX. Tam kolejka byłaby dużo większa, bo firma ma w sumie teraz dziesięć budynków. To byłoby naprawdę kosztowne, ale podoba mi się ten pomysł".

Rzeczą fascynującą jest, że Musk jest gotowy na stratę tego wszystkiego. Nie chce zbudować jednej Gigafabryki, lecz kilka. Zamierza to zrobić szybko i bez potknięć, tak aby móc dostarczyć olbrzymie ilości akumulatorów na premierę Modelu 3. W razie konieczności wybuduje drugą Gigafabrykę do wyścigu z placówką z Nevady, a ludzie będą rywalizować w ramach tej samej firmy o to, kto pierwszy wyprodukuje akumulatory. „Tu nie chodzi o to, żeby komukolwiek dawać wycisk" – wyjaśniał. „Po prostu pewne rzeczy muszą być skończone na czas. Jeżeli podczas wykopów pod fundamenty nagle się okaże, że trafiliśmy na cholerne cmentarzysko Indian – pierdolić to. Nie możemy powiedzieć: »O szlag, wracamy w to miejsce, o którym myśleliśmy wcześniej, i robimy sobie pół roku obsuwy«. Pół roku dla takiej fabryki to cała wieczność. Prosty rachunek daje ponad miliard dolarów straty miesięcznie[IV], zakładając pełną zdolność produkcyjną.

[IV] Jeśli założymy cenę sprzedaży pojedynczego samochodu na czterdzieści tysięcy dolarów oraz roczną sprzedaż na poziomie trzystu tysięcy sztuk, to jest to roczny przychód w wysokości dwunastu miliardów dolarów, czyli miliard dolarów miesięcznie.

Patrząc na to z innej strony, jeśli przeznaczymy wszystkie pieniądze na uruchomienie fabryki samochodów we Fremont, aby zwiększyć ilość ze stu pięćdziesięciu tysięcy aut rocznie do czterystu pięćdziesięciu lub pięciuset tysięcy oraz zatrudnimy i wyszkolimy pracowników, i po prostu będziemy siedzieć i czekać, aż fabryka zacznie działać, to tak jakbyśmy spuszczali pieniądze w kiblu. Myślę, że to by mogło pogrążyć firmę. Półroczny przestój byłby jak bitwa o Gallipoli. Zaraz po ostrzale trzeba szybko przeładować, a nie siedzieć na dupie dwie godziny i dać Turkom pochować się z powrotem w okopach. Czas jest ważny. Musimy robić wszystko, aby zminimalizować ryzyko związane z czasem".

Musk nie może pojąć, dlaczego inni producenci samochodów z zasobniejszymi portfelami nie wykonują podobnych ruchów. Wygląda na to, że Tesla ma wystarczający wpływ na klientów oraz na branżę, by wywołać wzrost popytu na samochody elektryczne. „Wydaje mi się, że podnieśliśmy poprzeczkę dla prawie każdej firmy motoryzacyjnej" – powiedział Musk. „Te dwadzieścia dwa tysiące samochodów, które sprzedaliśmy w 2013 roku, wystarczyło do wywołania efektu dźwigni i skierowania branży w kierunku technologii zrównoważonych". Prawdą jest, że dostawy akumulatorów litowo-jonowych są ograniczone, a Tesla jako jedyna firma w znaczący sposób zajmuje się problemem.

„Sądzę, że nasi konkurenci z pogardą traktują Gigafabrykę" – stwierdził Musk. „Uważają za głupi pomysł, żeby dostawca akumulatorów wybudował tak po prostu coś takiego. Ale ja ich wszystkich znam i mogę powiedzieć, że nie podoba im się pomysł wydawania kilku miliardów na fabrykę akumulatorów. Mamy tutaj do czynienia z sytuacją, w której nie wiadomo, co stanowi przyczynę, a co skutek: producenci nie zamierzają uruchomić gigantycznej produkcji, bo nie wierzą, że uda ci się sprzedać wystarczająco dużo samochodów elektrycznych. Dlatego ja wiem, że nie będziemy mieli wystarczająco dużo akumulatorów bez tej cholernej fabryki. Wiem również, że nikt inny nie buduje czegoś takiego".

Tesla potrafi obrócić na swoją korzyść sytuacje podobne do tej, w jakiej znalazł się Apple po premierze iPhone'a. Konkurencja cały kolejny rok spędziła na próbach wypchnięcia go z rynku. Kiedy już było jasne, że produkt Apple był absolutnym hitem, rywale musieli nadrobić opóźnienie. Firmy takie jak HTC czy Samsung potrzebowały kilka lat, aby wyprodukować coś podobnego, mimo że wzór miały dosłownie w zasięgu ręki. Inni dawni branżowi potentaci, jak Nokia czy BlackBerry, nie wytrzymały wstrząsu. Jeśli Model 3 Tesli okazałby się olbrzymim hitem – czymś, o czym marzyłby każdy odpowiednio sytuowany odbiorca, ponieważ kupno czegokolwiek innego oznaczałoby wydanie pieniędzy na przestarzały sprzęt – taki scenariusz postawiłby konkurentów w sytuacji patowej. Większość producentów z pojazdami elektrycznymi w portfolio pozostaje przy kupowaniu nieporęcznych, gotowych akumulatorów i nie rozwija własnej technologii. Niezależnie od tego, jak bardzo chcieliby dorównać Modelowi 3, potrzebowaliby wielu lat na stworzenie godnego rywala i nawet wówczas pozostałby problem dostaw akumulatorów dla ich pojazdów. „Myślę, że tak właśnie będzie" – powiedział Musk. „Kiedy zostanie zbudowana pierwsza Gigafabryka inna niż Tesli? Prawdopodobnie nie wcześniej niż za sześć lat. Duże firmy motoryzacyjne są strasznie zacofane. Oni chcą najpierw u kogoś innego zobaczyć, że coś działa, zanim dadzą zielone światło i ruszą z czymś u siebie. Prawdopodobnie są ponad siedem lat do tyłu, ale mam nadzieję, że się mylę".

Musk mówi o samochodach, panelach słonecznych i akumulatorach z taką pasją, że łatwo zapomnieć, iż są one mniej lub bardziej pobocznymi projektami. Wierzy, że te technologie służą dobru ludzkości. Dodatkowo przyniosły mu one sławę i fortunę. Podstawowym celem Muska pozostaje jednak zmiana ludzkości w gatunek międzyplanetarny. To może wydawać się śmieszne dla niektórych, ale bez wątpienia dla niego jest sensem życia. Kiedyś stwierdził, że przetrwanie człowieka zależy od utworzenia kolonii na innej planecie i poświęci życie, aby ten cel urzeczywistnić.

Obecnie Musk jest człowiekiem całkiem zamożnym. W trakcie pisania tej książki jego majątek szacowano na dziesięć miliardów dolarów. Kiedy ponad dekadę temu tworzył SpaceX, miał dużo mniej do dyspozycji. Nie miał wyjebanych w kosmos pieniędzy Jeffa Bezosa, który wręczył swojej firmie Blue Origin królewski stos gotówki i nakazał spełnienie marzeń. Jeśli Musk chciał zbliżyć się do Marsa, to musiał to robić małymi krokami, umacniając pozycję biznesową SpaceX. Wyglądało jednak na to, że wszystko sprzyja Muskowi. SpaceX nauczyła się budować tanie i efektywne rakiety oraz przesunęła granice technologii kosmicznej.

W najbliższym czasie firma przetestuje swoje możliwości w zakresie lotów załogowych. Do końca 2016 roku odbędzie się lot testowy, a w kolejnym roku astronauci polecą na Międzynarodową Stację Kosmiczną w ramach kontraktu z NASA. Firma prawdopodobnie zrobi również duży krok w kierunku budowy i sprzedaży satelitów, wkraczając w najbardziej lukratywną części sektora kosmicznego. W ramach tych działań odbyło się testowanie Falcona Heavy – olbrzymiej, odzyskiwalnej rakiety o największym udźwigu na świecie. Na początku 2015 roku prawie udało się lądowanie modułu pierwszego stopnia rakiety na platformie oceanicznej. Po udanych próbach rozpoczną się testy naziemne.

W 2014 roku SpaceX rozpoczęła budowę swojego kosmodromu w południowym Teksasie. Zakupiono kilkanaście hektarów ziemi w miejscu, gdzie ma powstać nowoczesna placówka startowa – zupełnie inna niż dotychczas znane światu. Musk chce zautomatyzować złożoną procedurę tak, aby rakiety można było tankować, ustawiać oraz wystrzeliwać przy pomocy komputerów sterujących procedurami bezpieczeństwa. SpaceX chciałaby realizować kilka startów w miesiącu, a posiadanie kosmodromu powinno przyspieszyć tę możliwość. Lot na Marsa będzie jednak wymagał znacznie więcej imponujących umiejętności i technologii. Musk ujął to tak:

Musimy wymyślić sposób na wystrzeliwanie kilku rakiet dziennie. W długiej perspektywie ważne jest założenie samowystarczalnej bazy na Marsie. By samowystarczalne miasto mogło powstać, potrzebujemy milionów ton sprzętu i prawdopodobnie milionów ludzi. Ile lotów musimy odbyć? Jeśli wyślemy sto osób jednym lotem, co jest bardzo dużą liczbą na daleką podróż, to potrzebowalibyśmy dziesięciu tysięcy lotów, aby wysłać tam milion osób. W jakim czasie można wykonać tyle lotów? Biorąc pod uwagę, że tak naprawdę wylot na Marsa jest możliwy w pewnym okresie raz na dwa lata, to zajęłoby to około od czterdziestu do pięćdziesięciu lat. Myślę, że każdy wylot na Marsa powinien wyglądać tak, że w pierwszej kolejności statek kosmiczny wynoszony jest na orbitę, na której może zaparkować i zatankować zbiorniki. Istotnie, w trakcie samego lotu statek zużywa mnóstwo paliwa, dlatego trzeba wysłać na orbitę dodatkowy statek-cysternę, który napełni zbiorniki statku z załogą, aby ten ostatni mógł polecieć na Marsa z olbrzymią prędkością i dotrzeć tam z ciężkim ładunkiem w ciągu trzech miesięcy zamiast pół roku. Nie mam sprecyzowanego planu dla Marsa, ale uważam, że są rzeczy, które powinny zadziałać, jak system napędu metanowego z wielkim silnikiem, statek kosmiczny oraz prawdopodobnie cysterna. Myślę, że SpaceX do 2025 roku stworzy napęd oraz statek kosmiczny zdolny do zabrania dużej liczby ludzi oraz ładunku na Marsa.

Ważną rzeczą jest osiągnięcie progu ekonomicznego dla kosztu wysłania jednej osoby w podróż na Marsa. Jeśli ten koszt wyniósłby miliard dolarów, to kolonii nie będzie. Przy progu miliona lub pięciuset tysięcy dolarów myślę, że utworzenie samowystarczalnej marsjańskiej kolonii jest wysoce prawdopodobne. Znajdzie się wtedy dość osób, które będą w stanie sprzedać cały swój ziemski dobytek i się przeprowadzić. Tu nie chodzi o turystykę. To przypominałoby raczej masowy ruch do Ameryki w czasach odkrycia Nowego Świata. Przeprowadzasz się, dostajesz pracę i sprawiasz, że wszystko się kręci. Jeśli rozwiążesz problem transportu, zostaje tylko wybudowanie przezroczystej szklarni z odpowiednim ciśnieniem do zamieszkania, co już nie jest takie trudne. Ale jeśli w ogóle tam nie dotrzesz, to nie ma znaczenia.

Na koniec trzeba byłoby ocieplić Marsa, jeśli chcemy upodobnić go do Ziemi, ale na to nie mam żadnego planu. To zajęłoby bardzo dużo czasu przy najbardziej sprzyjających okolicznościach. Zapewne trwałoby to przez stulecie albo nawet tysiąc lat. Szanse na terraformowanie Marsa w trakcie mojego życia są równe zeru. No, może jednej tysięcznej procentu, przy wykorzystaniu naprawdę drastycznych środków[V].

Musk miesiącami chodził po swoim domu w Los Angeles późno w nocy, snując plany o Marsie i oczekując rady od Riley,

---

[V] Dla entuzjastów kosmosu, oto Musk mówiący o fizyce i chemii statku kosmicznego: „Ostatnim elementem układanki, umożliwiającym rozpracowanie architektury Marsa, jest silnik metanowy. Trzeba mieć możliwość tworzenia paliwa na powierzchni. Większość dzisiejszego paliwa rakietowego to nafta tworzona w złożonym procesie opartym o serię długołańcuchowych węglowodorów. Znacznie łatwiej jest stworzyć metan lub wodór. Problem z wodorem polega na jego czynniku mrożącym. To płyn o temperaturze bliskiej zera absolutnego. A ponieważ cząsteczki są małe, powstaje problem przenikania przez metalowe powłoki oraz ich kruszenia lub niszczenia na dziwne sposoby. Ze względu na gęstość wodoru jego zbiorniki są ogromne i kosztowne, podobnie jak samo przechowywanie. Wodór nie jest dobrym paliwem. Z drugiej strony metan jest znacznie prostszy w obsłudze. Przechodzi w stan ciekły w temperaturze zbliżonej do ciekłego tlenu, więc po umieszczeniu wspólnej grodzi między stopniami nie musimy martwić się o różnice stanów skupienia. Metan jest także najtańszym ziemskim paliwem kopalnym, a lot na Marsa wymaga znacznej ilości energii. Na Marsie atmosfera składa się z dwutlenku węgla, a gleba jest bogata w wodę lub lód, co daje CO_2 i H_2O, z których uzyskując CH_4 i O_2, mamy spalanie. Wszystko idealnie się składa. Kluczowym pytaniem jest, jak odbyć lot w dwie strony jednostopniowym pojazdem kosmicznym. To możliwe przy założeniu redukcji ładunku do średnio jednej czwartej wyjściowej masy, co według mnie ma sens, bo chcemy wysłać więcej na Marsa, niż przywieźć na Ziemię. Osłona termiczna statku, system podtrzymujący życie i podpory muszą być niezwykle lekkie".

którą poślubił ponownie pod koniec 2012 roku[VI]. „Cóż, po prostu niewiele jest osób na świecie, z którymi można porozmawiać o tego typu rzeczach" – powiedział Musk. W trakcie tych rozmów głośno marzył o byciu pierwszym człowiekiem, który postawi stopę na Czerwonej Planecie.

„Z całą pewnością chce być pierwszym człowiekiem na Marsie" – powiedziała Riley. „Błagałam go, żeby porzucił ten pomysł". Być może Musk lubi się droczyć ze swoją żoną albo coś ukrywa, ale zaprzeczył swoim ambitnym planom podczas jednej z naszych nocnych rozmów. „Wziąłbym udział w pierwszej wyprawie na Marsa, tylko mając pewność, że SpaceX poradzi sobie po mojej śmierci" – powiedział. „Chciałbym polecieć, ale nie muszę. Tu nie chodzi o mój lot na Marsa, lecz o stworzenie takiej możliwości dużej liczbie osób". Musk może nawet nie polecieć wcale. Nie zamierza brać udziału w załogowych testach lotów przeprowadzanych przez SpaceX. „Nie wydaje mi się, żeby to było rozsądne" – dodał. „To tak jakby szef Boeinga oblatywał nowy samolot. To niewłaściwe ani dla SpaceX, ani dla przyszłości eksploracji kosmosu. Mógłbym polecieć po kilku latach, ale szczerze mówiąc, nic się nie stanie, jeśli nigdy nie polecę w kosmos. Celem jest maksymalne wydłużenie długości życia naszego gatunku".

VI Musk i Riley byli rozwiedzeni krócej niż rok. „Nie chciałam z nim rozmawiać, dopóki nie sfinalizujemy rozwodu" – powiedziała Riley. „A gdy już to się stało, od razu się zeszliśmy". Zapytana o powody rozstania, powiedziała: „Po prostu nie byłam szczęśliwa. Sądziłam, że może podjęłam niewłaściwą decyzję w życiu". Z kolei mówiąc o przyczynach powrotu do Muska Riley powiedziała: „Jednym z powodów był brak realnych alternatyw. Rozejrzałam się wokół i nie znalazłam nikogo miłego, z kim mogłabym się związać. Drugi powód był taki, że Elon nie musi nikogo słuchać. Kompletnie nikogo. Nie słucha niczego, co nie pasuje do jego wizji świata. Dowiódł jednak, że jest w stanie znieść moje pieprzenie. Powiedział: »Dajcie mi jej posłuchać i rozwiązać problemy«. Udowodnił, że ceni moje zdanie na temat życia i chce go wysłuchać. Pomyślałam, że to przekonujące, więc warto spróbować. I wreszcie trzecim powodem było to, że kochałam go i tęskniłam za nim".

Trudno ocenić, jak odbiera wypowiedzi Muska zwykła osoba. Kilka lat temu wrzucono by go do worka razem z ludźmi, którzy promują plecaki odrzutowe, roboty i wszystkie inne rzeczy modne w danym momencie w Dolinie Krzemowej. Potem zaczął osiągać kolejne cele, zamieniając się z gadającego teoretyka w jednego z najbardziej czczonych praktyków. Thiel obserwował przemianę Muska ze zdeterminowanego, lecz niepewnego siebie dyrektora generalnego PayPala w pewnego siebie szefa zarządzającego tysiącami szanujących go pracowników. „W tym czasie udało mu się usprawnić wiele rzeczy" – powiedział Thiel. Najbardziej imponującą umiejętnością Muska była jego zdaniem umiejętność znajdywania zdolnych ambitnych ludzi i wabienia ich do swoich firm. – „Pracują dla niego najbardziej utalentowani ludzie w przemyśle kosmicznym i prawdopodobnie to samo dotyczy Tesli, ponieważ jeśli jesteś utalentowanym inżynierem mechanikiem, który lubi budować samochody, to idziesz pracować dla Tesli, bo to jedyna firma w kraju, gdzie możesz robić nowe, ciekawe rzeczy. Obydwie firmy powstały z wizją motywowania masy utalentowanych ludzi do pracy nad inspirującymi rzeczami". Thiel twierdzi, że cel Muska wysłania ludzi na Marsa należy traktować poważnie, i myśli, że daje on ludziom nadzieję. Nie każdy będzie się z nim identyfikował, ale ważne jest to, że jest ktoś, kto przesuwa granice naszych poszukiwań oraz możliwości technologicznych. „Cel wysłania ludzi na Marsa jest dużo bardziej inspirujący niż to, co inni zamierzają robić w kosmosie" – podkreślił Thiel. „To idea rodem z *Powrotu do przyszłości*. Po latach programu kosmicznego ludzie porzucili optymistyczne wizje przyszłości z początku lat siedemdziesiątych. SpaceX chce je nam przywrócić. W tym, co robi Elon, jest olbrzymia wartość".

Musk zyskał rzesze gorących zwolenników, kiedy w sierpniu 2013 roku przedstawił tak zwany Hyperloop. Maszyna, która była ogromną pneumatyczną rurą podobną do tych, jakie są używane do rozsyłania poczty pomiędzy biurami, została przedstawiona jako nowy środek transportu. Musk zaproponował połączenie takich miast jak Los Angeles oraz San Francisco za pomocą napowietrznej wersji takiej rury, którą mogliby się przemieszczać ludzie i samochody w kapsułach. Podobne pomysły padały już wcześniej, ale pomysł Muska miał pewne unikalne elementy. Rura miała działać pod niskim ciśnieniem, a kapsuły miałyby unosić się na poduszkach powietrznych wytworzonych przez narty zamontowane na ich podstawach. Każda kapsuła poruszałaby się dzięki impulsowi elektromagnetycznemu, a silniki rozmieszczone w rurze dawałyby w razie konieczności dodatkowe doładowanie. Te mechanizmy pozwalałyby na prędkość na poziomie ponad tysiąca kilometrów na godzinę, umożliwiając podróż z Los Angeles do San Francisco w około trzydzieści minut. Całość można byłoby zasilać panelami słonecznymi i stosować do łączenia miast, które leżą od siebie w odległości mniejszej niż półtora tysiąca kilometrów. „To ma sens w przypadku takich połączeń jak Los Angeles z San Francisco, Nowego Jorku z Waszyngtonem, Nowego Jorku z Bostonem" – powiedział wtedy Musk. „Powyżej półtora tysiąca kilometrów koszt zaczyna być zaporowy, zresztą nie chcemy rur na każdej drodze. Nikt nie chce żyć w Rurolandii".

Musk obmyślał Hyperloop miesiącami, opowiadając o tym tylko znajomym. Właśnie w trakcie jednego z naszych wywiadów, pierwszy raz wspomniał o tym komukolwiek poza najbliższymi współpracownikami. Musk powiedział mi, że pomysł zrodził się z nienawiści do systemu szybkiej kolei dla Kalifornii. „Wart sześćdziesiąt miliardów dolarów szybki pociąg byłby najwolniejszym takim pociągiem na świecie przy największym koszcie budowy w przeliczeniu na milę" – powiedział Musk. „Chcą bić rekordy tam, gdzie nie powinni". Szybka kolej w Kalifornii miałaby pozwolić ludziom na podróżowanie z Los Angeles do San Francisco w czasie około dwóch i pół godziny po zakończeniu jej budowy – i teraz uważajcie – w 2029 roku. Obecnie lot pomiędzy miastami trwa godzinę, a podróż samochodem pięć godzin, więc kiepski pociąg szczególnie ubódł Muska. Upierał się, że Hyperloop kosztowałby między sześcioma a dziesięcioma miliardami dolarów, byłby szybszy od samolotu i pozwalałby ludziom na transport ich samochodu, którym mogliby poruszać się w docelowym mieście.

Wówczas wydawało się, że pomysł Hyperloop miał służyć jedynie temu, by opinia publiczna i władze przemyśleli sprawę szybkiej kolei. Musk nie zamierzał jej budować w rzeczywistości, lecz chciał pokazać ludziom, że istnieją bardziej kreatywne pomysły na rozwiązanie problemów i rozwój. Przy odrobinie szczęścia projekt szybkiej kolei mógł zostać odwołany. Musk powiedział mi to w trakcie naszych rozmów telefonicznych i wymiany e-maili prowadzących do oświadczenia. „Kiedyś w przyszłości mógłbym sfinansować lub doradzać w sprawie projektu Hyperloop, ale w tej chwili nie mogę spuścić z oczu SpaceX ani Tesli" – napisał.

Podejście Muska zaczęło się zmieniać po publikacji tekstu na temat Hyperloop. Jako pierwszy napisał o tym „Bloomberg Bussinessweek", a serwer padł po tym, jak ludzie szturmowali ich stronę internetową, żeby przeczytać o wynalazku. Twitter również oszalał. Musk w około godzinę po upublicznieniu przez siebie informacji zwołał konferencję telefoniczną na temat Hyperloop i gdzieś pomiędzy naszymi wcześniejszymi pogawędkami a tym momentem zdecydował się ją zbudować, mówiąc reporterom, że rozważał zrobienie przynajmniej prototypu, by udowodnić, że technologia może działać. Niektórzy mieli z tego niezły ubaw. „Miliarder ujawnia wyimaginowany pociąg kosmiczny" – droczył się „Valleywag". „Uwielbiamy zwariowaną determinację Elona Muska – na pewno był czas, kiedy samochody elektryczne i prywatny lot w kosmos wydawały się równie niedorzeczne. Większą głupotą mogłoby być tylko potraktowanie tego inaczej niż jako dzikie urojenia bardzo bogatego człowieka". W odróżnieniu od czasów gnębienia Tesli głos „Valleywag" był teraz w mniejszości. Wyglądało na to, że ludzie naprawdę wierzą, iż Musk może to zrobić. Głębokość tej wiary zaskoczyła moim zdaniem nawet Muska, zmuszając go tym samym do poświęcenia się budowie prototypu. W tym dziwnym akcie sztuki imitującej życie Musk naprawdę stał się najbardziej rzeczywistą wersją Tony'ego Starka i nie mógł zawieść swojej wiernej publiczności.

Wkrótce po upublicznieniu planów Hyperloop Shervin Pishevar, inwestor i przyjaciel Muska, przedstawił szczegółowe specyfikacje dla technologii podczas półtoragodzinnego spotkania z prezydentem Obamą w Białym Domu. „Prezydentowi ogromnie spodobał się ten pomysł" – wspominał. Współpracownicy prezydenta przestudiowali dokumenty i zaaranżowali rozmowę w cztery oczy między nim i Muskiem w kwietniu 2014 roku. Od tamtej pory Pishevar, Kevin Brogan i inni założyli firmę pod nazwą Hyperloop Technologies Inc., planując budowę pierwszej linii Hyperloop pomiędzy Los Angeles i Las Vegas. Teoretycznie umożliwiałaby błyskawiczne przemieszczanie się w zaledwie dziesięć minut. Senator z Nevady Harry Reid również został wprowadzony w temat i czynione są wysiłki w celu pozyskania gruntów wzdłuż drogi międzystanowej numer 15, by umożliwić realizację projektu.

Dla takich pracowników jak Gwynne Shotwell i J.B. Straubel praca z Muskiem oznaczała rozwój owych wspaniałych technologii we względnym ukryciu. Oczekuje się od nich, że pozostaną w cieniu. Shotwell była stale obecna w SpaceX niemalże od pierwszego dnia istnienia, dbając o jej rozwój i hamując własne ambicje, tak, by cała uwaga skupiona była na Musku. Na jej miejscu, szczerze wierząc w sprawę misji na Marsa, poświęcilibyście osobiste pragnienia. Podobnie Straubel był kimś stałym w Tesli – pośrednikiem, któremu koledzy mogli powierzyć przekazywanie wiadomości dla Muska, i facetem, który wiedział wszystko o samochodach. Mimo swojej pozycji w firmie był jednym z kilku wieloletnich pracowników, którzy przyznali się do stresu w trakcie udzielania mi wywiadów. Musk lubi wypowiadać się w imieniu swoich firm i ostro reaguje, gdy jego kadra zarządzająca powie coś, co nie mieści się w jego pojęciu albo wykracza poza mniemanie o tym, w co powinna wierzyć opinia publiczna. Straubel poświęcił się budowie samochodów elektrycznych i nie chce, żeby jakiś durny reporter zniszczył dzieło jego życia. „Naprawdę bardzo się staram stać w cieniu i zapomnieć o ambicjach" – powiedział. „Praca dla Elona jest niezwykle trudna, ale głównie ze względu na przepełniającą go pasję. Może być niecierpliwy i krzyknąć: »Niech to jasna cholera! Musimy zrobić właśnie tak!«. I wtedy niektórzy wpadną w szok i staną jak wryci. Wydaje się, że ludzie czasem się go boją i ogarnia ich dziwny paraliż. Staram się im pomóc zrozumieć jego cele i wizje, ale mam również własne, które staram się synchronizować z zamierzeniami Elona. Upewniam się, że wszystko w firmie gra. W końcu to Elon jest szefem. Włożył w nią krew, pot i łzy, zaryzykował więcej niż ktokolwiek inny. Mam do niego piekielnie dużo szacunku. To nie mogłoby działać bez niego. W moim pojęciu zasłużył sobie na prawo dowodzenia tym wszystkim".

Szeregowi pracownicy zazwyczaj opisują Muska w bardziej różnorodny sposób. Żywią uznanie dla jego przedsiębiorczości i szanują to, jak wymagający potrafi być. Uważają również, że bywa trudny, a nawet złośliwy, i może sprawiać wrażenie kapryśnego. Chcieliby się do niego zbliżyć, ale obawiają się także, że może nagle zmienić zdanie w jakiejś kwestii i sam kontakt z nim może być przyczyną zwolnienia. „Najgorszą cechą charakteru Elona jest w moim pojęciu całkowity brak lojalności i nieumiejętność tworzenia więzi" – powiedział jeden z byłych pracowników. „Wielu z nas pracowało dla niego bez wytchnienia latami, a lądowaliśmy na ulicy bez mrugnięcia okiem. Może to było celowe działanie w celu zastraszenia reszty personelu, a może on po prostu był w stanie aż tak odseparować się od relacji międzyludzkich? Jasne było, że traktowano pracowników jak amunicję: stosowano w konkretnym celu do wyczerpania, a potem wyrzucano".

Działy komunikacji SpaceX i Tesli doświadczyły tych ostatnich zachowań częściej niż pozostali pracownicy. Musk regularnie odsiewał personel w tych dywizjach. Ponadto sam wykonuje część ich pracy, pisząc notki prasowe i kontaktując się z mediami według własnego widzimisię. Często wcale nie wtajemnicza personelu działów PR w swoje plany. Przykładowo przed oświadczeniem dotyczącym Hyperloop jego przedstawiciele przesłali mi e-maile zawierające datę i godzinę konferencji prasowej. Czasem reporterzy otrzymują powiadomienie o telekonferencji z Muskiem kilka minut przed jej rozpoczęciem. To nie kwestia braku kompetencji działu PR w rozsyłaniu informacji, lecz tego, że Musk powiadamia ich o swoich planach tuż przed samym wydarzeniem, a oni dwoją się i troją, by nadążyć za jego humorami. W tych nielicznych momentach, gdy deleguje zadania do działu komunikacji, oczekuje się od nich pracy na najwyższym poziomie. Niektórzy wytrzymują ciągłą presję połączoną z nieustannym zaskoczeniem przez kilka tygodni lub kilka miesięcy. Nieliczni przetrwali kilka lat, zanim wypalili się albo zostali zwolnieni.

Najlepszym przykładem bezduszności Muska było zwolnienie na początku 2014 roku Mary Beth Brown. Określenie jej mianem lojalnej asystentki szefa byłoby ogromnym niedocenieniem. Brown często zdawała się być rozszerzeniem Muska, brała udział we wszystkich jego dziedzinach życia. Przez ponad dekadę oddawała mu swoje życie, włócząc się każdego tygodnia pomiędzy Los Angeles i Doliną Krzemową, pracując na nocki i w weekendy. Poszła do Muska i poprosiła o wyrównanie pensji z kierownictwem SpaceX, skoro zajmowała się planowaniem w dwóch firmach, działaniami z zakresu PR i często podejmowała decyzje biznesowe. Musk odpowiedział, że powinna wziąć kilka tygodni urlopu, a on przejmie jej obowiązki i oceni ich trudność. Po powrocie Brown usłyszała, że nie jest już potrzebna, a Musk poprosił asystentkę Shotwell, by zajęła się umawianiem jego spotkań. Nadal lojalna, choć skrzywdzona, Brown nie chciała rozmawiać ze mną o tych sprawach. Musk za to stwierdził, że zaczęła się czuć zbyt swobodnie, wypowiadając się w jego imieniu i, mówiąc szczerze, potrzebowała własnego życia. Ludzie plotkowali za to, że to spięcia pomiędzy Brown i Riley stały się przyczyną usunięcia asystentki[VII]

[VII] Musk opisał to tak: „Powiedziałem jej: »Uważam, że jesteś dla nas bardzo ważna. Być może odszkodowanie to dobry pomysł. Idź na dwutygodniowy urlop, a ja to sprawdzę«. Zanim to wypłynęło, zaoferowałem jej kilka pełnopłatnych urlopów, bo bardzo mi na tym zależało. Po jej powrocie postanowiłem, że nic z tego

(Brown pomimo wielokrotnych próśb odmówiła udzielenia mi wywiadu do książki).

Bez względu na powód, sytuacja wyglądała fatalnie. Tony Stark nie zwalnia Pepper Potts. Uwielbia ją i opiekuje się nią przez całe życie. Ona jest dla niego jedyną osobą, której może naprawdę ufać – jedyną, która była przy nim w najgorszych chwilach. Zwolnienie Brown w tak bezceremonialny sposób urosło do rangi skandalu w oczach pracowników SpaceX i Tesli, stało się także ostatecznym potwierdzeniem okrutnej obojętności Muska. Opowieść stała się firmową legendą o jego braku empatii. Trafiła pomiędzy inne historie o Musku besztającym pracowników seriami jadowitych uwag. Ludzie łączyli tego typu zachowanie z innymi dziwacznymi cechami charakteru swojego szefa. Był znany z obsesji na temat literówek w e-mailach do tego stopnia, że nie był w stanie przeczytać ich faktycznej treści. Nawet w sytuacjach towarzyskich Musk potrafił bez słowa wstać od stołu i wyjść na zewnątrz, by popatrzeć na gwiazdy, ponieważ nie potrafił ścierpieć głupoty albo rozmów o niczym. Po takich sytuacjach dziesiątki osób mówiły mi, że ma w pewnym sensie osobowość autystyczną i nie bierze pod uwagę emocji innych osób ani nie obchodzi go ich samopoczucie.

Istnieje tendencja, zwłaszcza w Dolinie Krzemowej, by szufladkować ludzi nieco odstających od reszty lub dziwacznych jako autystycznych albo cierpiących na zespół Aspergera. Taka niedzielna psychologia uniemożliwia zdiagnozowanie chorób z natury trudnych do rozpoznania. Przypinanie Muskowi tej etykietki wydaje się efektem niedoinformowania i nadmiernym uproszczeniem.

Musk zachowuje się inaczej w gronie bliskich przyjaciół i rodziny niż wśród pracowników, nawet z najdłuższym stażem. Wśród

---

nie będzie. Dwanaście lat doświadczenia pozwalało jej na pracę w każdej firmie". Zgodnie z relacją zaproponował Brown inne stanowisko, które odrzuciła, nigdy więcej nie pojawiając się w biurze. Musk wypłacił jej roczną odprawę i od tamtej pory więcej się do niej nie odezwał.

najbliższych jest osobą ciepłą, zabawną i pełną emocji[VIII]. Być może nie zaangażuje się w standardową pogawędkę, pytając przyjaciela o postępy w szkole jego dzieci, ale dołoży wszelkich starań, by pomóc temu przyjacielowi, jeśli jego dziecko zachoruje lub wpadnie w kłopoty. Za wszelką cenę będzie chronić ukochane osoby, a w razie konieczności zemści się na wszystkich, którzy skrzywdzili jego lub jego przyjaciół.

Zachowanie Muska mieści się w opisie kogoś, kogo neuropsychologowie określają mianem wysoce utalentowanego. Takie osoby w dzieciństwie wykazują szczególne zdolności intelektualne i bardzo wysokie IQ. Niczym niezwykłym dla nich nie jest patrzenie na świat i znajdowanie w nim usterek – wad systemu – i tworzenie

---

VIII Według Riley: „Elon jest brawurowy, kochający, bardzo zabawny i oddany dzieciom. Jest naprawdę zabawny, bystry i najbardziej wyjątkowy na świecie. Ma chwile samoświadomości i jasności umysłu, które zawsze sprowadzają go na ziemię. Rzuca zuchwałe lub żartobliwe teksty i uśmiecha się szeroko. Jest niezwykle bystry, oczytany, dowcipny, kocha kino. Poszliśmy ostatnio zobaczyć film *Lego: Przygoda*, po którym kazał się nazywać »Lord Biznes«. Stara się wracać wcześniej do domu, żeby zjeść obiad ze mną i dziećmi, a potem pograć z nimi w gry komputerowe. Opowiadają nam o swoim dniu, a potem kładziemy je spać. Później rozmawiamy, oglądamy razem na laptopie *The Colbert Report.* W weekendy jeździmy na wycieczki, dzieciaki to uwielbiają. Dawniej miały dziesiątki nianiek, nawet trzeba było do nich zatrudnić menedżera. Teraz jest trochę normalniej. Próbujemy żyć jak zwyczajna rodzina. Dzieciaki są z nami cztery dni w tygodniu. Lubię mówić, że jestem służbistką. Chciałabym dać im poczucie zwyczajnego życia, ale to raczej niemożliwe. Niedawno pojechały na wyjazd z Justinem Bieberem. Idą do fabryki rakiet i mówią: »O nie, znowu to samo«. To nic fajnego, jeśli to zawód twojego taty, one do tego przywykły. Ludzie nie zdają sobie sprawy z niezwykłej naiwności Elona. Bywa, że on po prostu nie jest zdolny do niczego poza czystą radością albo czystą wściekłością. On odczuwa całym sobą, żywi czyste, niczym niezakłócone emocje. Niewiele osób tak potrafi. Jeśli zobaczy coś zabawnego, śmieje się bardzo głośno. Nie zdaje sobie sprawy, że jesteśmy w zatłoczonym kinie, jest jak dziecko. To słodkie i niezwykłe. Wypowiada takie losowe uwagi, jak: »Jestem skomplikowanym człowiekiem z bardzo prostymi, ale konkretnymi potrzebami« albo »Żaden człowiek nie jest wyspą, chyba że jest wielki i pogodny«. Spisujemy listy rzeczy, które chcemy zrobić. Ostatnio dodał spacery po plaży o zachodzie słońca i słodkie szepty do ucha oraz więcej jazd konnych. Lubi czytać, grać w gry komputerowe i spędzać czas z przyjaciółmi".

logicznych ścieżek w umyśle, by je naprawić. Dla Muska powołanie dla zapewnienia międzyplanetarnego przetrwania gatunku wypływa częściowo z życia zainspirowanego science fiction i technologią. Jest również moralnym imperatywem sięgającym lat dzieciństwa. W pewnym sensie to było zawsze jego zadanie.

Każdy aspekt życia Muska mógł być próbą złagodzenia egzystencjalnej depresji, jaka dręczyła go do głębi. Postrzegał człowieka jako tkwiącego w samoograniczeniach i niebezpieczeństwie, dlatego chciał to naprawić. Ludzie sugerujący złe pomysły w trakcie spotkań albo popełniający błędy w pracy stawali mu na drodze lub spowalniali w osiągnięciu tego celu. Nie żywił do nich za to personalnej urazy. Raczej miał pretensje za ich błędy, które skazywały człowieka na dłuższe cierpienie. Domniemany brak emocji jest oznaką prześladującego Muska uczucia, że bywa jedyną osobą na świecie, która rozumie konieczność wypełnienia swojej misji. Jest mniej wrażliwy i mniej tolerancyjny z powodu jej wagi. Pracownicy muszą pomóc rozwiązać problemy na miarę najwyższych możliwości albo zejść z drogi.

Musk nigdy nie ukrywał swoich zamiarów. Uczulał ludzi, by zrozumieli, że nie goni za krótkoterminowymi szansami biznesowymi. Próbuje rozwiązywać problemy prześladujące go od dziesięcioleci. W trakcie naszych rozmów wielokrotnie wracał do tego punktu, podkreślając to, jak długo myślał o samochodach elektrycznych i kosmosie. Podobne wzorce przyjmuje w swoim zachowaniu. Gdy Musk ogłosił w 2014 roku, że Tesla uwolni wszystkie swoje patenty, analitycy zastanawiali się, czy to był chwyt marketingowy czy może krył się za tym jakiś ukryty motyw lub haczyk. Decyzja Muska była zupełnie szczera – chce, aby ludzie produkowali i kupowali auta elektryczne. Uważa, że od tego zależy przyszłość ludzkości. Jeśli uwolnienie patentów Tesli oznacza, że inne firmy mogą łatwiej budować samochody elektryczne, to ludzkość na tym zyska i pomysły powinny być bezpłatne. Cynicy będą z tego kpić i można ich zrozumieć, jednak Musk zaprogramował sobie takie myślenie i wydaje się szczery, gdy je tłumaczy – aż do przesady.

Najbliżsi znajomi Muska uczą się podzielać jego tok myślenia[22]. Potrafią się identyfikować z jego wizją, a jednak rzucają mu intelektualne wyzwania. Gdy w trakcie jednego z naszych spotkań Musk zapytał mnie, czy uważam go za szaleńca, to był rodzaj sprawdzianu. Odbyliśmy dość rozmów, by zrozumiał, że jego praca mnie interesowała. Zaczął mi ufać i otworzył się przede mną, ale chciał się po raz ostatni upewnić, że naprawdę pojąłem wagę jego misji. Wielu swoich najbliższych przyjaciół poddał znacznie większym i bardziej wymagającym sprawdzianom. Inwestowali w jego firmy, bronili przed krytyką i atakami w 2008 roku oraz dowiedli lojalności i oddania jego sprawie.

Ludzie z branży technologicznej porównywali energię i ambicje Muska do tych posiadanych przez Billa Gatesa i Steve'a Jobsa. „Elon głęboko ceni technologię, ma bezkompromisową osobowość wizjonera i determinację walki o długoterminowe cele, jakie mieli Gates i Jobs" – powiedział Edward Jung, cudowne dziecko, które pracowało dla obydwu i ostatecznie objęło funkcję naczelnego architekta oprogramowania Microsoftu. „Łączy wrażliwość konsumencką Steve'a z umiejętnością zatrudniania dobrych ludzi poza własną strefą komfortu w stylu Billa. Niemal chcielibyśmy, aby Steve i Bill skorzystali z inżynierii genetycznej i mieli nieślubne dziecko i – kto wie – może powinniśmy zbadać kod genetyczny Elona, żeby stwierdzić, czy nie jest skutkiem takiej manipulacji". Steve Jurvetson, inwestor kapitału wysokiego ryzyka, który inwestował w SpaceX, Teslę oraz SolarCity, pracował dla Jobsa i bardzo dobrze zna Gatesa, także opisał Muska jako zaktualizowaną mieszankę obydwu: „Podobnie jak Jobs, Elon nie uznaje graczy drugiej czy trzeciej ligi. Powiedziałbym jednak, że jest bardziej uprzejmy od Jobsa i nieco bardziej wyrafinowany od Billa Gatesa"[IX].

[IX] Jurvetson doprecyzował: „Elon posiada inżynieryjną sprawność Gatesa, bardziej integrując się z ludźmi. Z Gatesem musisz być po tej samej stronie barykady, Elon

Im lepiej poznacie Muska, tym trudniejsze będzie uplasowanie go pomiędzy rówieśnikami. Jobs także był dyrektorem generalnym, który prowadził dwie duże zmieniające oblicze branży firmy – Apple i Pixar. Jednak tu kończą się podobieństwa w praktyce między obydwoma mężczyznami. Jobs włożył znacznie więcej energii w Apple niż w Pixara, w przeciwieństwie do Muska, który podzielił siły równo między obydwie swoje firmy, zostawiając jeszcze odrobinę dla SolarCity. Jobs stał się również legendarny ze względu na swoją dbałość o detale. Nikt nie sugerował nigdy, że miał on kontrolę także nad na codziennymi operacjami – jak w przypadku Muska. Podejście tego ostatniego ma jednak swoje granice. Jest mniej pomysłowy w zakresie marketingu i strategii medialnej. Nie robi też prób przed wystąpieniami ani nie szlifuje przemówień. Po prostu wyrzuca z siebie większość ogłoszeń na temat Tesli i SpaceX. Często też ogłasza ważne newsy w piątkowe popołudnia, gdy reporterzy wracają do domu na weekend – robi to, bo akurat skończył pisać notkę prasową albo chce zakończyć temat i zająć się czymś innym i nie obchodzi go, że informacja może wszystkim umknąć. Jobs traktował każdą prezentację i wystąpienie przed mediami jako cenną chwilę, ale Musk po prostu nie może pozwolić sobie na luksus pracy w ten sposób. „Nie mam wielu dni, które mógłbym poświęcić na trenowanie do prezentacji" – wyjaśnił. „Muszę improwizować w trakcie wystąpień, a efekty bywają różne".

Jeśli zaś chodzi o to, czy Musk doprowadzi branżę technologiczną na nowe wyżyny, jak Gates i Jobs, eksperci są podzieleni. Część jest zdania, że SolarCity, Tesla i SpaceX nie mają wiele do zaoferowania branży, której przydałyby się przełomowe innowacje. Dla pozostałych Musk jest prawdziwą gratką i najjaśniej świecącą gwiazdą na firmamencie nadchodzącej rewolucji technologicznej.

---

ma więcej uroku osobistego. Jobsa przypomina pod tym względem, że żaden nie ścierpi głupoty. Z nim zdarzało się więcej jazd w stylu od bohatera do zera, gdy ludzie lubiani popadali w niełaskę. Sądzę, że Elon więcej osiągnął".

Ekonomista Tyler Cowen, który w ubiegłych latach zasłynął dzięki swoim wnikliwym opiniom na temat obecnego kształtu przemysłu technologicznego oraz jego przyszłości, plasuje się w pierwszym obozie. W swoim pamflecie *The Great Stagnation* ubolewał nad niedoborem wielkich postępów technologicznych, argumentując, że amerykańska gospodarka spowolniła i w rezultacie spadły płace. „Mówiąc obrazowo, amerykańska gospodarka zadowalała się łatwo osiągalnymi celami od czasów XVII wieku – czy to w postaci darmowej ziemi, taniej siły napływowej czy potężnych nowych technologii" – pisał. „Mimo to na przestrzeni ostatnich czterdziestu lat owe cele zaczęły znikać, a my udawaliśmy, że one wciąż są obecne. Przestaliśmy zauważać, że znaleźliśmy się na technologicznej pustyni i źródełko nam wyschło. To jest właśnie problem. Wszystko poszło nie tak".

W swojej kolejnej książce zatytułowanej *Average Is Over* Cowen zapowiada mało pocieszającą przyszłość, w której następuje potężna przepaść między bogatymi a resztą obywateli. W przyszłości Cowena ogromny postęp w kwestii sztucznej inteligencji doprowadzi do eliminacji wielu dzisiejszych zawodów cechujących się wysokim zatrudnieniem. Przetrwają w tym środowisku wyłącznie ludzie wybitnie inteligentni oraz wykazujący zdolność efektywnej współpracy zespołowej z maszynami. A co z masami bezrobotnych? Cóż, wielu z nich ostatecznie znajdzie zatrudnienie, pracując dla bogatych, którzy będą potrzebować sztabu niań, pokojówek i ogrodników. Cowen nie potrafi odnaleźć w działaniach Muska czegokolwiek, co zmieniłoby przyszłość ludzkości w bardziej pozytywną. Dziś przełomowe pomysły rodzą się jego zdaniem znacznie trudniej niż w przeszłości, ponieważ mamy już na koncie większość epokowych odkryć. W trakcie naszego lunchu w Virginii, Cowen opisał Muska nie jako genialnego wynalazcę, lecz człowieka desperacko pragnącego zwrócić na siebie uwagę i robiącego to skutecznie. „Nie sądzę, by wielu ludziom zależało na podróży na Marsa" – powiedział. „Poza tym to wydaje się bardzo kosztowna ekspedycja, bez względu na ewentualne przełomowe zmiany, jakie mogą z niej płynąć. Jest też Hyperloop, którego plany budowy stoją pod znakiem zapytania. Zastanawiasz się, czy to nie chwyt promocyjny dla jego firm. Tesla z drugiej strony może okazać się skuteczna. Wciąż potrzebujesz jednak pozyskać energię. Może być tak, że on wcale nie rzuca wyzwań konwencjom w takim stopniu, jak się ludziom wydaje".

Podobne opinie wyraża Vaclav Smil, emerytowany profesor z University of Manitoba. Bill Gates wychwalał jego prace na temat energii, środowiska i produkcji. Jedną z ostatnich książek Smila jest *Made in the USA*, poświęcona dokonaniom amerykańskiej branży produkcyjnej z przeszłości i następującym po nich fatalnym załamaniu sektora. Każdy, kto uważa, że Stany dokonują normalnej, przemyślanej zmiany gospodarczej poprzez odejście od wytwórstwa w stronę lepiej opłacanych zawodów związanych z przetwarzaniem informacji, będzie chciał przeczytać tę książkę i uzyskać długofalowy ogląd na konsekwencje tej zmiany. Smil przedstawia liczne przykłady sposobów, w jakie przemysł wytwórczy generuje wielkie innowacje i tworzy ogromny ekosystem dający pracę i stymulujący postępy techniczne. „Przykładowo, gdy około trzydzieści lat temu Stany przestały budować wszystkie »produktowe« urządzenia i wyświetlacze z zakresu elektroniki użytkowej, straciły także możliwość rozwoju i masowej produkcji zaawansowanych płaskich ekranów i akumulatorów – dwóch klas produktów niezbędnych dla komputerów przenośnych i telefonów komórkowych, których import na wielką skalę przyczynia się stale do wzrostu deficytu budżetowego" – pisał Smil. W dalszej części książki autor podkreślił, że branża kosmiczna w szczególności stała się ogromnym dobrodziejstwem dla gospodarki amerykańskiej i jednym z największych eksporterów. „Utrzymanie konkurencyjności sektora musi stać się kluczowym elementem wysiłków w zakresie stymulacji krajowego eksportu, a ten stanie się dużą częścią sprzedaży sektora, ponieważ największy rynek branży kosmicznej na świecie w najbliższych dwudziestu latach skupi się na terenie Azji, przede wszystkim w Chinach i Indiach, a amerykańscy producenci pojazdów kosmicznych i silników powinni czerpać korzyści z tej ekspansji".

Smil jest przejęty słabnącą zdolnością Stanów do konkurowania z Chinami, a mimo to nie dostrzega w osobie Muska ani w istnieniu jego firm żadnej roli dla rozwiązania tego problemu. „Jako – między innymi – historyk postępu technologicznego muszę postrzegać Teslę jako całkowicie wtórną rozdmuchaną zabawkę dla ludzi lubiących się popisywać" – pisał do mnie Smil. „Ostatnią rzeczą, jakiej potrzebuje kraj z pięćdziesięcioma milionami osób korzystających z talonów na jedzenie i osiemdziesięcioma pięcioma miliardami dolarów długu zwiększającego się każdego miesiąca, są mrzonki o kosmosie, a zwłaszcza radosne wycieczki dla bogatych. A Hyperloop to zwykłe nabieranie ludzi, którzy nie mają pojęcia o podstawach fizyki, za pomocą bardzo starego, dawno opublikowanego eksperymentu myślowego z kinetyki. [...] Jest w tym kraju wielu wynalazców, wśród których Musk wypadłby bardzo blado".

Opinie były dosadne i zaskakujące, biorąc pod uwagę niektóre rzeczy, jakie Smil zachwalał w swojej ostatniej książce. Poświęcił sporo uwagi, wykazując pozytywny wpływ modelu integracji pionowej Henry'ego Forda na postęp w przemyśle motoryzacyjnym i gospodarce amerykańskiej. Pisał także obszernie na temat narodzin „maszyn mechatronicznych", a więc takich, które w dużej mierze polegały na elektronice i oprogramowaniu. „Do roku 2010 sterowniki elektroniczne dla typowego sedana wymagają więcej linijek kodu niż instrukcje wymagane do sterowania najnowszym odrzutowcem pasażerskim Boeinga" – pisał Smil. „Amerykański przemysł produkcyjny zmienił współczesne auta w niezwykłe maszyny mechatroniczne. Pierwsza dekada XXI wieku zaowocowała innowacjami, począwszy od wprowadzenia nowych materiałów (kompozytów węglowych w lotnictwie, nanostruktur) do elektroniki bezprzewodowej".

Istnieje tendencja do krytykowania Muska jako lekkomyślnego marzyciela, która przede wszystkim bierze się z niezrozumienia jego faktycznych działań. Ludzie tacy jak Smil wydają się czytać artykuł lub oglądać program w telewizji, w którym nagłośniono jego misję na Marsa, po czym natychmiast wrzucają go do jednego worka z innymi, zajmującymi się turystyką kosmiczną. Tymczasem on praktycznie nie wypowiada się na ten temat i od samego początku zbudował SpaceX po to, by konkurować w biznesie kosmicznym. Jeśli Smil uważa, że sprzedaż samolotów przez Boeinga jest krytyczna dla gospodarki amerykańskiej, to powinien być pełen entuzjazmu dla dokonań SpaceX na rynku lotów komercyjnych. Firma buduje swoje produkty w kraju, dokonała ogromnych postępów w zakresie branżowej technologii, a także materiałów i technik produkcyjnych. Nie podlega raczej dyskusji, że SpaceX stanowi jedyną nadzieję swojego kraju w rywalizacji z Chinami w nadchodzących dziesięcioleciach. Jeśli zaś chodzi o maszyny mechatroniczne, SpaceX i Tesla wytyczyły drogę dla łączenia elektroniki, oprogramowania i metalu, którą ich rywale próbują teraz podążać. Wszystkie firmy Muska, w tym również SolarCity, wykorzystały w pełni integrację pionową i zmieniły wewnątrzzakładową kontrolę komponentów w prawdziwą przewagę.

Aby zrozumieć, jak ogromny wpływ mogą mieć dokonania Muska na gospodarkę amerykańską, pomyślcie o najbardziej wpływowym urządzeniu mechatronicznym kilku ostatnich lat – o smartfonie. Przed epoką iPhone'a Stany były ofiarą losu branży telekomunikacyjnej. Wszystkie najciekawsze telefony komórkowe i usługi mobilne skupiały się w Europie i Azji, podczas gdy amerykańscy konsumenci ględzili do przestarzałych urządzeń. Kiedy w 2007 roku na rynku pojawił się iPhone, zmienił wszystko. Urządzenie Apple naśladowało wiele funkcji komputera, ale również wprowadzało nowe dzięki aplikacjom, sensorom i rozpoznawaniu lokalizacji. Google zaatakowało rynek z oprogramowaniem Android oraz swoimi smartfonami, a Stany nagle stały się największą siłą w branży urządzeń mobilnych. Smartfony okazały się rewolucyjne z powodu połączenia sprzętu, oprogramowania i usług w jednym miejscu.

To był przepis idealny, umożliwiający wykorzystanie talentów z Doliny Krzemowej. Wzrost popularności smartfonów doprowadził do ogromnego boomu przemysłowego, w którego efekcie Apple została najwyżej wycenianą amerykańską firmą, a miliardy jej sprytnych urządzeń zalały świat.

Były dyrektor Apple Tony Fadell, któremu przypisuje się wprowadzenie iPoda i iPhone'a na rynek, opisał smartfony jako reprezentujące supercykl, w którym sprzęt i oprogramowanie osiągnęły punkt krytyczny dojrzałości. Elektronika jest dobra i tania, a oprogramowanie bardziej rzetelne i dopracowane. Ich wzajemne oddziaływanie owocuje pomysłami rodem z historii science fiction, które obiecano nam dawno temu, a które w końcu stają się realne. Google ma swoje samoprowadzące się samochody i pozyskało kilka firm z branży robotyki, planując połączenie kodu i maszyny. Firma Fadella Nest posiada inteligentne termostaty i czujniki dymu. General Electric ma naszpikowane czujnikami silniki odrzutowe, które mogą proaktywnie raportować potencjalne anomalie nadzorującym je mechanikom. Szereg start-upów rozpoczął prace nad stworzeniem potężnego oprogramowania do urządzeń medycznych, aby pomóc ludziom w analizie swoich ciał i diagnozowaniu zdrowia. Maleńkie satelity w liczbie dwudziestu naraz były wysyłane na orbitę i zamiast otrzymywania określonego zadania do końca swojego okresu użyteczności, jak to było w przypadku ich poprzedników, są na bieżąco przeprogramowywane do wykonywania różnorodnych zadań biznesowych i naukowych. Zee Aero, start-up z Mountain View, ma do dyspozycji kilkoro byłych pracowników SpaceX i pracuje nad tajnym nowym sposobem transportu. Może nareszcie budują latające auto?

Zdaniem Fadella dokonania Muska znajdują się na samym szczycie tego trendu. „Mógł po prostu zbudować elektryczne auto" – powiedział. „Ale on zrobił takie rzeczy, jak użycie silników do aktywacji klamek. Połączył ze sobą elektronikę użytkową i oprogramowanie, a inne firmy produkujące samochody próbują wykombinować, jak pójść w jego ślady. Bez względu na to, czy chodzi o Teslę czy o SpaceX, która rozprowadza kable sieciowe wewnątrz rakiet kosmicznych, mówimy o łączeniu dawnej nauki leżącej u podstaw produkcji z tanią technologią użytkową. Wspólnie te rzeczy tworzą coś, czego dotychczas nie widzieliśmy. Nagle zmienia się rynek sprzedaży masowej" – dodał. „To funkcja schodkowa".

W Dolinie Krzemowej Musk pojawił się jako najlepszy kandydat do roli spadkobiercy Steve'a Jobsa jako dominującej postaci nadającej ton branży technologicznej. Zdecydowanie stał się właściwym człowiekiem na właściwym miejscu. Założyciele start-upów, ceniona kadra zarządzająca i branżowe legendy uznają go za najbardziej podziwianą osobę. Im bardziej mainstreamowa staje się Tesla, tym bardziej wzrasta jego reputacja. Doskonała sprzedaż Modelu 3 ugruntowałaby pozycję Muska jako jednego z nielicznych ludzi zdolnych do przemyślenia branży na nowo, odgadnięcia potrzeb klientów i kierowania. Z tego miejsca jego bardziej fantazyjne pomysły wydają się nieuniknione. „Elon jest jednym z niewielu ludzi, którzy osiągnęli moim zdaniem więcej ode mnie" – powiedział Craig Venter, który odkodował ludzki genom i rozpoczął prace nad stworzeniem syntetycznych form życia. Chciałby w jakimś momencie nawiązać z Muskiem współpracę nad drukarką DNA, którą można byłoby wysłać na Marsa. Teoretycznie mogłaby ona pozwolić pierwszym osadnikom na tworzenie leków, jedzenia i dobrych mikrobów. „Uważam, że tym, co naprawdę umożliwi kolonizację kosmosu, będzie biologiczna teleportacja" – dodał. „Elon i ja rozmawialiśmy o tym, jak to się może rozegrać".

Jednym z najbardziej żarliwych wyznawców Muska oraz jego najbliższych przyjaciół jest współzałożyciel i dyrektor generalny Google Larry Page, który znalazł się na liście jego zaprzyjaźnionych noclegowni. „Jest trochę bezdomny, co wydaje mi się zabawne" – powiedział. „Wysyła e-mail o treści: »Nie wiem, gdzie się dziś zatrzymać. Mogę wpaść?«. Nie dałem mu jeszcze kluczy".

Google jest największym spośród firm technologicznych inwestorem w projekty przypominające marzenia Muska: samoprowadzące się auta, roboty, a nawet nagrodę pieniężną za tanią wysyłkę urządzenia na Księżyc. Firma jednakże działa na podstawie zestawu ograniczeń i oczekiwań, które zostały jej narzucone w związku z zatrudnianiem dziesiątków tysięcy ludzi oraz inwestorami nieustannie patrzącymi jej na ręce. W tym duchu Page czasem zazdrości Muskowi, któremu udało się uczynić radykalne pomysły fundamentem swoich firm. „Jeśli pomyślisz o Dolinie Krzemowej albo przywódcach korporacji, ogólnie rzecz biorąc, zazwyczaj nie brakuje im pieniędzy" – powiedział Page. „Mając te pieniądze, które zazwyczaj będziesz musiał rozdać i nie będziesz ich mógł wydać według własnego uznania, dlaczego poświęcasz czas firmie, która nie robi właściwie nic dobrego? Właśnie z tego powodu Elon stanowi dla mnie inspirację. Zapytał: »Co tak naprawdę powinienem robić na świecie? Rozwiązać problem z samochodami, globalnym ociepleniem i zmienić ludzkość w gatunek międzyplanetarny«. Moim zdaniem to bardzo istotne cele, a teraz on ma firmy, które mogą się tym zająć. Ponadto stają się jego przewagą konkurencyjną. Dlaczego miałbyś pracować dla wykonawcy z przemysłu zbrojeniowego, gdy możesz pracować dla faceta, który chce polecieć na Marsa i stanie na głowie, żeby tego dokonać? Ujmujesz problem w sposób najlepszy dla biznesu".

W pewnym momencie zaczął krążyć fragment wypowiedzi Page'a, zgodnie z którym zamierzał zostawić Muskowi cały swój majątek. Page poczuł, że został mylnie zacytowany, ale utrzymał swoje stanowisko z sentymentu. „Na razie nie mam zamiaru zostawiać mu swoich pieniędzy" – sprostował. „Ale Elon przytacza mocne argumenty za stworzeniem międzyplanetarnego społeczeństwa, ponieważ – no wiecie – w przeciwnym razie możemy wszyscy umrzeć, a to smutna alternatywa. Wydaje mi się, że to całkiem wykonalny projekt przy stosunkowo skromnych zasobach, jakich potrzebujemy do założenia stałej osady na Marsie. Po prostu chciałem podkreślić, że to naprawdę cenny pomysł".

Zdaniem Page'a: „Dobre pomysły zawsze są szalone dopóty, dopóki przestają nimi być". Tę zasadę próbował wcielić w Google. Gdy wraz z Sergeyem Brinem zaczęli zastanawiać się na głos nad rozwojem sposobów wyszukiwania fraz w tekście wewnątrz książek, wszyscy eksperci, których poprosili o opinie, uznali za niemożliwy pomysł zdigitalizowania każdej książki. Współzałożyciele Google zdecydowali się na wykonanie obliczeń i sprawdzenie, czy fizycznie możliwe było zeskanowanie książek w rozsądnym czasie. Po potwierdzeniu, że da się to zrobić, Google zeskanowało od tamtej pory miliony publikacji. „Nauczyłem się, że wewnętrzna intuicja na temat rzeczy, o których nic nie wiesz, nie jest wiele warta" – powiedział Page. „Elon mówi o tym w ten sposób, że trzeba zawsze zacząć od pierwszych zasad problemu. Jakie są fizyczne reguły? Ile czasu to zajmie? Ile to będzie kosztować? O ile można te koszty obniżyć? Robi się pewne założenia na poziomie inżynierii i fizyki, dotyczące tego, co jest możliwe i ciekawe. Elona wyróżnia świadomość tego, poza tym zna się na prowadzeniu firmy, organizacji i kierowaniu, a także problemach z rządem".

Niektóre rozmowy Muska i Page'a mają miejsce w tajnym apartamencie należącym do Google. Mieści się on w centrum Palo Alto, w jednym z najwyższych budynków na tym obszarze, i rozciąga się z niego widok na kampus Stanford University. Page i Brin organizują tu prywatne spotkania. Wzywają na nie prywatnego kucharza, który gotuje dla gości. W obecności Muska pogawędki zbaczają na tematy absurdalne i fantastyczne. „Raz Elon opowiadał o budowie elektrycznego odrzutowca, który mógłby startować i lądować w pozycji pionowej" – opowiadał George Zachary, inwestor kapitału wysokiego ryzyka oraz przyjaciel Muska. „Larry powiedział, że samolot powinien mieć możliwość lądowania na stoku narciarskim, a Siergiej, że mógłby dokować w porcie na Manhattanie. Potem rozmawiali o stworzeniu wahadłowca, który nieustannie latałby dookoła Ziemi i można byłoby do niego wskoczyć, by dostać się bardzo szybko w różne miejsca. Sądziłem, że żartują, ale na koniec zapytałem Elona: »Naprawdę zamierzasz to zrobić?«, a on na to: »Tak«".

„Sądzę, że to takie nasze ćwiczenia rekreacyjne" – powiedział Page[23]. „Nam trzem sprawia przyjemność rozmowa o takich szaleństwach i wpadamy na pomysły, które ostatecznie zmieniają się w rzeczywistość. Omawiamy setki lub tysiące pomysłów, zanim docieramy do tych najbardziej obiecujących".

Page mówił czasami o Musku, jakby był jedynym w swoim rodzaju, siłą natury zdolną realizować przedsięwzięcia w świecie biznesu, których inni nawet by się nie podjęli. „Rozważamy SpaceX oraz Teslę w kategoriach rzeczy ogromnie ryzykownych, ale myślę, że Elon zamierzał sprawić, żeby te firmy wypaliły bez względu na wszystko. On jest w stanie ponosić osobiste ryzyko i to zwiększyło znacznie jego szanse. Jeśli znalibyście go osobiście i przypomnieli sobie czasy, gdy zaczynał tworzyć swoje firmy, to powiedzielibyście, że jego szanse na sukces są większe niż dziewięćdziesiąt procent. Mamy tutaj konkretny dowód na to, że pasjonując się czymś, co wszyscy inni nazywają szaleństwem, można odnieść sukces. Patrząc na sytuację Elona, można powiedzieć: »No cóż, może to nie był fart. On dokonał tego dwa razy. To nie mógł być w całości łut szczęścia«. Myślę, że to powinno być w jakimś stopniu powtarzalne. Przynajmniej w jego przypadku tak było. Może powinniśmy mu dać więcej rzeczy do zrobienia".

Page uważa Muska za wzór i życzyłby sobie, by wszyscy go naśladowali – postać, którą należy powielić w czasach, gdy biznesmeni i politycy są skupieni na krótkoterminowych nieistotnych celach. „Moim zdaniem jako społeczeństwo podejmujemy niewłaściwe decyzje, wybierając rzeczy naprawdę ważne do zrobienia" – powiedział Page. „Myślę, że my po prostu nie edukujemy ludzi w tym ogólnym kierunku. Powinniśmy mieć szeroką wiedzę inżynierską i naukową. Powinniśmy mieć zrobione szkolenie z zarządzania z elementami kursu MBA lub wiedzę, jak zarządzać rzeczami, organizować oraz pomnażać pieniądze. Wydaje mi się, że większość ludzi tego nie potrafi, a to jest duży problem. Inżynierowie są zwykle kształceni w wąskich obszarach. Jeśli jesteś w stanie myśleć w kontekście wielu dziedzin naraz, twoje spojrzenie jest inne i możesz marzyć o rzeczach dużo bardziej szalonych oraz planować ich działanie. W ten sposób tworzy się postęp".

Presja potrzeby naprawiania świata odciska piętno na ciele Muska. Czasami wygląda na kompletnie wykończonego. Zamiast worków pod oczami ma raczej głębokie cieniste wgłębienia. W najgorszych okresach po bezsennych tygodniach jego oczy wyglądają, jakby zapadły się w głąb czaszki. Waga Muska skacze z powodu stresu, zwykle w okresach przepracowania waży więcej. Zabawne jest to, że mówi tak wiele o przetrwaniu ludzkości, a nie dostrzega skutków oddziaływania własnego stylu życia na swoje zdrowie. „Elon na początku swojej kariery doszedł do wniosku, że życie jest krótkie" – powiedział Straubel. „Jeśli to pojmiesz, to oczywistym wnioskiem pozostaje, że powinieneś pracować najciężej, jak potrafisz".

Cierpienie, bądź co bądź, było zawsze wpisane w życie Muska. Dzieci w szkole znęcały się nad nim fizycznie, a ojciec psychicznie. Musk znęcał się sam nad sobą, pracując ponad siły, ciągle przesuwając granice swoich przedsięwzięć. Idea równowagi pomiędzy pracą a życiem rodzinnym nie ma tu racji bytu. Dla Muska tak wygląda życie, jego żona i dzieci starają się gdzieś tu wpasować. „Jestem całkiem niezłym tatą" – powiedział Musk. „Mam dzieci przez nieco więcej niż pół tygodnia i spędzam z nimi sporo czasu. Często ze mną wyjeżdżają. Ostatnio pojechaliśmy na Grand Prix do Monako, gdzie spędzaliśmy czas z parą książęcą. To wszystko wydawało się dzieciom normalne i były tym znudzone. Dojrzewają w niezwykłym otoczeniu, ale w tym wieku sobie tego nie uświadamiasz. To są po prostu doświadczenia. Mają dobre maniery przy stole".

Muska niepokoi trochę, że jego dzieci nie będą nigdy cierpieć tak jak on. Twierdzi, że cierpienie pomogło mu stać się tym, kim jest, i dało dodatkowe pokłady siły i woli. „Dzieci mogą doświadczyć pewnych trudności w szkole, ale w dzisiejszych czasach placówki są bardzo opiekuńcze" – powiedział. „Jeśli przezwiesz kogoś w szkole, zostaniesz wysłany do domu. Za moich czasów, jeśli oberwałeś bezkrwawo, usłyszałeś: »Nieważne, ogarnij się«. Nawet trochę krwi było w porządku. Co z tym robię? Czy tworzę sztuczne trudności? Jak mam to zrobić? Największą stoczoną bitwą było ograniczenie im czasu na granie, ponieważ chcieliby to robić bez przerwy. Główną zasadą jest poświęcanie więcej czasu na książki niż na gry. Ponadto nie mogą grać w całkowicie głupie gry. Jest taka jedna gra, którą ostatnio ściągnęli, nazywa się *Cookies*. Polega dosłownie na klikaniu zasranego ciasteczka. To przypomina test psychologiczny. Zmusiłem ich do usunięcia tej gry. Mieli za to grać we *Flappy Golf*, który przypomina *Flappy Bird*, ale przynajmniej są tam jakieś elementy fizyki".

Musk mówił o posiadaniu większej liczby dzieci i w tej kwestii wygłaszał kontrowersyjne poglądy zbieżne do twierdzeń twórcy *Beavisa i Butt-heada*. „W *Idiokracji* Mike Judge mówi o tym, że ludzie inteligentni powinni dbać o swoją liczebność" – powiedział Musk. „Jeśli wektor Darwina jest ujemny, wtedy, rzecz jasna, nie jest dobrze. Ten wektor powinien być przynajmniej neutralny. Lecz gdy kolejne generacje inteligentnych ludzi mają mniej dzieci, to prawdopodobnie też jest to niekorzystne. Mam na myśli to, że Europa, Japonia, Rosja i Chiny dążą do demograficznej implozji. Faktem jest, że bogactwo, edukacja i świeckość korelują z niskim wskaźnikiem urodzeń. Nie mówię, że tylko inteligentni ludzie powinni mieć dzieci, lecz jedynie, że również powinni je mieć. Oni przynajmniej powinni utrzymać następstwo pokoleń. Zauważyłem, że wiele naprawdę inteligentnych kobiet ma jedno dziecko albo wcale. Myślisz wtedy: »O kurde, to nieciekawie«".

Kolejna dekada Musk Co. zapowiada się naprawdę nieźle. Musk utorował sobie drogę do pozycji jednego z największych biznesmenów i innowatorów wszech czasów. Do 2025 roku Tesla może zdobyć portfolio pięciu lub sześciu modeli i zdominować rozkwitający rynek samochodów elektrycznych. SolarCity przy obecnym tempie wzrostu może urosnąć do pozycji potężnego dostawcy mediów oraz lidera na rynku technologii solarnych, który w końcu dojrzał do swoich obietnic. A SpaceX? To prawdopodobnie najbardziej intrygująca sprawa. Według wyliczeń Muska powinna co tydzień wysyłać w kosmos rakiety z ludźmi i ładunkami, tym samym usuwając większość konkurentów z rynku. Jej rakiety mają zyskać możliwość kilkakrotnego okrążenia Księżyca, aby następnie z perfekcyjną precyzją wylądować w kosmodromie w Teksasie. A przygotowania do pierwszych wypraw na Marsa będą już w zaawansowanym stadium.

Po wcieleniu tych planów w życie Musk jeszcze przed sześćdziesiątką zostałby najbogatszym i jednym z najbardziej wpływowych ludzi świata. Miałby większościowe udziały w trzech spółkach giełdowych, a historia nie mogłaby się doczekać jego osiągnięć. Gdy inne kraje i firmy byłyby sparaliżowane brakiem decyzyjności i wykonywalności, Musk ruszyłby prężnie do działania przeciwko globalnemu ociepleniu, jednocześnie zapewniając nam plan ucieczki – na wszelki wypadek. Przywróciłby znaczną część krytycznej produkcji krajowej gospodarce, dając przykład innym przedsiębiorcom marzącym o nowej epoce wspaniałych maszyn. Jak powiedział Thiel, mógłby dokonać tyle, by dać nadzieję i obudzić wiarę w technologię przełomową dla ludzkości.

Przyszłość ta pozostaje oczywiście mglista. Wszystkie trzy firmy Muska stoją w obliczu olbrzymich problemów technologicznych. Wiele zaryzykował, stawiając na ludzkie wynalazki oraz licząc na to, że technologie akumulatorów, solarna i kosmiczna będą podążać zgodnie z wyznaczonymi krzywymi ceny i wydajności. Nawet w razie sukcesu Tesla może stanąć w obliczu dziwnej i nieoczekiwanej akcji serwisowej, a rakieta SpaceX z ludźmi może wybuchnąć, co pogrzebałoby firmę na miejscu. Działaniom Muska towarzyszy dramatycznie wysokie ryzyko.

Do czasu naszego ostatniego obiadu doszedłem do wniosku, że ta skłonność do ryzyka nie ma wiele wspólnego z szaleństwem Muska, o którym głośno myślał kilka miesięcy wcześniej. O nie, Musk posiada raczej poziom pewności siebie tak intensywny i wyjątkowy, że dla niektórych aż odpychający. Jedząc wspólnie z nim frytki i guacamole oraz popijając koktajle, zapytałem Muska wprost, ile jest w stanie zaryzykować. Co mi odpowiedział? Wszystko, co inni ludzie cenią. „Chciałbym umrzeć na Marsie" – powiedział. „Byle nie wskutek katastrofy. Najchętniej poleciałbym z wizytą, potem wrócił na jakiś czas, a po siedemdziesiątce poleciałbym znów i już tam został. Jeżeli sprawy skończą się dobrze, to by wchodziło w rachubę. Jeśli mielibyśmy z żoną gromadkę dzieci, ona zostałaby prawdopodobnie z nimi na Ziemi".

EPILOG

PODCZAS JEDNEGO Z NASZYCH SPOTKAŃ przy obiedzie w 2014 roku Elon Musk podszedł do stolika przepełniony jeszcze większym entuzjazmem niż zazwyczaj. Właśnie odbył rozmowę ze znajomymi z Google, w trakcie której ujrzał – albo przynajmniej usłyszał – coś wyjątkowego. Szczegóły spotkania musiał zachować dla siebie, ale powiedział, że uchyli mi rąbka tajemnicy. Musk dowiedział się o śmiałych planach Google dotyczących programu satelitów kosmicznych. Zdaniem Elona skala i misja całej operacji miały rzucić na kolana zarówno mnie, jak i pozostałych. Zdradziwszy mi te informacje, zamilkł i zamówił drinka. Co za wieści.

Nie zdawałem sobie wówczas sprawy, że ten moment będzie początkiem kolejnego dramatu Muska – przez następne miesiące składałem wszystko w całość. Podobnie jak większość historii, które dotyczyły Elona, to również miała być opowieść o wybujałych ambicjach, szemranych wybiegach i brutalnej polityce z wielkim finałem, po którym Musk miał znaleźć się na szczycie – tym razem w znaczeniu dosłownym – jako najbardziej ekscentryczny i śmiały przedsiębiorca swojego pokolenia.

Akcja rozpoczyna się w roku 2013. Właśnie wtedy wygadany idealista Greg Wyler dołączył do zespołu Google. Jako dwudziestokilkulatek Wyler zarobił mnóstwo pieniędzy dzięki projektowi systemu chłodzącego do pecetów. Z wielomilionowym zyskiem sprzedał firmę, która je wytwarzała, i w trakcie boomu internetowego w drugiej połowie lat 90. inwestował w nieruchomości oraz na giełdach dot-comów. W roku 2002 w życiu Grega nastąpił dramatyczny zwrot. Mężczyzna pojechał z wizytą do matki mieszkającej w Winchester w stanie Massachusetts i odkrył, że kobieta została zamordowana. Ktoś uderzył Susan w głowę i zostawił w kałuży krwi na podłodze w garażu. Wyler pozostawał w trudnych relacjach z ojcem Geoffreyem, którego obwinił o morderstwo matki. W jednym z wywiadów powiedział wówczas: „Ktoś wszedł do domu mojej matki, skatował ją na śmierć i wyszedł, nie zabierając nic ze sobą. Wszystko wskazuje na jedną osobę. Tylko na nią".

Zbrodnia odcisnęła piętno na życiu mężczyzny. Zapragnął zrobić coś większego i ważniejszego. Chciał pomagać innym. Powziął zamiar, by zapewnić dostęp do Internetu wszystkim, których nie było na niego stać, albo tym, którzy nie mogli korzystać z sieci z powodu ograniczeń geograficznych i ekonomicznych. Jak sam lubi mawiać: „Dogodny dostęp do Internetu może być zapewniony dzięki wzrostowi gospodarczemu". Pomagając innym wkroczyć w nowoczesność, Greg miał poświęcić dążeniom do poprawy ich życia kolejną dekadę.

Wyler pojechał najpierw do Rwandy, gdzie założył firmę telekomunikacyjną, która budowała sieć światłowodową na terenie całego kraju. Stworzył pierwszą w Afryce sieć komórkową 3G. Potem, w 2007 roku, Greg założył firmę o nazwie O3b Networks, której pierwszy człon nazwy oznaczał „Pozostałe trzy miliardy" – tę część populacji świata, która nie miała dostępu do współczesnych usług sieciowych. Firma obmyśliła sprytny sposób, by umieścić satelity na relatywnie niskiej orbicie okołoziemskiej, dzięki czemu stało się możliwe dostarczenie Internetu znacznie szybszego niż ten dostępny przy wykorzystaniu typowych satelitów.

Budowa systemu zajęła wiele lat, lecz ostatecznie okazał się on ogromnym dobrodziejstwem dla krajów, które ze względu na brak sieci światłowodowej nie mogły uzyskać dostępu do szybkiego Internetu. W wielu regionach najwięcej skorzystały wyspy, takie jak Papua-Nowa Gwinea czy Samoa Amerykańskie, których nie było stać na przeciągnięcie światłowodu z kontynentu przez ocean. Pożytek miały również inne odizolowane kraje, na przykład Czad czy Republika Konga. Internet spadł im dosłownie z nieba. Co więcej, jego prędkość umożliwiała nowoczesnemu oprogramowaniu działanie zgodnie z przeznaczeniem. Mieszkańcy tych miejsc nie byli już odcięci od reszty świata, zyskując lepsze możliwości edukacji, pracy i komunikacji.

Im więcej Wyler myślał o O3b, tym odważniejsze stawały się jego marzenia. Usługa obejmowała zaledwie garstkę satelitów i wymagała zakupu wielkich, kosztownych anten, które miały odbierać sygnał, oraz budowy infrastruktury sieciowej. Wyler wycofał się z O3b i rozpoczął prace nad projektem nowej, bardziej rewolucyjnej usługi. Zgodnie z założeniem Grega Ziemia miała zostać otoczona setkami, a nawet tysiącami bardzo małych satelitów, które przesyłałyby sygnał do niewielkich, niedrogich, zasilanych energią słoneczną anten. Oznaczało to, że każdy, kto kupiłby taką antenę i umieścił ją na swoim dachu, mógłby podłączyć się do szybkiej sieci. Wyler postrzegał swoją usługę jako sposób na zapewnienie dostępu do Internetu w odizolowanych wioskach, szkołach, szpitalach czy placówkach rządowych. W dalszej perspektywie może ona oznaczać modernizację ekonomiczną.

Przez chwilę wydawało się, że Greg stworzy tę usługę wspólnie z Google. Firma reklamowa pozyskała start-up o nazwie SkyBox, który produkował małe satelity przeznaczone do przetwarzania obrazu. Zyskała więc konieczne know-how. Placówki badawcze Google rozpoczęły również pracę nad metodami umożliwiającymi zapewnienie dostępu do sieci „pozostałym trzem miliardom". Wyler wykonał dodatkową czarną robotę. Wymyślił, w jaki sposób setki satelitów miałyby działać jednocześnie, przesyłając Internet z kosmosu. Pozyskał także wymagane pasmo od międzynarodowych organów zajmujących się regulacjami. Budowa miała kosztować miliardy dolarów, a Google posiadało pieniądze i było pełne chęci, by spełnić marzenie Wylera. Greg dołączył więc do firmy i stanął na czele projektu.

Potrzeba sporo rakiet, aby umieścić setki satelitów w kosmosie. Wyler zwrócił się z tym do dawnego znajomego. Musk regularnie odwiedzał Wylera w jego domu w Atherton, enklawie dla bogaczy z Doliny Krzemowej. W 2014 roku spotkali się tam ponownie, by przedyskutować plany budowy kosmicznego Internetu od Google. Siedzieli w domku dla gości przez wiele godzin, podczas których Wyler opowiadał o tym, jak usługa miałaby działać, i omawiał szczegóły techniczne planowanej operacji. W ciągu paru tygodni Elon i Greg odbyli takie rozmowy kilkakrotnie. Zainteresowanie Muska rosło. Podobał mu się nie tylko pomysł udziału w przedsięwzięciu SpaceX, lecz także po prostu sama usługa.

Wersje wydarzeń opisujące to, co działo się potem, różnią się w zależności od tego, kto opowiada. Osoby związane z Wylerem twierdzą, że Musk namówił go, by odszedł z Google i rozpoczął samodzielną działalność. Zdaniem Elona idea kosmicznego Internetu obumarłaby w tak zbiurokratyzowanej firmie. Korzystniejsze miało być pozyskanie funduszy zewnętrznych i rozkręcenie start-upu. Według relacji zwolenników Grega Musk zobowiązał się zainwestować w projekt. We wrześniu 2014 roku Wyler faktycznie założył firmę i ściągnął do niej kilkoro kluczowych pracowników Google.

Nie wiedział jednak wówczas, że stosunek Muska zarówno do jego planów, jak i jego samego oziębił się. Założyciel SpaceX odniósł wrażenie, że Wyler nieustannie zmieniał wersje dotyczące sposobu działania systemu satelitów i nie potrafił udzielić konkretnych odpowiedzi na pytania o kluczowe kwestie techniczne. Jego zwolenników, w tym niektórych członków zarządu SpaceX, również irytowała osobowość Grega. W trakcie jednego ze spotkań w domku dla gości, kiedy żona Wylera podała na obiad zapiekankę, Greg – według relacji przybyłych – ledwie zauważył kobietę. Osoby związane z Elonem stwierdziły, że została potraktowana jak służąca. Niedługo potem Musk zdecydował, że sam stworzy kosmiczny Internet.

Bez wiedzy Grega rozpoczął działania nad pozyskaniem pasma, które miało mu pozwolić obejść usługę Wylera. Zaplanował także otwarcie biura SpaceX w Seattle, gdzie firma mogłaby zacząć produkcję małych satelitów. Jakby tego było mało, pozyskał na swój projekt od Google (dokładnie tak!) fundusze w wysokości miliarda dolarów, a także namówił firmę Fidelity, by ta zainwestowała w nowy kosmiczny Internet od SpaceX.

Wszystko to ujawnił dopiero w styczniu 2015 roku, zwyczajowo omawiając swoje cele w efekciarski sposób. Mówił o otoczeniu Ziemi satelitami, które przesyłałyby szybki Internet. Usługa miała zapewnić nowoczesną technologię sieciową pozostałym trzem milionom populacji świata, a także działać jako rodzaj systemu awaryjnego dla Internetu światłowodowego, na którym może polegać współczesne społeczeństwo.

Musk zachwalał także swoją usługę jako pierwszy krok na drodze do rozprowadzenia w kosmosie sieci na potrzeby swojej planowanej kolonii na Marsie. „Posiadanie globalnej sieci komunikacyjnej będzie równie ważne, jeśli chodzi o Marsa" – powiedział. „Uważam, że trzeba to zrobić, i nie widzę w tej roli nikogo innego". (Jeśli czytacie to w roku 2047 na Marsie, pamiętajcie proszę, że to wszystko zawdzięczamy zapiekance).

Działania Muska zszokowały Wylera, wywołując jego rozgoryczenie i zmuszając Grega do rozpaczliwej walki. Został sam, a musiał pozyskać miliardy dolarów, aby rozkręcić swój projekt noszący teraz nazwę OneWeb. Żalił się bliskim osobom, że Elon zostawił go na lodzie i że tak naprawdę nigdy nie rozumiał, jak zbudować kosmiczny Internet i sprawić, by działał. W ciągu kolejnych miesięcy

Wylerowi udało się namówić do współpracy Richarda Bransona z Virgin Group, producenta chipów do smartfonów Qualcomm oraz rywala SpaceX z Airbus Defence and Space. „Nie wydaje mi się, żeby Elonowi udało się zrobić konkurencyjną usługę" – powiedział mi wówczas Branson. „Greg posiada odpowiednie uprawnienia, a na podobną sieć nie ma już miejsca, nie wystarczy go w sensie fizycznym. Jeśli Elon chce działać w tym obszarze, logicznie rzecz biorąc, powinien związać się z nami".

Gdy wszystkie wątki tej historii zaczęły się zazębiać, zaczynałem dostrzegać zmianę albo przynajmniej pewną ewolucję osobowości Muska. Facet, którego dotyczyły moje badania od 2012 roku, z pewnością miał ogromne ambicje, ale cechowała go przy tym zdolność do zdrowej samokrytyki. Nowy Musk, który oglądał, jak przemysł kosmiczny zostaje wywrócony do góry nogami przez SpaceX, a Model S staje się najjaśniejszą gwiazdą na firmamencie świata motoryzacji, stał się jeszcze bardziej zadufany w sobie. Wydawał się niemal uzależniony od nieustannego prześcigania innych. Nie mógł zadowolić się partnerstwem w tym projekcie. Chciał mieć kosmiczny Internet tylko dla siebie, a pomysł przedstawić na własnych, oryginalnych warunkach. „Naszym celem jest stworzenie globalnego systemu komunikacyjnego, który będzie większy od wszystkiego, o czym do tej pory mówiono" – powiedział. „Chcemy satelity o rząd wielkości bardziej wyrafinowanego niż to, co chce zrobić Greg".

Wszystko to podszyte jest sporą dozą komizmu. Kto spośród nas kiedykolwiek zyska szansę udziału w makiawelicznej walce o kosmiczny Internet? Na Boga, jeśli Muskowi uda się odnieść sukces, zostanie pierwszym międzyplanetarnym potentatem internetowym, równocześnie dostarczając sieć mieszkańcom naszej planety i tworząc system awaryjny dla współczesnej cywilizacji. (Zróbmy krótką przerwę, żebyście mogli przetrawić tę ideę). Trudno nie upajać się tą myślą. A teraz wyobraźcie sobie, że naprawdę jesteście właścicielami firmy produkującej rakiety, która ma umieścić owe satelity na orbicie. Dysponujecie miliardami dolarów, a mnóstwo ludzi bierze na poważnie każdy wasz pomysł, wierząc, że jesteście w stanie go zrealizować. To nie tylko upajające. Właściwsze byłoby porównanie do haju po najlepszej jakości prochach, przeżywanym w trakcie czterodniowej popijawy i orgii z bóstwami Olimpu. Właśnie to Musk nazywa wtorkiem.

Nie da się przewidzieć, z jakim pomysłem wyskoczy Musk w czasie, gdy będziecie to czytać. Wadą papieru jest to, że nie został stworzony, by dotrzymać tempa komuś, z kim takie rewelacje możliwe są niemal co tydzień. Dowodem niech będzie przegląd dokonań Muska od czasu pojawienia się pierwszego wydania tej książki w maju 2015 roku.

Mamy kosmiczny Internet, który pozostaje w fazie realizacji. OneWeb Wylera pod każdym względem wydaje się wyprzedzać SpaceX w programie budowy i umieszczenia na orbicie małych satelitów. Co więcej, sieć kosmicznego Internetu planuje również stworzyć Samsung. Jedyną przewagą SpaceX wydaje się włączenie do projektu Toma Muellera, firmowego projektanta silników rakietowych, który dzięki własnym dokonaniom uplasował się w branżowej czołówce.

Jeśli chodzi o Hyperloop, cóż... SpaceX sfinansowała w 2016 roku pozytywnie odebrany konkurs projektowania, w którym zwyciężyła grupa studentów MIT. Kilka zespołów uczelnianych zyska dzięki temu szansę na wypróbowanie swoich projektów kapsuł na testowym torze zbudowanym przez SpaceX. Co bardziej interesujące, dwa kalifornijskie start-upy wykonały znaczącą pracę nad własnymi prototypami. Trwają rozmowy na temat planów zbudowania w pełni funkcjonalnej Hyperloop do roku 2020 oraz dyskusje dotyczące użycia owej technologii nie tylko do transportu ludzi między miastami, lecz także towarów między kontynentami. Wciąż nie wiadomo, czy ten pomysł uda się zrealizować i czy okaże się on opłacalny, ale wydaje się, że będziemy mieli okazję się o tym przekonać. Niewiele osób spodziewało się tego w czasie, gdy Musk przedstawił go po raz pierwszy.

W czerwcu 2015 roku SpaceX poniosła druzgocącą porażkę, gdy jedna z rakiet eksplodowała na początkowym etapie misji mającej na celu dostarczenie zaopatrzenia do Międzynarodowej Stacji Kosmicznej na zlecenie NASA. Wcześniej firma mogła pochwalić się serią udanych startów, więc wypadek ten był jak woda na młyn dla krytyków: SpaceX rozwijała się zbyt szybko, zaryzykowała zbyt wiele i stosowała niedopracowane procedury kontroli. Po wielomiesięcznych analizach firmie udało się jednak wrócić do gry. Zaczęła spełniać oczekiwania swojego założyciela w 2016 roku, gdy starty realizowano niemal co miesiąc, a czasami nawet w odstępie zaledwie trzech tygodni. W zaskakujący sposób SpaceX zdołała także przeprowadzić udane regularne lądowania pierwszego stopnia rakiet na Ziemi. Otworzyło to drogę rakietom wielokrotnego użytku, które naprawdę miały szansę zmienić oblicze branży.

Firma prosperowała dobrze, więc Musk zaczął coraz odważniej mówić o swoich planach związanych z Marsem. W wywiadach deklarował, że SpaceX do 2018 roku rozpocznie misje bezzałogowe na Czerwoną Planetę, a pierwsi ludzie polecą na Marsa w roku 2025. Loty nie miały być jednorazowe, lecz odbywać się cyklicznie co kilka lat. „Głównie chodzi nam o ustanowienie szlaku transportowego na Marsa" – powiedział Musk w wywiadzie dla *Washington Post*. „To ma być stała trasa. Możecie na to liczyć. Będzie wykorzystywana co 26 miesięcy. Będzie jak pociąg odjeżdżający ze stacji. Jeśli naukowcy z całego świata uznają, że można na tym polegać, a koszty nie będą przy tym relatywnie wysokie, w porównaniu do misji z przeszłości, mogliby opracowywać plany i przeprowadzać wiele świetnych eksperymentów".

Jednak to dopiero z Teslą Musk naprawdę osiągnął maksimum swoich i firmowych możliwości. Pod koniec 2015 roku firma wreszcie zaczęła dostawy w pełni elektrycznego SUV-a Model X z charakterystycznymi drzwiami otwieranymi do góry. Auto pojawiło się z wieloletnim opóźnieniem i posiadało mnóstwo błędów.

Jednak do 2016 roku było rozchwytywane przez miłośników marki i – podobnie jak wcześniej Model S – stało się elementem krajobrazu Doliny Krzemowej. Zaledwie kilka miesięcy po premierze Modelu X, w marcu 2016 roku, Tesla pokazała Model 3 – sedana dostępnego już od trzydziestu pięciu tysięcy dolarów.

Ogłoszenie planów produkcji nowego modelu Tesli było jednym z najbardziej ekscytujących wydarzeń od dekad w branży motoryzacyjnej. Niemal czterysta tysięcy osób natychmiast złożyło zamówienia na swoje samochody, które zdaniem Muska miały zacząć trafiać do właścicieli w 2017 roku. Model 3 będzie krokiem milowym – albo zmieni Teslę w jedno z największych przedsiębiorstw wszechczasów, albo doprowadzi firmę do bankructwa jako kolejny nieudany start-up w branży motoryzacyjnej.

Istnieje mnóstwo powodów do niepokoju, jeśli chodzi o ten samochód. Osiągnięcie tak niskiej ceny będzie możliwe, jeśli Tesla rozkręci produkcję w potężnej fabryce akumulatorów – Gigafactory w Nevadzie. Jeden z największych zakładów produkcyjnych w historii sam w sobie stanowi wielki eksperyment inżynierski. To próba zrewolucjonizowania efektywności i automatyzacji linii produkcyjnych. Dla Tesli Gigafactory już okazała się niezwykle kosztowna, zmuszając firmę do pozyskania większych funduszy.

Tam, gdzie fabryki SpaceX radzą sobie doskonale, Tesla ledwie łapie oddech. Firma słynie z niedotrzymywania kwartalnych terminów dostaw z powodu problemów na etapie produkcji. To kłopotliwa sytuacja, zwłaszcza że Tesla funkcjonuje tak od lat, a wraz ze wzrostem produkcji samochodów z sześćdziesięciu do setek tysięcy rocznie wzrośnie też wywierana na to przedsiębiorstwo presja. Jeśli Tesla nie będzie potrafiła wypracować zysku z każdego Modelu 3, jej przyszłość jako samodzielnej korporacji stanie pod znakiem zapytania.

Już od kilku lat Musk nosił się z zamiarem zatrudnienia prezesa lub dyrektora zarządzającego, który miałby pomóc przy codziennych pracach w Tesli, tak jak Gwynne Shotwell robi to w SpaceX.

Kiedyś tę posadę niemal otrzymał Tony Fadell, twórca iPoda od Apple. W plotkach krążących wśród socjety Doliny Krzemowej przewijały się także inne nazwiska, takie jak Tony Bates ze Skype'a, Sheryl Sandberg z Facebooka czy Susan Wojcicki z Google. Musk jednak nie wydaje się zbyt entuzjastycznie podchodzić do pomysłu powierzenia kontroli nad firmą któremukolwiek z potencjalnych kandydatów, jakby uważał się za jedyną osobę, która może przeprowadzić Teslę przez trudny okres. Na ten stan rzeczy skarżyło się wiele osób związanych z korporacją. Ich zdaniem Elon wziął na siebie za dużo i otoczył się zbyt wieloma pochlebcami, przez co nie może mieć jasnego oglądu sytuacji.

Zamiast się wycofać, wciąż prze naprzód. Ogłosił plan rozbudowania portfolio firmy do połowy 2016 roku. Obiecał, że Tesla stworzy Model 3 w wersji crossover, a także pick-upa, półciężarówkę do przewozu towarów oraz rodzaj małego autonomicznego busa do miejskiego przewozu pasażerów.

W roku 2016 Tesla stała się najbardziej aktywnym producentem z branży lobbującym za technologią pojazdów autonomicznych. Tysiące użytkowników Modelu S i Modelu X w trakcie jazdy po autostradach używa funkcji autopilota. Musk chce, by technologia ta stanowiła kamień milowy w dążeniu Tesli do wkroczenia na zdominowany przez Ubera rynek usług motoryzacyjnych. „Gdy autonomiczne pojazdy wreszcie doczekają się odpowiednich regulacji, będziesz mógł wezwać swoją Teslę właściwie z każdego miejsca" – napisał na stronie korporacji w oświadczeniu, które określił mianem drugiej części „Wielkiego Planu" firmy. „Gdy już do niej wsiądziesz, będziesz mógł spać, czytać i robić cokolwiek zechcesz, podróżując do celu. Będziesz także mógł dodać swoje auto do współdzielonej floty Tesli, wciskając przycisk na apce telefonicznej. Zarobisz na swoim samochodzie, przebywając w pracy lub na urlopie. Pozwoli to znacznie skompensować, a potencjalnie również pokrywać miesięczny koszt pożyczki lub leasingu".

Ten sam „Wielki Plan" określał powody przejęcia przez Teslę SolarCity, co było planowane już od czerwca 2016 roku. Tesla chce stać się częściowo producentem aut, częściowo zaś firmą energetyczną sprzedającą panele słoneczne i systemy do magazynowania dodatkowej energii pozyskanej w trakcie dnia. „Nie możemy zrobić tego dobrze, dopóki Tesla i SolarCity pozostają odrębnymi firmami, dlatego musimy je połączyć i przełamać bariery związane z prowadzeniem niezależnej działalności" – napisał Musk. „To, że korporacje są niezależne mimo podobnych początków i dążenia do wspólnego nadrzędnego celu – działania na rzecz rozwoju zrównoważonej energii, jest w dużej mierze kwestią historyczną".

Fantastyczna litania spraw, o których mówił Musk na przestrzeni ostatnich kilku lat, pozwoliła jego zwolennikom otoczyć go jeszcze większym kultem niż kiedykolwiek. Wiatr w skrzydła złapali także krytycy Elona.

Wielu najlepszych specjalistów z Tesli, w tym ci, którzy cechowali się dawniej ślepą wiarą w firmę, odniosło wrażenie, że Musk urósł w pychę. Tesla nie udowodniła dotychczas, że posiada odpowiednie zaplecze kompetencyjne, by nie tylko budować auta, lecz także na nich zarabiać, tak jak robią to BMW czy Audi. Mimo to Musk chciał przyspieszyć produkcję Modelu 3 i nie wydawał się przejmować tym, że fundusze topnieją w szaleńczym tempie. Podobnie jak w roku 2008 zaczęto ponownie wieszczyć upadek Tesli, choć tym razem powody miały być w znacznym stopniu wewnętrzne – przerośnięte ego i ambicja Muska.

Technologia autopilota wywołała nową falę strachu i wrogości wobec firmy. Jeden z największych miłośników Tesli, Joshua Brown, zginął w czerwcu 2016 roku w wypadku, używając właśnie autopilota. Ta tragedia była nieunikniona i prędzej czy później musiała przynieść konsekwencje albo dla Tesli, albo dla Google, w przyszłości zaś dla innego producenta. Jednak Musk podszedł do zdarzenia bezdusznie, zasypując ludzi statystykami zamiast okazać szczery żal z powodu tego, co się wydarzyło. „Zgodnie z niedawno opublikowanym raportem NHTSA z 2015 roku wypadki motoryzacyjne zwiększyły się o 8%, co oznacza jeden zgon na każde sto pięćdziesiąt milionów kilometrów" – napisał. „Wkrótce liczba przejechanych na autopilocie kilometrów zostanie przekroczona, a system jest ulepszany każdego dnia [...] i używany prawidłowo. Obecnie stał się on już znacznie bezpieczniejszy od tradycyjnej jazdy, dlatego byłoby aktem moralnie nagannym opóźnienie wdrożenia jedynie ze względu na strach, czarny PR albo jakieś kalkulacje kosztów wynikających z odpowiedzialności prawnej".

Musk kierował się w tym przypadku typową dla siebie logiką i prawdopodobnie miał rację. Jednak stanowisko, które zajął w tej sprawie, różniło się od opinii ogromnego grona ludzi nieprzyzwyczajonych do ubogiego w niuanse, opartego na algorytmach sposobu postrzegania świata rodem z Doliny Krzemowej.

Presja, jaką Elon musiał znosić, wydawała się go miażdżyć. Pozbywał się ludzi – na przykład rzecznika Tesli, Ricardo Reyesa, jednej z niewielu osób na tyle odważnych, by kwestionować decyzje podejmowane przez Muska. Elon atakował dziennikarzy częściej niż kiedykolwiek wcześniej – w tym również mnie. Napisałem tekst o dwudziestopięcioletnim hakerze, George'u Hotzie, który w zaledwie kilka miesięcy zbudował w swoim garażu w San Francisco samochód autonomiczny. Musk próbował kiedyś go zatrudnić, ale Hotz odrzucił propozycję w reakcji na ciągłe zmiany zapisów w proponowanej umowie.

Po ukazaniu się artykułu, w którym ze szczegółami opisałem, jak Hotz został wykorzystany, Musk przedstawił „sprostowanie", a mnie wywołał imiennie. Co gorsza, poniżył Hotza, przynajmniej moim zdaniem. „Uważamy za nadzwyczaj mało prawdopodobne, aby pojedyncza osoba, a nawet niewielka firma, której brakuje rozległych możliwości certyfikacji inżynieryjnej, była w stanie wytwarzać system autonomicznego prowadzenia stosowany w pojazdach" – napisał Musk. Inwestor kapitału podwyższonego ryzyka, Marc Adreessen, zripostował na swoim Twitterze: „Elon bardzo nie lubi gościa, który może stać się kolejnym Elonem". Uważam, że doskonale to ujął. Dwudziestopięcioletni Musk wykpiłby podejście czterdziestopięcioletniego Muska.

W tym okresie ucierpiało również życie osobiste Elona. Na początku 2016 roku po raz drugi rozwiódł się z Talulah Riley. Ich związek opierał się od dłuższego czasu na ciągłych rozstaniach i powrotach. Musk powiedział mi, że Riley chciała wieść spokojniejsze życie w Anglii i nie obchodziło ją Los Angeles. On zawsze wydawał się szczęśliwszy, gdy układało mu się z żoną, dlatego jej odejście z pewnością pogrążyło go jeszcze bardziej.

Świat, który Musk zbudował dla siebie, stał się jednym z wyzwań tak olbrzymich, że większość ludzi nie byłaby w stanie im sprostać. Miałem nadzieję, że Elon zainspirował Dolinę Krzemową i cały świat do snucia dalekosiężnych planów i spełniania odważniejszych marzeń. To pierwsza osoba, która dowiodła, że zaledwie jeden człowiek może zrobić coś tak wielkiego, jak założenie firmy produkującej rakiety, firmy, która rzuciłaby wyzwanie największym rynkowym graczom i pokonałaby kilka najpotężniejszych krajów. Musk urzeczywistnił ideę samochodów elektrycznych i sprytnego oprogramowania samochodowego na tyle, że odtąd każdy liczący się w branży producent pragnął dorównać Tesli albo ją pokonać. Start-upy z branży kosmicznej, motoryzacyjnej i energetycznej mnożyły się, mając nadzieję, że zostaną następną SpaceX lub Teslą.

Kiedyś Musk mógł wybierać wśród najzdolniejszych absolwentów kierunków inżynierskich. Teraz musi przyglądać się, jak Apple pracuje nad technologią motoryzacyjną, jak Larry Page sponsoruje projekty latających aut, a Jeff Bezos stara się wynieść swoje rakiety w przestrzeń kosmiczną. Ludzie, którzy tolerowali żądania Muska, uważając go za swoją jedyną nadzieję, mają dziś możliwość wyboru innego miejsca pracy i mnóstwo fantastycznych projektów, w jakie mogą się zaangażować.

Świetnie bawię się, obserwując, jak maklerzy z Wall Street oraz inni starają się przetrawić te informacje i obstawiają, czy Elonowi uda się wyjść ze wszystkiego zwycięsko. Wielu inwestorów próbuje traktować Teslę jako zwyczajną firmę prowadzoną przez typowego przedsiębiorcę. Jak Musk mógł w ogóle wyjść z propozycją, by Tesla zakupiła SolarCity, jeśli obydwie korporacje roztrwoniły swoje zasoby finansowe? Jak ten gość może w ogóle mówić o produkcji aut sięgającej setek tysięcy, skoro Tesla traci pieniądze na każdym pojedynczym modelu? Jakie biznesowe uzasadnienie stoi za wysyłaniem na Marsa dziesiątek rakiet?

Zawsze gdy pojawiają się takie pytania, przypominam sobie e-mail, który Musk wysłał wiele lat temu do przyjaciela. Pisał w nim: „Mam naturę obsesyjno-kompulsywną. Jak każdy ponoszę winę za bycie dupkiem i za sprawy, które spieprzyłem, ale mam grubą skórę, bo pokrywają ją blizny po dawnych ranach. Tym, co się dla mnie liczy, jest wygrana, i to nie na krótką metę. Bóg raczy wiedzieć dlaczego. [...] Prawdopodobnie napędza [sic!] mnie jakaś bardzo niepokojąca, psychoanalityczna czarna dziura albo neuronalne krótkie spięcie".

W tej krótkiej, lecz głębokiej informacji widoczna jest ogromna samokrytyka. Dla Muska zmiana Tesli w stabilnego gracza, który zadowoli managerów funduszu wzajemnego, nie jest zwycięstwem. A już na pewno nie jest nim uczynienie SpaceX użytkowym dostawcą lotów w kosmos dla satelitów komunikacyjnych. Jak dowodzi e-mail, Musk nie działa jak typowy prezes. Dąży do spełnienia osobistej, w pewnym sensie duchowej misji, której korzenie tkwią głęboko w zakamarkach jego umysłu. Spędziłem z Elonem sporo czasu, prowadząc moje badania przez lata, i jestem pewien, że bardzo niewiele osób byłoby w stanie uchwycić głębię motywacji Muska i siłę jego woli. I choć ja również dostrzegam biznesowe potknięcia, osobiste słabości i wyzwania, nadal jestem w pełni przekonany, że Musk odniesie sukces. On po prostu nie jest zaprogramowany do porażki.

Ashlee Vance, styczeń 2017

DODATEK 1

BRANŻA TECHNOLOGICZNA uwielbia zawikłane historie założycielskie. Nóż wbity w plecy? Soczysta porcja oszustwa? Idealnie. A mimo to prasa nigdy nie dokopała się do domniemanej intrygi otaczającej założenie przez Muska Zip2, ani też reporterzy nie zbadali całkowicie poważnych zarzutów dotyczących nieścisłości w jego karierze akademickiej.

W kwietniu 2007 roku fizyk John O'Reilly wytoczył Muskowi pozew, w którym oskarżył go o kradzież pomysłu na Zip2. Zgodnie z treścią dokumentu złożonego w Sądzie Najwyższym Stanu Kalifornia w Santa Clara O'Reilly spotkał Muska po raz pierwszy w październiku 1995 roku. Założył firmę o nazwie Internet Merchant Channel, w skrócie IMC, która umożliwiła firmom tworzenie prostych, naszpikowanych informacjami reklam internetowych. Przykładowo restauracja mogła stworzyć reklamę, która wyświetlałaby jej menu i dokładne wskazówki dojazdu. Jego pomysły były w większości teoretyczne, ale Zip2 ostatecznie powstał, oferując bardzo podobne usługi. O'Reilly twierdził, że Musk po raz pierwszy usłyszał o tego typu technologii, ubiegając się o pracę handlowca w IMC. On i Musk spotkali się przynajmniej trzykrotnie, jak argumentowano, w ramach rozmowy o pracę. O'Reilly wyjechał następnie za granicę, a po powrocie próbował odnowić kontakt z Muskiem.

O'Reilly odmówił rozmowy ze mną na ten temat, jednak w pozwie twierdził, że dowiedział się o Zip2 wskutek zbiegu okoliczności wiele lat później. Podczas lektury książki na temat ekonomii Internetu w 2005 roku natknął się na fragment wzmiankujący Muska jako założyciela Zip2 oraz sprzedaż firmy w 1999 roku dla Compaq Computer za trzysta siedem miliardów dolarów w gotówce. Fizyk był zaskoczony i zdał sobie sprawę, że firma Muska przypomina jego własną, która nigdy nie urosła do rangi zbyt znaczącego biznesu. Przypomniał sobie rozmowy z Muskiem i zaczął podejrzewać, że ten unikał go celowo i zamiast zostać jego handlowcem, umknął, by na własną rękę wcielić w życie ten sam pomysł. Oczekiwał zadośćuczynienia za autorstwo oryginalnego pomysłu na biznes. Akta sprawy liczą setki stron. O'Reilly zebrał zaprzysiężone oświadczenia osób, które częściowo wsparły jego wersję wydarzeń. Sąd jednakże uznał, że nie miał odpowiednich upoważnień, aby przedłożyć pozew w związku z problemami wokół rozwiązania swoich firm. Zasądzono mu spłatę kosztów sądowych pozwanego w wysokości stu dwudziestu pięciu tysięcy dolarów w 2010 roku, których do dziś Musk nie wyegzekwował.

W trakcie zabawy w detektywa O'Reilly dogrzebał się kilku informacji z przeszłości Muska, które są niewątpliwie znacznie ciekawsze niż treść jego pozwu. Dowiedział się na przykład, że University of Pennsylvania wydał mu dyplom w 1997 roku, a więc dwa lata później, niż on sam podał. Zadzwoniłem do dziekanatu na uniwersytecie, by zweryfikować tę informację. Kopie dokumentacji Muska potwierdzają, że otrzymał podwójny dyplom z ekonomii i fizyki w maju 1997 roku. O'Reilly wezwał również dziekanat Stanford do weryfikacji wpisu Muska na studia doktoranckie z fizyki w 1995 roku. „Na podstawie dostarczonych informacji nie jesteśmy w stanie odnaleźć dokumentacji Elona Muska" – pisał dyrektor studiów podyplomowych. Z kolei jego adwokat, poproszony o dokument potwierdzający wpis Muska odmówił, a prośbę określił mianem „nadmiernie uciążliwej". Zadzwoniłem do kilku profesorów fizyki ze Stanford, którzy wykładali w 1995 roku, ale albo nie udzielili mi odpowiedzi, albo nie pamiętali Muska. Doug Osheroff, laureat Nagrody Nobla i kierownik katedry w tamtym czasie, powiedział: „Nie sądzę, żebym znał Elona, i jestem praktycznie pewien, że nie studiował na Wydziale Fizyki".

W kolejnych latach wrogowie Muska nie próżnowali, ujawniając niejasności wokół jego studiów na Stanford. Gdy Martin Eberhard go pozwał, jego adwokat przedstawił na rozprawie ustalenia O'Reilly'ego. Z kolei podczas moich wywiadów wielu krytyków Muska z czasów Zip2, PayPala i wczesnego okresu Tesli powiedziało wprost, że ich zdaniem Musk trochę nazmyślał w kwestii studiów, żeby uwiarygodnić się jako nieopierzony przedsiębiorca, a potem musiał trzymać się tej wersji, gdy Zip2 rozwinęła skrzydła.

Początkowo też zdawało mi się, że zbyt wiele wątpliwości otacza karierę akademicką Muska, zwłaszcza okres stanfordzki. Ale w miarę badań odkryłem, że wszystkie znajdują konkretne wytłumaczenie i solidne dowody, które mogą obalić argumenty krytyków Muska.

Przykładowo w trakcie mojej pracy znalazłem dowody przeczące przedstawionemu przez O'Reilly'ego kalendarium wydarzeń. Peter Nicholson, bankier, dla którego Musk pracował w Kanadzie, spacerował z nim wzdłuż promenady w Toronto, zanim ten wyjechał na studia do Stanford, i rozmawiał o stworzeniu czegoś na kształt Zip2. Musk zaczął wówczas pisać oprogramowanie wspierające ideę, o której rozmawiał z Kimbalem. „Był rozdarty między doktoratem na Stanford i zrobieniem biznesu na podstawie fragmentu kodu, który napisał w wolnej chwili" – powiedział Nicholson. „Nazwał to Virtual City Navigator. Powiedziałem mu, że obecnie trwa całe to internetowe szaleństwo i ludzie zapłacą kupę kasy za byle co. To oprogramowanie było niepowtarzalną szansą, a doktorat mógł zrobić zawsze". Kimbal i pozostali członkowie rodziny Muska wspominają podobnie tę sytuację.

Sam Musk, wypowiadając się na ten temat obszernie po raz pierwszy, zaprzeczył wszelkim roszczeniom O'Reilly'ego i nie przypomina sobie nawet spotkania z nim:

> To kompletne bydlę. O'Reilly jest niespełnionym fizykiem, z którym wiążą się seryjne spory. Powiedziałem mu: „Słuchaj, nie mam zamiaru zawierać ugody w nieuczciwej sprawie. Więc nawet nie próbuj". Ale on się upierał. Jego sprawa dwukrotnie została odrzucona poprzez sprzeciw, co oznacza, że nawet przedstawiając wydarzenia zgodne z prawdą, nadal by przegrał. Dokładał wszelkich starań, by torturować mnie poprzez moich przyjaciół i osobiście [składając pozew]. A potem otrzymaliśmy orzeczenie doraźne i on przegrał. Złożył apelację, a potem ją przegrał. Więc ja na to: „Dobra, pierdolę to, składamy pozew o zasądzenie kosztów sądowych". I sąd zasądził mu koszty od apelacji. Wysłaliśmy do niego prezesa sądu okręgowego, a O'Reilly twierdził, że właściwie nie ma pieniędzy. Nie wiem, czy to była prawda, ale tak twierdził. Więc musielibyśmy albo zająć mu auto, albo dochody jego żony, co nie wydawało się najlepszym wyjściem. Zdecydowaliśmy się odpuścić mu te pieniądze, pod warunkiem że nie pozwie już nikogo opierając się na bzdurnych przesłankach, jednakże pod koniec zeszłego czy na początku bieżącego roku [2014] próbował to właśnie zrobić. Jednak kimkolwiek był pozwany, wiedział o mojej sprawie i skontaktował się z moim byłym adwokatem, a on powiedział O'Reilly'emu: „Słuchaj, lepiej oddal pozew albo wszyscy zażądają od ciebie pieniędzy. To bezcelowe pozywać na takich bzdurnych podstawach, ponieważ wisi nad tobą spłata Elona". To zabrzmiało jak rada, żeby wreszcie zrobił ze swoim życiem coś produktywnego.

W kwestii swojej kariery akademickiej Musk dostarczył mi dokument z datą 22 czerwca 2009 roku autorstwa Judith Haccou, dyrektor wydziału studiów podyplomowych dziekanatu Stanford University. Treść głosiła: „Na specjalną prośbę moich kolegów ze School of Engineering przeszukałam bazę danych i stwierdzam, że dokonał Pan rejestracji i został przyjęty do programu studiów podyplomowych z inżynierii materiałowej w roku 1995. W związku z brakiem wpisu Stanford nie może wystawić Panu oficjalnego dokumentu potwierdzenia".

Musk miał również wytłumaczenie dla dziwnej daty uzyskania dyplomów z Penn. „Miałem zaliczenia z historii i angielskiego, które Penn pozwoliło mi zrobić na Stanford" – powiedział. „Potem odroczyłem studia na Stanford, a wymogi na Penn zmieniły się i zaliczenia nie były już konieczne. Przyznali mi więc dyplom w 1997 roku, gdy było jasne, że nie zacznę podyplomówki, a wymogi uległy zmianie. Spełniłem wszystkie warunki konieczne do uzyskania dyplomu z Wharton w 1994 roku. Dyplom właściwie wysłali mi pocztą. Zdecydowałem, że zostanę jeszcze rok i zrobię dyplom z fizyki, ale wyszła ta sprawa z zaliczeniami. Przypomniałem sobie o tym, próbując uzyskać wizę pracowniczą, i zadzwoniłem na uczelnię, by uzyskać kopię świadectwa ukończenia studiów, a oni powiedzieli, że jeszcze ich nie ukończyłem. Potem jednak zajrzeli w nowe wymogi i uznali, że jednak wszystko w porządku".

DODATEK 2

CHOĆ MUSK WYPOWIADAŁ SIĘ publicznie na temat okresu PayPala oraz puczu, wdał się w znacznie większe szczegóły niż kiedykolwiek wcześniej w trakcie jednego z naszych dłuższych wywiadów. Od jego burzliwego odsunięcia minęły lata, a on był w stanie przemyśleć to, co poszło dobrze, co poszło źle i co mogło zdarzyć się inaczej. Zaczął od analizy swojej decyzji o wyjeździe z kraju, połączeniu interesu z przyjemnością i zepsutym miesiącu miodowym, a skończył na wyjaśnieniu, dlaczego branża finansowa nadal nie rozwiązała problemów, z jakimi zmagała się X.com.

> Problem z moim wyjazdem był taki, że nie mogłem przedyskutować pewnych kwestii z zarządem. Przykładowo rebranding był według mnie dobrym posunięciem, ale niekoniecznie w tamtym okresie. Wówczas z połączenia X.com oraz PayPala powstała dziwaczna hybryda. Sądzę, że X była właściwą długoterminową marką dla centrum wszelkich transakcji. Tym właśnie była. PayPal nie miał sensu, gdy mówimy o czymś więcej niż systemie płatności osobistych. Uważam, że takie było rozsądniejsze podejście, ale trzeba było uwzględnić najbardziej dogodny termin. Lepiej było z tym poczekać.

W kwestii zmian technologicznych trudno to zrozumieć. Na pierwszy rzut oka nie wydaje się sensowne, żebyśmy pisali nasz kod front-end w Microsoft C++ zamiast w Linuxie. Powodem są jednak możliwości narzędzi programistycznych dla Microsoftu i PC. Zostały opracowane dla branży gier. To zabrzmi jak herezja w kontekście Doliny Krzemowej, ale możliwe jest szybsze programowanie i uzyskanie funkcjonalności w świecie C++. Wszystkie gry na Xboxa są pisane w tym języku, zresztą podobnie jak na pecety. To niezwykle złożone, wyrafinowane rzeczy, a te wspaniałe narzędzia opracowano dzięki branży gier. W tej branży było najwięcej zdolnych programistów. Nie jestem pewien, czy ludzie to rozumieją. To był również 2000 rok i nie było wówczas obszernych bibliotek dla Linuxa, które dziś istnieją, a Microsoft je wówczas miał. Dostępne były biblioteki DLL, dzięki którym można było zrobić wszystko, a po prostu nie dało się znaleźć takich samych bibliotek Linuxowych.

Dwóch gości, którzy odeszli z PayPala, zaczęło pracę w Blizzardzie i pomogło stworzyć grę *World of Warcraft*. Gdy patrzy się na złożoność czegoś takiego z perspektywy peceta i Microsoft C++, to brzmi niewiarygodnie. Zostawia w tyle każdą witrynę.

Z perspektywy czasu powinienem odłożyć rebranding i spędzić z Maxem znacznie więcej czasu, zaznajamiając go z technologią. Sądzę, że to było dość trudne ze względu na stworzony przez niego system Linuxowy o nazwie Kod Maxa. Był bardzo mocno związany ze swoim systemem, który obejmował szereg bibliotek autorstwa jego i jego przyjaciół. Utrudniło to jednak rozwój nowych funkcji. Gdy dziś spojrzy się na PayPala, jednym z powodów braku nowych elementów jest to, że trudno jest utrzymać stary system.

Generalnie rzecz biorąc, nie kwestionowałem decyzji zarządu dotyczącej PayPala w tym sensie, że z posiadaną przez nich informacją prawdopodobnie postąpiłbym tak samo. W sprawie Zip2 jednakże podjąłbym decyzję przeciwną. Uważałem, że po prostu zdecydowali bardzo źle opierając się na posiadanych przez siebie informacjach. Nie sądzę, żeby zarząd X.com postąpił tak samo, ale wyczuliłem się na to, kto w przyszłości miałby inwestować w moje firmy.

Myślałem o odzyskaniu PayPala, ale byłem wyczerpany innymi sprawami. Niemal nikt nie rozumie, jak ta firma naprawdę funkcjonowała, ani też dlaczego jej się udało, podczas gdy innym systemom płatności przedtem i potem nie. Nie rozumie tego nawet większość ludzi w niej pracujących. Powodem tego był niższy koszt transakcji, ponieważ mogliśmy wykonać większą ich część w formie przelewów w systemie ACH, transakcji elektronicznych oraz, co najważniejsze – transakcji wewnętrznych. Te ostatnie były niemalże całkowicie bezpieczne i nic nas nie kosztowały. Koszty systemu ACH to jakieś dwadzieścia centów. Minusem była wolna praca spowodowana zależnością od czasu przetwarzania wsadowego banku. Transakcje kart kredytowych przetwarzano szybko, ale również były kosztowne w zakresie opłat, a także podatne na nadużycia. To problem, z którym obecnie boryka się Square.

Square stał się niekorzystną wersją PayPala. Krytyczną kwestią jest opracowanie transakcji wewnętrznych. To ważne, bo mają być szybkie, bezpieczne i darmowe. Jeśli jesteś sprzedawcą i masz wiele opcji, a PayPal pobiera najniższe opłaty i jest najbezpieczniejszy, wydaje się oczywistym wyborem.

Patrząc na przykładowy biznes, można oszacować, że są w dziesięciu procentach zyskowni. Wykazują tyle zysku, mogąc pokryć całość kosztów. Czyli: przychody minus wydatki daje dziesięć procent. Jeśli korzystanie z PayPala oznacza, że płacisz dwa procent od transakcji, a korzystanie z innych systemów wiąże się z dwukrotnie większymi kosztami, to na PayPalu masz dwudziestoprocentowy wzrost rentowności. Musiałbyś być idiotą, żeby z tego nie skorzystać, prawda?

Więc skoro około połowa transakcji PayPala latem 2001 roku była wewnętrzna lub ACH, wówczas nasze koszty były o połowę niższe, ponieważ połowę stanowiły karty kredytowe, a druga połowa była darmowa. Pytanie brzmiało więc, jak skłonić ludzi, by trzymali pieniądze w systemie.

Dlatego powstała karta debetowa PayPala. To trochę sprzeczne z intuicją, ale im łatwiej ludziom wyciągało się pieniądze z systemu, tym mniej chętnie chcieli to robić. Jeśli zaś jedynym sposobem na wydanie pieniędzy albo zyskanie do nich dostępu było przeniesienie ich do tradycyjnego banku, właśnie to by natychmiast zrobili. Innym sposobem było stworzenie funduszu rynku pieniężnego PayPala. Zrobiliśmy to, ponieważ ludzie przenosili pieniądze z dwóch powodów: albo by przeprowadzić fizyczne transakcje, albo z powodu wyższego oprocentowania. Założyłem fundusz z najwyższą stopą zwrotu w kraju i to właściwie po kosztach. Nie planowaliśmy na nim zarobić, lecz jedynie zachęcić ludzi do pozostawienia pieniędzy w systemie. Ponadto daliśmy możliwość płacenia przez PayPal rachunków, na przykład za prąd.

Trzeba było wprowadzić jeszcze wiele zmian, jak na przykład czeki. Mimo że wiele osób ich nie używa, to niektórzy chcą korzystać z tej opcji. Jeśli zabroni się używania ludziom czeków, oni stwierdzą, że w takim razie będą musieli w końcu założyć to konto bankowe. Więc dajmy im te parę czeków, na miłość boską.

To absurdalne, że dziś PayPal jest gorszy niż w okolicach 2001 roku. To zupełnie idiotyczne. Żaden z tych start-upów nie rozumie celu, a powinno nim być osiągnięcie podstawowej wartości. Uważam, że ważny jest punkt widzenia najlepszy dla ekonomii. Jeśli ludzie mogą wykonywać transakcje szybko i bezpiecznie, to lepsze dla nich. Jeśli coś jest prostsze dla ich finansów, jest lepsze dla nich. Jeśli więc wszystkie wasze sprawy finansowe zostaną wygodnie skupione w jednym miejscu, łatwo wykonywać transakcje, a opłaty z nimi powiązane są niskie. To wszystko są dobre rzeczy. Dlaczego oni tego nie robią? To szaleństwo.

DODATEK 3

Nadawca: Elon Musk
Data: 7 lipca 2013, 12:43:06
Odbiorca: wszyscy <All@spacex.com>
Temat: Wejście na giełdę

Zgodnie z moimi wcześniejszymi komentarzami, jestem coraz bardziej zaniepokojony perspektywą wejścia na giełdę SpaceX przed ustanowieniem systemu transportowego na Marsa. Stworzenie technologii koniecznej do ustanowienia tam życia jest i zawsze było fundamentalnym celem firmy. Jeśli bycie spółką akcyjną zagrozi temu celowi, nie wejdziemy na giełdę, dopóki misja nie będzie bezpieczna. Nie zamykam się na dyskusję, ale biorąc pod uwagę moje doświadczenia z Teslą i SolarCity, nie będę forsować wejścia na giełdę, zwłaszcza w długiej perspektywie naszej misji.

Ci z Was, którzy nie mają doświadczenia ze spółką akcyjną, mogą myśleć, że to coś pożądanego. Tak nie jest. Akcje na giełdzie, zwłaszcza w przypadku ogromnych zmian technologicznych, są podatne na skrajne wahania, zarówno z przyczyn wewnętrznych, jak i pod wpływem zewnętrznych nacisków gospodarki.

Maniakalno-depresyjna natura giełdy odwraca uwagę ludzi, którzy przestają skupiać się na tworzeniu wspaniałych produktów.

Warto podkreślić, że Tesla i SolarCity są spółkami giełdowymi, ponieważ nie miały innego wyboru. Ich struktura oparta o kapitał prywatny stała się nieporęczna i musiały zebrać duży kapitał własny. SolarCity musiała także zebrać znaczną ilość finansowania dłużnego najniżej oprocentowanego, aby sfinansować wynajem paneli. Banki oferujące tego typu finansowanie chciały, by firma odczuła dodatkowe i bolesne kontrole, które wiążą się wraz z wejściem na giełdę. Te reguły znane jako Sarbanes-Oxley skutkują podatkiem nakładanym na działalność firmy poprzez wymóg szczegółowego raportowania każdego posiłku spożywanego w delegacji i wlepianiem kar nawet za niewielki błąd.

W PORZĄDKU, ALE MOGĘ ZAROBIĆ WIĘCEJ, JEŚLI WEJDZIEMY NA GIEŁDĘ

Do tych, którym wydaje się, że ich inteligencja pozwoli im przechytrzyć inwestorów giełdowych i zdążą sprzedać akcje SpaceX w „odpowiednim" momencie: wyprowadzę Was z błędu. Jeśli naprawdę jesteście w tym lepsi niż większość zarządców funduszy hedgingowych, nie musicie się martwić o wartość Waszych akcji SpaceX, bo możecie zainwestować w inne i zarobić na giełdzie miliardy dolarów.

Jeśli myślicie: „Och, ale ja wiem, co naprawdę dzieje się w SpaceX i to da mi przewagę", to również jesteście w błędzie. Sprzedawanie akcji firmowych z wykorzystaniem informacji wewnętrznych jest nielegalne. Dlatego ogranicza się sprzedaż akcji do wąskich okien czasowych kilka razy w roku. Mimo to wciąż możecie zostać oskarżeni o złamanie prawa. Zarówno pracownik, jak i inwestor Tesli stanęli przed ławą przysięgłych za sprzedaż akcji ponad rok temu, mimo że postępowali zgodnie z literą i duchem prawa. Nie było w tym nic zabawnego.

Kolejną rzeczą, która spotyka spółki giełdowe, jest bycie celem dla prawników sądowych, którzy wnoszą postępowania z powództwa grupowego, znajdując kogoś, kto kupi kilkaset akcji, a potem udając pozwanie firmy w imieniu wszystkich inwestorów z powodu najmniejszego spadku cen. Tesla aktualnie przez to przechodzi pomimo relatywnie wysokiej ceny jej akcji, ponieważ wspomniany spadek miał miejsce w zeszłym roku.

Niesłuszne jest również myślenie, że ponieważ ceny akcji Tesli i SolarCity są obecnie wysokie, SpaceX również będą. Spółki giełdowe są poddawane ocenie na podstawie raportów kwartalnych. Niektóre firmy radzą sobie dobrze, ale to nie znaczy, że inne też sobie poradzą. Obydwie firmy (a zwłaszcza Tesla) uzyskały świetne wyniki w pierwszym kwartale. SpaceX wręcz przeciwnie. Z finansowego punktu widzenia mieliśmy fatalny początek roku. Jeśli byliśmy spółką giełdową, inwestorzy krótkoterminowi tłukliby nas po głowie pałkami. Dostawalibyśmy również za każdym razem, gdy rakieta lub statek kosmiczny wykazałby awarię, jak w przypadku lotu numer 4 z awarią silnika i lotu numer 5 z zaworami Dragona. Przedłużający się start V1.1, mający obecnie ponad rok opóźnienia w stosunku do harmonogramu, spotkałby się z wyjątkowo surową karą, a jest to nasz główny czynnik napędzający przychody. Nawet coś tak niewiele znaczącego jak przesunięcie startu o kilka tygodni z jednego kwartału na kolejny spotyka się z krytyką. Produkcja pojazdów Tesli w ostatnim kwartale zeszłego roku była opóźniona o ledwie trzy tygodnie, a mimo to rynek zgotował nam piekło.

TO, CO NAJLEPSZE Z OBYDWU ŚWIATÓW

Moim celem w SpaceX jest dać Wam to, co najlepsze ze spółki giełdowej i firmy prywatnej. Pozyskując rundę finansowania, szacujemy, ile bylibyśmy warci jako spółka giełdowa z wyłączeniem irracjonalnych zapędów lub zapaści, a także bez nacisków i uwagi odwróconej poprzez bycie w świetle reflektorów. Zamiast pozwalać na wahania płynności, celem jest utrzymanie trwałego trendu wzrostowego i niedopuszczenie do tego, by cena akcji spadła poniżej poprzedniego kursu. Rezultat końcowy dla Was (albo inwestora w SpaceX) będzie finansowo taki sam, jak gdybyśmy byli spółką giełdową, a Wy sprzedawalibyście stałą ilość akcji każdego roku.

Gdybyście zastanawiali się nad konkretną liczbą, mogę powiedzieć, że jestem pewien, iż nasza długoterminowa cena akcji wyniesie ponad sto dolarów w razie sukcesu z Falconem i Dragonem. Aby tego dokonać, musimy posiadać stabilną i szybką sekwencję startów, o wiele lepszą niż w przeszłości. Przed nami znacznie więcej pracy, niż Wam się zdaje. Dam Wam przedsmak obecnej sytuacji finansowej: tegoroczne wydatki finansowe SpaceX wyniosą około od ośmiuset do dziewięciuset milionów dolarów (co tak na marginesie nie mieści mi się w głowie). W związku z tym, że za każdy lot Falcona 9 zarabiamy sześćdziesiąt milionów, a za Falcona Heavy lub FH-Dragona dwukrotnie więcej, musimy rocznie wykonywać ich około dwunastu, z czego cztery muszą być Dragonami albo Heavy, żeby wykazać ledwie dziesięć procent rentowności!

Na najbliższe pięć lat pozyskaliśmy finansowanie lotów komercyjnych NASA, która nas wspiera, ale potem jesteśmy już zdani sami na siebie. To niewiele czasu na ukończenie Falcona 9, Falcona Heavy, Dragona V2 i osiągnięcie tempa wylotów przynajmniej raz w miesiącu. I należy mieć wzgląd na to, że to średnia, więc jeśli start opóźni się z jakiegoś powodu (nawet z winy satelity), zostanie nam tylko tydzień na kolejny start.

MOJE REKOMENDACJE

Poniżej znajdują się moje rady dotyczące sprzedaży akcji lub opcji SpaceX. Nie jest wymagana skomplikowana analiza, wystarczy przestrzegać kilku prostych zasad.

Jeśli wierzycie, że SpaceX poradzi sobie lepiej niż przeciętna firma giełdowa, wówczas nasze akcje będą rosnąć w tempie szybszym niż reszta rynku, co stanowiłoby bardzo dochodową długoterminową inwestycję. Dlatego należy sprzedawać jedynie ilość niezbędną do poprawy standardu życia w krótkoterminowej i średnioterminowej perspektywie. Zalecam sprzedaż części portfela akcji, nawet jeśli jesteście pewni ich wzrostu, ponieważ życie jest krótkie, a dodatkowa gotówka to dodatkowa zabawa i mniej stresu w domu (o ile nie powiększycie zbytnio proporcjonalnie swoich osobistych wydatków).

W celu zwiększenia Waszych zysków po opodatkowaniu najlepiej będzie zamienić opcje na akcje (jeśli możecie sobie na to pozwolić), a potem trzymać je przez rok przed sprzedażą na naszym organizowanym mniej więcej dwa razy do roku wyjściu z inwestycji. Dzięki temu będziecie mogli zapłacić podatek od zysków kapitałowych zamiast od dochodów.

Słowem zakończenia, planujemy zorganizować wydarzenie wyjścia z inwestycji jak najszybciej po kwalifikacji Falcona 9 w ciągu miesiąca lub dwóch. Nie wiem dokładnie, ile wyniesie cena akcji, ale opierając się na wstępnych rozmowach z inwestorami będzie to około trzydzieści – trzydzieści pięć dolarów. To szacuje wartość SpaceX na cztery – pięć miliardów dolarów, czyli właśnie tyle byłaby warta firma, gdybyśmy weszli teraz na giełdę, a to, szczerze mówiąc, całkiem nieźle, biorąc pod uwagę fakt, że nowe Falcon 9, Falcon Heavy i Dragon V2 wciąż znajdują się na etapie budowy.

Elon

PODZIĘKOWANIA

Z PERSPEKTYWY PROCESU to będą dla mnie zawsze dwie książki zamiast jednej. Czas dzieli się na Przed Elonem i Po Elonie. Pierwsze półtora roku prowadzenia wywiadów wypełniało napięcie, smutek i radość. Jak wspomniano w treści książki, Musk początkowo nie chciał współpracować ze mną przy projekcie. Przez to chodziłem od jednego potencjalnego rozmówcy do drugiego i byłem odsyłany z kwitkiem za każdym razem, gdy próbowałem rozmawiać z byłym pracownikiem Tesli albo dawnym kolegą ze szkoły Elona. Dobre momenty zdarzały się, gdy ludzie zgadzali się na wywiady. Złe, gdy odmawiali i prosili, by więcej nie zawracać im głowy. Wystarczyło kilka tych drugich, by wielokrotnie ogarniało mnie wrażenie, że napisanie porządnej książki o Musku będzie rzeczą niemożliwą.

Motywację do działania dawało mi to, że kilkoro ludzi zgadzało się na współpracę, za nimi szli kolejni, a potem – wywiad za wywiadem – przeszłość zaczynała się układać w spójną opowieść. Będę na wieki wdzięczny setkom ludzi, którzy zgodzili się poświęcić mi swój czas, a zwłaszcza tym, którzy pozwolili mi wracać z kolejnymi pytaniami. Zbyt długo by wszystkich wymieniać, ale ci wspaniali ludzie – jak Jeremy Hollman, Kevin Brogan, Dave Lyons, Ali

Javidan, Michael Colonno i Dolly Singh – zaoferowali bezcenne spostrzeżenia i bogatą pomoc techniczną. Z całego serca chciałbym również podziękować Martinowi Eberhardowi i Marcowi Tarpenningowi za ich kluczowy, obszerny wkład w historię Tesli.

Nawet w okresie Przed Elonem Musk pozwolił niektórym swoim bliskim przyjaciołom na rozmowy ze mną, a oni nie żałowali mi swojego czasu i uwagi. Specjalne podziękowania kieruję do George'a Zachary'ego i Shervina Pishevara, a także do Billa Lee, Antonia Graciasa oraz Steve'a Jurvetsona, którzy naprawdę wychodzili z siebie dla Muska i dla mnie. Ogromny dług wdzięczności mam także wobec Justine Musk, Maye Musk, Kimbala Muska, Petera Rive'a, Lyndona Rive'a, Russa Rive'a oraz Scotta Haldemana za ich czas oraz historie rodzinne, które mi opowiedzieli. Talulah Riley okazała się na tyle uprzejma, by udzielić mi wywiadu i znosić moje wścibstwo wobec życia jej męża. Naprawdę uwydatniła kilka aspektów jego osobowości, z jakimi wcześniej się nie spotkałem, i pomogła lepiej go zrozumieć. To było bardzo ważne dla mnie i, jak sądzę, również dla czytelników.

Po tym, jak Musk zgodził się ze mną pracować, większość napięcia towarzyszącego zbieraniu materiałów minęła, ustępując miejsca podnieceniu. Zyskałem dostęp do takich osób, jak J.B. Straubel, Franz von Holzhausen, Diarmuid O'Connell, Tom Mueller czy Gwynne Shotwell, którzy należeli do najbardziej inteligentnych i fascynujących ludzi, z jakimi zetknąłem się w mojej dotychczasowej karierze reporterskiej. Na zawsze będę wdzięczny za ich cierpliwość w tłumaczeniu zawiłości historii firmy oraz podstaw technologii, a także za ich bezstronność. Chcę także podziękować Emily Shanklin, Hannah Post, Alexis Georgeson, Liz Jarvis-Shean oraz Johnowi Taylorowi za cierpliwość w stosunku do moich nieustannych próśb i dręczenia, a także umawiania niezliczonej liczby wywiadów w firmach Muska. Mary Beth Brown, Christina Ra i Shanna Hendriks nie należały już do Musk Landu pod koniec mojej pracy, lecz okazały się nieocenioną pomocą w zdobywaniu wiedzy na temat Muska, Tesli oraz SpaceX.

Największy dług wdzięczności mam oczywiście wobec Muska. Na początku naszej współpracy byłem kłębkiem nerwów przed rozmowami z nim. Nie miałem pewności, jak długo będzie ze mną współpracował przy książce. Mógł udzielić mi jednego wywiadu albo dziesięciu. Czułem ogromną presję, aby uzyskać odpowiedzi na najbardziej kluczowe pytania i od razu przechodziłem do rzeczy. Gdy jednak Musk nie wycofał się, nasze rozmowy trwały coraz dłużej, stawały się mniej formalne, bardziej pouczające. To właśnie na nie najbardziej czekałem każdego miesiąca. Przyszłość pokaże, czy Musk zmieni bieg historii ludzkości w znaczący sposób, ale z pewnością porywającym przywilejem była możliwość wejrzenia w umysł człowieka o tak ogromnych aspiracjach. I choć na początku był powściągliwy, gdy poświęcił się już pracy przy książce, to poświęcił się w całości, a ja jestem wdzięczny i zaszczycony, że właśnie tak się stało.

Na froncie zawodowym chciałbym podziękować moim redaktorom i współpracownikom, którzy pracowali ze mną przy książce na przestrzeni lat. China Martens, James Niccolai, John Lettice, Vindu Goel i Suzanne Spector – każda z tych osób przekazała mi ważną lekcję na temat sztuki pisania. Specjalne podziękowania kieruję do Andrew Orlowskiego, Tima O'Briena, Damona Darlina, Jima Aleya oraz Drew Cullena, którzy wywarli największy wpływ na to, jak dziś myślę o pisaniu oraz reportażu, i należą do najlepszych mentorów, jakich można sobie wymarzyć. Bezgranicznie dziękuję Bradowi Wienersowi oraz Joshowi Tyrangielowi, moim szefom w „Bloomberg Businessweek", za wolną rękę do prac nad książką. Wątpię, by na świecie istniał ktoś, kto robi więcej dla promowania dobrego dziennikarstwa niż oni dwaj.

Specjalna seria podziękowań wędruje dla Brada Stone'a, mojego kolei z „New York Times" i później z „Businessweek". Brad pomógł mi ukształtować pomysł na tę książkę, dodawał wsparcia w trudnych chwilach i był niezrównanym partnerem do dyskusji. Mam wyrzuty sumienia z powodu ciągłego zarzucania go pytaniami i wątpliwościami. Brad jest wzorowym kolegą, zawsze chętnym do udzielenia rady czy wzięcia na siebie zadań. Jest wspaniałym pisarzem i przyjacielem.

Dziękuję również Keithowi Lee oraz Sheili Abichandani Sandfort. To niezwykle inteligentni, mili i wspaniali ludzie, a ich opinie na temat pierwszych wersji tekstu były bezcenne.

Mój agent David Patterson i redaktor Hilary Redmon odegrali znaczącą rolę we wcieleniu w życie książki. David zawsze oferował słowa pociechy w chwilach załamania, podnosząc mnie na duchu. Szczerze wątpię w to, czy udałoby mi się ukończyć książkę bez jego wsparcia i zachęty na początkowych etapach. Gdy prace nabrały tempa, Hilary przeprowadziła mnie przez najtrudniejsze etapy, wynosząc książkę na nieoczekiwany poziom. Tolerowała moje napady złości i wprowadziła ogromne ulepszenia w moim stylu. To wspaniałe, móc ukończyć coś takiego i zyskać takich dobrych przyjaciół. Dziękuję Wam bardzo.

Na końcu chciałbym podziękować mojej rodzinie. Książka stała się żywym bytem, który przez dwa lata utrudniał życie moim bliskim. Nie widywałem wówczas moich synów tak często, jak bym chciał, ale gdy już się spotykaliśmy, witali mnie radosnymi uśmiechami i uściskami. Jestem wdzięczny, że w rezultacie mojego projektu obydwaj zainteresowali się rakietami i samochodami. Jeśli zaś chodzi o moją żonę, Melindę, to była aniołem. Z praktycznej perspektywy ta książka nie doszłaby do skutku bez jej wsparcia. Była moim najlepszym czytelnikiem i oddaną powierniczką. Odgrywała rolę najlepszego przyjaciela, który wiedział, kiedy dodawać mi sił, a kiedy usunąć się w cień. I choć ta książka przez dłuższy czas zakłócała nam życie, na koniec nas zbliżyła. Jestem szczęściarzem, mając taką partnerkę, i nigdy nie zapomnę, jak wiele nasza rodzina zawdzięcza Melindzie.

ADNOTACJE

[1] *Journal of the Canadian Chiropractic Association*, 1995.

[2] http://queensu.ca/news/alumnireview/rocket-man.

[3] http://www.marieclaire.com/sex-love/relationship-issues/millionaire-starter-wife.

[4] Autorem tego terminu jest inwestor Bill Lee, jeden z bliskich przyjaciół Muska.

[5] http://archive.wired.com/science/space/magazine/15-06/ff_space_musk?currentPage=all.

[6] http://news.cnet.com/Electric-sports-car-packs-a-punch%2C-but-will--it-sell/2100-11389_3-6096377.html.

[7] http://www.nytimes.com/2006/07/19/business/19electric.html.

[8] Jako gentleman z Południa Currie nigdy nie przywykł do wulgaryzmów Muska – „Klnie jak szewc, w dodatku w mieszanym towarzystwie" – ani też do jego metod pozyskiwania cennych pracowników. „Przetrząsnąłby dosłownie każdy najciemniejszy kąt w poszukiwaniu tej jednej osoby z konkretnymi, potrzebnymi mu umiejętnościami" – powiedział Currie. „A potem gość zniknąłby w trzy miesiące do roku, jeśli pokłóciłby się z Elonem". Mimo to Currie wspominał Elona jako inspirującą osobę. Nawet gdy Tesla chyliła się ku finansowemu upadkowi, zachęcał pracowników do efektywnej pracy i obiecywał pomóc

im w osiągnięciu sukcesów. Podobnie jak wiele innych osób, Currie podziwiał także etykę pracy Elona. „Zdarzało się, że podczas pobytu w Europie albo w Chinach wysyłałem mu e-mail o wpół do trzeciej nad ranem jego czasu" – wspominał. „Po pięciu minutach otrzymywałem odpowiedź. Wsparcie na tym poziomie jest po prostu niewiarygodne".

9 http://www.mercurynews.com/greenenergy/ci_7641424.

10 http://www.telegraph.co.uk/culture/3666994/One-more-giant-leap.html.

11 http://www.sia.org/wpontent/uploads/2013/06/2013_SSIR_Final.pdf.

12 Kolejny taki przypadek zdarzył się pod koniec 2010 roku w trakcie próby startu na Florydzie. Jeden z techników SpaceX zostawił otwarty właz na platformie na noc i deszcz zalał pomieszczenie komputerowe poziom niżej. Woda spowodowała duże problemy z komputerami SpaceX i inny technik musiał przylecieć z Kalifornii z kartą American Express Muska, żeby naprawić awarię na kilka dni przez startem. Inżynierowie natychmiast zakupili nowy sprzęt komputerowy i ustawili w pomieszczeniu. Potrzebowali poddać go standardowym testom, żeby upewnić się, że może utrzymać określony poziom napięcia. Była niedziela w nocy i nie mieli możliwości uzyskania szybkiego dostępu do urządzenia symulującego wysoki ładunek elektryczny. Jeden z nich improwizował, kupując w sklepie elektrycznym dwadzieścia pięć reflektorów dla wózków golfowych. Połączono je na platformie i powieszono na ścianie. Inżynierowie założyli okulary przeciwsłoneczne i zapalili lampy, wiedząc, że jeśli źródło zasilania wytrzyma ten test, wówczas będzie w porządku dla lotu. Proces powtórzono dla kilku źródeł zasilania, a zespół pracował od dziewiątej tamtego wieczoru do siódmej rano i skończył na czas.

13 http://www.space.com/15874-private-dragon-capsule-space-station--arrival.html.

14 Podsumowując dyskusję, Musk i ja wymieniliśmy kilka e-maili. Napisał: „Ropa i benzyna należą zdecydowanie do obozu Romneya i podsycają jego kampanię. Do niedawna nie obchodziła ich Tesla, bo sądzili, że nam się nie uda. Jak na ironię, atakują nas ze strachu, że może nam się powieść. Powodem jest to, że społeczeństwo musi funkcjonować,

więc im mniej rzeczywistych alternatyw wydaje się istnieć dla spalania węglowodorów, tym mniejsza jest presja na ograniczenie emisji dwutlenku węgla. Jeśli jednak elektrycznemu samochodowi się powiedzie, to podważa całą argumentację. Niemniej jednak uważam, że to świetnie, że o nas wspomniał. Fraza »Romney Tesla« jest jedną z najczęściej wyszukiwanych w Google!". Po kilku miesiącach, gdy wzrosła sprzedaż akcji Tesli, odezwałem się do ekipy Romneya z pytaniem, czy zmienił stanowisko, ale odmówiono mi komentarza.

15 Wraz z rozrostem Tesli, firma narzuciła swoim dostawcom większy szacunek i udało jej się otrzymać lepsze części oraz lepsze umowy. Outsourcing komponentów wciąż pozostaje bolączką Muska z powodów całkowicie zrozumiałych. Po próbie zwiększenia produkcji w 2013 roku, firma popadała w okresowe kłopoty przez swoich dostawców. Jeden z nich zrobił mało znaczący dwunastowoltowy akumulator kwasowo-ołowiowy do wykonywania pomocniczych funkcji w samochodzie. Tesla kupiła go od amerykańskiego dostawcy, który zlecił jego produkcję podwykonawcy z Chin, a ten swojemu podwykonawcy z Wietnamu. Zanim akumulator dotarł do fabryki odbiorcy końcowego – nie działał, generując dodatkowe koszty i opóźnienie w trakcie kluczowego okresu historii Modelu S. Właśnie takie przypadki owocują odgrywaniem znacznie bardziej aktywnej roli Tesli w relacjach ze swoimi dostawcami w porównaniu do innych producentów aut. Przy czymś takim jak sterownik układu ABS Tesla będzie współpracować ściśle z dostawcą – w tym przypadku Boschem – aby dostosować sprzęt i jego oprogramowanie do konkretnych wymogów Modelu S. „Większość firm po prostu przekazuje samochody Boschowi, ale Tesla pracuje razem z inżynierem programistą" – powiedział Ali Javidan. „Musieliśmy zmienić ich podejście i powiedzieć, że oczekujemy silnej współpracy".

16 Tesla wyznacza nowe standardy bezpieczeństwa w branży, które wydają się bliskie obsesji. J.B. Straubel w następujący sposób wyjaśnił firmowe myślenie: „W kwestii bezpieczeństwa producenci aut dotarli najwyraźniej do miejsca, w którym ich cele projektowe są ustalane przez regulacje lub standardy. Zasada mówi: »Rób to i nic poza tym«.

To niezwykle nudna inżynieria. Można coś pogrzebać w projekcie nadwozia, spróbować trochę przyspieszyć. My mamy więcej stref zgniotu, lepsze hamowanie, niższy środek ciężkości. Zaczęliśmy się zastawiać, czy potrafimy zrobić auto dwa razy bezpieczniejsze od każdego innego pojazdu na drodze".

17 Othmer czekał w kolejce, aby zostać właścicielem pierwszego Roadstera II. Musk opracował nietypową politykę kolejności sprzedaży aut. Gdy ogłasza sprzedaż nowego modelu i ustalona zostaje jego cena, zaczyna się wyścig, w którym ten, kto najszybciej wręczy mu czek, dostaje pierwszą sztukę. W przypadku Modelu S szczęśliwcem z wypisanym zawczasu czekiem był członek zarządu Tesli Steve Jurvetson, który podał Muskowi czek przez stół po tym, jak podejrzał szczegóły w pliku notatek przygotowanych na spotkanie zarządu. Z kolei Othmer przeczytał w magazynie „Wired" artykuł o planach drugiej wersji Roadstera i natychmiast napisał e-mail do Muska. „Powiedział: »W porządku, sprzedam ci go, ale musisz zapłacić z góry dwieście tysięcy dolarów«". Othmer się zgodził, a potem poszedł w niedzielę do siedziby firmy podpisać dokumenty uzgadniające cenę samochodu oraz fakt, że firma nie wiedziała dokładnie, kiedy auto będzie gotowe ani jakie będą jego specyfikacje. „Spodziewam się, że to będzie najszybsze auto na drodze" – powiedział Othmer. „Będzie miał napęd na cztery koła. Będzie wystrzałowy. I nie sądzę, że to była jego prawdziwa cena. Po prostu nie wydaje mi się, że Elon chciał, żebym go kupił".

18 Musk podejrzewał, że Better Place wpadła na pomysł z wymianą baterii po tym, jak jej dyrektor generalny Shai Agassi usłyszał o technologii w trakcie zwiedzania fabryki Tesli.

19 Musk przez lata wykonał wiele artystycznych aut na festiwal „Burning Man", w tym elektryczne w kształcie rakiety. W 2011 roku spotkał się z krytyką ze strony „Wall Street Journal" za luksusy biwakowania. „Elon Musk, dyrektor generalny i producent samochodów elektrycznych Tesla Motors, współzałożyciel należącego do eBay Inc. PayPala, jest pośród tych unikających namiotowego życia" – pisano. „Płaci za złożone obozowisko składające się z ośmiu pojazdów rekreacyjnych

i przyczep pełnych jedzenia, pościeli, artykułów spożywczych i wszelkich rzeczy niezbędnych jemu, jego przyjaciołom i rodzinie, które zapewnia mu firma Classic Adventures RV. [...] Firma ta jest jednym z niewielu oficjalnych dostawców usług na festiwalu. Jej cennik oscyluje w przedziale od pięciu i pół do dziesięciu tysięcy dolarów za kampera z pakietem takim, jaki wykupił pan Musk. Służba w jego enklawie opróżnia szamba, przynosi wodę i upewnia się, że elektryczność, lodówki, klimatyzacja, telewizja, odtwarzacze i DVD działają perfekcyjnie. Obsługa wyposażyła kampery w dietetyczną Colę, Gatorade'a i rum Cruzan". Gdy tylko artykuł został opublikowany, grupa Muska próbowała się przenieść w nowe, nieznane miejsce, bo poczuła, że firma Classic Adventures puściła parę, żeby podkręcić biznes.

[20] http://www.sandia.gov/~jytsao/Solar%20FAQs.pdf.

[21] Pracownicy Tesli przekradali się na drugą stronę ulicy na kampus producenta oprogramowania SAP, by korzystać z jego wystawnych, subsydiowanych kawiarni.

[22] Shotwell równie często, co Musk, rozmawia o podróży na Marsa i poświęciła życie podbojowi kosmosu. Straubel wykazał takie samo oddanie wobec samochodów elektrycznych i czasem brzmi zupełnie jak Musk. „Nie próbujemy monopolizować rynku pojazdów elektrycznych" – powiedział. „Rocznie buduje się sto milionów samochodów elektrycznych, a dwa miliardy już wyprodukowano. Nawet jeśli uzyskalibyśmy pięć czy dziesięć procent rynku, to nie rozwiąże problemów świata. Liczę na trend zwyżkowy, utrzymanie popytu i napędzenie branży. Elon jest temu bardzo oddany".

[23] Page następująco przedstawił mi jeden ze swoich nietypowych pomysłów: „Myślałem o tym, że fajnie byłoby mieć nagrodę finansującą projekt przesłania czegoś lekkiego na Księżyc, co by się mogło replikować. Poszedłem do centrum operacyjnego NASA tutaj w AMES w Mountain View, gdzie przeprowadzali misję wysyłania na południowy biegun Księżyca satelity, który został wyrzucony z dużą prędkością. Satelita eksplodował, wysyłając materię w kosmos. Potem oglądano to przez teleskop i odkryto wodę na biegunie południowym Księżyca,

co brzmi naprawdę ekscytująco. Pomyślałem, że skoro tam jest sporo wody, można byłoby zrobić paliwo rakietowe z wodoru i tlenu. Kolejną szałową rzeczą związaną z biegunem jest to, że niemal zawsze dociera tam słońce. Są tam miejsca położone wyżej, do których ono dociera, i kratery, gdzie jest bardzo zimno. Więc masz mnóstwo energii do zasilenia paneli słonecznych. Można praktycznie wykorzystać tam turbinę parową. Masz składniki do paliwa rakietowego i ogniwa do paneli słonecznych, możesz prawdopodobnie zasilać turbinę elektrowni. One nie są aż tak ciężkie, więc można je wysłać na Księżyc. Masz właściwie gigawat mocy na Księżycu i możesz zrobić dużo paliwa rakietowego. To byłby świetny projekt, godny nagrody. Wysyłasz na Księżyc coś ważącego dwa kilogramy i sprawiasz, by produkowało paliwo rakietowe albo replikowało się i powstało ich więcej".

INDEKS NAZWISK